Peter Gradenwitz

Arnold Schönberg und seine Meisterschüler

BERLIN 1925 – 1933

Mit einem Beitrag von
Nuria Schoenberg-Nono

Paul Zsolnay Verlag

Für Nuria, Ronald, Lawrence

1 2 3 4 5 02 01 00 99 98

ISBN 3-552-04899-5

Satz: Satz für Satz. Barbara Reischmann, Leutkirch
Druck und Bindung: Kösel, Kempten
Printed in Germany

INHALT

Nuria Schoenberg-Nono: Mein Vater, ein leidenschaftlicher Lehrer . . . 7

Vorbemerkung . . . 9

ARNOLD SCHÖNBERG, DER LEHRER

Stationen: Arnold Schönberg in Wien, Berlin, USA . . . 15
Musikalische Seminare: Arnold Schönbergs Lehre und Unterricht . . . 23

DIE BERLINER MEISTERSCHULE

Mit Schönberg aus Wien nach Berlin . . . 37
Josef Rufer . . . 37
Winfried Zillig . . . 43
Roberto Gerhard . . . 56

Komponisten und Dirigenten . . . 69
Walter Goehr . . . 69
Erich Schmid . . . 74

Zwei Amerikaner . . . 87
Adolph Weiss . . . 87
Marc Blitzstein . . . 100

Die Vielseitigen . . . 113
Walter Gronostay . . . 113
Josef Zmigrod/Allan Gray . . . 127
Fried Walter . . . 143
Rudolph Goehr . . . 158

Die Griechen 169
Nikos Skalkottas 169
Charilaos Perpessa 184

Ein Einzelgänger 199
Norbert von Hannenheim 199

Epitaph für Arnold Schönberg 233
Alfred Keller 233

Komponistin aus Rußland 247
Natalie Prawossudowitsch 247

Ein tragisches deutsches Komponisten-Schicksal 259
Peter Schacht aus Bremen 259

Zwei Komponisten aus Jugoslawien 277
Miroslav Spiller 277
Leo Weiss 283

Intermezzo 287
»... atonale Musik kennenlernen ...« 287

Traurige Entsagung 291
Johannes E. Moenck 291
Max Walter 297
Helmut Rothweiler 301

Die verlorene Handschrift 305
Hansjörg Dammert 305

Vor Toresschluß 324
Karl Alfred Deutsch 324
Bernd Bergel 328

ANHANG

Der Berliner Aufenthalt 1925–1933 343
Schönbergs in Berlin entstandene Werke 344
Quellen 345
Personenregister 349

NURIA SCHOENBERG-NONO
MEIN VATER, EIN LEIDENSCHAFTLICHER LEHRER

Die Lehrtätigkeit spielte im Leben meines Vaters eine wichtige Rolle. Er hat sein ganzes Leben lang unterrichtet, nicht nur, weil es für seinen Lebensunterhalt notwendig war, sondern weil er echte Freude daran hatte. Es war eine Herausforderung für ihn, den Schülern sein Wissen um die Kunst der großen Meister und seine Liebe für sie weiterzugeben und ihre Werke mit aller Gründlichkeit zu analysieren. Er überraschte seine Studenten mit virtuos improvisierten Notenbeispielen an der Tafel, bisweilen spaßte er mit seinem trockenen Humor.

Zu Hause brachte er oft zum Ausdruck, wie betrübt er über die mangelnde Vorbildung der amerikanischen Schüler sei – welch ein Unterschied zwischen diesen jungen Menschen und seinen früheren Schülern in der Berliner Meisterklasse und Komponisten wie Berg und Webern und Eisler, die bei ihm in Wien studiert hatten!

Schönberg behandelte jeden Menschen mit äußerstem professionellen Bewußtsein und suchte selbst weniger Begabten konstruktive Ratschläge zu geben. Der Wert kunstfertiger Arbeit, will sagen das Beherrschen des Handwerks, war für ihn von größter Bedeutung. Er konnte daher einen berühmten Dirigenten, der nicht imstande war, nach allen Regeln einen Choral zu schreiben, als »Ignoranten« einstufen, während er einen Klempner oder einen »Baseball«-Spieler, die ihr Metier tadellos beherrschten, bewunderte.

Er war ein außerordentlicher, ein leidenschaftlicher Lehrer, dem es gelang, im »Handwerk« des Komponisten zu unterweisen, anhand der Theorie und der Regeln, in ständiger Bezugnahme auf die Beispiele der großen Meister. Vor allem aber wußte er, wie man einen Schüler dazu bringen konnte, selbst die Geheimnisse der Musik zu entdecken, seine eigene Intelligenz, seine eigene Phantasie zu entwickeln. Stets suchte er mit den Schülern eine menschliche Beziehung zu pflegen, und oft verlängerten sich seine Unterrichtsstunden mit Unterhaltungen über die verschiedensten Themen.

Seine Schüler waren wahrscheinlich Schönbergs beste Freunde. Treue war für ihn außerordentlich wichtig in einem Leben, in dem er als ein Jude und als ein Komponist verfolgt wurde. Er hat mit uns zuweilen über seine europäischen Schüler gesprochen. Wir hatten sehr selten Gelegenheit, etwas von ihrer Musik zu hören. Es ist heute, wo man fast alles auf CDs hören kann, schwer zu verstehen, daß man damals moderne Musik nur in Konzerten hören konnte, und die wenigen, die es gab, waren oft so mangelhaft, so daß es schwer war, den wahren Gehalt der Musik dieser Komponisten zu erahnen. Aber wir glaubten unserm Vater und wußten, daß diese Musik existierte, daß es »große Musik« war, und glaubten mit ihm, daß ihr eines Tages die Anerkennung zuteil werden würde, die sie verdient.

Peter Gradenwitz präsentiert in diesem Buch eine ausgesprochen vielfältige Materialsammlung zu Schönbergs Meisterschülern. Obwohl sich diese Schüler hinsichtlich ihrer Nationalität und Vorbildung, der Dauer ihres Studiums bei Schönberg sowie ihrer weiteren Karriere unterscheiden, bin ich überzeugt, daß selbst diejenigen, die nur wenige Unterrichtsstunden erhalten haben, durch diese geprägt worden sind. Viele seiner Schüler, die nicht Komponisten geworden sind, haben Schönberg dennoch gedankt dafür, daß er ihnen gezeigt hat, wie sie bessere Menschen und Künstler werden können, daß er sie gelehrt hat, ihre Talente zu nutzen und ihrer Verantwortung der Kunst gegenüber gerecht zu werden.

Dem Autor sei gedankt für die gründliche Forschung und die interessante Darstellung dieser bislang wenig bekannten Aspekte aus Arnold Schönbergs Leben.

VORBEMERKUNG

Der Verfasser dieses Buches ist in den Jahren, in denen Arnold Schönberg an der Preußischen Akademie der Künste zu Berlin Meisterklassen für musikalische Komposition leitete, in Berlin aufgewachsen. Er hat Schönberg als blutjunger Student an der Hochschule für Musik vortragen und klassische Meisterwerke analysieren gehört – stand dann bis zum Tode Schönbergs in Los Angeles 1951 in brieflicher Verbindung mit ihm –, hat bei Schönbergs Assistenten Josef Rufer und dem Wiener Schüler Hanns Eisler Komposition – im Sinne Schönbergs – studiert, damals auch eine Reihe der Akademie-Meisterschüler kennengelernt, einige von ihnen nach dem Weltkrieg wiedergetroffen, mit anderen in ihrem hohen Alter Verbindung gesucht, Nachkommen und Familien der Berliner Schüler aufspüren können.

Daß es erst in den neunziger Jahren dazu kam, den Wegen und Schicksalen der 25 Berliner Schüler eine intensive Forschung zu widmen, nach ihren größtenteils verschollenen, unbekannt gebliebenen Kompositionen zu suchen, kann von mancher Warte her erklärt werden.

In der zwölfjährigen Geschichte des »Tausendjährigen« Nazi-Deutschland-Reiches waren Arnold Schönberg und seine Anhänger und Schüler »entartete Musiker«, aber mit ihnen auch eine lange Reihe bedeutender Komponisten des frühen 20. Jahrhunderts. Nach 1945 mußte ein neues kulturelles Deutschland aufgebaut werden. Der Nachholbedarf – Wiedereinsetzung der großen Neuerer der Jahre vor 1933 – war groß, und da standen erklärlicherweise außer Schönberg die Alban Berg, Anton Webern, Ernst Křenek, Igor Strawinsky, Paul Hindemith und ihre Generation im Vordergrund der musikalischen »Wiedergutmachung« – natürlich auch Felix Mendelssohn Bartholdy, Gustav Mahler –, aber auch neue, junge Kräfte der internationalen Musikwelt warben um Beachtung. Der »Zwischengeneration« von Schülern der großen Komponisten der ersten 33 Jahre des Jahrhunderts wurde vorerst, konnte vorerst kein Augenmerk, kein ernstes Interesse gewidmet werden.

Als erst Jahrzehnte nach dem Beginn des Wiederaufbaus daran gedacht wurde, Schicksale und Werke der »Zwischengeneration« historisch und musikalisch zu Themen der Forschung zu machen, galt das Interesse zunächst – und rechtens – dem tragischen Untergang von Komponisten, die in Arbeits- und Konzentrationslager verschleppt wurden und dort ein grausames Ende fanden. Musik der in der Mordmaschinerie des Naziregimes Umgekommenen und der wenigen Überlebenden jener Jahre wurde gefunden und in Publikationen und Konzerten der Vereinigung »musica reanimata« und einer israelischen Gruppe beschrieben und aufgeführt; einige Biographien dieser Musiker wurden veröffentlicht. Die Generation der anderen Komponisten, die zur Zeit des Berufs- und Aufführungsverbots jüdischer, nicht-»arischer« und antifaschistischer Künstler noch in ihrer Ausbildung standen oder sie gerade beendet hatten, blieb lange unbeachtet.

Daß der Verfasser schließlich imstande war, Biographisches und Werk-Bezogenes für die 25 Meisterschüler der »Berliner Schule« Arnold Schönbergs zu ermitteln und so lückenlos wie möglich aufzuzeichnen, ist nicht zuletzt einer technischen Entwicklung zu danken, die die Erstellung von Archiv-Inventaren, das Archiv-Suchen, die Verbindung mit internationalen Institutionen und Archiven mit Hilfe des Computers ermöglicht. Es kann hinzugefügt werden, daß nicht selten der Zufall bei dieser Arbeit eine Rolle spielte, vor allem im Kontakt mit Nachkommen und Familien von Komponisten, neu-gedeutete Hinweise auf Fundorte in Bibliotheken oder Sammlungen, in denen man Material für diese Arbeit nicht vermutet hatte. Zuweilen meldeten sich sogar Hüter von Sammlungen oder Erinnerungen, Hörer von Rundfunksendungen, Zeitschriften- und Zeitungsleser, die zufällig durch die Veröffentlichungen des Verfassers von der Forschungsarbeit erfahren hatten, und boten Material an, das sie besaßen, oder Nachrichten über Familienangehörige, die bei Schönberg Unterricht genossen hatten oder zu seinem Berliner Kreis gehörten.

So gelang es, die Komponisten, die von 1925 bis 1933 bei Arnold Schönberg in Berlin in die Lehre gegangen und von denen in Akademie- und Hochschulkonzerten damals nur wenige zu Wort gekommen waren – es gab auch in jener Zeit keine Tonbandaufnahmen, die man hätte aufbewahren können –, neu zu entdecken und einen wichtigen Teil ihrer Werke zu finden, deren Manuskripte weit über die Welt verstreut waren.

Was für die Forschung wichtig ist festzuhalten: Unter den Berliner Meisterschülern Schönbergs waren Komponisten, die an Bedeutung der seiner frühen Wiener und späteren amerikanischen Schüler nicht nachstehen. Die Werke der unter wechselnden Umständen in Deutschland verbliebenen Komponisten waren am schwersten aufzufinden, weil sie größtenteils in Isolation geschrieben waren. Andere, die emigrieren konnten oder als Nicht-Deutsche in ihre Heimatländer zurückkehrten, kamen in ihren neuen beziehungsweise ihren Heimatländern zu Ruhm, wurden häufig aufgeführt, aber ihre Musik erreichte unter den Bedingungen der Nachkriegszeit Deutschland nicht, wo sie ihre Ausbildung genossen hatten. Ein großer Teil ihrer Namen ist bis heute (1997) lediglich in den Ländern bekannt, in denen sie lebten und arbeiteten, und nur wenige von ihnen erscheinen in den deutschen Nachschlagewerken zur Musik. Der Verfasser hofft, im biographischen Teil dieses Buches auf die Bedeutung der Komponisten hinzuweisen, deren Musik von großer künstlerischer Qualität ist und auch, wie aus Schönbergs Aufzeichnungen über seine Schüler hervorgeht, das Interesse und die Anerkennung ihres Meisters fand. Das tragische Schicksal anderer Meisterschüler, von der Barbarei der Zeit verschuldet, in der sie leben mußten, gehört zum Bild der Epoche, auch wenn ihre Musik die Zeiten nicht überdauert hat, nicht überdauernswert erscheint, oder die Komponisten nach 1933 sogar gänzlich schwiegen. Manche der Schicksale muten an wie spannend-tragische Romanentwürfe, etwa die des Autors einer »verlorenen Handschrift«, von dem im Buche erzählt wird.

Der Verfasser hat so vielen Persönlichkeiten und Institutionen zu danken, daß an dieser Stelle nur ein herzlicher Pauschaldank an alle ausgesprochen werden kann, die Anregungen und Hinweise gegeben haben, die zur Auffindung wichtiger Dokumentation und zum Nachforschen nach erhaltenen Partituren führten. Wo es sich um einzelne Komponisten und ihre Werke handelt, sind Quellen und hilfreiche Persönlichkeiten im »Quellen«-Verzeichnis am Ende des Buchs kapitelweise dankbar genannt. Für besondere Unterstützung und Hilfsbereitschaft im gesamten Verlauf der Arbeit dankt der Verfasser dem Musikarchiv der Akademie der Künste zu Berlin – insbesondere Herrn Dr. Wolfgang Trautwein, Herrn Dr. Norbert Kampe und Frau Dr. Dagmar Wünsche, der Musikabteilung der Staatsbibliothek Berlin Preußischer Kulturbesitz – Frau Dr. Ute Hertin-Loeser –, der Musikabteilung der Bayerischen Staatsbibliothek – Frau Dr. Sigrid von Moisy –, Mr. R. Wayne Shoaf, Archivist

Arnold Schoenberg Institute, Los Angeles, Mr. Wayne Shirley, Music Specialist, Library of Congress, Washington D.C.; Mr. Lawrence A. Schoenberg hat der Verfasser für die großzügige Erlaubnis zu danken, Fotokopien von unveröffentlichten Korrespondenzen und Dokumenten herstellen zu lassen und für unser Thema wichtige Ausschnitte für unser Buch zu benutzen und zu veröffentlichen. Musikverlagen, die Korrespondenzen und Manuskripte, Drucke, Verträge fanden, sei ebenfalls für die Auswertung und Veröffentlichung ihres geschützten Materials gedankt, ebenso allen Privatpersonen, die mit Erinnerungen und Material zu einer möglichst vollständigen Darstellung der Berliner Schule Arnold Schönbergs beigetragen haben. Schwierigkeiten gab es nur mit einem Wiener Archivar, der niemals auf Briefe antwortete, und mit dem Hüter eines wichtigen Notenarchivs in London, der auf keine Bitte um Durchsicht der aus Nazideutschland geretteten Musikalien einging.

Die umfangreichen Vorarbeiten für dieses Buch sind in großzügiger Weise unterstützt worden durch die Musica-Viva-Stiftung Mainz, durch »musica reanimata« Berlin und durch die Fritz-Thyssen-Stiftung sowie durch ein Studienstipendium der GEMA-Verwaltung München.

Dem Verlagslektor, Herrn Dr. Wolfgang Matz, ist der Autor besonders dankbar für seine liebevolle Betreuung aller Stadien der Entstehung des Buches. Seiner lieben Frau Ursula dankt der Autor für viele wichtige Anregungen, für konstruktive Kritik und für gemeinsame Gespräche und Briefwechsel mit den Komponisten, die wir noch besuchen konnten, und ihren Nachkommen und Verwandten.

ARNOLD SCHÖNBERG,
DER LEHRER

Stationen: Arnold Schönberg in Wien, Berlin, USA

Durch die Besonderheit meiner künstlerischen Entwicklung und durch meine ausgesprochene Neigung, theoretischen Dingen nachzugehen, glaube ich, geeignet zu sein, der Jugend mitzuteilen, was ihr sonst nicht wird.

ARNOLD SCHÖNBERG, 1910

Als Musiker, der es nicht zusammengelesen hat, sondern was er vorträgt, als Denkresultate seiner Lehr- und Komponiererfahrungen bezeichnen darf...

ARNOLD SCHÖNBERG, *Harmonielehre*, 1911

Um den Nutzen aus zwanzigjähriger Lehrerfahrung entspringender Erkenntnisse den Lernenden zuzuführen, habe ich mich entschlossen, ein Seminar für Komposition zu gründen.

ARNOLD SCHÖNBERG, Wien, 1. September 1917

DIE »ZWANZIGJÄHRIGE Lehrerfahrung« weist in das Jahr 1897 zurück, die Zeit, in der Schönberg, wenig über zwanzig Jahre alt, selbst die einzige fundierte Kompositions-Unterweisung seines Lebens durch Alexander von Zemlinsky erhalten hatte. In Wien hat er früh begonnen, privaten Unterricht zu erteilen, weiterzugeben, was er sich erarbeitete. Er wurde als Lehrer bekannt, und als er 1901 nach Berlin übersiedelte, wohin ihn Ernst von Wolzogen als Komponisten und Bearbeiter von Musik für sein »Überbrettl«-Kabarett verpflichtet hatte, dann aber das Theater nach einem Jahr schloß, erhielt er durch Vermittlung von Richard Strauss eine Dozentur im Stern'schen Konservatorium in Berlin, wo er bis zum Juli 1903 blieb, und kehrte schließlich nach Wien zurück. Nach Berlin war ihm aus Wien die erste Privatschülerin, deren Unterricht bei Schönberg dokumentier ist: Wilma von Webenau, gefolgt, die ab 1899 bei ihm – mit einigen Unterbrechungen – studierte und die er in seinem ersten Schülerkonzert – Wien, November 1907 – zusammen mit Alban Berg, Anton Webern, Heinrich Jalowetz, Erwin Stein, Karl Horwitz und O. de Iwanow vorstellte. 1904/05 lehrte er in den Räumen der reformpädagogischen Schule der Eugenie Schwarzwald in Wien; die ersten Schüler seiner Kurse waren Studenten aus dem Musikwissenschaftlichen Seminar der Wiener Universität. Doch Schönberg fand unter ihnen kaum echte Kompositionstalente, und so löste er sein Seminar auf und lud die begabtesten Schüler ein, bei ihm in seiner Privatwohnung den Unterricht fortzusetzen.

Im Herbst 1910 wurde er Privatdozent an der Wiener Akademie für Musik und Darstellende Kunst. Ein Jahr später veröffentlichte die Zeitschrift »Pan« einen Aufruf:

> Für Arnold Schönberg
>
> Der Tonsetzer Arnold Schönberg lebt in Wien. Seines Bleibens ist dort länger nicht. (Die Zeiten, da Musiker nach Wien flüchteten, sind offenbar um.) Wien, selber eine magische Musik im alten umklungenen Glanz, hat etwas gegen Menschen, welche dieser Musik neue Tore zu öffnen frevelhaft genug sind. In jedem Fall wünscht Arnold Schönberg (und Freunde wünschen es mit ihm) seinen Wohnsitz nach Berlin zu legen.
> Er wird hierherkommen, wenn sich genügend Schüler melden. Dies mitzuteilen ist der Zweck unserer Worte. Junge Leute, die Musik studieren, sollen sie lesen (Reife Männer, die Musik durch die Tat fördern, auch …)
> Wir bitten also zukünftige Schüler Schönbergs, ihren Namen und ihre Wohnung diese Zeitschrift wissen zu lassen.
>
> Ferruccio Busoni — Oskar Fried
> Artur Schnabel — T. E. Clark
>
> Alfred Kerr

Königliche Akademie der Künste Berlin, Pariser Platz 4.

Im Herbst 1911 reist Schönberg zum zweiten Mal nach Berlin und wird Dozent am Stern'schen Konservatorium. Er beginnt seine Lehrtätigkeit im November. Am 31. Oktober hatte er an seinen Verleger Emil Hertzka (Universal Edition Wien) geschrieben: »Sie glauben garnicht, wie berühmt ich hier bin ... Überall kennt man mich.«

Schönberg bleibt in Berlin bis zum September 1915; mit Ausbruch des Weltkriegs hatte er alle seine Schüler verloren. Mitte September 1915 übersiedelt er wieder nach Wien. Noch in Berlin hatte ihn im Frühsommer 1912 eine Berufung der Wiener Musikakademie erreicht, eine Professur für Komposition zu übernehmen, die er aber abgelehnt hatte: »Ich kann augenblicklich noch nicht in Wien leben. Ich habe noch nicht verschmerzt, was man mir dort angetan hat, ich bin noch nicht ausgesöhnt ... vielleicht werde ich in einiger Zeit die Liebe zur Heimat stärker fühlen als jetzt; vielleicht werden Sie dann an mich denken und ich werde dann sicher wieder zurück wollen ...«

In Wien zurück, wurde Schönberg zum Militärdienst einberufen, von dem er erst im Dezember 1917 endgültig befreit wurde.

Vom 1. September 1917 datiert seine Ankündigung zur Gründung eines Seminars für Komposition in den Räumen der Schwarzwaldschen

Schulen, Wien I, Wallnerstraße 9. Die Gründerin der Schulen, Eugenie (Genia) Schwarzwald, geborene Nussbaum aus Czernowitz, Doktor phil. der Universität Zürich 1900, verheiratet mit Hermann Schwarzwald (gleichfalls aus Czernowitz stammend), der einer der Urheber der österreichischen finanziellen Reform nach dem Ersten Weltkrieg wurde, hatte bereits als kaum 30jährige in Wien 1901 eine private, progressive Mädchenschule gegründet und während des Weltkriegs Küchen und ländliche Lager für arme und unterernährte Wiener Kinder und Jugendliche eingerichtet. Ihr Wiener Haus wurde ein geistiges Zentrum, ein offenes Haus, in dem die größten Schriftsteller und Künstler der Zeit verkehrten, von Rilke bis Brecht, Karl Kraus, Jakob Wassermann, Sinclair Lewis, Egon Wellesz, Adolf Busch und Rudolf Serkin, die Sängerin Lotte Leonard, der Architekt Adolf Loos, Oskar Kokoschka, Robert Musil – wie auch Arnold Schönberg. In einem Aufsatz, den Genia Schwarzwald zu Schönbergs 50. Geburtstag am 22. September 1924 in »Der Morgen« veröffentlichen ließ, nannte sie Schönberg »seit zwanzig Jahren einen der großen Erzieher von Wien, ein strenger, ungemütlicher, oft irrender Erzieher, der trotzdem herrliche Erziehungsresultate erreicht hat. Schönberg hat eine ganze Schülergeneration aufgezogen; sich ein Publikum herangebildet und sich selbst erzogen.« Sie spricht von Schönbergs Antipathie gegen den »Komfort der Weltanschauung«, gegen eine »schlechte Ästhetik«, seiner »ganzen Verehrung der guten Handwerksleistung«. Schönberg dankt seinen Schülern, »indem er durch dick und dünn mit ihnen geht«, auch das Publikum darf nicht zu bequem sein, sondern muß Erschütterungen ertragen; Schönberg möchte nur solches Publikum haben, »welches wie Tamino und Pamina durch alle Schrecknisse durchhält« ... »Es wird in seinem Kreis ohne alles Virtuosentum musiziert und das Publikum darf zuhören – für eine Musikstadt vom Range Wiens ein höchst würdiger Zustand.« »Es ist schön«, schreibt Genia Schwarzwald 1924, »daß Schönberg in jungen Jahren zu Ehren gekommen ist, da kann er noch viel an uns, an sich erziehen.«

»Man erlernt nur solche Dinge vollkommen, zu denen man veranlagt ist«, schrieb Arnold Schönberg in seiner Ankündigung zur Gründung des Seminars bei den Schwarzwalds am 1. September 1917: »Ist es allerdings staunenswert, wieviele Menschen in Dingen, zu denen sie wenig veranlagt sind, doch das ›Lehrziel‹ erreichen, so kann doch nicht geleugnet werden, daß die Resultate nur mäßig sind ... In der Kunst gibt es nur

Die Meisterklasse Berlin 1926; v. l.: Adolph Weiss, Walter Goehr, Walter Gronostay, Winfried Zillig, Schönberg, Erich Schmid, Josef Zmigrod, Josef Rufer.

einen wahrhaften Lehrmeister: die Neigung. Und der hat nur einen brauchbaren Gehilfen: die Nachahmung. Um den Nutzen dieser aus zwanzigjähriger Lehrerfahrung entspringenden Erkenntnisse den Lernenden zuzuführen, habe ich mich entschlossen, ein SEMINAR FÜR KOMPOSITION in den Schwarzwaldschen Schulen zu gründen und die Bedingungen für die Aufnahme so festzusetzen, daß jeder, *Reicher oder Armer, Künstler oder Dilettant, Vorgeschrittener oder Anfänger*, daran teilnehmen kann.« Abgesehen davon, daß der Schüler die Gegenstände seines Lernens »nach seiner Neigung und Begabung wählt, soll hier das stattfinden, was nach meinen Erfahrungen bei meinem Privatunterricht am meisten Erfolg erzielte: ein beständiger und zwangloser Verkehr zwischen mir und meinen Schülern ... Sie werden kommen, wenn sie Lust haben und gerade nur ebensolang bleiben; und es wird an mir liegen, ihre Neigung zu erhöhen, ihre Begabung dadurch zu fördern. Sie sollen nicht fühlen, daß sie lernen, sie werden vielleicht arbeiten, vielleicht sogar sich plagen, aber es nicht merken. Sie sollen so dort sein, wie die Malschüler einstens in den Maler-Ateliers zu Hause waren, wenn sie aus Neigung für diese Kunst und aus Achtung vor diesem Meister sich bemühten, bei ihm Aufnahme zu erlangen.« Als Beginn des Kursjahres gibt Schönberg Ende September 1918 an, es soll bis 30. Juni 1919 dauern.

Intermezzo in Holland: 1920/21 leitete Schönberg auf Einladung des Dirigenten Willem Mengelberg Konzerte mit eigenen Werken in Amsterdam und anderen niederländischen Städten und hielt Kurse in Amsterdam ab, in denen er über »Formelemente« dozierte, für die er aber – wie er in einem Brief aus Zandvoort, wo man für ihn ein Logis gefunden hatte, schrieb – »nicht viel Teilnehmer« fand, etwa elf. »Die Fahrten nach Amsterdam erfordern 2 Stunden per Tour ... Was ich an Komponisten (junge, die zu mir kamen) hier gesehen habe, ist ernstlich verstimmend. Alles macht Debussy nach und alles hat einen Kino-Einschlag. Keiner kann etwas ... aber alle sind raffiniert modern ...« (Brief vom 6. Dezember 1920). Ende März 1921 kehrte Schönberg – mit seiner Familie – aus Holland nach Wien zurück. Er unterrichtete Privatschüler in seinem Haus in Mödling.

Nachdem im Juli 1924 durch den Tod Ferruccio Busonis (er starb 56jährig am 27. Juli 1924) dessen Stelle an der Meisterklasse für musikalische Komposition der Preußischen Akademie der Künste in Berlin frei geworden war, wurde Arnold Schönberg durch Vermittlung des Musikreferenten im Preußischen Kulturministerium, Professor Leo Kestenberg, vom Preußischen Minister für Wissenschaft, Kunst und Volksbildung eingeladen, diese Stelle des »Verwalters einer Meisterschule für Komposition an der Akademie der Künste in Berlin« zu übernehmen. Der entsprechende Vertrag wurde am 28. August 1925 unterschrieben und vom Ministerium am 17. September bestätigt. Er trat am 1. Oktober in Kraft. Am 23. Mai 1933 teilte Max von Schillings, der am 1. März 1933 in einer Senatssitzung der Akademie gefordert hatte, »der jüdische Einfluß müsse gebrochen werden«, in einem Schreiben an den »Sehr geehrten Herrn Kollegen« Schönberg mit, der Minister für Wissenschaft, Kunst und Volksbildung habe ihn ermächtigt, ihn »mit sofortiger Wirkung von Ihrer dienstlichen Tätigkeit zu beurlauben«. Am 18. September 1933 wurde Schönberg (in einem Brief, der nach Frankreich gesandt wurde) im Auftrag des Ministers »auf Grund der Verordnung zur Durchführung des Gesetzes zur Wiederherstellung des Berufsbeamtentums« mitgeteilt, daß seine Vereinbarung mit Herrn Ministerialrat Kestenberg (der seine Stellung ebenfalls verlassen mußte und emigrierte) gekündigt sei.

Am 7. März 1946 wurde aus Berlin-Charlottenburg, Hardenbergstraße 33, ein Brief an »Herrn Professor Arnold Schönberg, Radio New York, New York, USA« gesandt – wußte man in Berlin nicht, wo sich der immerhin weltberühmte Schönberg jetzt befand, und waren nicht Josef Rufer und Hans Heinz Stuckenschmidt erreichbar, die die Anschrift in Los Angeles mitteilen konnten? Der (in der Akademie der Künste zu Berlin erhaltene) Brief lautete:

> Sehr geehrter Herr Professor!
> Zu den schwersten Eingriffen des Hitler-Regimes in die Selbständigkeit und Freiheit der Akademie der Künste gehört die Entfernung einer Anzahl schöpferisch besonders bedeutender Künstler aus dem Mitgliederkreis unserer drei Abteilungen, eine Maßnahme, die formal ebenso ungesetzlich wie sachlich unzuläßig war, da diese Künstler lediglich auf Grund ihres wertvollen kulturellen Schaffens durch Wahl und Berufung die Auszeichnung der Akademie-Mitgliedschaft erhalten haben. Dazu gehören auch die 1931 von dem Minister Dr. Becker berufenen Mitglieder, die sämtlich von der damaligen Reform-Kommission in Vorschlag gebracht worden waren.
> Nachdem das Hitler-Regime beseitigt und seine Willkür-Maßnahmen außer Kraft gesetzt sind, ist auch dieser Eingriff in die Rechte der Akademie hinfällig geworden und es ist eine selbstverständliche Ehrenpflicht für uns, die damals betroffenen Künstler in ihr Recht wieder einzusetzen. Die Akademie der Künste begrüßt deshalb auch Sie, verehrter Herr Professor, erneut als ihr ordentliches Mitglied.
>
> Mit kollegialem Gruß
>
> Der Präsident
> In Vertretung
>
> (darunter 2 Namen gez., nicht leserlich)

Der Name auf der rechten Seite ist als Unterschrift von Alexander Amersdorffer identifizierbar, der zur Zeit von Schönbergs Lehrtätigkeit an der Akademie in Berlin den größten Teil der Korrespondenz in Angelegenheiten der Meisterschule führte. Er war seit 1910 – vom Kaiser Wilhelm eingesetzt – Erster Ständiger Sekretär der Akademie der Künste, war in den 20er Jahren engster Mitarbeiter des Akademie-Präsidenten Max Liebermann, hat mit dem Nachfolger Liebermanns, Max von Schillings, gemeinsam die »Säuberung« der Akademie von Juden, Nichtariern und politisch »untragbaren« Akademie-Mitgliedern durchgeführt, wurde im Mai 1945 des Amtes enthoben, verfaßte aber weiterhin Briefe wie die an Schönberg »p. Adr. Radio New York« gesandte Mitteilung. Schönberg hat den Ausdruck der »selbstverständlichen Ehrenpflicht«, ihn wieder als ordentliches Mitglied der Akademie einzusetzen, nicht erhalten. Der Brief kam im Oktober 1946 als »unbestellbar« an die Akademie nach Berlin zurück, worauf sie am 18. Oktober 1949 (drei Jahre später!) an Professor Georg Schumann den »zurückgekommenen Brief« einsandte und ihm anscheinend auf eine Anfrage vom 11. des Monats mitteilte, nach neueren Pressenotizen sei anzunehmen, daß »Herr Professor Arnold Schönberg in Beverly Hill (sic) bei Los Angeles – Kalifornien – USA seinen Wohnsitz haben soll« (Akten-Nachforschungen von Frau Silvia Diekmann, Akademie der Künste, Berlin).

Georg Schumann, der in den Nazijahren bei allen offiziellen Funktionen eine Rolle spielte und nach dem Wiederbeginn eines neuen Deutschland weiterhin stellvertretender Präsident der Akademie und auch Leiter der Berliner Singakademie blieb, hat sich für das Verbleiben von Schönberg anscheinend nicht interessiert und in Berlin keine Persönlichkeit gesucht, die Schönbergs Anschrift wußte und mit ihm in Verbindung war. »An incredible story«, kommentiert Schönbergs Tochter Nuria.

Schönberg hat seine Lehrtätigkeit in der Emigration fortgesetzt. Nach seiner Ankunft in Amerika unterrichtete er 1933/34 am Malkin-Konservatorium in Boston, Massachusetts, hielt 1934/35 Vorträge an der University of Southern California, Los Angeles, und nahm Privatschüler an; 1936 erhielt er einen Lehrstuhl für Komposition an der University of California in Los Angeles und lehrte dort, bis er 1944 emeritiert wurde. Privatschüler hat er bis zu seinem Tode 1951 empfangen.

»In den fünfzig Jahren meiner Lehrtätigkeit habe ich sicherlich mehr als tausend Schüler unterrichtet«, schrieb Schönberg am 14. Februar 1950.

Musikalische Seminare: Arnold Schönbergs Lehre und Unterricht

Weder ist der Mensch vom Künstler zu isolieren noch beide vom Lehrer. Der eine ist stets auch der andere.
JOSEF RUFER, *Hommage à Schönberg*, Anhang zu Schönbergs »Berliner Tagebuch« (1912–1915) hrsg. v. Josef Rufer, Berlin 1974

KOMPONIEREN und Denken, Lernen und Lehre, Glaube und Gläubigkeit waren die Pfeiler, die Arnold Schönbergs Lebenswege und schöpferische Kunst seit frühester Jugend stützten, und eine tiefgehende Ergründung zeigt, wie eng diese miteinander verbunden sind: das Komponieren und Denken mit »Herz und Hirn« (Schönberg), gewonnen aus stetigem Lernen, weitergegeben als Lehre, und eine Gläubigkeit, die den Menschen lenkt und fördert, wie es Schönberg in einer Reihe wichtiger Schriften, dem Drama »Der biblische Weg« und Kompositionen zu beredtem Ausdruck gebracht hat. Lernen und Lehre hat Schönberg als 24jähriger gleichzeitig geübt. 1894/95 hatte er Alexander von Zemlinsky kennengelernt und (wie er 1949 sagte) von ihm »alles sein Wissen um die Technik und die Probleme des Komponierens erworben«. Was ein Sonatensatz ist und sonstige theoretische Grundbegriffe suchte er mit dem Konversationslexikon im Bücherschrank der Eltern zu verstehen. Zeitlebens hat er sich als Autodidakt beschrieben. 1899 – 24 Jahre alt – fühlte er sich bereit zu unterrichten und nahm Wilma von Webenau als erste private Schülerin an. Im »Neuen Wiener Journal«, das über das erste – bereits erwähnte – öffentliche Konzert von Schönberg-Schülern berichtete, werden den Komponisten und ihren Werken keine guten Worte geschenkt, aber Schönberg der Lehrer wird gewürdigt: »Ich zweifle nicht daran, daß dieser merkwürdige und begabte Komponist ein vortrefflicher Lehrer ist, daß sein Talent, die Geheimnisse der Musik strebsamen Eleven zu verraten, seine Kunst, mit diesen Geheimnissen selbst umzugehen, übertrifft. Es macht wenigstens den Eindruck, als dürften die, die bei ihm lernen, gelegentlich auch ihre eigene Sprache sprechen.«

Zwölf Jahre nach dem Beginn seiner Lehrtätigkeit, neun Jahre nach seinem ersten Berlin-Aufenthalt und dem Unterrichten am Stern'schen Konservatorium, erschien 1911 Schönbergs »Harmonielehre« mit dem vielsagenden eröffnenden Satz »Dieses Buch habe ich von meinen Schülern gelernt«. Als er seiner Frau Gertrud die »Harmonielehre« im Hochzeitsjahr 1924 schenkte, schrieb er ihr eine Widmung auf die Titelseite (die Josef Rufer in »Hommage à Schönberg« zitiert): »Harmonielehre werden wir keine brauchen. Ich habe diese geschrieben, weil ich sie nicht gelernt habe, und Du willst sie lesen, obwohl sie Dir nicht sagen wird, was Du nicht weißt. ›Man lernt nur, was man ohnehin kann‹, habe ich einmal gesagt. Darum ist das Kapitel ›Takt und Harmonie‹ hier so kurz geraten. Takt ist die Disposition zur Harmonie, und Harmonielehre ist Formenlehre. Deren tiefster Sinn erschließt sich nur dem, der nicht danach fragt. Dieser hat die Antwort vor der Frage.«

Schönbergs Satz »Man lernt nur, was man ohnehin kann« kehrt in vielen seiner Schriften und Vorträge in verschiedenen Formulierungen immer wieder, so wenn er in seinem Essay »Der Segen der Sauce« (»The Blessing of the Dressing«, 1948) sagt: »Als Lehrer habe ich niemals bloß das gelehrt, was ich wußte, sondern eher das, was der Schüler brauchte.« »Wenn ich unterrichtete«, hatte er im Vorwort zu seiner »Harmonielehre« 1911 geschrieben, »suchte ich nie dem Schüler bloß das zu sagen, was ich weiß. Eher noch das, was er nicht wußte ...«

In einem Interview, das Schönberg dem »Neuen Wiener Journal« gab, nachdem er am 1. September 1917 die Gründung eines Seminars für Komposition an den Schwarzwaldschen Schulen angekündigt hatte (s. S. 18), und das die Zeitung am 17. September veröffentlichte, beschrieb Schönberg die Form eines idealen Unterrichts für Musikschüler: »Ich verfolge als Lehrer meine eigenen Pläne, eine neue, ganz eigene Methode, und die muß einmal hinaus in die Welt. Das Lehren und Lernen nach dem Büchel will ich vermeiden. Das ›Kapitellesen‹ seitens Schüler und Lehrer ist nichts wert. Der Schüler bekommt beim starren Lehrplan meist nur zu hören, was ihn gar nicht interessiert. Darum habe ich meinen Lehrkursen ... ein vollkommen neues, freies System zugrunde gelegt. Eine bestimmte Tageszeit gehört ganz allen meinen Schülern zugleich. Jeder Schüler kommt dann, wenn er lernen will, wenn er dies oder jenes zu wissen begierig ist. Der Gegenstand der Lektion ist nicht festgelegt, sondern dem freien Bestimmen des Schülers unterstellt ... Der nähere Lehrgang ist dabei folgender: Ich und meine Schüler treffen sich im Lehrzimmer möglichst zwanglos zusammen. Und nun fragt einer dies und jenes, und ich antworte, dem Umfang der Frage entsprechend, vielleicht auch darüber hinaus; je nachdem, ob ich das für den Fragesteller für gut halte oder nicht. Vielleicht antworte ich auch gar nicht, weil ich im Augenblick zu dem betreffenden Gegenstand keine Neigung habe; und vielleicht schicke ich dann und wann die erschienenen Schüler überhaupt nach Hause, weil ich den Tag für den Unterricht gerade nicht disponiert bin und als Lehrer nur wenig oder garnichts bieten könnte.«

Die in diesem Buch wiedergegebenen Darstellungen von Schönbergs Unterricht in den Berliner Meisterkursen zeigen, daß es in den Lehrstunden tatsächlich zwanglos zuging, wenn auch von einem ständigen Kommen und Gehen, wie es Schönberg in dem Interview als möglich andeutete, keine Rede war: Schönberg hat außerordentlich streng darauf geachtet, daß seine Schüler pünktlich zum Unterricht erschienen und fleißig und aufmerksam ihre Aufgaben erfüllten. Höchst aufschlußreich sind die Aufzeichnungen, die Schönberg handschriftlich zur Weitergabe an die Akademie und die Behörde für jedes Lehrsemester niederschrieb und in denen er die Fortschritte seiner Meisterschüler beurteilte und die Kompositionen nannte, die während des Semesters entstanden oder in Vorbereitung waren. Die Schüler bestätigen auch, daß Schönberg sie »aufs Suchen!« hin erziehen wollte, auf ständige Erregung und Bewegung: »Ob man von der Bewegung zum Suchen oder vom Suchen zur Bewegung kommt, ist belanglos«, hatte er 1911 in der »Harmonielehre« geschrieben: »Nur die Bewegung bringt hervor, was man wirklich Bildung nennen könnte. Nämlich: Ausbildung, Durchbildung. Der Lehrer, der sich nicht echauffiert, weil er nur sagt, ›was er weiß‹, strengt auch seine Schüler zu wenig an. Von ihm selbst muß die Bewegung ausgehen, seine Unrast muß sich auf die Schüler übertragen. Dann werden sie suchen wie er. Dann wird er nicht Bildung verbreiten, und das ist gut.

Denn Bildung heißt heute: von allem etwas wissen, ohne irgend etwas zu verstehen. Aber der Sinn dieses schönen Wortes ist ein anderer und müßte, da Bildung heute Verächtliches bezeichnet, durch Ausbildung, Durchbildung ersetzt werden. Dann wäre es klar, daß es die erste Aufgabe des Lehrers ist, den Schüler recht durcheinanderzuschütteln. Wenn der Aufruhr, der dadurch entsteht, sich legt, dann hat sich wahrscheinlich alles an den richtigen Platz begeben. Oder es kommt nie dahin!«

»Eine in ehrlichem Suchen gefundene Irrlehre«, heißt es an anderer Stelle, »steht immer noch höher als die beschauliche Sicherheit dessen, der sich gegen sie wehrt, weil er zu wissen vermeint – zu wissen, ohne selbst gesucht zu haben! Es ist geradezu unsere Pflicht, über die geheimnisvollen Ursachen der Kunstwirkungen immer wieder nachzudenken. Aber: immer wieder, immer wieder von vorne anfangend, immer wieder von neuem selbst beobachtend und selbst zu ordnen versuchend.«

Der Lehrer Arnold Schönberg stellte die Kunstbegriffe, die Formen, die Gedanken, die Kompositionen der großen Meister der musikalischen Klassik und Romantik – niemals seine eigene Musik – in den Vordergrund der Instruktion und wies auch immer darauf hin, daß es die großen Meister waren, an deren Beispiel er selbst gelernt hatte. Dazu aber war ihm stets das wichtigste, dem Schüler klarzumachen, daß die Kunst des Komponierens ebenso vom Handwerklichen abhängig ist wie die Kunst eines Tischlers: »Wenn es mir gelingen sollte, einem Schüler das Handwerkliche unserer Kunst so restlos beizubringen, wie das ein Tischler kann, dann bin ich zufrieden.«

Unter welchen Bedingungen wurde Arnold Schönberg als Verwalter einer Meisterklasse für musikalische Komposition nach Berlin an die Akademie der Künste berufen, und welche Richtsätze stellte er für die Aufnahme in seine Meisterklasse auf?

Schönberg verpflichtete sich, während der Vertragsdauer – die zunächst vom 1. Oktober 1925 bis 30. September 1930 befristet war, dann bis 30. September 1935 verlängert, aber 1933 gekündigt wurde – jährlich sechs Monate in Berlin zu lehren. Es blieb ihm überlassen, die Unterrichtszeit zu bestimmen. Ebenso stand ihm die Form des Unterrichts frei. Sollte er durch außereuropäische Konzert- oder Vortragsreisen in einem Vertragsjahr verhindert sein, seine Verpflichtungen als Lehrer zu erfüllen, so würde er nach Möglichkeit bestrebt sein, die versäumte Unterrichtszeit in dem darauffolgenden Unterrichtsjahr nachzuholen.

(Der vollständige Text von Entwurf und Vertrag sowie die Korrespondenzen zur Beurlaubung und Entlassung Schönbergs – nicht aber der erst später entdeckte und von Schönberg nicht empfangene Brief zur Wiederherstellung seiner Rechte – sind in Josef Rufers »Das Werk Arnold Schönbergs«, Kassel 1959, wiedergegeben.)

Die Richtlinien für die Aufnahme von Bewerbern für seine Berliner Meisterklasse formulierte Schönberg wie folgt:

I.

Als Meisterschüler kann nur aufgenommen werden, wer

1. dic Absicht und die Eignung hat, die Tätigkeit eines Komponisten als Hauptberuf auszuüben, und

2. alles Handwerkliche (Harmonielehre, Kontrapunkt, Formenlehre, Instrumentation) entweder an einer Schule, oder privat, oder durch Selbststudium vollkommen erlernt hat, und imstande ist, Proben seines Talents und seines Könnens in Form fertiger Werke vorzulegen;

3. ausnahmsweise, wer die obengenannten Studien nicht vollkommen absolviert hat, sofern aus vorgelegten Werken ein außergewöhnliches Talent zu entnehmen ist und der Betreffende sich fähig weiß, wenigstens über die Gebiete der Harmonielehre und des Kontrapunkts eine strenge Prüfung in Form einer Clausur-Arbeit zu bestehen.

II.

Die Aufnahmebewerber haben im Sekretariat der Akademie der Künste folgendes zu hinterlegen:

1. Einen kurzgefaßten Lebensabriß (höchstens zwei Seiten), der ihre Personalien und den Gang und Erfolg ihrer Studien anführen und ihre Adresse enthalten soll.

2. Eventuelle Empfehlungen früherer Lehrer oder namhafter Musiker.

3. Vier bis fünf ihrer Werke, gleichgültig welcher Besetzung und welchen Umfangs, aber ausgewählt nach folgenden Gesichtspunkten:

a) womöglich eine gute kontrapunktische Schularbeit, zur Beurteilung seiner diesbezüglichen Kenntnisse;

b) ein bis zwei unter Leitung des Lehrers geschriebene Werke, aus welchem der Erfolg des Unterrichts entnehmbar sein soll;

c) ein bis zwei der zuletzt geschriebenen Werke, die er für sein Reifstes hält.

4. Einige Kouverts mit Adresse, weil die Entscheidung über die Aufnahme schriftlich erfolgt.

Schönbergs Forderungen für die Bewilligung einer Aufnahme in seine Meisterklasse sind bei den Berliner Schülern in verschiedensten Formen und Variationen erfüllt worden, wie es in den Erinnerungen seiner Meisterschüler anschaulich wird.

Schönberg erwähnte hier nicht, daß er auch bereit war, nichtaktive Hospitanten an den Kursen teilnehmen zu lassen. Zu solchen Hospitanten gehörten in den Berliner Jahren unter anderen Hermann Scherchen, Hans Heinz Stuckenschmidt, Henry Cowell.

Die Schüler, die Schönberg annahm, behandelte er nicht als Lernende, sondern als Freunde, die seiner Ratschläge nicht nur in künstlerischen, sondern ebenso in praktischen, beruflichen Fragen bedurften, als väterlicher Berater, wo sie Hilfe brauchten; er half ihnen auch mit finanziellen Mitteln aus, wo sie es dringend nötig hatten, selbst dann, wenn seine eigene Lage gerade prekär war. Schönberg war ein passionierter Lehrer, wie alle Berichte bezeugen, aber leidenschaftliche Hingabe an die Aufgaben verlangte er auch von den Schülern; er konnte aufbrausen, wenn sie lässig, unaufmerksam waren, nicht mit ihm seine Wege gingen. Seine Bereitschaft zu Rat und Hilfe galt dabei nicht nur seinen eingeschriebenen und regelmäßigen Schülern, sondern er empfing und beriet – soweit es ihm möglich war – jeden ernsthaften Musiker, der sich an ihn wandte.

Eine der sprechendsten Darstellungen einer beratenden Unterredung mit Schönberg vermittelte Max Butting, Berliner Komponist und Pädagoge (1888–1976), der in den späten zwanziger und frühen dreißiger Jahren Pionier der Rundfunkmusik war, in der Nazizeit als Komponist schwieg (nur als Kaufmann im väterlichen Geschäft wirkte) und nach dem Krieg Mitbegründer der Deutschen Akademie der Künste wurde. In seinem zeitgeschichtlich interessanten Buch »Musikgeschichte, die ich miterlebte« (Henschelverlag, Berlin 1955) berichtet Butting ausführlich über einen Besuch bei Schönberg in Wien. Er war etwa 30 Jahre alt, hatte eine Kaufmannslehre absolviert, Musiktheorie, Komposition, Kunstgeschichte und Philosophie studiert, bereits einige eigene

Werke zur Aufführung gebracht, hatte aber musikalisch – wie er schreibt – »jeden Halt verloren«. Schließlich bekam er Schönbergs »Harmonielehre« in die Hand: »Bei der Art meiner musikalischen Vorbildung half mir auch das nichts. Aber der Gedanke setzte sich in mir fest, daß mir von dieser Seite vielleicht Hilfe kommen könnte. Ich hatte gehört, mit welcher Verehrung Freunde und Schüler Schönbergs von ihrem Lehrer sprachen.« Er schrieb an Schönberg, sandte ihm die Partituren seines Zweiten und Dritten Streichquartetts (komponiert 1917/18) und bat, ihn besuchen zu dürfen. Schönberg antwortete mit einer kurzen Karte, er dürfe kommen. Butting fuhr darauf »mit einem höllischen Lampenfieber« nach Wien, und er hat den Besuch geschildert, wie er ihm mehr als 35 Jahre später in Erinnerung geblieben war.

»Ich wurde in das verhältnismäßig große, ein wenig altmodisch, sparsam und nüchtern eingerichtete Arbeitszimmer geführt, Schönberg stand in einer Ecke und schrieb an einem Stehpult. Er wendete den Kopf zu mir und sagte in dem tiefklingenden Ton, der seiner Stimme zuweilen eigen war: ›Bitte entschuldigen Sie mich noch einen Augenblick, aber setzen Sie sich.‹« Die Begrüßung war dann ziemlich förmlich, und es schien Schönberg an Wohlwollen zu fehlen, und Butting hatte »als Hilfeflehender mit etwas mehr Güte gerechnet«. Er sagte ihm dann, daß er ein Urteil und einen Rat brauche, weil er »einfach nicht wisse«, ob er weiterkomponieren solle; ob Schönberg glaube, daß er »begabt genug sei, um weiterkomponieren zu können«. Schönberg entgegnete, daß er die beiden Streichquartette »durchgelesen hätte und zu dem Ergebnis gekommen sei, daß ich mich musikalisch ausdrücken könne. Es sei in den Streichquartetten auch etwas gesagt, und wenn einer etwas sagen könne, und es verstehe, sich auszudrücken, so sei das wohl ein Beweis für Begabung … Was solle er mir denn raten? Ob ich weiterkomponieren soll, könne ich nur selbst entscheiden; wenn ich etwas zu sagen hätte, dann müsse ich es sagen, und es würde sich ja erweisen, ob es wichtig genug sei, gesagt worden zu sein, und ob ich mich richtig ausgedrückt hätte. Wenn ich nicht das Bedürfnis hätte, etwas auszusprechen, dann möge ich es ruhig für mich behalten, denn es würde schon zu viel Überflüssiges in der Welt gesagt.« Butting machte Schönberg noch darauf aufmerksam, daß er musikalisch in keinem bestimmten Stil erzogen sei und keiner Schule oder Richtung angehöre, daß einige Werke, die er kennengelernt habe, wie zum Beispiel »Pierrot lunaire«, großen Eindruck auf ihn gemacht hätten und er davon lernen wolle. Schönberg reagierte darauf »sehr bestimmt«, daß es für den jungen Komponisten weder richtig sein könne noch ihm recht, wenn er anfangen wolle, im Stile des »Pierrot lunaire« zu schreiben: »Die ganze Intellektualität des immer wieder herumsuchenden Wollens, um auch genau das Richtige zu machen, sei ihm verhaßt. Ich solle schreiben, wie mir der Schnabel gewachsen sei, oder es bleiben lassen, wenn mir nichts einfällt.«

Butting schreibt, er sei über die nach seinem Eindruck »recht kühle Schulmeisterei« ziemlich aufgebracht gewesen, und wohl recht erregt wies er auf seine schwierige Situation hin und bat doch um einige Hinweise.

Schönberg entgegnete: »Rezepte fürs Komponieren« besäße er nicht. Aber dann »ging er etwas aus sich heraus, weil er wohl meine Deprimiertheit erkannte«, schreibt Butting, »und schilderte mir Situationen aus seinem eigenen Leben, beschrieb, wie ihn alle Menschen für verrückt gehalten und auch seine nächsten Freunde ihm nicht mehr zugestimmt hätten. Er äußerte, daß es Zeiten gegeben hätte, wo er völlig allein gewesen sei und dennoch das getan hätte, was er für richtig hielt, obwohl auch die materiellen Umstände für ihn äußerst schwierig gewesen seien. Dabei hätte er auch niemanden gehabt, den er hätte um Rat fragen können. Mein Verhalten sei ihm eigentlich etwas unverständlich; wenn ich kein Vertrauen zu mir hätte und trotzdem komponieren wolle, dann müsse ich die Folgen tragen, die weit unangenehmer seien, als alle Folgen aus einem festen Selbstvertrauen jemals sein könnten. Dabei dürfe auch Zustimmung oder Ablehnung von außen keine Rolle spielen.«

Nachdem die Unterredung an die zwei Stunden gedauert hatte und Butting den Eindruck hatte, daß er nichts anderes als das bisher Gesagte von Schönberg hören würde, und außerdem deprimiert und enttäuscht war, wollte er sich verabschieden. Er »murmelte einige Worte des Dankes«, »aber da änderte sich sein Ton plötzlich«, und er sagte »sehr freundlich«: »Nanu, gehen Sie doch nicht gleich, Sie haben gewiß noch etwas Zeit? Was machen Sie überhaupt in Wien? Haben Sie hier schon irgend etwas gesehen oder gehört?« Ja, er sei am Vortage angekommen und am Abend in die Oper gegangen; da habe er leider nur »Bajazzo« (oder die »Cavalleria«, er wußte es nicht mehr genau) und ein Ballett gesehen. Schönberg »fuhr entrüstet auf«: »Wieso leider nur?« Etwas verlegen antwortete Butting, daß er von der Aufführung enttäuscht war, »die wir in Berlin ebenso gut hätten, daß auch das Orchester nicht meinen hochgestellten Erwartungen entsprochen hätte, daß ich das Ballett sehr ›verstaubt‹ gefunden und mir überhaupt gewünscht hätte, in der Wiener Oper eine große, eindrucksstarke Aufführung zu erleben«. Da bekam er von Schönberg »eine außerordentlich temperamentvolle und gründliche Zurechtweisung« zu hören: »die Wiener Staatsoper könne ihr Programm nicht nach dem Besuch eines jungen Berliners richten«, er »scheine von hoher Tanzkunst keinen Begriff zu haben«, und Schönberg begann, »recht intensiv über eine Anzahl von Werken, von Konzerten und Opern zu sprechen«. Butting hatte fast den Eindruck, daß er »einen außerordentlich fesselnden und wesentlichen Unterricht über Stilfragen erhielt. Schließlich endete aber auch diese Stunde mit dem energischen Hinweis, daß ich mir ja nicht einfallen lassen sollte, über andere Werke, nur weil sie meinem persönlichen Geschmack nicht entsprächen, von oben herab zu urteilen. Es sei eine Vorbedingung der Selbstkritik, daß man genügend Objektivität für die Beurteilung anderer Werke besäße und sich nicht nur von Eindrücken leiten lasse. Wenn mir zum Beispiel sein ›Pierrot lunaire‹ einen großen Eindruck gemacht hätte, dann besage das noch gar nichts. Er möchte nicht mit mir darüber reden, wie ich wirklich zu dem einen oder anderen Stück stünde, es würde sich nur erweisen, daß ich es nicht genügend kenne.«

»Nun hatte ich wieder genug«, schreibt Butting, »und wollte mich zum zweiten Male, allerdings doch mit einem viel aufrichtigeren Dank verabschieden. Da stand er auf, drückte mir sehr herzlich die Hand, lachte mich zum ersten Mal froh mit blitzenden Augen an« und sagte: »Nun werden Sie sehr enttäuscht sein und über den Schönberg schimpfen und sagen, daß er unfreundlich gewesen sei und Ihnen gar nichts gegeben hätte. Ich möchte Ihnen aber sagen, daß das alles nicht richtig ist. Setzen Sie sich noch einmal hin und lassen Sie sich jetzt doch noch einen Rat geben, nämlich den, über all das, was wir beide miteinander gesprochen haben, gründlich nachzudenken. Wir haben uns von ganz einfachen, primitiven Dingen unterhalten, aber gerade das schien mir notwendig zu sein, denn diese primitiven Fragen sind das Wichtigste. Sie sind doch kein Schüler mehr, Ihr Konflikt ist nicht der des Schülers, sondern der eines schaffenden Menschen, und in solcher Lage gibt es keine andere Möglichkeit als die, sich selbst zu prüfen und auf sich selbst zu besinnen. Wenn Sie mir vielleicht auch jetzt noch nicht recht geben wollen, Sie werden es bestimmt tun, wenn Jahre vergangen sind.«

»Ich hatte selten einem so gütigen und lieben Menschen gegenübergestanden wie es Schönberg in diesen Augenblicken war«, schreibt Butting: »Wir haben uns noch eine ganze Weile unterhalten, so daß ich schließlich über fünf Stunden bei ihm gewesen bin ... Als ich mich endgültig von ihm verabschiedete, dankte ich ihm aus vollem Herzen, und mir wird unvergeßlich bleiben, wie er vergnügt auf meinen preußischen Gehrock blinzelnd sagte: ›Und so fein haben Sie sich gemacht.‹ Als ich Schönberg das erstemal nach dieser Unterredung viele Jahre später wiedersah, drückte er mir lachend die Hand« und fragte: »Nun, wissen Sie heute schon, ob ich damals recht hatte oder nicht?« Max Butting hat Schönberg später verhältnismäßig oft getroffen und hatte das Gefühl, daß er ihm »bis zum Abschied im Jahre 1933« »eine echte Zuneigung bewahrt hat«. Im September 1925 waren sowohl Schönberg wie Butting mit Kompositionen beim Kammermusik-Festival der Internationalen Gesellschaft für Neue Musik in Venedig vertreten gewesen – Schönberg am 7. September mit seiner »Serenade« op. 24 für Klarinette, Baßklarinette, Mandoline, Gitarre, Violine, Bratsche, Violoncello und Baritonsolo (»Sonett« von Petrarca im 4. Satz); Butting am 4. September mit »Fünf Stücken für Streichquartett«. Max Butting schreibt in seinen Erinnerungen, er sei »sehr stolz« gewesen, daß Schönberg, der dem Konzert beigewohnt hatte, nach der Aufführung »nur sagte: ›Na also!‹«.

Nicht alle schöpferischen Menschen erweisen sich gegenüber den Lernenden, die ihren Rat suchen, als so aufgeschlossen, so gütig, so hilfsbereit, widmen ihnen so viel Zeit, wie Max Butting es hier von Schönberg beschrieben hat und wie es Arnold Schönberg sein ganzes Leben lang war. Andor Foldes, der bedeutende, aus Ungarn stammende Pianist, hat zwei aufschlußreiche Erlebnisse aus seinen Begegnungen mit großen Meistern erzählt. Er hatte Igor Strawinskys Klaviersonate studiert und brannte darauf, sie dem Komponisten vorzuspielen und seine Meinung über die Interpretation zu hören. Er meldete sich telefonisch an und wurde eingeladen, ihn zu besuchen. Als er Strawinsky bat, seine Wiedergabe der Sonate anzuhören, erklärte dieser ihm, daß dies einer Unterrichtsstunde entspreche und 50 Dollar koste. Darauf war der Pianist nicht gefaßt. Strawinsky verschwand und kam nach einigen Minuten wieder; er übergab dem Pianisten ein Exemplar der Klaviersonate mit seinen eigenen Randbemerkungen und verabschiedete den Besucher.

Ein anderes Mal war Andor Foldes bei den Schönbergs eingeladen. Eine anregende, interessante Unterhaltung wurde durch einen Telefonanruf unterbrochen. Frau Gertrud Schönberg nahm den Anruf entgegen. »Wer war das?« fragte Schönberg. »Ein Schüler, der morgen kommen wollte, ich habe ihm gesagt, morgen ginge es nicht, wir haben eine Geburtstags-Party für dich!« Schönberg war ärgerlich. Er war unter keinen Umständen einverstanden, dem Schüler abzusagen. Ein Schüler, der ihn brauchte, sei wichtiger als eine Geburtstagsfeier. Mit dem Schüler müsse sofort eine passende Zeit verabredet werden, damit er zu seinem Lehrer kommen könne!

Viele der Meisterschüler Arnold Schönbergs, mit denen der Verfasser dieses Buches hat sprechen können oder deren Familien Aufzeichnungen und Erinnerungsblätter aufbewahrt haben, konnten vom Hergang des Unterrichts bei Schönberg, seinem lebhaften Interesse an jedem einzelnen Schüler der Meisterklasse, von seiner Strenge und Güte berichten, aber auch von humorvollen Episoden, von geistvoll-ironischen oder sarkastischen Aussprüchen. Unsere Komponisten-Biographien enthalten so manche von den Meisterschülern wiedergegebene sprechende Schönberg-Anekdote.

Einen vielsagenden Ausspruch, eine eigentlich »rhetorische Frage«, hat Schönbergs letzter Berliner Meisterschüler Bernd Bergel überliefert – von dem Meister, der in seinem Unterricht den Schülern stets die großen Meister der musikalischen Vergangenheit als leuchtendes Beispiel vorhielt:

»Glauben Sie denn nicht«, sprach er die Schüler im Unterricht an, »ich höre auch lieber Haydn als Schönberg? Aber leider darf ich nicht mehr wie Haydn, sondern muß wie Schönberg komponieren!«

DIE BERLINER MEISTERSCHULE

Mit Schönberg aus Wien nach Berlin

JOSEF RUFER · WINFRIED ZILLIG
ROBERTO GERHARD

JOSEF RUFER, DER MENTOR

Erfindung und Ausdruck, Logik und Fluß der Darstellung, Reichtum der musikalischen Gedanken – das waren für Schönberg die maßgeblichen musikalischen Werte. Ihnen in den Werken der großen Meister nachzuspüren – das vor allem lehrte er seine Schüler, aber niemals rein kompositionstechnische Kunstgriffe. Er meinte, daß ein echter Komponist aus keinem anderen Grund Musik schreibt als aus reiner Freude.

JOSEF RUFER, *Hommage à Schönberg*,
»Berliner Tagebuch«, Berlin 1974

DER JUNGE Berliner Musikstudent, der heute dieses Buch schreibt, verdankte seine erste Einführung in die Welt Arnold Schönbergs – seine Musik und seine Lehre – der Vermittlung durch Josef Rufer, der in Wien einer der Meisterschüler der »Wiener Schule« gewesen war und 1925 mit dem Meister nach Berlin übersiedelte. Der Theorie- und Kompositionsschüler Rufer ist als Komponist nicht hervorgetreten; es ist kein kompositorisches Werk von ihm bekannt ge-

Zum Begriff der »Berliner Schule« siehe die historischen Bezüge im Anhang »Quellen«.

worden, und Schönberg hat in seinen handschriftlichen Berichten über Fleiß, Fortschritte und Werke seiner Berliner Schüler keine Kompositionen Rufers erwähnt. Josef Rufer hat sein Leben dem Studium des Werkes Schönbergs gewidmet und Wege zum Verständnis der Kunst, der Lehre und der Bedeutung des Meisters gewiesen.

Im Berlin der späten zwanziger Jahre, als Schönberg seine Position in der Meisterschule für musikalische Komposition übernahm, verstand man seine Musik noch kaum und fand keinen Zugang zu ihr, wenn sie durch Wilhelm Furtwängler, den großen Beethoven- und Brahms-Dirigenten, mit den Berliner Philharmonikern zur Aufführung kam. Erst in den exemplarischen und mitreißenden Wiedergaben unter Otto Klemperer, in den Kammermusikkonzerten des Kolisch-Quartetts und den Klavierabenden der Else C. Kraus wurde Schönbergs Musik zum wahren Erlebnis.

Josef Rufer besaß eine einsichtige Kenntnis der Kompositionen wie der theoretischen Schriften Arnold Schönbergs; Schönberg hatte ihm auch Entwürfe zu neuen musiktheoretischen Schriften übergeben. Die »Harmonielehre« – »Dieses Buch habe ich von meinen Schülern gelernt« – war bereits weitgehend bekannt; es war 1911 zum ersten Mal veröffentlicht worden und 1921 von Schönberg für eine erste Neuauflage erweitert worden. Jetzt arbeitete er an einer Kontrapunkt-Lehre, und Rufer besaß einen großen, schon fertiggestellten Teil des Manuskripts (das in der damaligen Form niemals veröffentlicht wurde), und Rufers Schüler profitierten vom Studium dieser Seiten.

Schönberg ernannte Rufer zum Assistenten seiner Kurse an der Akademie, und dieser vertrat den Meister, wenn er von Berlin abwesend sein mußte – Schönbergs Vertrag mit der Akademie der Künste verpflichtete ihn nur für sechs Monate im Jahr zum Unterricht. Die Privatschüler Rufers hatten kaum Kontakt mit den Teilnehmern der Meisterkurse; solche Kontakte stellten sich später ein – vor allem mit den jungen Komponisten, die an den Kursen der »Rundfunkversuchstelle« der »Berliner Funkstunde« teilnahmen, wo Versuche zum Schaffen einer »arteigenen Rundfunkmusik« für das neue Medium theoretisch und praktisch behandelt wurden.

Rufer war 31 Jahre alt, als er Wien verließ, um Schönberg nach Berlin zu folgen. Josef (Leopold) Rufer wurde am 18. Dezember 1893 in Wien geboren und unternahm von 1919 bis 1922 ausgedehnte musikalische

Schönberg und Josef Rufer, Berlin 1926.

Studien bei Alexander von Zemlinsky und bei Schönberg. Er kam im Februar 1919 als Privatschüler zu Schönberg und widmete drei Jahre dem Studium von Harmonielehre, Kontrapunkt, Formenlehre und Instrumentation. In den Jahren danach, 1923/24, leitete er in Hamburg einen Zyklus von zehn Konzerten Neuer Musik nach dem Vorbild von Schönbergs Wiener »Verein für musikalische Privataufführungen«; die Reihe schloß mit einer Aufführung von »Pierrot lunaire« ab.

In den Annalen der Preußischen Akademie der Künste zu Berlin erscheint Josef Rufer (»Musiker«) zum ersten Mal im Sommerhalbjahr 1926 als Assistent der Meisterklasse. Bereits im Winterhalbjahr 1925/26 waren die Wiener Schönberg-Schüler Robert Gerhard-Castells und Winfried Zillig als Teilnehmer der Klasse verzeichnet, außer ihnen noch Walter Goehr, Walter Gronostay und der Amerikaner Adolph Weiss, der älteste der Gruppe. Im Sommersemester 1926 traf Josef Zmigrod als neuer Meisterschüler hinzu.

Rufer hat anschaulich beschrieben, wie fortschrittlich die Atmosphäre im musikalischen Berlin war gegenüber dem »Unruheherd« Wien – bereits zur Zeit von Schönbergs erstem Berliner Aufenthalt von 1901 bis 1903. Als Schönberg 1901 zum ersten Mal nach Berlin kam, war Wien »kulturell ein Unruheherd«, schrieb Rufer. »Noch waren die erbitterten Kämpfe der neunziger Jahre nicht zu Ende: Hie Brahms, hie Wagner! Presse und Publikum wehrten sich gegen alle avantgardistischen Ideen, gegen den kleinen Kreis der Neuerer im Bereich der Künste. Tradition blieb Trumpf, in der Musik wie in der Literatur, in der Architektur wie in der Malerei ...« Auf Empfehlung von Richard Strauss erhielt Schönberg damals das vom Allgemeinen Deutschen Musikverein verwaltete Liszt-Stipendium sowie eine Stelle am Stern'schen Konservatorium. Aber ernähren mußte er sich als Komponist und Dirigent für das 1900 gegründete »Überbrettl« und als Instrumentator von Operetten-Partituren. Berlin war damals eine Enttäuschung.

Schönberg verließ Berlin im Juli 1903, kehrte aber 1911 wieder nach Berlin zurück und verlebte dort eine zweite Periode künstlerischen Schaffens und einer Lehrtätigkeit am Stern'schen Konservatorium. Er blieb bis zum Sommer 1915 in Berlin und kehrte dann nach Wien zurück, um sich zum Militärdienst zu melden. Als er 1925 die Berufung an die Preußische Akademie der Künste Berlin erhielt, wußte er, daß er in eine Welthauptstadt der Musik kommen würde, die Stadt, in der Franz

Schreker Direktor der Hochschule für Musik war, in der Erich Kleiber, Otto Klemperer, Wilhelm Furtwängler und Bruno Walter Opern und Konzerte dirigierten und viele junge Komponisten ihre ersten Erfolge erzielten. Sein Arbeiten mit den jungen Schülern, die seine Lehre suchten, beflügelte ihn. Josef Rufer konnte privat unterrichten, wo immer ein angehender Komponist oder Theoretiker in die Akademie nicht oder noch nicht aufgenommen wurde. Rufer hatte auch die Möglichkeit, in Tages- und Fachzeitschriften Musiker und Komponisten zu fördern, und gemeinsam mit Hans Heinz Stuckenschmidt gründete er dann später, 1946, die Zeitschrift »Stimmen«, die bis 1950 erschien und viel über Schönberg und seinen Kreis und Erinnerungen seiner Schüler enthielt. In Berliner Zeitungen schrieb er Musikkritiken seit 1929; nach Schönbergs Emigration war er von 1938 bis 1940 Musikkritiker der »Berliner Morgenpost«. Als Österreicher wurde auch er im Weltkrieg eingezogen. Es ist unvergeßlich, wie er bei unserem ersten Zusammensein nach dem Kriege beim IGNM-Fest in Palermo 1949 von der Erschütterung sprach, die ihm der Anblick der Konzentrations-Todeslager an der polnischen Front gebracht hatte – »zu Hause« hatte es geheißen, daß sie nur als »Greuelmärchen« existierten, die die Feinde Deutschlands in die Welt setzten ... Er fand damals auch, wie andere deutsche Freunde – darunter Karl Amadeus Hartmann –, daß »ehemalige Deutsche«, die zur Emigration gezwungen worden waren, mithelfen sollten, »ein neues Deutschland mitaufzubauen«.

Im Jahre 1945, bald nach dem Zusammenbruch Deutschlands, gründete Rufer das Internationale Musikinstitut in Berlin und leitete es bis 1948. 1950 erhielt er einen Lehrauftrag für Musiktheorie an der Freien Universität Berlin und unterrichtete dort bis 1969. Daneben war er auch Lehrer für Theorie und Zwölfton-Komposition an der Hochschule für Musik in Berlin (1959 bis 1969) und Lektor für den Musikverlag Bote & Bock. Zeitweilig wirkte er auch als Pressechef der Berliner Festwochen. 1966 wurde Rufer Mitbegründer und erster Herausgeber der Schönberg-Gesamtausgabe.

Mit Schönberg selbst trat Rufer sofort in Verbindung, nachdem ein Kontakt Deutschland–Amerika wieder möglich geworden war. 1949 korrespondierte er mit Schönberg über eine Möglichkeit, daß dieser mit Hilfe der amerikanischen Regierung nach Deutschland kommen könnte, um eine Reihe von Vorträgen zu halten. Der Plan ließ sich nicht realisieren, was auch mit dem Gesundheitszustand Schönbergs zusammenhing. Schönberg wußte, daß es dem Ehepaar Rufer finanziell prekär ging; er sandte 1946 zwei Pakete mit Lebensmitteln, die es – wie Schönberg schrieb – selbst in Amerika schwer zu kaufen gab; es scheint aber, daß die Sendung in Berlin gar nicht angelangt ist. Aus Briefen von Rufers Freund Winfried Zillig und dem Schweizer Meisterschüler Alfred Keller geht hervor, daß Rufer schwer zu kämpfen hatte, seinen Lebensunterhalt zu sichern. 1957, im Frühjahr, ermöglichte ihm allerdings die Akademie der Künste, für drei Monate nach Los Angeles zu reisen, um Schönbergs Nachlaß an musikalischen Werken und Skizzen, literarischen Arbeiten und theoretischen Schriften, Tagebüchern, Notizen, Bildern und Aufsätzen zu sichten und zu ordnen. Rufers unersetzliches Buch »Das Werk Arnold Schönbergs« (Kassel 1959) ist die Frucht dieser Reise. Das Lehrbuch »Die Komposition mit zwölf Tönen« hatte Rufer 1952 veröffentlicht; das Buch ist in mehrere Sprachen übersetzt worden. 1974 gab Rufer das »Berliner Tagebuch« Arnold Schönbergs heraus und fügte ihm, das die Zeit von Januar 1912 bis Oktober 1912 und einen Nachtrag vom Mai 1915 umfaßt, »Hommage à Schönberg« hinzu – eine bis heute unübertroffene Darstellung und Würdigung der Persönlichkeit, des Menschen und des Künstlers Arnold Schönberg.

Josef Rufer galt in Berlin als »Schönbergs Vertreter auf Erden«, und es wohnte ihm eine unbestechliche Überzeugungskraft inne. Unvergeßlich ist uns sein sprachloses Entsetzen, als wir gemeinsam in kleinem Kreis am Mittag vor einer Aufführung von Schönbergs »Moses und Aron«, Amsterdam, Juni 1968, zusammensaßen, das Gespräch am Tisch für kurze Minuten verstummte und Rufer glücklich seufzend sprach: »Und heute abend ist das große Ereignis!« – und daraufhin eine sehr junge Amerikanerin reagierte: »Oh, I'm afraid I shall be very bored« – ich werde mich schrecklich langweilen …

Josef Rufer starb in Berlin am 7. November 1985; er wäre im Monat darauf 92 Jahre alt geworden.

Es war Josef Rufer, der Schönbergs erste Mitteilung über seine epochale Entdeckung der Komposition mit zwölf Tönen – im Gespräch während eines gemeinsamen sommerlichen Spaziergangs im Juli 1921 – überliefert hat: »Heute habe ich etwas gefunden«, erklärte Schönberg, »das der deutschen Musik die Vorherrschaft für die nächsten hundert Jahre sichert.«

WINFRIED ZILLIG, EIN WEGBEREITER

> Und so konzessionslos Schönberg für seine Überzeugung kämpfte, so gütig war er zu seinen Freunden und Schülern. Er stand hoch über den Dingen, unbeeinflußt von Hass und Gunst der Zeiten.
> WINFRIED ZILLIG

Winfried Zillig, der 1925 in Wien von Schönberg als Privatschüler angenommen wurde und dem Meister nach Berlin folgte, um dort an den Meisterklassen für Komposition an der Preußischen Akademie der Künste teilzunehmen, wurde einer der eifrigsten und treuesten Schüler Schönbergs und sein enger Freund. Er hat sich zu einem Komponisten von bedeutendem Format entwickelt und als Dirigent für das Verständnis von Schönbergs Musik gekämpft, dazu in Vorträgen und Aufsätzen Kunst und Werk des Meisters erläutert. Als er die Nachricht von Schönbergs Tod erhielt, schrieb er in einem Brief an Josef Rufer aus Lampoding über Traunstein in Oberbayern am 17. Juli 1951:

> Lieber Herr Rufer,
> immer hatte ich im stillen gehofft, ich würde den Alten Meister noch einmal sehen, immer hatte ich für Ihn (sic!) das biblische Alter erhofft und ersehnt. Nun ist er gestorben. Ich bin seit dem Tod meiner Eltern nicht mehr so erschüttert gewesen wie gestern, als ich es in meiner Dorfzeitung las. Wie ein riesiger Schatten wird er weiter über uns, unserer Arbeit, über der gesamten Weiterentwicklung stehen, zwingend, unerbittlich, schneidend, und so gütig wie er war. Das einzig tröstliche ist, daß sein Geist so unwahrscheinlich fortzeugend lebt, daß er tatsächlich nur mit seinem Körper gestorben ist, und daß das Daimonion das ihn bewohnte, nur an Raum und Kraft gewinnen kann durch seinen Tod.

> Welches Glück für uns, Ihn gekannt zu haben, welcher Stolz für uns, daß wir ihn lieben durften und daß er uns liebte wie ein Vater.
> ...
> Ich finde, nach dem Tod des Meisters müßten seine echten Sprossen noch näher zusammenrücken und noch fester zusammenhalten.

Winfried Zillig hatte wenige Monate vor Schönbergs Tod in Frankfurt eine Aufführung von Schönbergs Klavierkonzert und sein Orchester-»Prelude« dirigiert und das Klavierkonzert auch in Stuttgart; seine eigene Oper »Troilus und Cressida« hatte ihm einen riesigen Publikumserfolg und »einen der gehässigsten Verrisse« seines Lebens eingebracht, wie er an Rufer vorher geschrieben hatte. Bald darauf kündigte ihm der Hessische Rundfunk, dessen erster Dirigent er seit 1947 war, die Stellung, und er zog sich auf sein oberbayerisches Landdomizil zurück, um sich ganz dem Komponieren und musikliterarischen Schriften zu widmen. Er nahm in dieser Zeit Gastdirigate an, acht Jahre später übernahm er die Leitung der Musikabteilung des Norddeutschen Rundfunks in Hamburg. Sein Buch »Variationen über Neue Musik« (1959), seine Aufsätze und Essays, seine autobiographischen Notizen und seine in verschiedenen Archiven bewahrten Briefe geben beredtes Zeugnis über die reine Denkungsart, über sein Verständnis für Komponisten und ihre Werke; unter seinen eigenen Kompositionen finden sich Meisterwerke der Musik des Jahrhunderts.

Winfried Zillig wurde am 1. April 1905 in Würzburg geboren. Sein Vater war Volksschullehrer in Würzburg und scheint viel für die Allgemeinbildung und menschlich tolerante Einstellung des Sohnes getan zu haben. Er ließ ihn das humanistische Gymnasium besuchen; nach Abschluß der Schulzeit begann Zillig ein Jurastudium an der Universität, doch die Musik interessierte ihn weit mehr als die Rechtslehre, und er nahm an Kursen des staatlichen Konservatoriums teil. Als noch nicht Zwanzigjähriger erfuhr er von Musik und Lehre Arnold Schönbergs und wagte einen Versuch, sich ihm in Wien vorzustellen. »Irgendwo in einem fränkischen Dorf«, erinnert sich Zillig 24 Jahre später, »– ich war da noch ein Bub – hatte mir die Dorflehrerin die Klavierstücke op. 11 von Schönberg vorgespielt. Von da an ließ es mich nicht mehr los. Dieser Blick ins Geheimnis einer ganz neuen, wunderbaren Welt beherrschte meine Wünsche und meine Gedanken. Es stand für mich fest, ich wollte

Winfried Zillig.

Schüler Schönbergs werden. Dabei hatte ich keine Ahnung, daß er ein berühmter, sogar von seinen heftigsten Gegnern anerkannter Lehrer war. Ich wußte auch von seinen sonstigen Werken recht wenig, denn in meiner Heimat galt schon Reger als ein Greuel der Moderne.«

Es war nicht leicht, in Wien zu Schönberg vorzudringen. Er war auf Reisen gewesen, und da er gerade die Berufung an die Akademie der Künste erhalten hatte, mußte er sich auf die Übersiedlung nach Berlin vorbereiten. Der junge Zillig fand Zugang zu Anton Webern und Heinrich Jalowetz, Schönbergs Wiener Schülern, und sie verhalfen Zillig zu der Einladung, Schönberg in Mödling zu besuchen. Winfried Zillig hat die Begegnung sehr eindrucksvoll beschrieben. Schönberg ließ ihn am

Klavier aus seinen Kompositionen vorspielen und wurde nicht müde, ein Werk nach dem anderen von ihm zu verlangen. Unter den frühen Kompositionen Zilligs waren ein »Chorkonzert« und »Der Einsiedler« für gemischten Chor und Orchester nach einem Text von Joseph von Eichendorff – Musik des 18- bis 19jährigen; Zillig hat viel später entdeckt, daß sich in seiner Musik zwölftönig gestaltete Motive und Phrasen befanden. Selbst von Zilligs Klaviervortrag empfing Schönberg einen Eindruck; er widmete ihm mehr als eine Stunde und studierte nach dem Zuhören schließlich auch die geschriebenen Partituren Zilligs. Er »könne nichts Abschließendes sagen«, doch seien »Anzeichen da, die auf Begabung schließen ließen«, sagte Schönberg dann. Er setzte eine erste Unterrichtsstunde fest; als darauf Zillig ihm gestand, daß er Sohn eines pensionierten Volksschullehrers sei und fürchte, er könne kein Honorar aufbringen, antwortete ihm Schönberg: »Honorar spielt bei mir keine Rolle.« Als Schönberg dann nach Berlin zog und Zillig als Schüler für die Meisterklasse einschreiben lassen wollte, wurde ihm auf Empfehlung Schönbergs auch dort das Schulgeld erlassen.

Zilligs Berliner Studienzeit in Schönbergs Meisterklasse dauerte vom Winterhalbjahr 1925/26 bis Frühjahr 1928. Schönberg ließ 1930 ein Werk von Zillig in den Akademiekonzerten aufführen. Damals war er nicht mehr Schüler Schönbergs und hatte eine Position als Solorepetitor an der Oper in Oldenburg angenommen, nachdem er bereits ein Jahr lang musikalischer Assistent Erich Kleibers an der Berliner Staatsoper gewesen war. Wie alle Meisterschüler Schönbergs in ihren Erinnerungen an die Berliner Kurse berichten, lehrte Schönberg die jungen Kompositionsschüler vor allem das Werk der größten Meister der Musik verstehen – Johann Sebastian Bach, Mozart, Beethoven, Brahms. Winfried Zillig hat in Aufzeichnungen zu einer Autobiographie betont, daß er vor allem zu diesen großen Meistern der Vergangenheit jene Beziehung fand, »die ihm erlaubte, auch extreme Visionen des musikalischen Einfalls stets in irgendeiner Form an die Tradition zu knüpfen. Zwar hatte der großartige Eindruck des inzwischen vielfach zerstörten Würzburger Barock in seinen Kunstanschauungen bewirkt, daß er nicht zu jener großen Gruppe junger Leute stieß, die in den zwanziger Jahren entrüstet alles Vergangene ablehnte und nur eine alles negierende Zukunft anstrebte. Aber erst Schönbergs Lehre vermochte in ihm die echten Verbindungen zur großen Vergangenheit bewußt zu klären und dadurch die Gefahr jeden gefühlsbetonten Epigonentums zu bannen. »Vor allem entdeckte er unter Schönbergs Anleitung die klassische Form«, schreibt Zillig über sich selbst.

In den halbjährlichen Berichten über die Meisterschüler, die Schönberg für die Preußische Akademie der Künste schrieb, erkannte er Zilligs »regelmäßigen« Besuch an, seine »ausgezeichneten, vielversprechenden Fortschritte«, und erwähnte als Kompositionen, die in Zillings Studienzeit entstanden waren, ein Streichquartett, Lieder mit Orchester, Kammermusik für Bläser und eine Serenade für Bläser. »Serenade« betitelte Werke hat Zillig zu verschiedenen Zeiten für verschiedene Instrumente und Ensembles verfaßt; die bei Schönberg entstandene »Serenade Nr. 1« für acht Blechbläser – 2 Hörner, 3 Trompeten, 2 Posaunen, 1 Tuba – zählt zu den originellsten Kompositionen Zilligs. Sie hat fünf Sätze: Fanfare-Marsch, Notturno I, Foxtrott, Notturno II und Finale. »Fanfare-Marsch« endet humorvoll mit einem kurzen Choral, der Georg Friedrich Händels Melodie »Tochter Zions« zitiert: Huldigung des 22jährigen Komponisten an eine jüdische Freundin … Später schrieb Zillig »Serenade Nr. 2« für Violine, Viola, Violoncello, 2 Klarinetten, Fagott, Cornet à piston, Trompete und Posaune; »Serenade Nr. 3« für Klavier und weitere Klavier-»Serenaden«, die er in Konzerten und im Rundfunk selbst gerne vortrug; er war ein hervorragender Pianist ebenso wie ein großartiger, überzeugender Dirigent.

Als Winfried Zillig die Uraufführung der »Serenade Nr. 2« am 20. Mai 1930 in einem Konzert von Schönbergs Meisterschülern in der Berliner Singakademie dirigierte (er war zu der Zeit nicht mehr Mitglied der Meisterschule) – die anderen Orchesterwerke im Programm waren ein Konzert für Blasorchester von Nikos Skalkottas und eine Sinfonie von Norbert von Hannenheim (beide von Skalkottas dirigiert) –, schrieb der bedeutende Musikreferent der »Deutschen Allgemeinen Zeitung«, Walter Schrenk, am 23. Mai, man könne an allen drei vorgeführten Werken beobachten, daß sie »von Musikern stammen, die außerordentlich viel gelernt haben«. »So ist zum Beispiel die SERENADE NR. 2 von Zillig ein im Kompositionstechnischen bewundernswertes Stück – ich weiß aus dem Gebiet der neueren Literatur kaum ein zweites zu nennen, das diesem an Kompliziertheit der Faktur gleichkommt. Ein *wesentlicher* Wert ist damit allerdings noch nicht geschaffen, und jedenfalls bleibt zu fragen, ob der Aufwand an ›Arbeit‹ dem Gehalt des Werkes entspricht.

Diese Frage glaube ich bejahen zu dürfen: alle vier Sätze sind erfüllt von starkem intensivem Ausdruck. Aber nur *der* wird das Ausdrucksshafte dieser Musik empfinden, dem es gelingt, ihr ›Melos‹ aufzufassen ... Alle Stimmen der Partitur haben ein lineales Eigenleben, die vertikale Beziehung ist fast völlig aufgehoben.« Schrenk empfindet »die Fremdheit des Klanglichen und Melodischen ungemein groß, doch im Gegensatz zu den komplizierten Variationen des zweiten Satzes steht das geistreiche und feine Schluß-Rondo, ein stilisierter Foxtrott mit unmittelbarer Wirkung«.

»Noch heute«, schrieb Zillig 1949, »denke ich mit tiefer Dankbarkeit und mit Bewunderung an das erste Zusammentreffen mit Schönberg. Die Unterrichtsstunden in Wien und dann in Berlin ließen es mir wie Schuppen von den Augen fallen. All die Dinge, die der Unterricht meiner bisherigen Lehrer, der sich auf einen blassen Ästhetizismus beschränkte, verschwiegen hatte, wurden am Beispiel der großen Klassiker ruckartig klar: Bau eines Themas, eines Seitensatzes, einer Überleitung, einer Durchführung, Unterschied zwischen Haupt- und Seitensatz, und so vieles andere. Und in all den Jahren, den Lehrjahren und dann den Berufsjahren, die mich als Dirigenten durch die harte Schule des Theaters führten, war und blieb Schönberg der unendlich gütige, väterliche Freund, der in allen Fragen des Berufs rührend hilfreich war.«

Zillig hat den Kontakt mit Schönberg auch aufrechterhalten, nachdem Schönberg in die Emigration gezwungen worden war, auf Wegen, die für Zillig nicht ungefährlich waren. Sobald es 1945 wieder möglich wurde, in Deutschland die Musik Schönbergs – und Gustav Mahlers – nach der zwölfjährigen Unterbrechung des »Tausendjährigen Reiches« aufzuführen, hat Winfried Zillig ostentativ Mahlers Sinfonien und Werke von Schönberg dirigiert, und es war fast selbstverständlich, daß ihm die Vervollständigung von Schönbergs unvollendeter Partitur des Oratoriums »Die Jakobsleiter« übertragen wurde, die dieses große Werk aufführbar machte.

Als bei Musikern und konservativen Hörern nicht sehr beliebter Dirigent zeitgenössischer Musik hat Zillig ein Leben lang gegen Intrigen verschiedenster Seiten zu kämpfen gehabt. Intrigen waren auch am Werk, um ihn an der Uraufführung des Oratoriums zu hindern, obwohl Gertrud Schönberg, die Witwe des Komponisten und Inhaberin der Rechte an seinem Werk, ausdrücklich gewünscht hatte, daß Zillig die

Uraufführung dirigierte. Sie fand schließlich im Juni 1961 unter der Leitung Rafael Kubeliks statt.

Bevor Zillig in den letzten Jahren seiner beruflichen Arbeit als Chefdirigent beziehungsweise Leiter der Musikabteilung von Rundfunkanstalten wirkte – zuerst in Frankfurt (1947–1951), dann in Hamburg (1959–1963) –, war er hauptsächlich als Opernkapellmeister bekannt: seine erste Stelle war Oldenburg 1928, 1937 ging er nach Essen, in Posen war er 1940 bis 1943 Opernleiter, schließlich wieder 1946 in Düsseldorf. In den Nazijahren verstand er es, sich von Politik und besonderem Hervortreten abseits zu halten, und wo er eigene Musik aufführen konnte, durfte, hatte er Werke leichterer Stilart parat, wie etwa eine »Tanz-Sinfonie« oder »Lustspiel-Ouvertüre«. Als er seine erste Opernkomposition, »Rosse« (»Der Rossknecht« nach einem Libretto von Richard Billinger), in Düsseldorf uraufführen lassen konnte – Jascha Horenstein dirigierte sie am 11. Februar 1933 –, bereitete ihm das Publikum einen großen Erfolg, die Presse war zum Teil gehässig und warf dem Komponisten Schönberg-Anhängerschaft vor. Viele deutsche Bühnen interessierten sich für die Oper, und manche setzten sich auch für sie ein, doch bald verschwand sie im Laufe des »Kampfes gegen die Entartung der Musik« vom Spielplan. Erst im November 1963 wurde die Oper wieder gespielt, in Linz mit der gleichfalls von Billinger angeregten Oper »Das Verlöbnis«, die an diesem Abend uraufgeführt wurde. Damals schrieb Erwin Mittag: »Zillig war Schönberg-Schüler und bewahrt den Prinzipien seines Lehrmeisters konzessionslose Treue, ohne deshalb in epigonales Kopieren zu verfallen ... es fällt weniger der konstruktive Charakter dieser Musik als ihre Ausdrucksfähigkeit auf.« Mittag erwähnt Anregungen aus »Wozzeck« und die Verwendung folkloristischer Tanzrhythmen, welche der »Terzen- und Sextenfreudigkeit des alpenländerischen Ländlers gespensterhaft Züge verleihen«. Auffallend ist es hingegen, daß Zillig eine grundlegende Tonreihe konzipiert hat, die in der erst nach »Rosse« komponierten »Lulu«-Oper Alban Bergs erscheint.

In dem einaktigen Drama des Kleist-Preisträgers Richard Billinger wird ein mit seinem Pferde engstens verbundener Roßknecht zum Mörder und Selbstmörder, weil er fürchtet, die Maschine werde in Zukunft die ihm so lieb gewordenen Pferde vom Felde verdrängen. Es ist dieser dramatische Konflikt, der Zillig zu seiner vielgestaltigen Partitur inspiriert hat. Was der Rezensent »folkloristisch«, ja »alpenländerisch« nennt, hat wohl zu dem skurrilen Brief geführt, der sich in Winfried Zilligs Nachlaß gefunden hat, dem Brief eines berühmten Komponisten, der, wie Zillig, auch ein großer Dirigent war.

> Herrn Kapellmeister Zillig, 11. 11. 1934 –
> Wenig geehrter Herr!
> Im Auftrage mehrerer Mitglieder der VIGREK (Verein im Grabe rotierender ehemaliger Komponisten) müssen wir schärfste Verwehrung dagegen einlegen, daß Sie auf deren Kosten zum Millosionär zu werden versuchen. Ihre dunklen Lachenschaften sind erkannt. Wir würden uns im Wiederholungsfalle gezwungen sehen, bei der Reichsfolterkammer [1934 schrieb er das!] in Schottland gegen Sie Beschwerde einzureichen.
> Herr Paul Linke teilt uns mit, daß er Ihren Roßknecht bearbeitet hat [der Roßknecht Franz ist die Hauptfigur der Oper »Rosse«]. Die Fassung für zwei Großmütterchen-Violinen und Pianoforte mit Text ad lib. ist bereits im Plagiatoren-Verlag erschienen. Wir bitten Sie, Herrn Linke das ihm zustehende Honorar zu überweisen.
> Zum Schluss haben wir die Ehre, Ihnen mitzuteilen, daß Sie zum Ehrenmitglied des Konsumvereins »Musikalische Blās-Phemien« vorgeschlagen wurden. Ein entsprechendes Zirkuslar wird Ihnen zugehen.
>
> Mit artistischem Hepp
>
> VIGREK.

Unterschrieben ist der Brief (als dessen Absendeort der Schreiber des Briefes »Glei-Witz bei Witzleben« angibt) von … von Dr. Richard Strauss (der übrigens den Namen Paul Linke mit »k« und nicht wie korrekt mit »ck« schreibt).

Wo könnte Herr Dr. Richard Strauss Zilligs Oper wohl gesehen, gehört haben? Theaterzettel von Aufführungen, die nach der Uraufführung im Düsseldorfer Opernhaus 1933/34 noch stattgefunden haben könnten, konnten nicht aufgefunden werden. Der Verwalter des Richard-Strauss-Nachlasses, Herr Richard Strauss Enkel, der den Abdruck des Briefes freundlicherweise gestattet hat, kann sich nicht vorstellen, daß sein Großvater die Aufführung einer solchen Oper hätte besuchen wollen; vielleicht hat Richard Strauss bei einem Zusammentreffen mit Paul Lincke, dem populären Komponisten der Berliner Operette und des »Glühwürmchen-Idylls«, sich in Berlin über »den Fall« unterhalten.

In Düsseldorf fand auch die Uraufführung von Zilligs »Troilus und Cressida« statt. Am 10. Februar 1951 schrieb der Komponist an Josef Rufer: »... vierzig Vorhänge und ein beifallstobendes Publikum fast nur aus Fachleuten sind eben doch zu verdächtig. Noch verdächtiger, daß die Partitur nur einfach großartig klingt. Ob nun Schichtungen bis zu 12 Tönen aufeinander liegen, ob die seltsamsten Instrumentations-Sächelchen riskiert sind, immer klingt es toll. Und scheinbar darf neue Musik nicht gut klingen ... Ich war jedenfalls mehr als glücklich über eine Aufführung, die die sagenhaften Schwierigkeiten des Stücks in Selbstverständlichkeiten wandelten« ... »Steinecke (d.i. Wolfgang Steinecke, später Initiator und Leiter der Kranichsteiner Musiktage für avantgardistische Musik) hat mir einen der gehässigsten Verrisse meines Lebens geschrieben: Als Vorbilder des ›Troilus‹ nannte er Löns (für den Text) und Léhar für die Musik. Wenn er damit bestätigt, daß das Stück (im Gegensatz zu vieler neuer Musik) auf breitester Basis ›ankommt‹, so muß ich auch das als Kompliment wider Willen werten.«

Die Uraufführung des Werkes nach William Shakespeares Drama war »mit fürstlich wenig Proben« realisiert worden, doch (so schrieb Zillig an Rufer) »die Chöre sangen grandios, das Orchester zog sich mit Anstand aus der Affaire, die Presse ohne denselben«. Kurz darauf kam »eine schlichte, kurzgefaßte Kündigung des Hessischen Rundfunks zum Saisonende – sie hat nicht mit meiner Person und meiner Arbeit zu tun, wie es darin so hübsch heißt, sondern nur mit Umdispositionen, wie sie der Funkrat beschlossen hat. Sie lauten: Da das Orchester in den letzten drei Jahren so außerordentlich gut wurde, geradezu europäisch – sicher aus Resistance gegen seinen miserablen Dirigenten, kann man ihm (dem Orchester) füglich nur noch, indem man nun auch nach dieser Seite hin das Niveau ruckartig hebt, größte Stars als Gastdirigenten vorsetzen«, kommentiert Zillig ironisch und sagt weiter: »Wenn man die gewünschten Namen alle hört, könnte man da eigentlich nur ›Heil H.‹ sagen. Auf jeden Fall weiß ich, daß mir mein Kampf um die Neue Musik den Hals gebrochen hat.«

Nachdem Winfried Zillig den Hessischen Rundfunk 1951 verlassen hatte, widmete er sich viele Jahre lang vor allem dem Komponieren, hielt

Gastvorträge, verfaßte Aufsätze über zeitgenössische Musik. An Hanns Eisler schrieb er am 6. September 1957: »Wenn ich heute nur als Gastdirigent tätig bin, so hat das seinen Grund, daß ich am Ende meiner Frankfurter Tätigkeit vor der Frage stand, ob ich mich von dem Moloch einer großen Dirigiertätigkeit verschlingen und das Komponieren sein lassen wollte, oder ob ich wieder ein vernünftiges, einem Musiker und wie ich glaube, echtem Komponisten erträgliches Mass zwischen Schreibtisch und Pult herstellen wollte.« Zillig hat Eisler in Wien getroffen und sich mit ihm über die Möglichkeiten eines Gastdirigats in Berlin sowie einer Aufführung seiner Oper »Das Opfer« unterhalten. Die Oper war in Hamburg 1937 uraufgeführt worden – »nur dort war so etwas damals überhaupt möglich«, schrieb Zillig: »Ich halte es für mein bestes Stück, es verstarb 1937 rasch im III. Reich, die Aufführungen wurden schnell trotz oder wegen des Sensationserfolgs von Göbbels gestoppt – ich glaube übrigens gerade in diesem Stück erstmalig eine Synthese zwischen Tonartlichem und Zwölftönigem gefunden zu haben, die der alte Schönberg offensichtlich selbst immer wieder erstrebte.«

In den Jahren freien Schaffens entstand die endgültige Fassung von Zilligs 1932 zuerst komponiertem Konzert für Violoncello und Blasorchester, die 1952 mit Siegfried Palm als Solisten uraufgeführt wurde, und es entstanden eine Reihe von Vokalwerken – für Solostimme mit Klavier oder Orchester, für Chor mit oder ohne Instrumentalbegleitung. Unter den Dichtern, deren Poesie er vertont hat, waren Goethe, Eichendorff, Hölderlin, Paul Verlaine, auch Bertolt Brecht. Zilligs Lieder für Sopran schrieb er für seine Gattin Ilse Zeyen und begleitete sie am Klavier in Konzerten und Rundfunksendungen.

Seine letzten Lebensjahre verbrachte er – ab 1959 – zum Teil als Leiter der Musikabteilung des Norddeutschen Rundfunks in Hamburg und zum Teil in seinem ländlichen Domizil in Lampoding über Traunstein – dort entstanden noch vokale und Orchesterwerke, eine Oper, eine Funkoper, eine Violoncello-Solosonate, ein Violinkonzert und »Fantasia, Passacaglia und Fuge über den Meistersinger-Choral«, dazu Aufsätze und Material für seine beiden Bücher »Von Wagner bis Strauss – Die Wegbereiter der Neuen Musik« (worin er Strauss, der ihn ironisch geschmäht hatte, sehr eingehend, objektiv und positiv als großen Musiker würdigte) und »Die neue Musik – Linien und Portraits«.

Zillig war wohl, was auch aus seiner Musik herausklingt, ein außeror-

Aufführung des Dramas »Bauernpassion« von Richard Billinger, Musik von Winfried Zillig, Bad Hersfeld 1960; v. l.: Billinger, Joachim Klaiber (Regisseur), Zillig.

dentlich sensibler Mensch. Er liebte die Natur und zog sich inmitten seiner vielen Arbeiten immer wieder in sein bayerisches ländliches Heim zurück. In einem Brief an Arnold Schönbergs Witwe Gertrud beklagt er am 29. März 1960, daß die Kombination seines neuen Lebens, des Hamburger Jobs mit den Resten seines künstlerischen Privatlebens, »auch die letzte Sekunde verschluckt: Ich selbst werde demnächst wieder ein um ein Jahr älterer Esel und überlege mir jeden Tag ernsthaft, ob ich nicht ein Idiot bin, so viel zu schuften, anstatt mich, wie ich es leicht könnte, auf mein Dorf zu setzen, ein Stück Notenpapier vor mich zu nehmen, in meinem Garten zu buddeln und im Wald Blümchen zu suchen. Aber anscheinend können wir ohne Hetze nicht mehr leben.«

Eine Herzensangelegenheit war es für Zillig, Musikern und Musikhörern der jüngeren Generation die Musik Arnold Schönbergs nahezubringen, sie zu erklären und zu deuten und als Dirigent zur Aufführung zu bringen. So hat er auch Musik des in Deutschland kaum bekannten amerikanischen Komponisten Charles Ives und des jungen Luigi Nono dirigiert. In seinen Aufsätzen und Vorträgen hat er viele interessante Beobachtungen und Erlebnisse aus seiner Studienzeit bei Arnold Schönberg berichtet. So schrieb er in einem Aufsatz über Schönberg, daß das erste Orchesterwerk im strengen Zwölftonsystem, Schönbergs Variationen op. 31, die Wilhelm Furtwängler mit den Berliner Philharmonikern 1928 uraufführte, seine Entstehung »dem geringen Fleiß der Schüler, die Schönberg damals in Berlin um sich versammelt hatte«, verdanke: »... er arbeitete mit der Klasse an dem Problem Variation. Jeder der Schüler sollte selbst ein Variationenwerk schreiben. Keiner tat es. Bis eines Tages Schönberg die Variationen op. 31 auf den Tisch legte und sagte, nun sei wenigstens er selbst fleißig gewesen.«

Wie fast alle Meisterschüler der Klasse Schönbergs in Berlin – und auch seine früheren Wiener und seine späteren amerikanischen Schüler – betont haben, hat Schönberg nur ganz selten über seine Methode der Komposition mit zwölf aufeinander bezogenen Tönen, oder überhaupt über sein eigenes Werk, gesprochen. Wichtiger waren ihm die großen klassischen Vorbilder, Meister großer Musik.

Die Kompositions-Meisterschüler, die in den gleichen Jahren wie Winfried Zillig in Berlin bei Schönberg studierten – Robert Gerhard-Castells, Walter Goehr, die Amerikaner Adolph Weiss und Marc Blitzstein, Walter Gronostay, die Jugoslawen Miroslav Spiller und Leo Weiss, die Berliner Johannes Moenck und Max Walter, die Griechen Charilaos Perpessa und Nikos Skalkottas, Alfred Keller, Josef Zmigrod, Hansjörg Dammert und Peter Schacht –, sind künstlerisch außerordentlich verschiedene Wege gegangen, und der Verlust von Lehre und Fürsorge Schönbergs und der Einbruch der aller ehrlichen Kunst fremden »nationalsozialistischen« Politik und Mentalität haben jeden von ihnen auf neue, oft tragische Wege gestoßen. Besonders befreundet war Zillig mit dem erbitterten Nazi-Gegner und Kriegsgegner Peter Schacht aus Bremen, der tragischerweise kurz vor Ende des Krieges an der Front Opfer dessen wurde. Zillig hat, wo immer er konnte, Musik von Peter Schacht aufgeführt und sein Schicksal unendlich betrauert. Aus seiner Abneigung gegen das Regime hat Zillig kein Hehl gemacht; nicht nur hat er anscheinend unvorsichtige Äußerungen gewagt, sondern auch in seinen Vertonungen bedeutender Lyrik Gedichte ausgewählt, deren tiefgehende Gedanken den Widerstand gegen Macht und Terror widerspiegeln; wie etwa die »Vergessenen Weisen« nach Gedichten von Paul Verlaine in deutscher Nachdichtung von Stefan George. Zillig hat diesen

Zyklus von sechs Gedichten 1941 komponiert, aber erst 1958 veröffentlichen lassen – die Liebe zu einer Geliebten ist hier verglichen mit der Liebe zum Vaterland:

> Ja, ich leide da ich dich geliebt,
> Doch ich halte wie ein Krieger stand.
> Der noch liebevoll ein Leben gibt,
> Blutend für ein undankbares Vaterland …

In diesem Lied ein Anklang an einen Trauermarsch, in anderen Liedern Mischungen von getrübter populärer Melodik und scharfen Klängen machen bewußt, daß diese Vertonungen französischer Lyrik in moderner deutscher Sprache zu einer Zeit entstanden sind, als deutsche Soldaten Frankreich, das Land des Dichters, besetzt hatten.

Es ist nicht verwunderlich, daß es den sensiblen Zillig hart getroffen hat, daß er sich schließlich trotz allem einem Entnazifizierungsverhör unterziehen mußte: »Der wenigen Entarteten Überlebender einer«, schrieb er in einem Brief vom 5. Februar 1946, »ein alter Hasser der Nazis, wird, nachdem er von den Nazis stets verdächtigt und gedrückt war, nunmehr zum Nazipropagandisten zu stempeln versucht. Welcher Hohn und welche Dummheit! Und weiterhin die Unterdrückung des Individuums, weiterhin der Weg vom Humanismus über den Nationalismus zum Bestialismus (Grillparzer). Aber sie sollen mich gerne haben. Ob ich nun meine Werke freiwillig im Kasten halte wie bei den Nazis, um dem Terror zu entgehen, oder gezwungen, lo stesso! Das Werk lebt sein eigenes geheimnisvolles Leben und wird seine Zeit finden.«

Winfried Zillig starb in Hamburg am 18. Dezember 1963 im Alter von 58 Jahren.

»Schönbergs Werk wird, davon bin ich überzeugt«, schrieb Winfried Zillig in einem »Stilportrait« prophetisch, »durch viele Aufführungen, die ich dirigieren durfte, wachsen wie sehr gutes Holz, langsam aber stetig. Und es wird eines Tages kein Witz mehr sein, was Schönberg bei der ersten Aufführung seiner Kammersinfonie op. 9 (1907) in Wien erlebte. Bei der ersten Probe lachten die Musiker laut über soviel vermeintlichen Irrsinn. Schönberg wurde sehr erregt und sagte: Meine Herren in hundert Jahren wird man diese Musik überall spielen. Worauf einer der Musiker entgegnete: Warum spielen wir sie denn dann heut schon?«

ROBERTO GERHARD –
ZEICHEN DES TIERKREISES

Schönberg der Lehrer hielt sich für einen Meister, der sein Handwerk lehrt. Er hat oft gesagt, so hätte wahrscheinlich ein großer Maler der Renaissance-Epoche mit seinen Schülern im Studio gearbeitet.

ROBERTO GERHARD (1961)

ROBERT GERHARD-CASTELLS, in Spanien als Sohn einer elsässischen Mutter und eines deutsch-schweizerischen Vaters geboren, Schüler Arnold Schönbergs in Wien und Berlin und lebenslanger Freund seines Meisters, mit dem er in ständigem Briefwechsel blieb, 1939 in England heimisch geworden und als Roberto Gerhard international bekannt, hat in seinen letzten Lebensjahren drei Werke komponiert, die Titel aus dem Tierkreis tragen: »Gemini« (Zwillinge), »Libra« (Waage) und »Leo« (Löwe). »Leo« war sein letztes vollendetes Werk (1969), bevor er im Jahre darauf, mitten in der Arbeit an seiner Fünften Sinfonie, starb.

»Ich habe ganz allgemein eine gewisse Schwäche für Astrologie und besonders auch für Horoscope«, schrieb Gerhard, als die Partitur von »Libra« 1968 veröffentlicht wurde, »und ich glaube, daß Menschen, die unter denselben Tierzeichen geboren sind, gewisse deutlich-erkennbare gemeinsame Charaktereigenschaften haben. Ich weiß nicht, ob die meinen in ›Libra‹ ausgewiesen sind – ›Libra‹ ist mein eigenes Tierkreis-Zeichen – und wenn das so ist, möchte ich annehmen, daß dies – so wie in der persönlichen Handschrift – einem äußersten Fehlen an Selbstbewußtsein zuzuschreiben ist, das dem Schreiben zugrundeliegt. Es wäre ein zusätzlicher Grund, wenn einer verlangt würde, anzunehmen, wie ich es tue, daß überhaupt gar nichts in Musik gesagt werden kann, was das ›Herz der Sache‹ angeht. Viel könnte im Gegenteil über die Art und Weise gesagt werden, wie der Komponist technisch arbeitet. Aber auch

Roberto Gerhard.

das ist größtenteils überflüssig; wer eine Partitur gut lesen kann, findet das meiste sowieso selbst. Und ich vermute, daß es viel mehr Freude macht, etwas selbst herauszufinden als daß man es gesagt bekommt. Was den Musikfreund betrifft, glaube ich, daß er diesen Aspekt besser unbeachtet läßt und sich kompromißlos dem Klang der Musik hingibt: er mag versichert sein, daß der Sinn der Musik im Klange liegt.«

Aus einem Brief Roberto Gerhards an Ates Orga – den Autor aufschlußreicher Essays über den Komponisten und seine Werke in britischen Musikzeitschriften und im Programmbuch für die »Schoenberg-Gerhard Series« der »London Sinfonietta« (Oktober und November 1973), in der die gesamte Instrumental- und Kammermusik des Meisters und seines Schülers unter der Leitung von David Atherton zur Aufführung kam – wird deutlich, daß Gerhard in der Musik von »Libra« etwas von seinem eigenen Charakter und in »Leo« etwas von dem seiner Gattin zum Ausdruck bringen wollte. Im Vorwort zu »Leo« schrieb der Komponist: »Ich denke an die träge Friedfertigkeit des Löwen, solange man ihn unbehelligt läßt, oder an seinen furchterregenden Ausbruch, wenn er gereizt wird. Ich wollte immer der unbeirrbaren, natürlichen, nicht anmaßenden Selbstsicherheit und der fürchterlichen Kampfkraft, die dem Löwen zu eigen sind, Ehre erweisen ... LEO zeigt den Weg, wie ich das zu tun versucht habe.«

LEO

Roberto Gerhard

Printed in Great Britain
OXFORD UNIVERSITY PRESS, MUSIC DEPARTMENT, 37 DOVER STREET, LONDON W1X 4AH

Printed by permission

»Leo«, die erste Seite von Roberto Gerhards letzter Komposition.

»Die Eigenschaften, die ich im Löwen so sehr bewundere«, schrieb Roberto Gerhard an Ates Orga, »fehlen mir als *Waage*-Mann leider ganz.« Der Komponist, der in den letzten anderthalb Jahren seines Lebens (in denen »Libra« und »Leo« entstanden) ernsthaft krank war, verband in diesen beiden Werken sein eigenes Tierkreisbild mit dem seiner Gattin, doch schrieb er: »... ein Titel ist ein nützlicher Hinweis ... wie weit ein Hörer glaubt, daß ein gegebener Titel etwas über die Musik aussagt, ist seine eigene Sache«. »Libra« und »Leo« gehören jedenfalls zu Roberto Gerhards ausdrucksstärksten Kompositionen. Das Duo »Gemini« erhielt seinen Titel anscheinend erst nach seiner Uraufführung im September 1966; das »Duo Concertante« für Violine und Klavier ist ein virtuoses Werk voller gegensätzlicher Abschnitte, im Wechsel lyrisch-ausdrucksvoller und dramatisch-spannender Episoden von starkem Impakt im Rahmen eines nur zwölf Minuten dauernden farbenfrohen, temperamentvollen Werkes eines fast siebzigjährigen Komponisten.

Robert Gerhard-Castells wurde am 25. September 1896 in Valls nahe Tarragona im katalanischen Spanien geboren, und obwohl die Eltern keine Spanier waren, galt Gerhard zeit seines Lebens als spanischer Komponist. Er hatte ja auch seine grundlegende Ausbildung in Spanien erhalten und hielt sich dort im Laufe seines Lebens von Zeit zu Zeit beruflich für längere Perioden auf. Die Eltern sandten den heranwachsenden Sohn in die Schweiz, damit er dort eine kaufmännische Lehre absolvieren könne. Er wollte sich gerne der Musik widmen, aber die Eltern bestanden auf einem praktischen Studium. Das Kaufmännische wurde Robert aber bald zuwider, und er kehrte nach Spanien zurück, fest entschlossen, ernsthafte Musikstudien zu beginnen. Als Neunzehnjähriger (1915) nahm ihn einer der berühmtesten spanischen Musiker, Enrique Granados in Barcelona, als Klavierschüler an. Granados kam, 49jährig, im März 1916 beim Unterseebootkrieg im englischen Ärmelkanal um; Gerhard widmete sich dem Kompositionsstudium bei dem anderen großen spanischen Komponisten der Zeit, Felipe Pedrell, der auch Lehrer von Manuel de Falla, Granados und Isaac Albéniz war. Gerhard blieb bei Pedrell bis zu dessen Tod 1922. Unter seinem folkloristischen Einfluß entstand Gerhards als »op. 1« bezeichneter Liederzyklus »L'Infantament Meravellós de Schahrazada«, nach Versen einer katalanischen Version von »Tausendundeiner Nacht« von López Picó. Auf den Stil des 1917 komponierten Opus 1 kam Roberto Gerhard 24 Jahre später zurück, als er in England seines Lehrers in einem Liederzyklus gedachte, dessen Texte und Melodien er hauptsächlich den Volksmusik-Sammlungen Pedrells entnahm.

Nachdem Gerhard seine beiden großen Mentoren verloren hatte, fühlte er, daß er seinen musikalischen Horizont erweitern müsse. Er unternahm das Wagnis, sich an Arnold Schönberg in Wien zu wenden und diesen zu bitten, ihn als Privatschüler aufzunehmen. Er kam 1923 in Wien an, und Schönberg akzeptierte ihn. Damit begann – nach der anfänglichen Meister-Schüler-Beziehung – eine Freundschaft fürs Leben. Als Gerhard 1930 die Wienerin Leopoldina (Poldi) Feichtegger heiratete, befreundeten sich auch die beiden Gattinnen, und Gertrud Schönberg hat die lebhafte, mit »Poldi« gewechselte Korrespondenz nach Schönbergs und nach Gerhards Tod weitergeführt.

Im August 1924, ein Jahr nachdem er die Studien begonnen hatte, schrieb Gerhard in das Huldigungs-Album, das Schönbergs Wiener Schüler zu seinem 50. Geburtstag zusammenstellten: »Ich bin noch gegenwärtig in der Lehre. Ich wurde Schüler des Meisters im Dezember 1923. Bis jetzt erhielt ich Unterricht in der Harmonie und in der Instrumentation. Nun bin ich beim einfachen Kontrapunkt. Alles Andere bleibt mir noch zu lernen! Roberto Gerhard. Wien, August 1924.«

Robert Gerhard-Castells folgte Arnold Schönberg, als er nach Berlin übersiedelte. In Wien war er Schönbergs Privatschüler gewesen; in Berlin trat er in die Meisterklasse Schönbergs an der Preußischen Akademie der Künste ein. Dort war er vom 1. Januar 1926 bis zum 31. Dezember 1928 eingetragen. In seinen halbjährlichen Aufzeichnungen über die Teilnehmer bescheinigt Schönberg Gerhard im Sommerhalbjahr 1926 regelmäßigen Besuch, aber »augenblicklich geringen« Fortschritt, »er befindet sich derzeit in einer Krise, welche über seine Zukunft als Komponist vielleicht entscheiden wird«. Er schreibt kompositorische »Übungen«; »unvollendet« ist eine Bläser-Kammermusik. Im Winterhalbjahr 1926/27 ist der Fortschritt »befriedigend«, Gerhard schreibt »Variationen für Klavier, Kammermusik für 10 Bläser«. Im Sommersemester 1927 ist der Fortschritt »gut«, und Schönberg erwähnt ein Streichquartett. Interessanterweise hat Schönberg diesem Bericht eine Notiz angefügt: »Alle Schüler haben außer ihren Kompositionen noch Lücken ihrer theoretischen Ausbildung ausgefüllt und in meinen Kursen durch Analysen und theoretische Arbeiten ihr Wissen erweitert.«

Im Winterhalbjahr 1927/28 ist Gerhards Fortschritt »gut«; Kompositionen sind keine angeführt. Im Sommersemester 1928, dem letzten Studienjahr Gerhards in Berlin, nennt Schönberg den Fortschritt wieder »gut«, Kompositionen beschränken sich auf »diverse Versuche«. Es scheint also, daß die von Schönberg vermutete »Krise« längere Zeit angedauert hat und vielleicht auf den für Gerhard sicherlich schroffen Wechsel aus der folkloreinspirierten spanischen Musik in die so ganz anders geartete musikalische Sphäre Berlins und die Schönberg umgebende Schülerschaft zurückzuführen ist, denn Schönberg nannte Fortschritt und Werk einiger anderer Schüler dieser Zeit »sehr gut«, ja »ausgezeichnet«. Gerhard gehörte wohl zu den Komponisten, deren Entwicklung zu musikalischer und auch satztechnisch fundierter Meisterschaft langsam, aber gründlich vorangegangen ist. Am 8. Juni 1949 schrieb Schönberg aus Amerika an Gerhard, der inzwischen in England lebte: »Ich habe von Ihren großen Erfolgen in der letzten Zeit gehört. Alle Welt schreibt mir darüber. So sind Sie also großer Komponist endlich worden und ich bin viel zu klein als daß Sie mich wiederum mit einem Brief beehren würden. Wie? Aber allerdings muß ich zugeben es ist meine Schuld« – Schönberg hatte keine Zeit gefunden, auf einen sehr langen Brief Gerhards zu antworten.

Im Jahr 1929 hatte Gerhard Berlin verlassen und war nach Spanien zurückgekehrt. Er nahm in Barcelona eine Stellung als Musikprofessor an der Escuela Normal de la Generalidad an; in Barcelona traf er auch Poldi Feichtegger und heiratete. Von 1932 bis 1938 war er Leiter der Musikabteilung in der katalanischen Bibliothek und Herausgeber von katalanischer Musik des 18. Jahrhunderts, komponierte Vokal- und Ballettmusik. In den Jahren 1937/38 war er auch Berater des Kulturministeriums der katalanischen Regierung und des Musikzentrums der republikanischen Regierung. Nach der Niederlage der Republikaner im Spanischen Bürgerkrieg – Barcelona fiel am 26. Januar 1939 – flüchtete Gerhard zunächst mit seiner Frau nach Paris und freundete sich mit Künstlern der Pariser Avantgarde an. Rechtzeitig vor Ausbruch des Weltkrieges erreichte ihn eine Einladung des King's College in Cambridge; der bedeutende Musikwissenschaftler Edward Dent hatte sich dafür eingesetzt, daß er ein Forschungsstipendium des College erhielt. Gerhard ließ sich in Cambridge nieder und blieb dort bis an sein Lebensende. Er wurde als Komponist erfolgreich und konnte sich als freischaffender

Künstler eine Existenz aufbauen – in den ersten Jahren vor allem dadurch, daß er Aufträge erhielt, Musik für das Fernsehen und den Rundfunk, für Film- und Schauspielmusiken zu schreiben. 1940 überzeugten ihn Freunde und Berufskollegen davon, daß er seinen Vornamen ändern und sich Robert*o* statt nur Robert nennen müsse – England stand im Krieg mit Deutschland, und als »Robert Gerhard« hätte er zu leicht als Deutscher gelten können. Erst seitdem ist der Komponist als Roberto Gerhard bekannt geworden. Er war des öfteren mit Kompositionen auf den Musikfesten der Internationalen Gesellschaft für Neue Musik vertreten: 1932 in Wien mit »Sechs katalanischen Liedern« für Sopran und Orchester; 1933 in Amsterdam mit »Passacaglia und Choral« aus der Kantate »L'Alta Naixença del Rei en Jaume« für Chor und Orchester; 1936 in Barcelona mit einer Suite aus seinem Ballett »Ariel« – interessant ist es, daß er auch in Spanien noch als »Robert Gerhard-España-Catalunya« im Programm verzeichnet ist; 1947 in Kopenhagen; 1951 in Frankfurt/Main; 1955 in Baden-Baden und Juni 1971 in London: »Leo« – »in memoriam«, der Komponist war im Januar des Jahres gestorben.

Gerhards Tätigkeit in Cambridge wurde nur durch Gastvorlesungen und Kurse unterbrochen, die er in der Dartington Summer School of Music (1956), der University of Michigan, Ann Arbor (1960), und am Berkshire Music Center Tanglewood (1961) hielt. Im Jahre 1952 wurde er aufgefordert, für die British Broadcasting Corporation eine Reihe von Schönberg-Programmen vorzubereiten, vor allem über die Berliner Jahre 1925–1933, die er teilweise miterlebt hatte. Gerhard bat damals Josef Rufer brieflich, er möge ihm doch etwas über die Hintergründe des Berliner Lebens um die Zeit schreiben, er hätte wenig Einblick gehabt und könne sich an vieles nicht erinnern.

Im Laufe der Jahre 1952/53 zeigten sich erste Anzeichen einer Herzkrankheit, die Roberto Gerhard dann seine letzten Lebensjahre hindurch quälte; es sind dabei die letzten knapp zwanzig Jahre, in denen er seine wohl bedeutendsten Kompositionen schuf. 1963 dirigierte Leonard Bernstein mit den New Yorker Philharmonikern in New York die erste amerikanische Aufführung seiner Ersten Sinfonie; die Uraufführung war im Baden-Badener IGNM-Fest 1955 mit dem Südwestfunk-Orchester unter Leitung von Hans Rosbaud gewesen. Im November 1967 leitete William Steinberg die New Yorker Philharmoniker bei der Uraufführung von Gerhards Vierter Sinfonie (»New York«), die das Orchester in Auftrag gegeben hatte. 1960 war Gerhard britischer Staatsbürger geworden; 1968 ernannte ihn die Universität Cambridge zum Doctor of Music hon. causa. Im selben Jahr wurde Gerhard kritisch krank und konnte 1969 noch sein letztes vollendetes Werk komponieren – »Leo«.

Roberto Gerhard war ein außerordentlich vielseitiger Komponist; seine Schauspiel- und Filmkompositionen, Gelegenheitswerke, sind vom selben künstlerischen Niveau wie seine Musik für Kammerensembles und seine Sinfonien. Auch die Mittel elektronischer Musikproduktion hat er beherrscht. Dazu war er in allen Sphären der bildenden Kunst und der Literatur bewandert; Hans Heinz Stuckenschmidt hörte ihn Diderot sowohl wie T.S. Eliot treffend zitieren. In seinem in der Zeitschrift »Melos« I/1970 veröffentlichten Nachruf nennt ihn Stuckenschmidt einen »virtuosen Könner und Erfinder einer persönlichen Tonsprache zwischen Tradition und Erneuerung«: er war »unter den zehn seines Kreises, die Arnold Schönberg als Komponist gelten ließ«. (In seinem Essay »Der Segen der Sauce«, 1948 geschrieben, 1950 zuerst in »Style and Idea« veröffentlicht, nennt Schönberg seine Berliner Schüler Winfried Zillig, Roberto Gerhard, Nikos Skalkottas, Norbert von Hannenheim und Adolph Weiss zusätzlich zu Anton Webern, Alban Berg, Hanns Eisler, Karl Rankl, Gerald Strang.)

In fast allen seinen frühen Werken hat sich Gerhard mit den Traditionen spanischer Musik auseinandergesetzt. Nachdem er die Heimat verlassen hatte und in eine für ihn neue künstlerische Umgebung kam, verschwanden die spanischen Einflüsse in zunehmendem Maße, wenn er auch der spanischen Tradition weiterhin verhaftet blieb, Musik nach spanischen literarischen Vorlagen schrieb und für die BBC Vorträge über Meister der spanischen Musik hielt. Was Gerhard von seinen Unterrichtsjahren von Schönberg empfangen hatte, spiegelt sich in seiner Musik in höchst persönlicher, eigener Weise. Vor allem entfernte er sich in voller Absicht von den Formprinzipien der Wiener Tradition und entwickelte eine Art »athematischer« Musik, einen Stilbegriff von Alois Hába aufnehmend. Man hat in seiner Musik eine Verbindung der seriellen Strenge in der Nachfolge Schönbergs und frei entfalteter, scheinbar improvisatorischer Phantasie gesehen (Calum MacDonald, 1991) – »selbst in ihrer radikalsten und kompromißlosesten Form sind seine Werke von einer mediterranen Wärme und Leuchtkraft, einer düsteren Vision und einem trockenen Humor erfüllt, die von den wesensmäßigen

Wurzeln ihres Komponisten künden« (Einführung in Gerhards Werk, Katalog Boosey & Hawkes, 1991). Daß der Musikhörer sich »dem Klang der Musik hingeben« solle: »er mag versichert sein, daß der Sinn der Musik im Klange liegt«, hatte Roberto Gerhard in seinen Anmerkungen zur Komposition seines Tierzeichen-Werkes mit autobiographischem Hintergrund »Libra« geschrieben, und die großen Kompositionen Gerhards sind alle von charakteristischer Klangfülle. Besonders für das Klavier, das in den meisten seiner Werke eine wichtige Rolle spielt, hat er einerseits eine sehr perkussive Spielweise, andererseits aber eine außerordentlich klangvolle und farbenreiche virtuose Sprache entwickelt.

Arnold Schönberg hat sich sein ganzes Leben lang für Werdegang und Wirken seines Wiener und Berliner Schülers Roberto Gerhard interessiert, und es ist eine umfangreiche Korrespondenz zwischen Meister und Meisterschüler erhalten. 1929 hatte Gerhard Berlin verlassen und sich in Barcelona niedergelassen. Als Schönberg aus gesundheitlichen Gründen Berlin für einige Zeit verlassen mußte, um im warmen Klima eines südlichen Landes Heilung für Asthma- und andere Beschwerden zu finden, trat er mit Gerhard in Verbindung und bat ihn, bei der Suche für ein Domizil in Barcelona behilflich zu sein, vielleicht auch ihm zu Möglichkeiten von Aufführungen seiner Werke und zu Dirigaten zu verhelfen. Die Freundschaft zwischen Schönberg und Gerhard vertiefte sich in der Zeit von Schönbergs Aufenthalt – der Zeit, in der er die zwei Akte der Oper »Moses und Aron« vollendete, der Zeit auch, in der die Tochter Nuria geboren wurde. Im Juni 1932 kehrte Schönberg nach Berlin zurück.

Gerhard hat in seinen ersten Jahren in Barcelona kaum komponiert; ein einziges bedeutendes Werk war die fünfsätzige Suite für Chor und Orchester »L'Alta Naixença del Rei en Jaume«, nach Dichtungen von Josep Carner – nur zwei Sätze (»Passacaglia« und »Chorale«) wurden beim Amsterdamer IGNM-Fest 1933, vom Komponisten dirigiert, aufgeführt. Erst 1934 begann eine Periode kompositorischen Schaffens für Gerhard.

Mit Schönberg blieb Gerhard weiter in Verbindung, und er hat in Vorträgen und Aufsätzen über Schönberg als Lehrer und kompositorischen Erneuerer geschrieben. Von Kalifornien aus bat Schönberg Gerhard am 8. Juni 1949, sich bei einem Orgelmeister in Cambridge dafür einzusetzen, daß seine »Variationen über ein Rezitativ« in England bekannt gemacht würden. Schönberg schlug Gerhard auch vor, ihn in Los Angeles zu besuchen, doch ist daraus nichts geworden. In einem interessanten Brief reagierte Schönberg auf eine Mitteilung Roberto Gerhards, daß er vorhabe, nach Wien zu reisen. Schönberg schrieb ihm, daß Josef Rufer sich gerade für ein paar Wochen in Wien befinde, und teilte die Wiener Anschrift mit: »Suchen Sie ihn auf; er wird Ihnen über die Zwölfton-Komposition gute Auskünfte und Ratschläge geben ... Er kann Ihnen alles was an Literatur vorhanden ist, sehr gut nachweisen.«

Roberto Gerhard war gerade damals in einer Schaffensperiode des Forschens und Suchens. Es entstand eines der bedeutendsten Werke, das Klavierkonzert (1951 uraufgeführt). Er schrieb selbst, daß damit die Periode seiner »athematischen« Musik begann, die sich weniger auf melodische und kontrapunktische Entwicklungen eines Grundmaterials stützte, sondern eher auf stärkere Betonungen rhythmischer Beziehungen und Klangfarben-Entwicklungen. In den letzten zwanzig Jahren seines Lebens hat Roberto Gerhard mehr als dreißig bedeutende Werke geschaffen. Das umfangreichste und musikalisch inhaltsreichste Werk der letzten Jahre (1963/64 komponiert) war seine Komposition einer (von Gerhard selbst) dramatisierten englischen Fassung des Romans »La Peste« (1947) des 1960 verstorbenen Dichters Albert Camus. Die aufregende Partitur für Sprecher, Chor und ein stark besetztes Orchester mit vierfachen Blechbläsern, sechs Schlagzeugern, Klavier, Akkordeon, dreifachen Holzbläsern und Streichorchester wurde in der Royal Festival Hall in London mit Chor und Orchester der BBC und Stephen Murray als Sprecher am 1. April 1964 unter der Leitung von Antal Dorati uraufgeführt.

Als im Jahre 1965 der aus Wien stammende, seit 1938 in England lebende scharfsinnige Musikbeobachter und Musikschriftsteller Hans Keller eine Reihe von Interviews mit Persönlichkeiten aus dem Umkreis Arnold Schönbergs für die British Broadcasting Corporation aufzeichnete – auch Gertrud Schönberg und ihr Bruder Rudolf Kolisch waren unter ihnen, auch der Maler Oskar Kokoschka und der britische Komponist Arthur Bliss –, sprach Roberto Gerhard über seine ersten Eindrücke von Schönberg, sein asketisches Gesicht (in der Umschrift des Tonbandes heißt es »ästhetisches Gesicht«, wohl doch ein Hörfehler), »diese brennenden Augen – ernst, angespannt –, ohne Lächeln, mit seinem Gefühl, einer Mission zu dienen, es war ungeheuerlich ... Die äußeren Umstände hatten viel mit seiner Haltung zu tun, glaube ich: auf der einen Seite war er von seinen ihn anbetenden Schülern umgeben und von fanatischen Bewunderern, auf der anderen Seite standen ihm ebenso fanatische Widersacher gegenüber. Er mußte sein Werk, seine Kunst verteidigen, wurde er angegriffen, konnte er aggressiv werden. Wenn er ärgerlich wurde, konnte er sarkastisch sein ... Doch wenn er belustigt war, strahlte er. Sein Gesicht konnte strahlen.«

»In Spanien«, sagte damals Gerhard im Interview, »war er ein ganz anderer Mensch. In Mitteleuropa lebte er auf einem Piedestal, und um ihn herum war eine Art von Niemandsland; in seiner herrlichen Einöde schien er für Außenstehende unzugänglich zu sein. Als er nach Spanien kam, verschwand all das. Kein Piedestal mehr. Er bewegte sich auf geradem Boden. Menschen in Spanien zu treffen, die keine Furcht vor ihm hatten, muß für ihn ein ganz neues Erlebnis gewesen sein. Es war eine phantastische Änderung des sozialen Klimas. Warum hätten die Menschen auch Furcht vor ihm haben sollen? Keiner wußte, wer Schönberg wirklich war. Die Menschen zeigten Interesse an ihm, sehr starkes, spontanes Interesse, und Hochachtung für den Menschen. Es war seine natürliche menschliche Würde, die sie anzog. Schönbergs Gesicht hatte sich verändert, es war das Gesicht eines glücklichen menschlichen Wesens. Er strahlte vor Glück.«

Roberto Gerhard erinnerte sich an Schönbergs Arbeit an »Moses und Aron« in Barcelona. Er schrieb in tiefer Konzentration an seinem Tisch unterhalb des Fensters in einem nicht sehr großen Zimmer seiner Wohnung, aber es störte ihn nicht, wenn sich an der anderen Seite des Raumes seine Frau Gertrud und Frau Poldi Gerhard miteinander unterhielten – im Gegenteil, sie sollten nur normal sprechen, Flüstern könne er nicht ausstehen, und es kam vor, daß er die Arbeit unterbrach und sich an der Unterhaltung der Damen beteiligte, dann wieder ernst an den Arbeitstisch zurückging. »10. März 1932« steht am Ende des zweiten Aktes von »Moses und Aron«.

»Als Lehrer war Schönberg einmalig«, schrieb Roberto Gerhard in einem Erinnerungs-Essay, den er kurz nach Schönbergs Tod 1951 verfaßte, aber nie veröffentlichte. Er wurde erst kurz nach Gerhards Tod in seinen nachgelassenen Papieren gefunden und 1975 von seiner Witwe zur Veröffentlichung freigegeben – er erschien unter dem Titel »Schoenberg Reminiscences« in »Perspectives of New Music«, vol. XIII, 1975. Schönberg machte es seinen Schülern nicht leicht, schrieb Gerhard, er setzte ihnen harte Schwierigkeiten entgegen, auch scharfe Kritik, und wollte sehen, ob sie das »überleben« konnten. »Er war ein paradoxaler Lehrer«, weil er bei all dem, was er forderte, selbst ganz bescheiden war. »Kein Lehrer könnte weniger an seine Unfehlbarkeit glauben als Schönberg.« Gerhard erinnert daran, daß Schönbergs »Harmonielehre« mit den Worten beginnt: »Dies Buch habe ich von meinen Schülern gelernt«; er »würde niemals versuchen, den Schülern beizubringen, was *er* wußte sondern eher versuchen herauszufinden und dem Schüler zu zeigen, was *dieser* nicht weiß«. Es war faszinierend zu beobachten, schrieb Gerhard, wie Schönbergs Geist arbeitete, wie erstaunlich schnell und sicher er seine Gedanken entwickelte und darstellte. Es war »atemberaubend«, fand Gerhard.

Die Meisterklasse in Berlin hatte einen eigenen akademischen Stil, erklärte Gerhard: »Man fühlte sich im Gegensatz zu der Position eines Privatschülers Schönbergs als Mitglied der Meisterklasse ein wenig über andere Musiker erhaben«: »Wir schauten auf die Studentenbevölkerung der Charlottenburger Hochschule für Musik herab. Unseren akademischen Hochmut zahlten die Hochschüler damit heim, daß sie uns, wie ich glaube, *›Die Meistersinger von Schönberg‹* nannten.«

In den Berliner Kursen dozierte Schönberg fast jedesmal über ein Thema. Er schritt den Raum auf und ab und deutete den Studenten an, was für Arbeiten zum Thema er von ihnen erwartete. Seine Musterbeispiele wählte er aus dem Repertoire großer Musik von Bach bis Brahms. Über sein eigenes Werk sprach er ganz selten. Gerhard sagt: »... wenn auch seine Lehre wohl nicht gegen Schönbergs Wunsch so weite Verbreitung gefunden hat, ist das aber sicher ohne jeden Antrieb seinerseits geschehen. Er war der am wenigsten Dogmatische der Schönbergianer und warnte uns immer wieder vor den Gefahren der Orthodoxie ...« Als einige Schüler ihn einmal baten, der Klasse ein Exposé der Zwölftontechnik zu geben, lehnte er das ab: »zwar zweifele er nicht daran, daß seine Methode der richtige und einzig mögliche Weg für sich selbst sei, aber er lehne es emphatisch ab zu sagen, daß er für irgendjemand Anderen geeignet wäre«.

Ganz selten einmal analysierte Schönberg eine eigene Komposition. Er sprach bei einer Gelegenheit über die Entstehung seiner Drei Klavierstücke op. 11, die er 1909 geschrieben und selbst als eine »neue Musik – deutlich ein Produkt einer Evolution« bezeichnet hatte. Als erste Musik ohne jegliche tonale Bindung sah man in ihr sein erstes »revolutionäres«

Werk. In seiner Besprechung dieser Musik (berichtet Gerhard in seinen »Erinnerungen«) erklärte Schönberg den Schülern, wie er mitten in der Niederschrift ungewöhnlicher Klang-Kombinationen innegehalten hatte, selbst erregt darüber, wie radikal seine spontane Eingebung war. Er radierte die Klänge aus, versuchte ihre Schärfe zu mildern, ließ die Noten einen Tag ruhen, fand aber, als er die Musik wieder durchprüfte, daß in den Passagen, die er verändert hatte, etwas absolut »falsch« klang, und sie würden nur »richtig« klingen, wenn er die erste Notation wiederherstellte.

Schönbergs Genauigkeit in der Notation und seinen Aufführungshinweisen erlebten wir selbst, als er eine Gastvorlesung an der Hochschule für Musik – in der Zeit unserer eigenen Studien – hielt und ein Student der Hochschule, selbst Komponist, glaube ich, ihn über eine Passage in ebendiesen Klavierstücken befragte. Der Student spielte eine Passage auswendig am Flügel und erwartete Schönbergs Reaktion. »Haben Sie die Noten dabei?« fragte Schönberg. »Nein, ich kenne das Stück auswendig!« »Dann bringen Sie die Noten herbei, und wir können über Ihre Probleme sprechen!«

Roberto Gerhard hat außer Einführungen zu einigen seiner Kompositionen eine Reihe von interessanten Essays verfaßt – über sein Leben in England, über die Grundlagen und Entwicklungen der Zwölfton-Musik und über seinen Lehrer Arnold Schönberg. Der größte Teil seiner Kompositionen liegt in Druckausgaben vor.

Roberto Gerhard ist am 5. Januar 1970 im Alter von 73 Jahren in Cambridge gestorben.

*Als Arnold Schönberg mit Gerhard in Verbindung stand, um die zeitweilige Übersiedlung nach Barcelona vorzubereiten, erzählte Gerhard dem großen spanischen Kollegen Manuel de Falla von Schönbergs Plänen. Falla meinte darauf, erzählt Gerhard, daß »das mediterrane Klima, die mediterrane Atmosphäre Schönberg hoffentlich beeinflussen würden, eine etwas angenehmere, melodiösere Musik zu schreiben«. Roberto Gerhard ließ es sich nicht nehmen, Schönberg diese Bemerkung als Kuriosum weiterzugeben. Schönberg amüsierte sich darüber und bat Gerhard, dem spanischen Meister zu sagen, »*er*, Schönberg, könne im Hinterzimmer seiner Berliner Wohnung ganz gut komponieren«.*

Komponisten und Dirigenten

WALTER GOEHR · ERICH SCHMID

WALTER GOEHR – MONTEVERDI UND AMERIKANISCHES LIEDERBUCH

> Die jungen Komponisten, glaube ich, verwechseln Bausteine mit Gedanken und technische Methoden mit künstlerischer Gestaltung. Sie sind so besorgt, originell zu sein in ihrem Stil, ihren Mitteln, selten in ihrem Inhalt. Die Originalität eines Menschen kommt auch durch, wenn er in einem Idiom schreibt, das er nicht selbst erfunden hat (Mozart).
>
> WALTER GOEHR, »Bausteine oder Gedanken?« »Melos«

IN ARNOLD SCHÖNBERGS Berliner Meisterklassen studierten, zu verschiedenen Zeiten, zwei Musiker der Familie Goehr: Walter Goehr, Komponist, Monteverdi-Herausgeber und Dirigent, und sein drei Jahre jüngerer Bruder Rudolph Goehr, Komponist für Konzert und leichte Bühne. Beide mußten infolge der deutschen Rassegesetzgebung und Verfolgung Deutschland verlassen; Walter emigrierte 1933 nach England, Rudolph erreichte nach längerem Aufenthalt in Frankreich die Vereinigten Staaten und wohnte bis zu seinem Tode in Kalifornien. Beide Brüder waren äußerst vielseitige Musiker, arbeiteten und zeichneten sich aus in vielen verschiedenen Sparten der Konzert- und Gebrauchsmusik; Walter Goehrs Œuvre ist dabei weniger umfangreich als das Rudolph Goehrs; seine Dirigententätigkeit stand sein Leben lang vor seiner musikschöpferischen Arbeit.

Walter Goehr wurde am 28. Mai 1903 in Berlin geboren und trat in Schönbergs erstem Akademie-Semester, dem Winterhalbjahr 1925/26, in die Meisterklasse ein. Seine Mitschüler waren Robert Gerhard-Castells, Walter Gronostay, Winfried Zillig und der Amerikaner Adolph Weiss; Gerhard, Weiss und Zillig waren älter, Gronostay jünger als Goehr. Walter Goehr war 22 Jahre alt, als er eintrat. Es ist nicht dokumentiert, mit welcher eigenen Komposition, welchen Kompositionen er sich Schönberg vorgestellt hat; auch sind persönliche Papiere und Noten Goehrs in Familienbesitz und unzugänglich. Erhalten sind aber Schönbergs Urteile über seinen Fleiß und Fortschritt und seine Kompositionen während der Lehrzeit – wie für alle Meisterschüler auch. Im Sommerhalbjahr 1926 bescheinigt Schönberg Goehr »regelmäßigen« Besuch des Unterrichts, einen »recht bedeutenden« Fortschritt; als Arbeiten nennt Schönberg eine Klavier- und Violinsonate und Klavierstücke. Im Wintersemester darauf war der Fortschritt »sehr gut«, und Walter Goehr schrieb Klavierstücke, ein Stück für acht Bläser und eine Violinsonate. Im Sommerhalbjahr 1927 ist der Fortschritt »ausgezeichnet«, und Goehr komponierte Variationen für Klavier. »Sehr gut« waren Fleiß und Besuch im Wintersemester 1927/28, dem letzten Semester Goehrs bei Schönberg, während Goehr an Kammermusik arbeitete und »diverse Versuche« machte.

Manuskripte der genannten Kompositionen sind entweder verlorengegangen oder im Familienarchiv verschlossen. Professor Alexander Goehr, bedeutender Komponist in England, der kurz vor der Auswanderung der Familie aus Berlin geboren wurde, hat freundlicherweise ein (undatiertes) Manuskript eines Rondos in f-Moll für Klavier, anscheinend ein frühes Werk, zur Verfügung gestellt und (ebenfalls undatiert, wohl eine spätere Komposition) den Beginn von drei Sätzen eines sinfonischen Werkes – vielversprechend sind diese sinfonischen Eröffnungstakte in der Entwicklung von Themen aus kurzen Motiven.

Walter Goehr wurde schon sehr früh beruflich tätig. Als er seine Studienzeit bei Schönberg begann, nahm er bereits eine Stellung beim – noch sehr jungen – Berliner Rundfunk an und hatte sie sechs Jahre inne. Er hat auch früh begonnen, für den Rundfunk und für den Film Musik zu schreiben oder zu bearbeiten. Seine (spätere) Neufassung der Partitur von Claudio Monteverdis »L'incoronazione di Poppea« wurde 1960 in

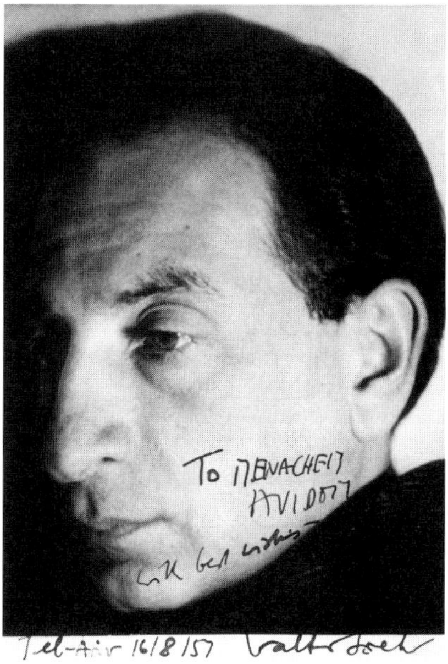

Walter Goehr. Mit einer Widmung an den israelischen Komponisten Menachem Avidom, seinerzeit Generalsekretär des Israel Philharmonic Orchestra.

London und Wien herausgegeben. In der Zeitschrift »Melos« (Jahrgang 8, 1929, S. 314) erwähnt Ernst Schoen eine »Jazzkantate des jungen Schönbergschülers«, aus dem Geist der »Dreigroschenoper« geschrieben, »von der ich nicht sicher weiß, ob er sie diesem Lehrer vorzeigen würde«: »Das Jazzorchester, das er dafür verwendet, besteht aus Klarinette, 2 Saxophonen, Trompete, Posaune, Schlagzeug, Banjo oder (je nach dem Charakter des unterlegten Tanzes) Bandonion, Violine, Klavier, dazu Solostimmen, Chor und Sprecher.« Der Text des Stückes »Pep oder God's own Country« entstammt einer Gedichtfolge von Feuchtwanger, »die nicht ohne Koketterie die lasterhaften Erscheinungen von Mann und Weib des heutigen Amerika geißelt«. Die Universal Edition Wien hat 1929 die »Ballade des Herrn B. W. Smith aus dem Amerikanischen Liederbuch PEP von Lion Feuchtwanger für eine Männerstimme und Klavier« (»Als er so viele harte Dollars gemacht hatte, daß er alle Böden seines Hauses damit zudecken konnte ...«) und die »Ballade der Loretta Fink aus dem Amerikanischen Liederbuch PEP von Lion Feuchtwanger für Frauenstimme und Klavier« herausgebracht und Chorstimmen zu »Pep« und ein Opernparticell »Matrosenchor« veröffentlicht. Großes Aufsehen erregte Walter

Walter Goehr als Gastdirigent des Israel Philharmonic Orchestra. Am Klavier die israelische Pianistin Pnina Salzman.

Goehrs »kleine Funkoper« von 75 Minuten Dauer mit dem Titel »Malpotita« für die Berliner Funkstunde nach einem »Text von Mendelssohn und Robert Seitz«. Im Mittelpunkt steht der Maschinen-Arbeiter Adam Schickedanz, der sein Dasein nicht ertragen kann: Arbeit tagaus, tagein, Arbeit ein ganzes Leben lang, mit kurzen Feierabenden und wenig Erholung. Seine Sehnsucht geht in die Weite, wo es keine Herren und keine Knechte gibt: Malpotita, glückliche grüne Insel im blauen Meer. Ein alter Matrose auf der Jacht »Esperanza« erzählt ihm von einer jungen Frau an Bord, und hier beginnt die spannende Handlung ...

Die Uraufführung, d. h. Ursendung, fand am 29. April 1931 in der Berliner Funkstunde statt; Margot Hinnenberg-Lefèbre sang Evelyne, die weibliche Hauptpartie des Werkes.

Zu Walter Goehrs beruflicher Tätigkeit gehörte auch seine Mitarbeit an den expressionistischen, revolutionären Inszenierungen Erwin Piscators am Theater am Nollendorfplatz in Berlin (ab 1927). Die Ausbildung und vorzügliche Erfahrung beim Rundfunk machten es Walter Goehr leicht, kurz nach seiner Ankunft in England 1933 eine Stellung zu finden. Er wurde musikalischer Leiter der Columbia Grammophone Company und erhielt Aufträge, Musik für Filme und Rundfunksendungen zu komponieren. Von 1943 an bis zu seinem Tode leitete er die Konzerte des Morley College in der Wigmore Hall in London, die durch die ungewöhnliche Programmgestaltung berühmt wurden. Von 1945 bis 1948 war er Dirigent der Konzerte des BBC-Theater-Orchesters. Unter den Filmen, für die er die Musik komponierte, ragen »For Freedom« (1940) und »The Ghost Train« (1941) heraus. Sein Einsatz für zeitgenössische Musik und die Uraufführung unter seiner Leitung von Musik britischer Komponisten fanden besondere Anerkennung. So dirigierte er am 15. Oktober 1943 die Uraufführung der »Serenade for Tenor, Horn and Strings« des jungen, noch nicht dreißigjährigen, noch unbekannten Benjamin Britten und 1944 des wegen seiner Tendenz umstrittenen Oratoriums »A Child of Our Time« von Michael Tippett. Besonders hat er sich für die Musik von Nikos Skalkottas eingesetzt, der gleichfalls Meisterschüler Schönbergs war. Er dirigierte Skalkottas' Werke und half bei der Erstellung von Druckvorlagen der Kompositionen für die Wiener Universal Edition.

Nach Beendigung des Weltkrieges nahm Walter Goehr Verbindungen mit seinen Berliner Studienkollegen aus Schönbergs Meisterklasse auf und versuchte, wo immer das möglich war, sie auf seinen Reisen in Europa zu treffen. Wer ihn kannte, erinnerte sich an sein liebenswürdiges, auch humorvolles Temperament und seine treffsichere Beurteilung von Musik. Von Walter Goehrs Kompositionen bewahrt die Cambridge University Library Kammermusikwerke, Klaviermusik, Lieder und die drei sinfonischen Sätze auf.

Walter Goehr starb in Sheffield am 4. Dezember 1960 im Alter von 57 Jahren.

Die jungen Komponisten sollten sich etwas mehr an die Tradition der hörbaren Symbole in der Musik halten, dann würde ihre Musik mehr Wirkung haben. Ich habe mich als Musiker und Lehrer weitestgehend mit neuer Musik beschäftigt, und es scheint mir, daß die jüngsten Komponisten sich fast ausschließlich mit der Erfindung und Anwendung neuer technischer Methoden befassen ... Die Aufnahmefähigkeit der hörbaren Symbole in unserer Kunst ist begrenzt ... Wenn man die Tradition der Klänge und Symbole zu sehr verändert, läuft man Gefahr, das Gebiet der Musik als künstlerisches Ausdrucksmittel zu verlassen.

WALTER GOEHR

ERICH SCHMID – CHRONIST SEINER ZEIT

Weitergehen, den Weg, den man vorgezeigt bekommt, unbekümmert um Erfolg, arbeiten am Kunstwerk, das ist unsere einzige Aufgabe, eine große und eine schöne.

ERICH SCHMID, Sommer 1931

ARNOLD SCHÖNBERGS Meisterschüler an der Preußischen Akademie der Künste zu Berlin kamen aus vielen Ländern. Aus Wien waren ihm bei seiner Übersiedlung nach Berlin der Wiener Josef Rufer, der Spanier Robert Gerhard-Castells und der Franke Winfried Zillig gefolgt. Josef Zmigrod und Max Walter waren in Polen geboren, Walter Gronostay war Berliner, Adolph Weiss und Marc Blitzstein kamen aus den Vereinigten Staaten von Amerika nach Berlin, Nikos Skalkottas aus Griechenland, Norbert von Hannenheim und Karl Alfred Deutsch aus Siebenbürgen und Miroslav Spiller und Leo Weiss aus Jugoslawien. Peter Schacht stammte aus Bremen, Johann Ewald Moenck aus preußischen Landen, Helmut Rothweiler aus Elberfeld, Fried Walter aus Ottendorf-Okrilla bei Dresden und Natalie Prawossudowitsch aus Rußland. Hansjörg Dammert, Walter und Rudolph Goehr waren Berliner, Bernd Bergel war Berliner aus Hohensalza, Charilaos Perpessa ein in Leipzig geborener Grieche.

Aus der geographisch kleinen Schweiz hatte Schönberg zwei Meisterschüler ganz verschiedener musikalischer Veranlagung und Entwicklung, Musiker, für die Schönbergs Lehre von besonderer Bedeutung war, obwohl sie als Komponisten nie im grellen Rampenlicht des Musiklebens standen, nicht die öffentliche Anerkennung genossen, die den großen Schweizer Meistern früherer Generationen – Ernest Bloch, Arthur Honegger, Frank Martin, Othmar Schoeck, Heinrich Sutermeister –, aber auch etwa gleichaltrigen und jüngeren bedeutenden Musikschöpfern zuteil geworden ist, wie etwa Edward Staempfli, Conrad Beck, Willy Burkhard, Klaus Huber, Rudolf Kelterborn, Armin Schibler, Jürg Wyttenbach und anderen mehr.

Das liegt an den Zeiten, in denen die beiden Schweizer Schönberg-Schüler, Erich Schmid und Alfred Keller, als Komponisten aktiv wurden, und an ihren persönlichen Lebensumständen. Erich Schmid hatte von Beginn seiner musikalischen Ausbildung an den Wunsch gehabt, eher Dirigent als Komponist zu werden, und mit zunehmenden Engagements in leitenden Stellungen und als Gastdirigent großer Orchester hat er das Komponieren vernachlässigt, dann sogar fast eingestellt. Alfred Keller hat nach seiner Rückkehr aus Berlin in die Schweiz seinen Lebensunterhalt als Leiter und Komponist von Laien-Orchestern und -Chören verdient und nur wenige bedeutende Aufführungen seiner wichtigsten Werke erlebt; Erich Schmid hat Orchestermusik von Alfred Keller dirigiert.

In Schönbergs Lehre war es für Erich Schmid, wie er selbst betont hat, entscheidend, daß sie ihm nicht nur als Kompositionsschüler viel bedeutete, sondern auch als reproduzierendem Künstler. »Schönbergs Hauptanliegen war, sich verständlich zu machen«, schrieb Schmid an seine Eltern am 5. März 1931 aus Berlin, Schönberg »betrachtete die Musik als eine Sprache mit eigenen Gesetzen. Er verlangte, daß der Komponist sich deutlich ausdrücke. Dazu benötigt er eine klare Artikulation. Solche Artikulation forderte Schönberg auch vom Reproduzierenden. Er hielt nicht viel von Interpretation. Das Wesentliche war ihm die klare Darstellung der musikalischen Idee. Nicht selten mußten wir am Klavier Themen oder ganze Teile aus Meisterwerken spielen, weil Schönberg sehen wollte, ob wir richtig phrasieren, interpunktieren, artikulieren. Doch forderte der Meister darüber hinaus eine intensive, ausdrucksvolle Darstellung. Wer einmal Schönberg oder Webern dirigieren sah, wird die fast überdeutliche Realisierung, aber auch die Wärme des Ausdrucks dieses Musizierens nicht vergessen.«

Das Echo von Schönbergs Lehre findet man tatsächlich in den wenigen Kompositionen, die Erich Schmid geschrieben hat, und ebenso in den Aufführungen großer traditioneller wie Neuer Musik, die Erich Schmid dirigiert hat und von denen einige auf Tonträgern überliefert sind.

Erich Schmid war 23 Jahre alt, als er in Schönbergs Meisterklasse ein-

Erich Schmid.

trat. Er wurde am 1. Januar 1907 in Balsthal, Kanton Solothurn, geboren. Sein Vater, Pfarrer am Ort, spielte recht gut Geige, und es wurde im Hause musiziert. Er »verschlang sozusagen Musik«, erinnert sich Erich Schmid. Er besuchte die Volksschule in Balsthal und begann danach eine Lehrer-Ausbildung am Seminar in Solothurn. Er übte sich in Klavier- und Orgelspiel; die Musik, die ihn anzog, waren die Bachsche Chromatik und die harmonischen Kühnheiten in den Werken Max Regers. Während des Studiums in Solothurn in den Jahren 1922 bis 1926 nahm er musiktheoretischen Unterricht bei dem aus Berlin stammenden Komponisten Max Kaempfert und komponierte Lieder nach Texten von Richard Dehmel, eine Sonate für Violoncello und Klavier und eine Vertonung von Goethes Gedicht »Sehnsucht« für Chor a cappella. In

Schmids Verzeichnis seiner Kompositionen tragen diese frühen Werke keine Opuszahl. Das Chorstück kam erst im Jahre 1991 in Zürich zur ersten Aufführung.

Erich Schmid hat nur ein Jahr in Arnold Schönbergs Meisterklasse verbringen können, aber bei großem Arbeitseifer und wacher Intelligenz entscheidenden Nutzen für sein Lebenswerk als Komponist und Dirigent gewonnen. Er war gut vorbereitet zu Schönberg gekommen. Seine ersten Begegnungen mit Neuer Musik erlebte er als Fünfzehnjähriger während seiner Studienzeit in Solothurn. Der Dirigent und Komponist Hermann Suter brachte mit dem Basler Gesangverein Max Regers Hölderlin-Vertonung »An die Hoffnung« und Arnold Schönbergs Chorstück »Friede auf Erden« nach dem Gedicht von Conrad Ferdinand Meyer (op. 13) zur Aufführung sowie sein eigenes Oratorium »Le Laudi«. Zum ersten Mal hörte Erich Schmid ein Werk von Schönberg, und das Erlebnis ließ ihn nicht mehr los: »Dieses Werk hat mir einen unauslöschlichen Eindruck gemacht und mich an den folgenden Tagen verfolgt«, schrieb Schmid. Ein Besuch des Schweizerischen Tonkünstlerfestes in Bern im Jahr darauf vermittelte Schmid die Bekanntschaft mit weiteren interessanten Werken der Neuen Musik, darunter Arthur Honeggers »Pacific 231«.

Nachdem er die Ausbildung am Seminar in Solothurn beendet hatte, war Schmid, kaum 20jährig, Primarlehrer in Solothurn. 1927 übersiedelte er dann nach Frankfurt am Main und schrieb sich als Kompositions-, Dirigier- und Klavierschüler am Hoch'schen Konservatorium ein; seine Lehrer waren Bernhard Sekles (Komposition), Hermann Schmeidel (Dirigieren) und Fritz Malata (Klavier). In Frankfurt gab es viele Gelegenheiten, hervorragende Aufführungen Neuer Musik zu hören, und Erich Schmid war besonders von Schönbergs Zweitem Streichquartett (fis-Moll, op. 10) und den Orchesterstücken op. 10 von Anton Webern beeindruckt, die Hermann Scherchen dirigierte. Webern erlebte Schmid auch als Dirigent: »... so etwas Jenseitiges hörte ich kaum vorher«, schrieb er über die Orchesterstücke, und der Dirigent Anton Webern war ein »unvergeßliches« Erlebnis.

In einem Frankfurter Konzert der IGNM wurde Erich Schmids Sonate für Klavier und Geige, vom Komponisten als »op. 1« bezeichnet, 1929 entstanden, uraufgeführt. Arnold Schönberg hörte es danach in privatem Rahmen, da er den ersten Teil des Konzerts versäumt hatte.

Theodor Wiesengrund-Adorno hatte in einem Privathaus eine kleine Party arrangiert und Schönberg dazu eingeladen, damit er Schmids Werk hören könne. Erich Schmid berichtete, daß es »nebst den üblichen Erfrischungen auch einen großen Pingpongtisch gab, an dem sich Schönberg mit seiner Frau Gertrud sofort installierte. Trotzdem gelang es, ihn für die kurze Dauer meiner Sonatine (sie wurde von dem Geiger Adolf Rebner und dem Komponisten-Pianisten Erich Itor Kahn gespielt) vom Tischtennis wegzulotsen, und tatsächlich hörte er sich das Werk an«. »Es hat ihm nicht einmal missfallen«, erinnert sich Schmid, »was mir sehr wertvoll war und mir auch den Mut gab, ihm zu sagen, daß ich gerne nach Berlin kommen würde, um bei ihm zu studieren.«

Schmid hatte im November 1928 den begehrten »Mozart-Preis« der Stadt Frankfurt erhalten, was ihm die finanzielle Möglichkeit für sein Studium gab. Nachdem er seine Frankfurter Studienzeit mit einem Kompositionsabend und einem Konzert als Dirigent beendigt hatte, drängte es ihn, zu Schönberg nach Berlin zu gehen, »weil es heute eine Zentrale ist ... und sich mein Kompositionsstil in letzter Zeit sehr nach dieser Richtung gewandelt hat«. Im Oktober 1930 übersiedelte er nach Berlin und wurde von Schönberg in seine Meisterklasse aufgenommen.

Am 13. November nahm Erich Schmid zum ersten Mal an einer Lehrveranstaltung Schönbergs teil, die zweimal wöchentlich in Schönbergs Wohnung stattfand, und bereits am Tag darauf schrieb Schmid an seine Eltern einen langen Brief, in dem er von Schönbergs Persönlichkeit und Lehrweise berichtete: »Schönberg selbst empfing uns sehr liebenswürdig und unterhielt sich nun zwei Stunden auf lebhafteste Weise. Kaum ein Wort über Musik, nein über Baukunst, Malerei, Bildhauerei sprach er. Alles hat bei ihm doch irgendwie Beziehung zu seiner Kunst. Dann sprach er auch über seine eigenen Arbeiten. Daß er sein Schaffen durchaus aus der Tradition entwickelt wissen will, betont er. Größte Achtung schenkt er den Meistern! Brahms und Beethoven sind seine formalen Vorbilder, Wagner war für ihn der harmonische Ausgangspunkt. Und nun den Mann vor sich zu haben, der die kühnsten Schritte getan hat, von dem doch im Grunde alle zehrten, das ist ein eigenes Gefühl.«

Über die Arbeit bei Schönberg schrieb Erich Schmid: »Es ist dies keine Schule im eigentlichen Sinne mehr. Schönberg verlangt die Handwerkslehre in jeder Beziehung abgeschlossen.« Eigene Orchesterstücke hat Erich Schmid Schönberg zur Diskussion vorgelegt: »Der erste Satz wurde angesehen und gespielt. Dann kam Diskussion. Allgemein gefiel er, nur wurde er nicht völlig verstanden. Ich sollte also erklären. Das war auch das Verhängnis, denn erstens wußte ich nicht mehr genau Bescheid, und dann sagte ich in der Befangenheit ganz falsche Dinge. Da nun ist Schönberg wahnsinnig streng. Begriffe mit falschem Inhalt oder falsch angewendet! Das kann ihn wütend machen, und da liegt nun auch sein pädagogisches Ziel. Den Schüler zur Selbsterkenntnis zu führen, ihm jegliche Phrase auszutreiben, ihn dahin zu führen, den Dingen auf den Grund zu gehen. Und darüber den Schüler in seinen eigenen Konflikt zu jagen. Ganz unabsichtlich lernt man ungeheuer viel, man schärft seinen Verstand an anderen Werken und an sich selbst ... Nun, die Sache scheint trotz allem nicht ein Niederreissen gewesen zu sein. Denn ich hörte nachher durch einen Kollegen, daß ihn das Stück doch sehr interessiert hätte, und das ist bei einem solchen Meister schon etwas! Jedenfalls werde ich da vorwärts kommen.«

Etwa drei Wochen später berichtete Erich Schmid weiter über seinen Unterricht bei Schönberg: »Jede Stunde eine Bereicherung! Sei es rein für die kompositorische Arbeit, sei es allgemein musikalisch oder auch in anderen Dingen. Es wird wohl kaum eine Persönlichkeit in unserem Fach geben, die einen so ausgeprägten Typus darstellt. Ein Mensch, der durch eigenes Denken sich seinen ganzen Kreis gebaut und erweitert hat (er ist ja auch größtenteils Autodidakt) und so eben unabhängig zu seinen Ergebnissen kam. So ist natürlich sein Gedankenkreis ein höchst eigener und origineller! So auch die Unterrichtsweise. Er verlangt natürlich Enormes. Er kann das, weil er eben vollständig über der Sache steht. Leicht ist da nicht zu arbeiten. Aber man lernt ungeheuer viel. Man lernt vor allem auch denken. Die Stunden sind deshalb sehr anstrengend. Wir machen aber sehr interessante Dinge in jeder Hinsicht und bekommen auch Einblick in des Meisters Arbeit.«

In einem noch späteren Brief (5. März 1931) berichtet Schmid den Eltern, daß Schönberg vom Künstler »fortwährenden Fleiß« verlangt: »Jeden Tag komponieren, sagt Schönberg. Er hat nicht unrecht ... Genau so, wie man nicht mehr Klavier spielen kann, wenn man nicht mehr übt, so ist es auch im Komponieren.«

Einmal wünschte Schönberg, daß wir unsere instrumentalen Kenntnisse erweitern sollten. Schmid spielte nur Klavier und Orgel, und Schönberg war der Meinung, daß es angebracht wäre, wenn er noch ein Streich- oder Blasinstrument dazulernen würde. »Ich erwiderte«, schreibt Schmid, »daß ich bereits ein Cello von einem Freund zur Verfügung hätte, aber noch keine Saiten. Auf die Fragen Schönbergs gestand ich (schüchtern), daß mir momentan das Geld fehlte. Der Meister streckte mir ein Fünfmarkstück zu mit der Bemerkung ›Sie können's mir ja später zurückerstatten‹, was auch geschah.«

Schönberg war mit seinem Meisterschüler Schmid sehr zufrieden: er notierte in seinen halbjährlichen Aufzeichnungen, sein Besuch der Lehrveranstaltungen sei »regelmäßig«, der Fleiß »sehr groß«, und schreibt über seinen Fortschritt: »... ist erst seit kurzem bei mir, aber außerordentlich bestrebt (und mit Erfolg), meine Ansprüche zu befriedigen. Dürfte sich günstig entwickeln.« Was Erich Schmids Kompositionen im ersten Halbjahr (Winter 1930/31) betrifft: »Legt letzte Hand an ein dreisätziges Streich-Quartett, das auch im Schülerkonzert zur Aufführung gelangt.« Der Komponist hat sehr anschaulich beschrieben, wie es die endgültige, Schönberg zusagende Form erhielt: Zunächst mußte der erste Satz vierhändig nach der Partitur am Klavier gespielt werden, »was nicht ganz leicht war«, berichtet Schmid: »Dem Satz liegt eine Zwölftonreihe zu Grund, formal aber ist es ein strenger Sonatensatz. Schönberg nahm sich der Arbeit mit vollstem Einsatz an. Ich aber erfuhr nun erst recht, was er von uns forderte. Er wollte uns nicht etwa durch negative Kritik zermürben. Nein, er lebte sich sofort in die Vorlage hinein und zeigte, wie sich eine thematische Entwicklung auszubreiten hätte. Eine gewisse Starrheit der Anlage wurde dadurch sofort aufgelockert. Die Hinweise Schönbergs waren zwar rücksichtslos, aber nicht verletzend, so daß ich dadurch geradezu inspiriert wurde ... Er hielt zum Beispiel nicht viel von genauen Wiederholungen. Wiederholungen mußten Varianten des musikalischen Geschehens sein. Auch in metrischer Hinsicht war Schönberg empfindlich. Nur keine Starrheit! So stehen in meinen Quartettsätzen metrische Varianten, die auf seine Anregung entstanden. Bei aller Einheit der Grundgedanken mußte sich alles in möglichster Vielfalt entwickeln und ausbreiten.« Das Konzert mit Erich Schmids Streichquartett konnte aber nicht so bald stattfinden wie ursprünglich geplant: »Denn bis Schönberg ein Stück aufführungswürdig hält, muß es schon allerhand aufweisen ... Ich habe meinen ganzen Satz neu gestaltet und nun muß ich nochmals dahinter gehen, weil er immer noch nicht ganz so ist, wie er sein soll. Da wird man selbstkritisch

Erich Schmid dirigiert Mahlers Achte Sinfonie, Festwochen Zürich, Juni 1960.

und lernt den Ernst der Kunst kennen. Aber man kommt auch hinter ihre Geheimnisse, und das ist ja das wichtigste, daß man die erkennt.«

Es dauerte seine Zeit, bis Erich Schmid das dreisätzige Streichquartett zu Schönbergs Zufriedenheit beenden konnte. Die Aufführung fand am 2. Juni 1931 im »Konzert der Meisterschule für musikalische Komposition von Professor Arnold Schönberg« statt und wurde von einem Quartett, bestehend aus Anatol Knorre und Giovanni Bagarotti (Violinen), Edmund Partos (Bratsche) und Paul Hermann (Violoncello), gespielt. Im selben Konzert sang Alice Schuster, von Else C. Kraus am Klavier begleitet, drei Lieder der Russin Natalie Prawossudowitsch, Erich Schmid dirigierte ein Instrumentalensemble in einem Konzert für Klavier (Else C. Kraus) und sieben Holzbläser von Norbert von Hannenheim und ein Oktett für vier Holzbläser und vier Streicher von Nikos Skalkottas. Schönberg war zur Zeit des Konzerts nicht in Berlin, er war auf Rat seiner Ärzte bereits in ein südlicheres Klima gereist – zunächst nach Territet in der Schweiz und dann nach Barcelona. Nach dem Konzert, erzählte Erich Schmid, »und einem fröhlichen Kehraus sandten wir ihm ein Programm mit allerlei möglichen und unmöglichen Randbemerkungen und der Unterschrift aller«. Schönberg hatte »Spaß an unserem Ulk ... er hat dieses Dokument tatsächlich aufbewahrt«. Gertrud Schönberg sandte Schmid nach Schönbergs Tod eine Fotokopie.

Erich Schmid war zeit seines Lebens ein unermüdlicher Chronist seiner Begegnungen, seiner Erlebnisse, seiner Musikwelt. Er hat früh angefangen, Lebenserinnerungen aufzuzeichnen – unter dem Motto »Durchs Leben geführt« –, und wenn man mit ihm über seine Erlebnisse und seine Arbeit sprechen durfte, erstaunten sein phänomenales Gedächtnis für längst vergangene Zeiten, seine treffsichere Beurteilung von Musik und Musikern. So ergänzen sich in unserer eigenen Erinnerung die bereits veröffentlichten Schriften des vielseitigen Meisters durch unvergessene Gespräche, die wir in seinem schönen Landhaus in Arni im Aargau mit ihm führen durften (das er später verließ, um eine Wohnung in Zürich zu nehmen), und eine Reihe interessanter Briefe, in denen er auch über seine Mitschüler Peter Schacht, Norbert von Hannenheim und Nikos Skalkottas schrieb. Peter Schacht, mit dem sich Schmid besonders angefreundet hatte, kam in dem Akademie-Konzert im Juni 1931 auch mit einem Streichquartett zu Wort.

Außer als Dirigent und Komponist ist Erich Schmid daher als Chronist seiner Zeit von besonderer Bedeutung. Man erfährt in seinen Briefen und Aufsätzen Dinge über Schönberg, seine Lehre, seine Lehrtätigkeit, sein Wesen, seine Umgebung – ganz abgesehen von der Beschreibung der Stationen in Schmids eigenem musikalischen Leben –, wovon kaum eine andere Quelle kündet. So hat er auch über Schönbergs Verhältnis zu seinen Zeitgenossen berichtet. Er sprach sich im Unterricht kaum über sie aus. »Auch wenn wir logischerweise annehmen mußten, daß ihm der Stil Hindemiths oder Strawinskys nicht als das wahre Ziel erschien, so muß ich sagen, daß ich während meines Studienjahres kaum ein Wort der Mißbilligung von Schönberg gehört hätte. Ich könnte annehmen, daß ihm Bartók vielleicht mehr sagte, daß er aber gegen die Integrierung der Folklore in die Musik eher Bedenken hegte. Über Strawinsky erfuhr ich nur, daß ihn Schönberg einmal in einem Seebad getroffen hätte, wo sie sich quasi als nackte Menschen gegenüberstanden, wie Schönberg lächelnd sagte.«

In seinen Notizen und Erinnerungen hat Erich Schmid auch viel Persönliches über Schönberg überliefert: »Auch wenn wir es nicht wußten oder oft nicht merkten: Schönberg war sehr besorgt um uns Schüler, auch Jahre nachdem wir nicht mehr bei ihm waren. Ich selbst habe es erlebt und wohl – vielleicht durch eine ewige Scheu vor dem Meister – nicht genügend vergolten. Manchmal zeigte er sich sogar rührend um uns besorgt. Wir alle hatten ja kein Geld. Der Besuch der Konzerte, vor allem aber der Oper, war für uns teuer. Nach einem diesbezüglichen Gespräch schaltete sich der Meister sofort ein. In gemeinsamer Arbeit – Schönberg wollte immer, daß wir selbst aktiv seien – wurde ein Schreiben an die Intendanz entworfen, von Schönberg dann redigiert und, mit einem persönlichen Schreiben begleitet, eingereicht. Der Erfolg war für die Städtische Oper in Charlottenburg günstig, wir erhielten Freikarten.«

Es war Erich Schmid nicht möglich, länger in Berlin zu bleiben. Er mußte vor allem an seine berufliche Zukunft denken. Schönberg hatte ihm auch darin den Weg gewiesen: »Schönberg war ein praktischer Mensch, der auch die Lage des Musikers realistisch sah. Er riet uns dringendst, zum mindesten mit dem staatlichen Musiklehrerexamen einen allgemein anerkannten Ausweis zu erstehen. Peter Schacht und ich entschlossen uns dazu. Da ich meine musikalischen Grundstudien in Frankfurt absolvierte, schien es für mich günstiger, diese Prüfung an

Dr. Hoch's Konservatorium zu bestehen ... Da es für mich eine längst ausgemachte Sache war, daß ich meinen Weg als Dirigent machen werde, schien es mir, daß der Süden Deutschlands mir mehr Möglichkeiten bieten könnte. Ich blieb also bis Sommer 1933 noch in Frankfurt. Dann kehrte ich in die Schweiz zurück.«

Erich Schmid wurde in Frankfurt Mitarbeiter am Rundfunk, vor allem als Chorleiter und Korrepetitor. Daneben widmete er sich aber auch der Komposition. Es entstanden dort zwei Sätze für Violine und Klavier, als »op. 8« bezeichnet, »wohl die radikalste Musik, die ich je geschrieben habe«, sagt Schmid. »Es ist eine Musik, die in ihrer Artikulation, trotz strenger Zwölf-Tönigkeit sich frei entfaltet, in ständig variablen Entwicklungs-Strömen sich aber zu faßbaren Gestalten verbindet. Der erste Satz ist eine lyrische Musik, während der zweite, in seiner ausbreitenden Gestik ein Abbild von Natureindrücken, die mich in jener Zeit erfüllten, heraufbeschwören kann.« Die Sonate vollendete der Komponist erst nach seiner Rückkehr in die Schweiz.

Wegen des radikalen Umschwungs in Deutschland hatte Erich Schmid das Land eilig verlassen. Als Schweizer war er zwar nicht vom Naziregime bedroht gewesen, aber er verstand eher als viele seiner jüdischen Freunde, was den Künstlern bevorstand. Theodor Wiesengrund-Adorno, mit dem er in Frankfurt befreundet war – er war es, der ihn mit Schönberg bekannt gemacht hatte und 1933 ein Erich-Schmid-Konzert plante –, verübelte es ihm, daß er das Konzert nicht zuließ. Er bezeichnete Schmids plötzliche Rückkehr in die Schweiz als »Fahnenflucht« – noch im selben Jahr, wenig später, mußte Adorno eiligst seine eigene Emigration betreiben!

Die Frankfurter Zeit war dabei für Schmid äußerst anregend und interessant gewesen. Es gab Uraufführungen von Werken Franz Schrekers, Paul Hindemiths, Ernst Křeneks, Schönbergs, Erich Itor Kahns, Mátyás Seibers; es dirigierten Hans Rosbaud und Hermann Scherchen. In die Heimat zurückgekehrt, blieb er zunächst ohne feste Stellung. Er trat gelegentlich als Dirigent, Pianist, Kammermusiker auf, veröffentlichte Aufsätze über Schönbergs Streichquartette und komponierte Musik für Klavier. Anfang Januar 1934 wurde er Musikdirektor in Glarus, ein Amt, zu dem die Leitung mehrerer Chöre und Instrumentalensembles zählte. Er übernahm auch das Organistenamt in der Hauptkirche in Glarus und war Gesanglehrer an der Höheren Stadtschule.

In den fünfzehn Jahren dieser Tätigkeit entstanden fast alle wichtigen Kompositionen des so wenig umfangreichen Œuvres von Erich Schmid, darunter »Gesänge der Zeit«, ein Zyklus für Chor nach Texten des deutschen Arbeiterdichters Bruno Schönlank, »Rhapsodie für Klarinette und Klavier«, drei Gesänge nach Sonetten von Michelangelo / Rilke, »Kleines Hauskonzert« für verschiedene Instrumente und Gesang, fünf Bagatellen für Klavier. Der ausübende Musiker Schmid erarbeitete sich einen glänzenden Ruf als Dirigent und Pianist; seine Kompositionen kamen nur selten zur Aufführung und wirkten fremdartig auf das Schweizer Musiker- und Laienpublikum; eine Reihe seiner Werke kam erst in den siebziger und späteren achtziger Jahren überhaupt zu ersten Aufführungen. Das Unverständnis der Musiker und der Gesellschaft gegenüber der Musik Arnold Schönbergs, Weberns und ihrer Schule mag einer der Gründe sein dafür, daß Erich Schmid nach 1943 nicht mehr komponiert hat, jedenfalls keine Komposition an die Öffentlichkeit brachte. Nur für eine Festspielaufführung »Das gerettete Land« (Text von Georg Thürer) schrieb er noch eine für einen breiten Hörerkreis bestimmte, quasitonale Musik. 1955 komponierte er als »Nachzügler«: »Mura – kleines Trio für Flöte, Geige und Violoncello« in fünf Sätzen, sein »op. 16«. Erst im Februar 1960 kam das Werk in Zürich zum ersten Mal zu öffentlicher Aufführung.

Erich Schmid antwortete auf die Frage, wie er zu den Kompositionen stehe, die er in seinen Jahren in Glarus geschrieben hat. Anläßlich einer späten Aufführung seiner »Rhapsodie für Klarinette und Klavier« (1936) sagte er, er fühle sich »gleichsam in eine andere Welt zurückversetzt«, doch die Vielgestaltigkeit einer Musik fasziniere ihn in einer guten Aufführung noch immer. In dieser Komposition sieht er eine »stilistische Wendung zum Weltmännischen ... nicht zu überhören ist die Lust an virtuoser Gestik«.

Im Jahre 1949 wurde Erich Schmid Chefdirigent des Zürcher Tonhalle-Orchesters und des Gemischten Chors Zürich. 1957 wurde er Leiter des Rundfunkorchesters Beromünster und blieb dessen Chefdirigent, bis das Orchester 1970 nach Basel übersiedelte. Gastdirigate führten ihn zu verschiedenen deutschen Rundfunkorchestern und nach England. Dort leitete er Konzerte der BBC und war 1978 bis 1982 Principal Guest Conductor des Sinfonieorchesters der Stadt Birmingham. Es war ein ergreifendes Erlebnis für ihn, in London im November 1965 Frau Gertrud

Schönberg wiederzutreffen, vierzehn Jahre nach Schönbergs Tod, als er das Oratorium »Die Jakobsleiter« für die BBC dirigierte – »Der Erfolg war ein jubelnder«, erinnert sich Erich Schmid.

In den Programmen des Dirigenten Erich Schmid spielten stets die Werke Arnold Schönbergs und Anton Weberns eine große Rolle. Von anderen zeitgenössischen Komponisten hat er viele Ur- und Erstaufführungen in vielen Ländern dirigiert – seine Reisen führten ihn nicht nur nach England, sondern auch in die Vereinigten Staaten und nach Australien. Er war auch als Lehrer und Berater sehr gesucht, und er hat an der Programmgestaltung mehrerer Musikgesellschaften mitgearbeitet. Er empfing mehrere Schweizer Auszeichnungen und Ehrungen. Die »Pro Musica«-Gesellschaft Zürich hat im Jahre seines 75jährigen Geburtstages ein Festkonzert für ihn veranstaltet, in dem eine Reihe seiner Kompositionen zur (teilweise ersten) Aufführung kam: die »Rilke-Lieder« op. 2, das »Notturno op. 10 für Oboe, Baßklarinette, Klarinette, Geige und Violoncello«, das »Kleine Hauskonzert« op. 13. Wenig später erschienen auch erstmalig Werke Erich Schmids im Druck, und nach Tonbandaufnahmen aus den Jahren 1975 bis 1989 veröffentlichte die Schweizer Firma Grammont eine Compact Disc.

Am 1. Januar 1997 erhielt Erich Schmid eine Fülle von Gratulationen zu seinem 90. Geburtstag.

Unbeirrt und ohne viel Aufhebens ist Erich Schmid von Jugend an seinen Weg gegangen und hat sich den Problemen seiner Zeit gestellt. So repräsentiert der Komponist Erich Schmid eine für Jahrzehnte fast ganz vergessene Facette schweizerischer Musikgeschichte. Neben den durch seine Rundfunktätigkeit international bekannten Vermittler von Musik tritt der Komponist, dessen Werke heute bei der jüngeren und jungen Musikergeneration immer mehr die ihnen zukommende Beachtung und Würdigung finden.

KURT VON FISCHER: »Erich Schmid. Hundertneunundsiebzigstes Neujahrsblatt der Allgemeinen Musikgesellschaft Zürich. Auf das Jahr 1992.«

Zwei Amerikaner

ADOLPH WEISS · MARC BLITZSTEIN

ADOLPH WEISS – SCHÖNBERGS LYZEUM, REIZ DER ZAHLEN, TENNIS

> Schönbergs Meisterklasse an der Berliner Akademie der Künste ist ein wunderbares Erlebnis für jeden Teilnehmer. Ich war einer von dreizehn Studenten, die aus allen Teilen Europas und Amerikas stammten. Wir stellten unsere Werke zur Kritik vor, zuerst uns untereinander und danach Schönberg, der alle unsere Urteile zur Kenntnis nahm und dann seine eigenen Beobachtungen vorbrachte. Der Konflikt der Meinungen war oft feurig, manchmal sogar persönlich, aber höchst instruktiv. Offenheit und Aufrichtigkeit in furchtlosem Ausdruck bleiben das Erbe Schönbergs an seine Schüler.
>
> ADOLPH WEISS, 1932 in *Modern Music,* vol. IX, 3

DER AMERIKANISCHE Komponist Adolph Weiss war der einzige lebenslang aktiv beschäftigte ausübende Musiker, Instrumentalist, unter Arnold Schönbergs Meisterschülern an der Berliner Akademie der Künste. Er wurde ein weithin anerkannter, von Schönberg selbst hochgeschätzter Komponist und war gleichzeitig als Fagottist ein gesuchter und vielbeschäftigter Orchestermusiker. Seit frühester Jugend war er Mitglied bedeutender Orchester der Welt, als 18jähriger bei den New Yorker Philharmonikern, mit denen er unter dem Gastdirigat Gustav Mahlers 1909 in Konzerten mitwirkte.

Adolph Weiss kam aus einer musikliebenden Familie, die aus Deutschland nach Baltimore ausgewandert war. Der Vater war Fabrikarbeiter, widmete sich aber in seiner gesamten Freizeit der Musik. Er spielte Klarinette oder Fagott in einem sinfonischen Orchester und leitete einen Chor. Seine drei Söhne ließ er Geige und Klavier lernen, und sie mußten, wenn sie aus der Schule nach Hause kamen, täglich zwischen drei und vier Uhr üben: er nahm das »grausam streng«, erinnerte sich später Adolph Weiss. Jeden Sonntagmorgen versammelte sich die Familie zu gemeinsamem Lesen und Übersetzen deutscher und englischer geistig hochstehender Bücher, was jedesmal an die drei Stunden dauerte.

Den jungen Adolph Weiss reizte von Anbeginn das Fagott, das er den Vater oft spielen hörte, und er nahm Unterricht im Fagottspiel, übte sich aber auch weiterhin in Geigen- und Klaviertechnik. Noch als Gymnasiast wirkte er in Schul- und Kirchenorchestern mit und wurde im Alter von 16 Jahren erster Fagottist im »Russischen Sinfonie-Orchester« unter der Leitung des in Rußland geborenen und seit 1903 in New York lebenden Cellisten und Dirigenten Modest Altschuler, der Orchesterwerke von Alexandr Skrjabin und anderen neuzeitlichen russischen Meistern in Amerika ur- und erstaufführte.

1909, 18 Jahre alt, wurde Weiss Fagottist bei den New Yorker Philharmonikern und wechselte ein Jahr darauf zum »New Yorker Sinfonie-Orchester« über, das unter Leitung von Walter Damrosch stand, der ebenso als Dirigent wie als Pädagoge von Bedeutung war. Die folgenden Engagements führten Weiss zum Chicago Symphony Orchestra (1916), zu den Philharmonikern in Rochester (1921) und, nach seiner Berliner Studienzeit, zu dem »Orchester ohne Dirigenten« in New York (1930). Später war er Fagottist bei den Orchestern von San Francisco und Los Angeles. Arnold Schönberg, der ihn nach seiner Emigration aus Deutschland in Amerika wiedersah, hat ihn, abgesehen von seiner sehr positiven Einschätzung als Komponist, auch als »einen der besten amerikanischen Fagottisten« bezeichnet (in einem Brief an seinen Schwiegersohn Felix Greissle aus Los Angeles nach New York am 7. Juni 1938).

Während all seiner Orchesteraktivität bildete sich Adolph Weiss in Theorie und Komposition weiter. Seinen musikalischen und geistigen Horizont erweiterten auch Reisen nach Italien, Spanien, Südamerika und in orientalische Länder, Reisen, die Stipendien ihm ermöglichten

Adolph Weiss mit Schönberg in Los Angeles.

oder die er mit Orchestern und Kammermusik-Ensembles unternahm. Viele seiner Werke wurden in den USA und während der Reisen aufgeführt und auch auf Schallplatten aufgenommen. Schon vor seiner Studienreise zu Schönberg nach Berlin hatte er einige Werke komponiert, die aufgeführt wurden und Beachtung fanden. Die Studien bei Schönberg und Schönbergs positive, ermunternde Beurteilung seiner Arbeiten beflügelten Phantasie und Arbeitslust des Komponisten, und in seiner Berliner Zeit und in den ihr folgenden Jahren entstanden eine Reihe interessanter Kompositionen.

Adolph Weiss wurde am 12. September 1891 in Baltimore geboren und war 34 Jahre alt, als er in Schönbergs Meisterklasse in Berlin eintrat – im Winterhalbjahr 1925/26. Er hatte von allen Schönberg-Meisterschülern vielleicht die gründlichste theoretische Vorbildung mitgebracht – von Robert Gerhard-Castells und Erich Schmid abgesehen – und bereits eine Reihe von musikalischen Werken komponiert und zur Aufführung bringen können. Seine ersten, privaten Theorielehrer waren C. C. Mueller und Abraham W. Lilienthal in New York. An der Columbia University in New York nahm er Unterricht bei Cornelius Rybner, dem aus Dänemark stammenden Pianisten, Dirigenten und Komponisten, und dem Organisten und Komponisten Frank Edwin Ward; schließlich studierte er weiter in Chicago bei Thorwald Otterstrom und dem Komponisten Adolf Weidig, Autor einer Harmonielehre. Unter seinen Kompositionen der frühen Zeit war ein Stück »I segreti« für großes Orchester (1923), dessen Uraufführung der Dirigent des Rochester Symphony Orchestra, Howard Hanson, selbst ein bedeutender Komponist, am 1. Mai 1925 dirigierte, also mit dem Orchester, in dem Weiss Fagottist war; die Komposition basiert auf Goethes »Die Geheimnisse«. Noch vor diesem Orchesterstück hatte Adolph Weiss eine Fantasie für Klavier (1918) und Lieder für Sopran und Klavier (1916–1918) geschrieben. Es ist nicht dokumentiert, ob er Schönberg Kompositionen seiner frühen Jahre nach Berlin mitgebracht hat. Es ist möglich, denn Schönberg notiert in seinen Aufzeichnungen über die Meisterschüler, daß Weiss eine »Symphonische Dichtung für Orchester« komponiert hat. Den Fortschritt seines Schülers bezeichnet er im Sommerhalbjahr 1926 als »sehr befriedigend«, im Winterhalbjahr 1926/27 als »sehr gut« und im Semester darauf wieder als »sehr gut«. An Kompositionen dieser Jahre nennt Schönberg ein »mehrsätziges Werk für Kammerorchester«, eine »Kammersymphonie«. Im Verzeichnis von Adolph Weiss' Kompositionen erscheint eine »Chamber Symphony for Ten Instruments« vom Jahre 1927. Außerdem entstanden in Berlin zwei Streichquartette (1925, 1926). Die Kammersinfonie gelangte in Berlin zur Aufführung, das zweite Streichquartett spielte das »New World String Quartet« in New York nach der Rückkehr des Komponisten (1929), die Kammersinfonie dirigierte Nicolas Slonimsky 1930 in New York.

In der amerikanischen Zeitschrift »Modern Music« veröffentlichte Adolph Weiss einen persönlich und historisch bedeutenden Aufsatz mit dem Titel »The Lyceum of Schoenberg«, und in seinem Nachlaß, in der Houghton Library der Harvard University aufbewahrt, finden sich Manuskripte und Manuskript-Kopien von weiteren Aufsätzen und Vorträgen des Komponisten und Theoretikers Adolph Weiss wie auch wohl der größte Teil seiner Kompositionen und Schallplattenaufzeichnungen.

»Schönbergs Lyzeum« betitelte Adolph Weiss seine aufschlußreiche Darstellung der Art und Weise, in der Schönberg mit seinen Schülern gearbeitet hat; die Zeitschrift »Modern Music« veröffentlichte Weiss' Aufsatz in der März/April-Ausgabe 1932 (vol. IX, No. 3). Weiss vergleicht darin Schönbergs Praxis, gemeinsam mit den Schülern die Probleme der Komposition und der musikalischen Analyse zu diskutieren, mit der Lebens- und Lernweise der Scholaren des Aristoteles, der Peripatetiker, die sich um ihren Meister im Wandelgang (Peripatos) scharten, dem »Lyceum von Athen«, wo er lehrte.

Adolph Weiss sieht in der Kompositionsweise Schönbergs und seiner Schule vor allem den neuartigen Versuch, musikalisches Material nach gewissen grundlegenden Prinzipien zu koordinieren. »Grundlegendes Prinzip« bringt »grundlegendes Gesetz« mit sich. Weiss hat aus Schönbergs Lehre eine Reihe solcher Prinzipien und Gesetze abgeleitet: Am wichtigsten war für Schönberg »das Formgefühl«. Jede musikalische Form – sei es Lied-Form, Rondo-Form, Sonaten-Form – hat ihren eigenen Charakter, aber auch die Teile jeder dieser Formen müssen klar erkennbar und deutlich zu unterscheiden sein, genau wie die Teile eines Körpers unterschiedlich sind.

Jede melodische Linie in einem Werk von Schönberg hat ihre eigene Funktion, gerade auch wenn eine wichtige melodische Linie von anderen durchkreuzt wird, die in einem Orchesterwerk gleichzeitig durch den ganzen Klangkörper laufen können. Jede Linie hat bei Schönberg einen klar erkennbaren Beginn und ihre Kadenz, aber viele ausführende Musiker bemerken dies nicht. Die alten Kontrapunktiker lehrten, daß eine Stimme beginnen sollte, wo eine frühere endete; gegen Ende einer Stimme wurden die Notenwerte länger, und die Melodie bewegte sich bis zu ihrem Ende abwärts. Bei Schönberg sind die Merkmale der Kadenz psychologisch ähnlich, und die müssen beachtet werden. Ungewöhnliche Sprünge machen es dem Hörer bisweilen schwierig, den Schönbergschen Linien zu folgen, aber die Schwierigkeiten verschwinden bei öfterem Hör-Erlebnis.

Weitere wichtige Bausteine zur Entwicklung guten Formgefühls sind Gleichgewicht und Symmetrie, so wie sie in der Natur zu finden sind. Eine gute Koordination und ein klares Verhältnis der Teile eines Werkes zum ganzen Werk sind für eine gute Form entscheidend. Für Schönberg hat jede musikalische Komposition eine Ur-Zelle, ein einzelnes Motiv. Er hat dies in seinen Analysen klassischer Werke nachgewiesen. Das Ur-Motiv nimmt im Laufe des Werkes die verschiedenartigsten Entwicklungen, immer neuen Charakter an. Um die Teile einer Komposition klar erkennbar zu gestalten, sind Kontraste von wesentlicher Bedeutung – rhythmisch, dynamisch, harmonisch kontrastierende Phrasen, die einen Teil vom anderen abgrenzen.

Adolph Weiss erklärt anschließend die Grundlagen der Zwölfton-Reihe als »Arbeitsmaterial« eines Komponisten; sie ist nicht das Thema, sondern nur das Material für ein Thema; die Möglichkeiten der Arbeitsweise sind unbegrenzt, denn die Wahl einer Tonreihe ist dem Komponisten frei überlassen, und es entspricht der Wahl eines klassischen Komponisten, welche Tonart, welche Tonleiter oder Tonalität er seiner Komposition zugrunde legt; nur die Zwölfton-Reihe beschränkt die harmonische Gestaltung nun nicht mehr auf Terzen-, Quarten- oder Quintenklänge.

»Anhänger der Schönbergschen Schule sind untereinander weit voneinander unterschieden, wie sie die neue Technik anwenden«, schreibt Weiss: »Viele Musiker und Hörer können noch keine großen Unterschiede in den Werken der Schönbergianer entdecken, für sie sind sozusagen alle Katzen im Dunklen schwarz. Aber sie sollten die rhythmischen Konstruktionen und den geistigen Gehalt bemerken, wenn ihnen die feinen harmonischen Kontraste nicht klar sind. Man muß sich erinnern, daß Beethoven, Mozart, Haydn und andere Komponisten praktisch dieselben harmonischen Formulierungen benutzten, die des diatonischen Systems.«

In der Folge seines interessanten Essays über »Schönbergs Lyzeum« behandelt Adolph Weiss gewisse Doktrinen der melodischen, rhythmischen und harmonischen Konstruktion und setzt sich mit Schönbergs eigener Lehre und der Anwendung in seinen Kompositionen auseinander; er kommt dabei auch auf kontrapunktische Prinzipien und die Instrumentation zu sprechen. Schönberg lehrte, daß die Instrumentierung eines Werkes stets »transparent«, die Funktion jeder Note, jeder Stimme klar erkennbar sein müsse. Er sagte auch, »Pausen klingen immer gut«: sie machen die Phrasierung klar, deuten auf den Beginn individueller Stimmen.

Im Nachlaß von Adolph Weiss befinden sich eine handschriftlich aufgezeichnete »Definition der modernen Musik«, Text eines Vortrags, den er in der Music Teachers' Association of California gehalten hat, und die Erklärung einer neuartigen Notenschrift »The Weiss Duodecuple Notation« mit den Möglichkeiten ihrer Anwendung. Diese Notationsmethode führt zu dem, was Adolph Weiss »die Numerologie der fortgeschrittenen Musik« nennt.

Weiss ist dazu gekommen, alle seine späteren Kompositionen – die streng zwölftönig erfundenen und die nicht strikt reihenmäßig gestalteten – in numerische Form, in Zahlen, zu notieren, bevor er die Zahlen in Noten umwandelte. Er schrieb Zahlenkolumnen auf einfache lose Blätter eines Notizblocks, und wenn er alle Einzelheiten im Spiel der Zahlen für sich geklärt hatte, übertrug er die Kolumnen auf konventionelle Partiturseiten. Lester Trimble, ein amerikanischer Komponist, dreißig Jahre jünger als Weiss, hat in seinen Begleittexten zu Schallplattenaufnahmen von Weiss' Werken (»Trio for Clarinet, Viola and Cello« – 1948 entstanden – und »Variations for Orchestra«, 1933 komponiert – LP-Schallplatten der Reihe »Composers' Recordings«, CRI) bemerkt, es sei ein aufregendes Erlebnis, den Komponisten zu beobachten, wenn er am Klavier sitzt und noch nicht in Noten umgewandelte Zahlenreihen nach einer enigmatischen Seite von kleinen Punkten, Strichen, Linien, Zahlen, Länge-Angaben abspielt. »Aber das heißt nicht«, schreibt Lester Trimble, »daß man irrigerweise annehmen solle, Weiss sei von irgendeiner ›Logik von Zahlen‹ in eine Zwangsjacke getrieben worden. Ganz im Gegenteil, er findet Freiheit und endlosen Ansporn zu neuen musikalischen Ideen in einer Tonreihe, und da seine kompositorische Haltung ungewöhnlich spaßliebend und spontan ist, unterliegt seine Phantasie keiner Begrenzung. Er hat im Laufe seiner Karriere als Komponist eine ungeheure Leichtigkeit entwickelt, mit Zahlen umzugehen. Die Arbeit mit Zahlen ist für ihn angenehmer als die konventionelle Notation ... aber er *hört* die Musik, bevor sie geschrieben steht. Zahlen und Noten sind einfach die graphische Darstellung, eine Art Kurzschrift des Klanges, und als solche benutzt sie Weiss.«

Adolph Weiss' Aufsatz über Schönbergs Lehrtätigkeit erschien in

Amerika ein Jahr, bevor Schönberg Deutschland verlassen mußte und sich nach kurzem Aufenthalt in Paris für immer in Amerika niederließ, zuerst im Osten, dann endgültig in Kalifornien. Weiss hat seinem Meister in verschiedenen Stadien seines Lebens in Amerika zur Seite gestanden und wirkte eine Zeitlang auch als Assistent in seinen amerikanischen Lehrkursen. Schönberg erkannte Adolph Weiss als Komponisten an. Als er eine Aufführung von Weiss' »Kammersinfonie für zehn Instrumente« 1927 in Berlin hörte, nachdem Weiss schon nach Amerika zurückgekehrt war, sandte er ihm eine Postkarte, die auch von Stefan Wolpe, Josef Rufer, Benar Heifetz, Gertrud Schönberg, Hans Heinz Stuckenschmidt, Hanns Eisler, Walter Goehr, Roberto Gerhard und anderen unterzeichnet wurde, und schrieb: »Herzliche Grüße. Ihr Werk hat mir *sehr gut gefallen!!* Prosit. Ihr Arnold Schönberg.« Auch finden sich im Nachlaß von Adolph Weiss etwa 25 Mitteilungen Schönbergs an Weiss, darunter Schönbergs Bemerkungen zu einer geplanten englischen Übersetzung der »Harmonielehre« durch Weiss, eine Empfehlung an Carl Hagemann in Kopenhagen, eine Flötenkomposition von Weiss betreffend, und – aus späterer Zeit – ein Brief aus Los Angeles (30. April 1937), in dem Schönberg die Schwierigkeiten beschreibt, die ihm zu Beginn seiner Lehrtätigkeit in Kalifornien entgegentreten. Es ist auch ein Briefwechsel von Frau Gertrud Schönberg mit Mary Weiss, des Komponisten Frau, erhalten, darunter Briefe, denen Arnold Schönberg selbst Zeilen zugefügt hat.

Eine besondere Freundschaft entwickelte sich zwischen den beiden leidenschaftlichen Tennisspielern; es scheint, daß Kompositionslehrer und Meisterschüler beim Tennis schon in Berlin zueinander gefunden hatten, denn in einem Brief an Schönberg aus New York nach Berlin vom 23. September 1931 – mit dem Adolph Weiss auch seine Übersetzung des ersten Teils von Schönbergs »Harmonielehre« ins Englische zu Schönbergs Begutachtung mitsandte – schreibt Weiss am Schluß: »Vielleicht findet sich im nächsten Sommer eine Gelegenheit für mich, eine viel längere Tennis Saison mit Ihnen beiden zu verbringen als wie in der vergangenen Saison.«

In Kalifornien wurden Schönberg und Weiss häufig Tennispartner. Schönberg wurde als Tennis- und Pingpongspieler in ganz Hollywood bekannt, und sein Sohn Ronald, zwischen Nuria und Lawrence geboren, folgte dem Vater in der Leidenschaft. Er zeichnete sich so als Tennisspieler aus, daß es einmal passieren konnte, daß Arnold Schönberg in einer Gesellschaft von Sportfreunden als »Vater des bekannten Tennisspielers Ronald Schönberg« vorgestellt wurde. George Gershwin – »meine Kritiker sollten uns zuschauen, dann würden sie sehen, daß ich der große Melodiker bin und Gershwin der Kontrapunktiker« (Schönberg) –, einer der Marx-Brothers und andere Champions der Tenniswelt waren Schönbergs Partner auf dem Tennisplatz. Leonard Stein, Pianist, Assistent Schönbergs und Herausgeber von Schönbergs Schriften in Amerika, erinnerte sich, daß Schönberg zu seinen Lehrveranstaltungen oft im Tennishemd in die Klasse kam. Charlie Chaplin, mit dem die Schönbergs zusammenkamen und der Schönbergs Musik schätzte, hat in seinen Memoiren berichtet, daß er Schönberg oft bei Tennisturnieren »in weißem Dreß und Mütze« auf den billigen Plätzen habe sitzen sehen.

Der regelmäßige Tennispartner Adolph Weiss, als Fagottist sehr beschäftigt, unterrichtete selbst auch junge amerikanische Komponisten und gab ihnen mit, was er von seinem Meister gelernt hatte. Einer seiner Kompositionsschüler war der vielversprechende junge John Cage, und Weiss brachte ihn zum Austausch von Gedanken und zu weiterer Unterweisung zu Arnold Schönberg.

Adolph Weiss hat zu Lebzeiten für seine Kompositionen viel Anerkennung bei Musikern, Kritikern und Publikum gefunden; seine Werke wurden von hervorragenden Orchestern und Ensembles aufgeführt und zum Teil auf Tonträgern aufgenommen. Als Mitglied von Orchestern seit seinen frühesten Jahren und Mitglied von Kammerensembles hat er Möglichkeiten und Charakter der verschiedenen Musikinstrumente aus der eigenen Praxis her aufs beste kennengelernt, und so klingen alle seine orchestralen und kammermusikalischen Kompositionen instrumental virtuos, oft anziehend-spielerisch und auch humorvoll. Vokalmusik hat Weiss kaum komponiert: einige Gesänge mit Klavier oder Instrumenten, keine Oper, eine einzige Kantate, »The Libation Bearers« (»Träger des Trankopfers«) – nach Aischylos, eine »Choreographische Kantate«, die von Tänzern ausgeführt wird zur Begleitung von Sängern, Chor und Orchester, 1930 entstanden. Eine Oper, »David«, begann er 1931, es sollte eine »Oper in rhythmischer Deklamation« werden, doch Weiss kam über die Skizzen nie hinaus. So ist der größte Teil seiner Musik für Klavier, für kammermusikalische Ensembles, für Orchester und für Solo-Instrument und Orchester komponiert.

Unter den Klavierwerken sind vor allem die Reihe von »Präludien« zu nennen, von denen sechs aus einer Serie von zwölf 1929 in der »New Music Edition« San Francisco gedruckt wurden: Nr. 1 der »Six Preludes« ist ein Andante-Satz, der zweistimmig beginnt, wobei die rechte Hand drei Takte lang ein zehntöniges Thema spielt und die zur Zwölfton-Reihe fehlenden zwei Töne in einer Reihe im Baß hinzugefügt werden. Nr. 2, Moderato, hat einen sehr dichten Klaviersatz und entwickelt viel Virtuosität. Nr. 6, Presto, ist in reiner Zweistimmigkeit gesetzt, ebenso der bewegte Allegretto-Satz, Nr. 9. Nr. 11 der gedruckten Ausgabe ist mit »Tempo di Valse lente« bezeichnet und Nr. 12 »alla marcia«. Gewichtiger ist die im Autograph erhaltene Klaviersonate vom Jahre 1931. Ihr erster Satz, Allegro moderato, beginnt mit einem Unisono-Spiel in Oktaven-Distanz, ein zwölftöniges Thema wird in vielen Farben entwickelt, amüsant sind gelegentliche Koloratur-Einwürfe in hohen Oktaven. Leise und sehr expressiv beginnt der Andante-Satz, eine stetige Steigerung mündet in einen großen Aufschwung. Der Finalsatz, Allegro molto, beginnt wie der erste Satz mit Unisono-Oktaven, und sein Thema wird in kanonischer Kontrapunktik vorgestellt. Es entwickelt sich ein äußerst schwungvoller, virtuoser Satz.

Im Jahre 1945 schrieb Weiss ein Stück für zwei Klaviere, das er »Protest« betitelte; eine spätere Komposition, eine »Etüde für Klavier« (1950), nannte er »Pulses of the Sea«. Das Klavier spielt auch eine große Rolle in kammermusikalischen Werken von Adolph Weiss, der Violinsonate von 1941, den Fünf Fantasien für Violine und Klavier, auf japanischer Gagaku-Musik basierend (1956), und dem Sextett für Flöte, Oboe, Klarinette, Fagott, Horn und Klavier (1947). Das dreisätzige Sextett – Allegro, Andante, Allegro molto – ist sehr virtuos für die einzelnen Instrumente komponiert, die viele solistische Passagen haben, und die Melodik ist fast durchwegs sehr lyrisch gehalten. Ein Bläserquintett (1931), Passacaglia für Horn und Viola (1942), »Vade mecum« für verschiedene Bläser-Ensembles, zwischen 1951 und 1958 komponiert, »Ode to the West Wind« für Bariton, Viola und Klavier (1945) und eine Rhapsodie für vier Hörner zeugen gleichfalls von einer Bevorzugung der Blasinstrumente, die dem Fagottisten Adolph Weiss nahestanden. Ein Konzert für Fagott und Streichquartett (1949) behandelt das Fagott eher lyrisch-singend als buffonesk; auch ein Konzert für Trompete und Orchester schrieb Weiss (1952).

Adolph Weiss, Twelve Preludes for Piano, No. 1 (»Im alten Haus«)

Unter den Kammermusikwerken kann man drei Streichquartette (1925, 1926, 1932), ein Trio für Klarinette, Viola und Cello (1948) und die Sonate für Flöte und Viola als wichtige Werke nennen. Die (in der New York Music Edition 1930 gedruckte) Sonate besteht aus einem ausdrucksvollen Adagio-Satz, in der ein Tritonus das zwölftönige Motiv beherrscht, und einem von ständiger Bewegung getriebenen Allegro-Satz, in dem der Tritonus auch eine wesentliche Rolle spielt. Adolph Weiss läßt den Adagio-Satz danach wiederholen. Das Klarinetten-Trio beginnt mit einem sehr lyrischen Andante-Satz; ihm folgt ein scherzoartiges Allegro molto, mit ständigem Wechselspiel der Instrumente und gelegentlichem Zurückgreifen auf musikalisches Material des Andante-Satzes.

Für Orchester schrieb Adolph Weiss die Kammersinfonie für zehn Instrumente (1927), das besonderes Aufsehen erregende »Scherzo Jazzoso« mit dem Titel »American Life« (1929) und »Thema und Variationen für Orchester« (1933). »American Life« ist ein in atemberaubender Virtuosität gestaltetes Jazz-Scherzo für dreifach besetzte Bläser, einschließlich drei Saxophonen, viel Schlagwerk und großem Streichorchester. Es beginnt »Lento. Breit« mit einem synkopierten Thema, das drei Solo-Trompeten vorstellen, mit einem Echo von Posaunen und Tuba. Im dritten Takt tritt schnelle Bewegung ein, die Instrumente spielen mit- und gegeneinander, und das Tempo wechselt zwischen extrem schnellem und extrem langsamem Spiel. Ein Foxtrott-Teil folgt, dann ein »Blues«-Teil, und immer wieder wird der Fluß des Werkes von dem »Lento«-Beginn mit dem Anfangsmotiv unterbrochen. Nach Takten mit reduzierter Orchesterbesetzung gewinnt das Stück wieder stetig an Fülle und Schwung bis zum klangvollen Beschluß. Das 1928/29 entstandene Werk wurde sofort nach Entstehung gedruckt, und Adolph Weiss sandte ein Exemplar der Partitur an Schönberg nach Berlin mit handschriftlicher Widmung »Meinem verehrten Lehrer und Freund Arnold Schönberg in Dankbarkeit, New York 1929«.

Das anspruchsvolle Orchesterwerk »Thema und Variationen« (1933) beginnt mit dem breit vorgetragenen, eine weite Fläche einnehmenden melodischen Thema – Andante sostenuto –, vom Fagott gespielt, mit weiten melodischen Intervallen, und ein klangvoll instrumentiertes Streicherensemble begleitet es, bis hohe Holzbläser das Thema fortführen; die eröffnende Fagott-Phrase beendet die Vorstellung des Themas. Starke Gegensätze entwickeln die zwölf Variationen aus dem Thema. Das San Francisco Symphony Orchestra hat die Uraufführung im April 1936 unter der Leitung von Pierre Monteux, dem das Werk gewidmet ist, gespielt. Adolph Weiss war eine Zeitlang Fagottist in diesem

Orchester und hat vielleicht das Fagott-Solo-Thema in seinem Werk in der Uraufführung selbst gespielt.

Aus den letzten dreizehn Jahren des Lebens von Adolph Weiss sind keine Kompositionen bekannt geworden. Er starb in Van Nuys, Kalifornien, am 20. Februar 1971, im September des Jahres wäre er achtzig Jahre alt geworden.

Ein Amerikaner in Paris.
Nicolas Slonimsky dirigierte am 6. Juni 1931 in der Salle Gaveau in Paris das erste von zwei Konzerten mit amerikanischer Musik – mit Werken von Charles Ives, Carl Ruggles, Henry Cowell, Amadeo Roldán und »American Life« von Adolph Weiss.

> *»Es scheint, daß polyrhythmische und polyharmonische Experimente in Amerika in einem gesünderen, ehrlicheren und jugendlicheren Geist durchgeführt werden als hier. Man benötigt eine gewisse Brutalität, um sich mit leichtem Schritt in dieser neuen Domaine einer Musik zu bewegen, die mit Faustschlägen verabreicht wird. Bei uns nimmt eine schwere künstlerische Erbschaft etwas von diesem spontanen Spiel, einen Teil dieser fröhlichen Unbekümmertheit fort.«*
>
> EMILE VUILLERMOZ, *in der Pariser Zeitschrift* Excelsio *vom 8. Juni 1931.*

> *»Die amerikanischen Komponisten werden von unseren Konservativen als wild-äugige Anarchisten angesehen … Kann man es den Parisern verübeln, daß sie sie als unruhige Experimentatoren betrachten oder als Anhänger von Europäern, deren Stellung in der musikalischen Welt noch nicht bestimmt ist, Männern, die ihre Originalität hauptsächlich mit ihren rhythmischen Erfindungen und orchestralen Tricks zeigen, Männern, die anscheinend kein melodisches Talent haben, oder wenn sie es haben, es verachten, um ein unbedeutendes Modell in ermüdender Weise zu wiederholen und zu transformieren, die den sinnlichen Charme der Streichinstrumente vernachlässigen und aufregenden Effekten in der Kombination von Bläser- und Schlagwerk-Chören vertrauen?«*
>
> PHILIP HALE: Mr. Slonimsky in Paris, *im* Boston Herald, *Leitartikel vom 7. Juli 1931. Nach Nicolas Slonimsky* »Music since 1900«, *mehrere Auflagen.*

MARC BLITZSTEIN – DONNER UND BLITZSTEIN

Edelmut, Vitalität, trockener, talmudischer Witz, erfrischende, eigenwillige Ansicht über alles. Eine geheime Beziehung zu »Notenwerten«. Treue von ungeheurer Intensität in unwahrscheinlichsten Situationen. Nicht enden wollende Zuneigung und Güte. Nicht enden wollende Fähigkeit, um der Wahrheit willen zu hadern, sie zu finden, zu erfinden. All das war Dein.

LEONARD BERNSTEIN, *Brief an Marc*, 23. Dezember 1964 – ein Jahr nach Marc Blitzsteins Tod.

Donner und Blitzstein«, liest man als deutsche Überschrift der amerikanischen Rezension eines Konzerts mit zeitgenössischer Musik, in dem Marc Blitzstein 1929 die Uraufführung seiner Klaviersonate spielte, die er kurz nach seiner Rückkehr aus Berlin – wo er Meisterschüler in Arnold Schönbergs Kursen an der Akademie der Künste gewesen war – vollendet hatte. In einer Tagebuch-Notiz, datiert Philadelphia 16. November 1927, notierte der Komponist, daß er dabei sei, zwei Artikel zu schreiben – über Arnold Schönberg und über den »Niedergang des Ausdrucks« –, und er »arbeitet wie wild an der Klaviersonate, die *etwas ganz besonderes* sein wird«. Das autographe Manuskript der Sonate trägt das Datum »Dezember 1927«; die Uraufführungen fanden im Februar 1929 in Boston (»The New American Music Reflecting the Most Progressive Tendencies«) und in New York City im März 1929 (»An Evening of Contemporary Music«) statt, beide Male mit dem Komponisten als Interpreten seiner Sonate.

Wenn man die Partitur dieser Klaviersonate etwa siebzig Jahre nach ihrer Entstehung studiert und eine vom Komponisten eingespielte Tonaufnahme anhört, die im Nachlaß Marc Blitzsteins in den Archiven der

State Historical Society of Wisconsin, Madison, erhalten ist, kann man ohne Übertreibung sagen, daß diese Komposition ein »ganz besonderes« Werk darstellt, eine Klaviersonate, wie kaum eine ähnliche in ihrem Jahrhundert geschrieben worden ist – und man wundert sich, daß sie bis heute (1997) anscheinend niemals verbreitet, niemals gedruckt oder auf Schallplatte festgehalten wurde. Sie hat einen atemberaubenden Beginn: ein prägnantes, ausdrucksstarkes Motiv aus sechs Tönen wird von der rechten Hand in gleichen Viertelwerten gespielt, und hin und her springende Achtelbewegungen kontrastieren chromatisch in der linken Hand des Spielers. Dem erregenden ersten Takt folgt ein Takt Pause, der den Hörer mit großer Spannung erfüllt. Dann wiederholt sich das Spiel: der genauen Wiederholung des Anfangstaktes folgt wieder die Pause. Danach werden ein Takt lang die ersten Töne und die kontrastierende Achtelbewegung variiert wiederholt, und wieder »ertönt« die dramatische Leere der Pause. Der gesamte erste Satz entwickelt sich in ähnlicher Weise, bis gegen die Mitte des Satzes die Pausen ausfallen, später aber wieder zurückkehren. Der Satz ist in einer Art Rondoform gestaltet. Den zweiten Satz charakterisieren lange Notenwerte, eine ausdrucksvolle Akkordik begleitet enge Motiv-Intervalle. Der Finalsatz besteht aus mehreren kurzen Teilen, und der Komponist erinnert gegen Ende an den ersten und den zweiten Satz der Sonate. Das Werk schließt nach einer virtuosen »Art von Kadenz« (Blitzstein) mit einer zusammenfassenden Coda. Das Erstaunen des Rezensenten von 1929: »Donner und Blitzstein«, ist noch heute gut verständlich.

Marc Blitzstein wurde am 2. März 1905 in Philadelphia geboren. Sein Vater, Samuel H. Blitzstein, war aus Odessa nach Amerika gekommen, seine Mutter Anna, geb. Levitt, stammte aus Baltimore, hatte ebenfalls russisch-jüdische Eltern. Der Vater (wie der Großvater) war Bankier, die Mutter war Amateur-Sängerin. Marc begann schon früh Klavier zu spielen und wurde als »Wunderkind« in öffentlichen Konzerten vorgeführt – worauf er in späteren Jahren verächtlich zurückblickte. 1914 zog die Familie nach Santa Monica, Kalifornien, Marc aber kehrte drei Jahre später nach Philadelphia zurück, um dort das Gymnasium zu besuchen. Nach frühen Kompositions-Experimenten entstanden 1918–1920 verschiedene Klavierstücke und ein Lied für Bariton und Klavier. In den Jahren 1923 bis 1925 bekam er dann ernsthafte Klavierstunden bei Alexander Siloti in New York, wohin er regelmäßig von Philadelphia aus fuhr; so konnte er gleichzeitig am Curtis Music Institute in Philadelphia bei Rosario Scalero Kompositionsunterricht nehmen. Er komponierte eifrig, Musik für Kammerorchester, für Klavier, für Gesang und Klavier.

Als 21jähriger entschloß er sich 1926, nach Paris zu reisen, dem modischen Trend vieler junger amerikanischer Komponisten folgend, und bei der »legendären« Nadia Boulanger Komposition zu studieren. Aaron Copland, Roy Harris, Walter Piston, Virgil Thomson, Elliott Carter, David Diamond und viele andere suchten Nadia Boulanger auf und nahmen Kompositionsunterricht bei ihr, gerieten unter den Einfluß ihres musikalischen Geschmacks. Nadia Boulanger liebte die Musik Debussys, Ravels und Strawinskys, nicht dagegen die Arnold Schönbergs, und die jungen Komponisten folgten in Stil und Ausdruck ihrem Geschmack und ihrer Lehre. Marc Blitzstein blieb bei ihr von Oktober 1926 bis Februar 1927 und reiste dann nach Berlin, um einen Platz in Schönbergs Meisterklasse an der Akademie der Künste zu erbitten. Schönberg antwortete ihm auf seine Anfrage am 12. Februar 1927:

> Sehr geehrter Herr,
> ich muß Sie bitten, mir ganz genau zu sagen, weshalb Sie mit mir sprechen wollen und warum Sie mir Ihre Kompositionen zeigen wollen. Denn ich bin augenblicklich so beschäftigt, daß ich nur in ganz dringenden Angelegenheiten jemanden empfangen kann.
> Hochachtungsvoll, Arnold Schönberg.

Schönberg hat Blitzstein dann aber schnell empfangen, denn bereits vier Tage nach Schönbergs Brief, am 16. Februar, stellte die Akademie einen Immatrikulationsschein für Marc Blitzstein aus. Er galt für das Winter-Semester 1926/27; Blitzstein ist tatsächlich nur bis zum Juni 1927 bei Schönberg geblieben und im August 1927 in die USA zurückgekehrt.

Blitzstein war 22 Jahre alt, als er bei Schönberg studierte. Merkwürdigerweise finden sich in Schönbergs halbjährlichen Aufzeichnungen über seine Meisterschüler keine Angaben über ihn – über seine Fortschritte, seine in Berlin entstandenen Kompositionen; der Grund ist wohl der allzu kurze Aufenthalt Blitzsteins in der zweiten Hälfte des Semesters.

Nach eigenen Angaben hat Blitzstein in Berlin die Klaviersonate begonnen, Ballettmusik komponiert und ein Werk »Gods« (nach Walt Whitman) für Stimme und Streichorchester. Außerdem steuerte er Musik für einen eigenartigen Film bei: »Hands« (»Hände«). Der Film war

Marc Blitzstein.

gestaltet von der New Yorker Fotografin Stella Simon und Miklos Bandy; Leopold Kurzlub und Hans Richter arbeiteten an ihm mit. Die »Handlung« des Films bestand lediglich aus Handbewegungen, und die Autoren überließen es den Zuschauern, ob sie in den Bewegungen eine Art von dramatischer Entwicklung sehen möchten. Blitzstein komponierte die Musik zunächst für mechanisches Piano mit Schlagwerk-Begleitung, später spielte er sie für eine RCA-Filmbibliothek als Klaviersolo. »Gods« wurde bald nach Blitzsteins Rückkehr in Philadelphia von der Altistin Ruth Montague mit Solo-Cello und dem Philadelphia-Streichensemble im Februar 1928 uraufgeführt.

Im Rahmen einer Eingabe für die Gewährung eines Studien-Stipendiums dokumentierte Blitzstein seinen Lebens- und Studien-Lauf bis 1928 und legte einen Plan vor, was er in den kommenden Jahren arbeiten wolle: »Es ist schwer für einen Komponisten, seine Pläne für mehr als ein Jahr im vorhinein festzulegen«, aber er plane die Kompositionen einer abendfüllenden Oper, eines Streichquartetts und eines Werks für kleines oder großes Orchester. Außerdem möchte er eine Forschungsarbeit über die Entwicklung der Sonatenform beginnen, unter besonderer Behandlung der zeitgenössischen Sonate (wie zum Beispiel der eigenen Klaviersonate von 1927) und dann Sonaten komponieren, die auf den Resultaten der Forschung basieren. Blitzstein fügt hinzu, daß er diese Arbeiten in Paris, Berlin und Rußland durchführen möchte.

In einem Interview, das Marc Blitzstein im Juni 1941 gab und das von Charles Glenn am 5. Juli 1941 in New York (»Daily Worker«) veröffentlicht wurde, erklärte der Komponist seinen Wechsel von der Konzertmusik zum Musiktheater, das ihn seit 1928/29 in zunehmendem Maße beschäftigte. Er hatte noch in Europa eine »Opern-Farce« mit dem Titel »Triple Sec« geschrieben, die in englischer und deutscher Sprache im Schott-Verlag in Mainz erschien und 1929 in Philadelphia uraufgeführt wurde. »Ich hatte um 1928 eine Klaviersonate komponiert«, sagte Blitzstein, »und was war das für ein Stück! Es war ein erregendes, zorniges Stück. Die Leute wußten nicht, worum es sich handelte. Es war ihnen ungemütlich wie die Hölle. Mir auch.« »Aber dann«, fuhr Blitzstein fort, »schrieb ich ein Stück fürs Theater (nebenbei bemerkt, sind die meisten meiner Theaterwerke aus meinen Konzertkompositionen hervorgegangen). Anstatt zornig zu sein, war dies komisch, possenhaft. Das war ›Triple Sec‹. Es wurde dann für eine Revue benutzt und brachte es zu 150 Vorstellungen. Es war erfolgreich. Dieses Stück war eins dieser närrischen modernistischen Dinge, durch die mittels Bühnentricks das Publikum betrunken gemacht werden soll. Es hatte eine Philosophie. Es richtete sich gegen die spießigen Menschen und Traditionen, mit denen ich aufgewachsen bin. Es sollte deren Werte negieren. Es sollte das Feld klären. Ich war als verzogener Komponist einer gewissen Gesellschaft erzogen worden und ich war dessen müde.«

Nach dieser »Farce« schrieb Blitzstein – all dem entgegengesetzt, was er über »Triple Sec« gesagt hatte – ein »Romantisches Stück für Orchester«, ein Konzertwerk »mit traurigen und tragisch-schönen Klängen« (1930), und daraus entwickelte er eins seiner bedeutendsten Werke, das Ballett »Cain« (ebenfalls 1930). Das Thema das Balletts war die These, daß die Menschheit nicht die Kinder Adams seien, sondern die Söhne Kains. »Es ist grausam und tragisch«, erklärte Blitzstein: »Alle Menschen sind Mörder, die das Kains-Zeichen tragen.« Blitzstein fand in seiner Musik für das Theater, Ballett und Musikdrama, den Weg zum Hörer. Er glaubte, daß Musik für die breite Masse verständlich sein müsse, ohne daß deshalb der Komponist seine künstlerischen Ideale aufzugeben habe: »Musik im Theater ist eine kraftvolle, eine fast unmoralisch-mächtige Waffe, sie kann Dinge tun, die man niemals erträumen könnte ... Als ich entdeckte, daß ich ein Opernkomponist bin, und auch entdeckte, daß ich ein Rebell bin, fand ich mich in einer perfekt-guten Gesellschaft.« Er sei niemals sensationslustig gewesen, beteuerte Blitzstein: »Es gibt eine perfekt-gute Tradition für meine Art zu schreiben – und Komponisten aller Zeiten sind der Sensationslust verdächtigt worden.«

Musik müsse auch ein Mittel sein, fand Blitzstein, Menschen aufzurütteln und gegen politische und soziale Ungerechtigkeit zu kämpfen. Die »große Depression« in Amerika beflügelte seine Arbeit in zunehmendem Maße. In Berlin hatte er Brecht/Weills »Dreigroschenoper« erlebt und deren Wirkung nie vergessen. Er stellte eine amerikanische Version her, die ein großer Broadway-Erfolg wurde. Leonard Bernstein, mit dem er sich bereits 1939 angefreundet hatte, als Bernstein an der Harvard University Blitzsteins Oper »The Cradle Will Rock« aufführte, leitete 1952 die amerikanische Erstaufführung der amerikanisierten »Dreigroschenoper«.

»The Cradle Will Rock« (»Die Wiege wird schaukeln«) war Marc Blitzsteins zentrales, epochemachendes Musiktheater-Stück. Die musikalische Umwelt hatte Blitzstein einen »zornigen jungen Mann« genannt, »zornig mit sich selbst, kantig, temperamentvoll, scharfzüngig, der jeden Menschen anschaute, alles anhörte und mit jedermann Zank hatte«. »Zorn« und Kritik an der Welt brachten ihn dazu, ein »Theaterstück mit Musik« zu schreiben, das er als »Mittelklassen-Allegorie für ein Mittelklassen-Publikum« bezeichnete. »The Cradle Will Rock« besteht aus einer bunten Mischung von Drama- und Opern-Elementen, mit Balladen, gassenhauerartigen Liedern, Jazz-Songs, Blues, Parodien. Hart waren darin die Angriffe auf die machtvollen kapitalistischen Betriebe, war das Mitleid mit der unterdrückten Arbeiterklasse. Es geht um Arbeiter in der Stahlproduktion, die versuchen, eine Gewerkschaft zu formen; die arbeitende Bevölkerung trägt den Sieg davon.

Die Uraufführung war für den 16. Juni 1937 angesetzt. Wenige Stunden vor dem angekündigten Beginn der Vorstellung brachten es Regierungsbeamte fertig, das Federal Theater in New York aus Protest gegen den linksradikalen Text schließen zu lassen. Daraufhin zog die gesamte Theatertruppe, gefolgt von dem versammelten Publikum, in ein anderes, nahe gelegenes Theater. Aber die Bühnenausstattung und die Kostüme gehörten dem Federal Theater und durften nicht mitgenommen werden; das Theater hätte auch die Musiker bezahlen sollen, und so konnten diese nicht mitgehen. Die Schauspieler mußten also auf einer leeren Bühne und in Straßenkleidern auftreten, und Blitzstein saß an einem Klavier auf der Bühne, begleitete die Musik und erklärte, was dargestellt werden sollte. Selbst diese so primitive Aufführung errang einen riesigen Erfolg bei Publikum und Presse, und ausverkaufte Vorstellungen brachten genug Geld ein, um eine veritable Aufführung am Broadway zu finanzieren – sie lief viele Monate und wurde in anderen Städten ebenso erfolgreich wiederholt. Der Regisseur der Uraufführung war Orson Welles. In der Presse hieß es, es sei dies »der aufregendste Theaterabend, den diese Generation von New Yorkern erlebt hat«.

Fünf Jahre nach dem Erfolg von »The Cradle Will Rock« brachte Blitzstein eine neue sozialpolitische Oper zur Aufführung: »No for an Answer« (»Nein ist die Antwort«). Sie handelte wieder von Arbeiterkämpfen, diesmal von griechischen Kellnern in einem Sommer-Luxushotel. Wiederum wurde verboten, die Oper auf der Bühne theatralisch darzustellen; so hatten die lizenzerteilenden Autoritäten der Stadt verfügt, und so wurde auch diese Oper 1941 wieder ohne Bühne und ohne Dekorationen mit Blitzstein am Klavier aufgeführt. Als Amerika in den Weltkrieg eintrat, zog Marc Blitzstein das Stück selbst zurück: »Dies ist nicht die Zeit, unsere schmutzige Wäsche vor dem Publikum zu waschen.« Trotz seiner umstrittenen Persönlichkeit wurde Blitzstein 1940/41 und nochmals im Jahr darauf mit einem Guggenheim Fellowship geehrt.

Im August 1942 wurde Marc Blitzstein für die amerikanische Luftwaffe mobilisiert, als »Entertainment Specialist«; er hatte Texte und Musik für Unterhaltungsprogramme, Filme, Rundfunksendungen zu schreiben und zusammenzustellen. 1943 schrieb er »Freedom Morning« (»Morgen der Freiheit«), ein »Sinfonisches Gedicht für Männerstimmen und Orchester«. Es war ein Versuch, Spannungen zwischen farbigen und weißen amerikanischen Soldaten überwinden zu helfen. Bei der Uraufführung, die in der Royal Albert Hall in London am 28. September 1943 stattfand, sangen farbige Amerikaner die Chorstimmen. Nach Beendigung des Krieges komponierte Blitzstein »The Airborne Symphony« für Sprecher, Männerchor, Solo-Tenor, Solo-Bariton und Orchester; die Uraufführung dirigierte der 27 Jahre alte Leonard Bernstein in New York am 1. und 2. April 1946, und am 26. Mai wurde das Werk für eine NBC-

Rundfunksendung aufgenommen, deren Aufzeichnung erhalten ist; Marc Blitzstein war der Sprecher. »The Airborne Symphony« ist nach den Worten des Komponisten »eine Art von modernem Oratorium. Es dokumentiert die historische Entwicklung des Fliegens von Menschen, mythologisch und real gesehen, von Ikarus bis zu den Piloten des Zweiten Weltkriegs.« Es war gedacht als Feier des fünfzigjährigen Jubiläums militärischer Flüge und sollte gleichzeitig eine Warnung gegen die Gefahren neuer Kriege aussprechen.

Um soziale Unterschiede und um eine Auseinandersetzung mit Jazz und traditioneller Musik geht es in Marc Blitzsteins Oper »Regina«, ein Werk, das dem Komponisten viel Kopfzerbrechen – und auch viel Ärger – verursachte. Vor allem gab es endlose Debatten mit der Schriftstellerin Lillian Hellman, deren Stück »The Little Foxes« (»Die kleinen Füchse«) Blitzstein seiner Oper unterlegen wollte. Lillian Hellman, etwa gleichaltrig mit Blitzstein, hatte mit ihrem Stück sowohl Broadway als auch Hollywood erobert, nachdem es im Februar 1939 in New York erfolgreich uraufgeführt worden war (18 Jahre später schrieb sie für Leonard Bernstein das Libretto für »Candide« – auch hiermit machte sie Schwierigkeiten). Als Marc Blitzstein 1946 den Plan faßte, Hellmans »The Little Foxes« als Oper zu komponieren, half ihm die Koussevitzky-Stiftung durch Erteilung eines Kompositionsauftrags. Blitzstein war im allgemeinen ein schneller Arbeiter, er hatte »The Cradle Will Rock« in weniger als sechs Wochen geschrieben. An seiner Oper, die er »Regina« nannte, arbeitete er drei Jahre. Er hat später darüber gesprochen: »Ich wollte aus dem Stück eine Oper machen, aber will ›The Little Foxes‹ auch von mir als Oper gemacht werden?« Lillian Hellman andrerseits schrieb in ihren Erinnerungen, die sie »An Unfinished Woman« (»Eine unfertige Frau«) nannte, dies sei das schwierigste Stück, das sie je geschrieben habe, und da Figuren in ihrem Drama entfernt etwas mit der Familie ihrer Mutter gemein hatten, war sie ganz besonders empfindlich gegen Veränderungen des Inhalts, wie sie bei einer Umsetzung in gesungenes Drama immer notwendig sind. Es geht in der Oper um eine geldgierige Frau, eine in sich zerstrittene Familie, dabei um den Niedergang der amerikanischen Aristokratie und ihren Konflikt mit den Industriellen der Mittelschicht; Blitzstein fügte Konflikte zwischen den älteren, farbigen Bediensteten und jüngeren Arbeitern ein. Lillian Hellman protestierte gegen verschiedene Änderungen Blitzsteins, und die Uraufführung der Oper am 31. Oktober

1949 in einem Broadway-Theater – für die Blitzstein von der Autorin gezwungen worden war, einiges zu streichen und anderes zu ändern – hatte weder beim Publikum noch bei der Presse Erfolg. Vier Jahre später folgte eine Revision der Oper, und 1958 wurde »Regina« in einer nochmals veränderten, Blitzstein selbst am wenigsten zusagenden Form aufgeführt. Leonard Bernstein sagte von Lillian Hellmans Stück, es handle von »häßlichen Menschen, die häßlich miteinander umgehen«, von Blitzsteins Oper sagte er, sie habe »Bitterkeit mit Zuckerguß überzogen«.

Der Prolog zur Oper gehört zu Marc Blitzsteins besonders charakteristischen Einfällen und dokumentiert – wie auch seine kämpferischen Werke – seine soziale Einstellung und seine Abgrenzung der verschiedenen Arten von Musik. In einem Bürgerhaus in Alabama bereitet am Morgen eines Tages, an dem die Hausherrin Regina eine Dinner-Party geben will, eine Gruppe von Angestellten die Party vor. Regina hat für den Abend einen einflußreichen Financier aus Chicago eingeladen, mit dem sie unsaubere Geschäfte in die Wege leiten will – die Handlung spielt im Frühjahr 1900. Man sieht und hört die Angestellten bei der Arbeit ein Negro-Spiritual singen. Sie werden von einer Jazzband unterbrochen, die das Spiritual in eine Ragtime-Nummer verwandelt. Die Tochter des Hauses kommt herein und beteiligt sich – ihr gefällt die Jazzmusik. Da fragt die Sängerin des Spirituals die Jazzband-Musiker, warum sie nicht hübsche, anständige Musik spielten. Die Tochter des Hauses mischt sich ein: »Und was für Musik ist anständig?« – »Jedenfalls nicht diese«, gibt sie selbst die Antwort, und das Spiritual wird wiederaufgenommen. Schließlich erscheint Regina: »Wir haben doch heute abend Gäste … Was soll aus diesem Haus nur werden? Ein musikalisches Varieté?« Blitzstein läßt Regina die Tochter und die Angestellten zum Schweigen bringen, und gegen diesen Prolog hat er den Schluß der Familienzwistigkeiten und der Tragödie gesetzt, in dem Regina – die an allem Unglück und Verbrechen schuld war – schwach und entmachtet ist. Lillian Hellman protestierte erfolgreich gegen die Aufführung des Prologs und anderer Blitzstein-Veränderungen, und erst in den neunziger Jahren haben Tommy Krasker und der Dirigent John Mauceri anhand der unzähligen Skizzen, Anweisungen und als endgültig bezeichneten Versionen Marc Blitzsteins aus dem Nachlaß-Archiv des Komponisten eine Fassung für die Schallplatte rekonstruiert, die man als allein authentische Text- und Musik-Kreation Marc Blitzsteins ansehen kann.

Vor und zwischen seinen musikdramatischen, sozialpolitisch, ideologisch-aufklärend gefärbten Werken hat Marc Blitzstein einige Instrumentalkompositionen verfaßt, in denen er – wie bereits zitiert – musikalische Urzellen der dramatischen Werke sieht. Darunter waren ein Streichquartett, in dem jeder der drei Sätze »Largo« überschrieben ist, ein Klavierkonzert in drei Sätzen (Moderato molto, Largo assai, Adagio ma non troppo), bereits 1931 komponiert, ein Scherzo für Klavier »Bourgeois at Play« (1930) und eine »Serenade« für Streichquartett (Januar/Februar 1932) in drei Sätzen (Allegretto, Larghetto, Andante Maestoso).

Blitzstein war ein unermüdlicher Arbeiter. Er unterrichtete privat und an Schulen und Institutionen, er unternahm mit Hilfe von Stipendien Reisen in viele verschiedene Länder, nahm im Juni 1962 aktiv an einem Symposion des »World Jewish Congress« in Israel teil, schrieb Bühnenmusiken und bearbeitete Musik anderer Komponisten. Im März 1933 heiratete er die Schriftstellerin Eva Goldbeck, die vier Jahre älter war als er, eine als politisch-radikal bekannte Autorin und Übersetzerin, Tochter einer seinerzeit sehr bekannten Opernsängerin, Lina Abarbanell, und des Schriftstellers Eduard Goldbeck. Ihre linksgerichteten sozialen Ideen hatten großen Einfluß auf Blitzstein. Sie war aber in einem schlechten Gesundheitszustand und wurde schon zwei Jahre nach der Heirat mit Blitzstein ernsthaft krank. Sie starb am 26. Mai 1936. Marc Blitzstein, gerade 31 Jahre alt, hat nie wieder geheiratet.

Marc Blitzstein hat sich auch für das Schreiben von Memoiren interessiert. 1947 entwarf er Skizzen zu einem geplanten Buch mit dem Arbeitstitel »Case Meets History« (Ein Fall trifft auf Geschichte). Ein hinterlassenes maschinenschriftliches Projekt-Manuskript beschreibt das Vorhaben als »ein Buch voller Länge traditionellen Umfangs, auf Papier gedruckt, mit Kapitelüberschriften ... fiction-non-fiction, komisch-ernst, über Musik, über mich selbst, über die Kunst amerikanischer Texte zu populären Songs, über Warum keinen Selbstmord begehen, über die Flüchtlinge und die Expatriierten, über alles, was mir passiert ist im Leben ... der Stil wird sein: Erzählung, dramatischer Dialog, Verse, Sprichwörter, Sticheleien, Kataloge, Musikkritiken ... Das Werk wird nach meinem Plan, dem ich nicht zu folgen garantiere, in mehr-oder-weniger Sonatenform gehalten sein, das heißt: Thema, Gegenthema, Durchführung, Wiederkehr des Ersten Themas, Zweites Thema in der Tonart des Ersten, Finale und Coda ...«

Nachdem Marc Blitzstein diesen Plan weiter ausgeführt hat, endet er: »Alles, was ich versprechen kann, ist ein relativ lesbares Buch; dies ist, nun daß ich daran denke, ein ziemlich großes Versprechen.« Es sind verschiedene Seiten mit Texten und Skizzen zu Plan und Inhalt des nicht ausgeführten Buches im Nachlaß Blitzsteins erhalten.

Die Persönlichkeit Marc Blitzsteins ist – vor allem in amerikanischen Publikationen – vielerorts unter mannigfachen Aspekten beschrieben worden. Er konnte auf Personen und Persönlichkeiten verschiedenen Charakters, verschiedener Ansichten, verschiedener Bildung in ganz unterschiedlicher Weise wirken. Den Beschreibungen Blitzsteins als »zorniger junger Mann«, der überall aneckte und sich in heftige Debatten einließ, steht die fast romantische Haltung gegenüber, die Leonard Bernstein ihm zuschreibt: »Ich war mehr als einmal über die Leichtfertigkeit schockiert, mit der man ihn als ›großstädtisch‹, ›radikal‹, ›bohemienhaft‹, ›zornig‹ et cetera abstempelte. Das ist nichts als Denkfaulheit«, sagte Leonard Bernstein in einer Gedenkrede anläßlich eines Gedächtniskonzerts für Marc Blitzstein am 2. April 1964: »Meine am lebendigsten gebliebenen Eindrücke von ihm haben alle etwas mit der Natur zu tun: mit dem Meer, mit Wäldern, mit einem Boot, mit der Sonne, mit Schnee. Marc schwamm mit der gleichen Begeisterung, mit der er komponierte, und mit dem gleichen Fleiß. Er stand mit der Sonne auf, ging vor seinem spartanischen Frühstück schwimmen und stahl sich aus New York fort, sooft er nur konnte.« Bernstein und Blitzstein lernten sich an der Harvard University kennen, an der Bernstein »The Cradle Will Rock« einstudiert hatte. »Ich holte ihn am Flugplatz in Boston ab (damals war es recht gefährlich zu fliegen!) und war erstaunt, wie zierlich der Mann war, den ich seiner Musik nach für einen Riesen gehalten hatte«, erinnerte sich Bernstein, und vor seinem »inneren Auge« stand sein Bild vor ihm: »Marc liegt am Ufer des (Charles River) Flusses, redet nicht enden wollend auf mich ein, vermacht mir sein Wissen, seine Einsichten, seine Herzlichkeit und wie Antaeus aus seiner Berührung mit der Erde nicht enden wollende Kraft beziehend. Und schrittweise wuchs er wieder zum Riesen empor; und so war es stets, wenn er Erde, Meer, Wälder oder Schnee berührte. Das war das Geheimnis des Riesen, der diese Noten schrieb, die meine Seele verführten, diese Tausende ungewöhnlicher, mysteriöser Noten, die so unvergeßlich sind.«

Marc Blitzstein war nur verhältnismäßig kurze Zeit Arnold Schönbergs Meisterschüler in Berlin gewesen. Diese Zeit hat er niemals vergessen und sich in späteren Jahren immer wieder mit Schönbergs Lehre auseinandergesetzt. Wenn auch ein direkter Einfluß Schönbergs auf Blitzsteins Musik selten aufscheint, so sind doch die konzise Form der musikalischen Darstellung und das Prinzip der »sich entwickelnden Variation« in vielen der Kompositionen Blitzsteins erkennbar – Grundlagen der Lehre Schönbergs. In den allerletzten Jahren seines Lebens und Schaffens tritt die deutlichste Beziehung Blitzsteins zu Schönbergs Musik in Erscheinung. Blitzstein hatte die Bekanntschaft des jüdischen Schriftstellers Bernard Malamud gemacht, der neun Jahre jünger war als er und zu den bedeutendsten Erzählern der damals jungen amerikanischen Generation zählte. Er war vom realistischen Roman des 19. Jahrhunderts, besonders von Dostojewski, beeinflußt und stellte scheinbar Zufälliges als vom Schicksal Bestimmtes dar. Marc Blitzsteins Besuch in Israel (1962) hatte ihm die Figuren aus dem jüdischen Milieu nahegebracht, die Malamud gerne zeichnete. Aus zwei Kurzgeschichten des Erzählers wollte der Komponist einen Opernabend gestalten. Zum ersten Mal in seinem schaffensreichen Leben begann sich Blitzstein mit jüdischen, mit hebräischen Weisen ältester Provenienz zu befassen, und er bat sogar Leonard Bernstein, ihm bei seiner Suche nach traditionellem Material zu helfen. Blitzstein konnte seinen kompositorischen Plan nicht vollenden, doch war dieser so weit gediehen, daß das Stück »Idiots First, a One-Act-Opera Based on a Story by Bernard Malamud, Libretto by Marc Blitzstein, Music Begun by Marc Blitzstein, Edited and completed by Leonard Jordan Lehrman« vierzehn Jahre nach Blitzsteins Tod in New York zur Aufführung gelangen konnte. Die einaktige Oper enthält dreizehn Szenen, und in mystischer Weise ertönt ein dreizehnter Glockenschlag, als die Hauptgestalt den Tod herannahen fühlt. Der Aberglaube um die Zahl »13« erinnert hier – und gerade auch in Blitzsteins Musik – an Arnold Schönbergs panische Angst vor dieser Zahl, und in Blitzsteins Partitur erscheinen Zwölfton-Reihen, daneben modale Themen, osteuropäisch-jüdische Motive und Jazz-Rhythmen. Die zweite Ein-Akt-Oper, nach Malamuds »The Magic Barrel« (»Das magische Faß«), blieb unvollendet.

In diesen sechziger Jahren des Jahrhunderts plante Blitzstein auch die Komposition einer Oper »Sacco-Vanzetti«, über den ganz Amerika, aber auch die Welt erregenden und niemals gänzlich aufgeklärten Justizfall, in dem zwei Italiener eines Mordes angeklagt und hingerichtet wurden – viele Amerikaner meinten, lediglich aus Fremdenhaß und im Grunde ohne eindeutig belastende Unterlagen. Wieder wollte Blitzstein das Thema der menschlichen Intoleranz und Ungerechtigkeit aufnehmen. Trotz des brisanten Themas beauftragte die Ford Foundation den Komponisten, die Oper zu schreiben, und stellte die Uraufführung an der Metropolitan Opera in New York in Aussicht. Das Sujet hatte Blitzstein schon seit vielen Jahren beschäftigt; im Jahr 1932 hatte er über das Thema bereits ein Werk komponiert, als er als Rom-Preisträger in Italien weilte; er brachte die Musik mit seinem Klavierkonzert des Jahres 1931 in Verbindung: das Sacco-Vanzetti-Werk 1932 war ein Opern-Oratorium mit dem Titel »Condemned« (»Verurteilt«). Die neue Oper kam aber nicht zur wirklichen Ausführung. Blitzstein äußerte, er könne schwerlich über die Unterdrückung der Justiz urteilen, wenn er von einem öffentlichen Institut unterstützt wurde. Die Oper wurde nicht geschrieben.

Ein tragisches Schicksal verfügte es, daß ebensowenig, wie der Fall Sacco-Vanzetti jemals gelöst wurde, auch der mysteriöse Tod Marc Blitzsteins niemals authentische Aufklärung erfahren hat. Blitzstein wollte in friedlicher Umgebung und Ruhe neue Pläne für neue Musik durchdenken und ausarbeiten und war auf die Insel Martinique aufgebrochen, die zu den Kleinen Antillen vor der südamerikanischen Küste gehört. Dort fiel er einem Mord zum Opfer – nach einer Version als Folge eines Raubüberfalls durch drei Matrosen, einer anderen Version während eines erhitzten politischen Streites in einer Bar. Eine eilige Gehirnoperation konnte ihn nicht retten.

Marc Blitzstein starb in Fort-de-France, Martinique, am 22. Januar 1964, noch nicht 59 Jahre alt.

Ich habe Dich stets für den Hauptüberlebenden gehalten unter den Schwielen der Leidenschaft, unter der Last des Verantwortungsbewußtseins, unter einer langen Reihe wunderschöner künstlerischer Mißerfolge. Nie zuvor habe ich so feurige Mißerfolge erlebt, einen nach dem anderen, wie fallende (aber nicht wie gefallene) Engel. Du bist dennoch makellos singend von einem Mißerfolg zum andern geeilt, zu noch einem, noch einem: stets dabei singend. Wie schreibt man einen Gedenkartikel zu Ehren eines Überlebenden?

LEONARD BERNSTEIN: *Brief an Marc*, 23. Dezember 1964
(übersetzt von Peter Weiser, in *Erkenntnisse*, Hamburg 1983).

Die Vielseitigen

WALTER GRONOSTAY · JOSEF ZMIGROD/ALLAN GRAY
FRIED WALTER · RUDOLPH GOEHR

WALTER GRONOSTAY – KLINGENDE ELEKTRIZITÄT

Gute Musik machen zu können, ist nicht Begabungssache, sondern Glückssache. Freilich muß das Glück besonderer Art sein.
Auch ein noch so muskulöser Musikheros wird nicht imstande sein, Felsen steile Berge hinaufzurollen, wenn es keine Felsen gibt und keine steilen Berge. Und so sehen wir freudlos zu, wie begabte Musiker ihr Wäglein die öde Ebene hinter sich ziehen.
Formen wachsen nicht auf der Steppe der Ateliers, sondern nur auf dem Humus der Gemeinschaft.
Die Gemeinschaft der Menschen ist jedoch garstig gestört, und darum gibt es auch keinen Humus, sondern nur grantige Kiesgruben, in denen keine Lorbeeren wachsen – nicht einmal Gemüse.

WALTER GRONOSTAY, 1932

WALTER GRONOSTAY war der jüngste der fünf Musiker, die als erste Gruppe von Meisterschülern Arnold Schönbergs an die Preußische Akademie der Künste in Berlin kamen. Er war gerade neunzehn Jahre alt; sein Mitschüler Winfried Zillig war 20 Jahre alt und hatte schon in Wien angefangen, bei Schönberg zu studieren; Walter Goehr war 22, und Adolph Weiss und Robert Gerhard-Castells gehörten einer älteren Generation an. Der junge Walter Gronostay brachte zu Schönberg bereits eine grundlegende musikalische Vorbildung mit und wurde bald ein ungemein versierter Komponist zugänglicher zeitgenössischer Musik auf allen Gebieten – er schrieb Lieder, Klavierstücke, Kammermusik, Orchesterwerke und auch Chansons und unterhaltende Instrumentalmusik. Sein historisches Verdienst ist sein Bemühen in Theorie und Praxis um eine aus den neuen technischen Möglichkeiten und Mitteln der zwanziger Jahre entwickelte Musik für den jungen Rundfunk, für Filme und Schallplatte; die Aufführungen seiner musikalischen Hörspiele waren epochale Ereignisse; seine Gedanken und seine Experimente, um elektrisch erzeugte Klänge dem schöpferischen Musiker dienstbar zu machen, haben vieles vorweggenommen, was Jahrzehnte danach nochmals »neuentdeckt« wurde.

In seinem Aufsatz »Die klingende Elektrizität und der Komponist« (veröffentlicht in der Zeitschrift »Die Musik« XXIV, 11. August 1932) schwebte es Gronostay bereits vor, daß der Musik-»Konsument«, der früher »Hausmusik« auf Klavier, Violine, Cello spielte, die Möglichkeit hätte, »mit fast derselben technischen Anlage Musik nicht nur zu hören, sondern auch zu machen«. Diese Möglichkeit müsse der Komponist zu nützen wissen und einen Unterschied zwischen »Hörmusik und Spielmusik« machen. »Der Komponist müßte sich in seiner Behandlungsweise den gesellschaftlichen Tatsachen anpassen« und für die neuen technischen Instrumente eine eigene Musik schaffen: »Es ist heute wichtiger denn je, auch in technischen Phänomenen gesellschaftliche Phänomene zu sehen. Unsere ganze Zeit krankt daran, daß sie sich jahrzehntelang jeder technischen Neuerung bedingungslos in die Arme geworfen hat. Es ist dabei versäumt worden, die neuen technischen Gegebenheiten auch gesellschaftlich einzuordnen. Und so klafft heute ein Abgrund zwischen unserer technischen Kapazität und unserer gesellschaftlichen Kapazität. Es ist gerade auf künstlerischem Gebiet ein schädlicher Snobismus, sich bedenkenlos jedes neuartige technische Attribut beizulegen. Die mechanische Musik, von der man noch vor ein paar Jahren soviel Wesens machte, hat sich als ein rechtes Danaergeschenk erwiesen. Man soll heute lieber auf dem etwas brüsken Standpunkt stehen, eine technische Neuerung, die man nicht geistig und gesellschaftlich in einen Kulturkreis einordnen kann, abzulehnen. Klingende Elektrizität kann vom Standpunkt des Komponisten aus gesehen eben nur dann zur Musik werden, wenn der Komponist einen Standpunkt hat.«

Walter Gronostay.

Die Gedanken des 1932 26 Jahre alten Walter Gronostay lesen sich nach all den unendlich vielfältigen neuen technischen Erfindungen, Entdeckungen und Möglichkeiten der Jahrzehnte vor Ende des 20. Jahrhunderts so aktuell wie eh und je; aber auch wenn die Musik für Rundfunk, Film und Drama des Komponisten Gronostay wieder zur Aufführung kommt – was leider zu selten versucht worden ist –, geht von ihr dieselbe unvermindert starke, noch immer neuartig klingende Wirkung aus, wie sie Musiker, Publikum und Presse, Laien wie Fachleute im ersten Drittel des Jahrhunderts spürten.

Walter Gronostay hat sich über viele Fragen des modernen Musikbetriebs Gedanken gemacht und eine Reihe durchaus aktuell gebliebener Aufsätze veröffentlicht – etwa »Die Gebrauchsmöglichkeiten der Schallplatte« (»Die Musik« XXI, 1928/29. März 1929), »Opernregie als Montage« (»Anbruch« II, 1929), »Die Möglichkeiten der Musikanwendung im Tonfilm« (»Melos« VIII, 1929), »Die Technik der Geräuschanwendung im Tonfilm« (»Die Musik« XXII, Oktober 1929), »Eine Neuorganisation der Opernbetriebe« (»Die Musik« XXI, Dezember 1928), »Neue Programmgestaltung oder Konzertbetrieb« (»Melos« XI, 1930), »Der Rundfunk ist kein Konzertsaal« (»Melos« XI, 1932), »Der Film im Strome der Geistesgeschichte« im »Jahrbuch der Reichsfilmkammer«, Berlin 1937. Wo Gronostay in den ersten Jahren des »Tausendjährigen Reiches«, die er vor seinem frühzeitigen Tode noch miterlebte, stand, wußten alle, die ihn kannten. Er vergab sich nichts damit, daß er an der Tagung der Reichsfilmkammer im März 1937 einer Aufforderung nachkam, die Versammlung anzusprechen. Er richtete an die Filmschaffenden einen dringenden Appell, sich einem künstlerisch wertvollen, unabhängigen Film zu verpflichten – in dem Jahrbuch ist seine Ansprache abgedruckt.

Im Jahr 1930 hat der 25jährige Walter Gronostay eine Abhandlung verfaßt (die als Typoskript erhalten ist), in der er, der Schönberg-Schüler, über Begriff und Wesen der »atonalen Musik« nachdenkt: »Metaphysische Fugenkunst heißt *Bach,* und Bach heißt Mystik«, schreibt er in dem wichtigen Essay, der hier nur auszugsweise wiedergegeben werden kann, »sinnhaftige und diesseitige Oper heißt *Mozart* und Mozart heißt Rokoko, Atonalität heißen *Schönberg, Strawinsky, Scriabine* etc., heißt letzten Endes Expressionismus. Expressionismus aber ist Protest, ein Neinsagen, ein Negatives allerdings zu Gunsten eines Positiven. Jedes wesentliche Zeitalter verkörpert eine Weltidee, die Incarnation dieser jeweiligen Idee nennen wir Kultur. Nun ist Kultur gleichbedeutend mit Kunst, wenn wir diese in weitem Sinne als formgewordener Ausdruck eines Gehaltes ansprechen ... J. S. *Bach* bedeutete eine Zeit, und eine Zeit drückte sich aus durch Bach. Die Mystik eines Jacob *Böhme,* eines Angelus *Silesius,* das Sicheinsfühlen mit der Gottheit, das Sichwurzelnfühlen in der Gottheit, formte Bach in der metaphysischsten aller Formen, in der Fuge aus. Bach war ein Erfüller, d. h. ein Genie. Er konnte es sein, denn er war eins mit seiner Zeit. Dasselbe Phänomen bei Mozart.

Mozart war ganz Diesseitigkeit, ganz Daseinsfreude, ganz Erotik wie sein Zeitalter des Rokoko. Auch der Rationalismus seiner Zeit ist in seinem Werk zum Ausdruck gekommen, denn der Rationalismus des Rokoko ist ja nur ein Ablehnen des Metaphysischen zu Gunsten eines Physischen. Dies formt Mozart in der erdverhaftetsten Form, in der Sonate ... Die Sonate steht im Gegensatz zur Fuge, deren melodische Linien sich in unendlichem Fluß in die Ewigkeit ergießen. Auch Mozart ist ein Erfüller, ein Genie ... Das Genie ist stark, weil es aus Starkem kommt, es ist organisch stark, im Gegensatz zur großen Persönlichkeit, die anorganisch stark ist. Beethoven als Genie anfangend hört auf als große Persönlichkeit. Wurzelnd in den Ideen der französischen Revolution, erweitert er die von Haydn und Mozart übernommene Sonate ... In Beethovens Werk ist ein neues Moment getreten, die Sehnsucht. Er sehnt sich aus seiner Zeit, die keinen Platz für große Ideen mehr hat, fort in ein Jenseits. Er wird deswegen aber nicht wie Bach ein Künstler, der eigentlich im Jenseitigen lebt. Beethoven und mit ihm seine Form wurzelt in der Erde, die Erde genügt ihm aber nicht mehr, er sehnt sich fort aus ihr. Das häufige Vorkommen der Fuge in Beethovens letzten Werken ist kein Zufall, er sehnt sich nach mystischer Unendlichkeit, deren musikalischer Ausdruck eben die Fuge ist, da er aber in Wirklichkeit nicht in ihr wurzelt, können seine Fugen auch nicht so vollkommen werden, wie die Bachs. Bei seinen Nachfolgern tritt ganz dieselbe Erscheinung auf ... An Stelle eines wurzelechten Gehaltes tritt die Sehnsucht. Die Zeit der musikalischen Romantik mit Mendelssohn, Chopin, Schumann etc. ist da. Mendelssohn flieht aus der Wirklichkeit in die Geisterwelt, Schumann betet mit qualvoller Inbrunst um Frieden, Chopin, der Wurzellose, überläßt sich willenlos den Eindrücken, die seine zuckenden Nerven ihm vermitteln. Berlioz versucht der musikalischen Form durch literarische Anregung neues Leben einzuhauchen ... Der Verfall der Zeit geht unaufhaltsam weiter, der produktive Mensch sieht sich immer mehr an die Wand gedrückt ... Die Formen sind blutleer geworden ... Selbst bei Brahms ist Form und Inhalt zweierlei geworden ... Richard Wagner als Erfolgsmensch will Wirkung. Er bemüht sich, eine Fühlung mit seiner Zeit zu bekommen. Da aber seine Zeit kultur- und geschmacklos ist, leidet natürlich oft seine Ausdrucksform. Im Tristan, wo er sich am Reinsten gibt, wird die ›romantische Krise‹ aktuell. Die Sehnsucht als treibendes Moment läßt ruhige Einheit nicht aufkommen, sie peitscht ihn rasend fort und fort, er kommt nicht zum Atmen vor sehnlichstem Wunsch nach Frieden und Erlösung. Die Lawine ist ins Gleiten gekommen, in dionysischem Orgiasmus taumelt Strauss von Rausch zu Rausch, bis er in verfeinertem Artistentum, sich im Ausmeißeln schlanker Formen selbst genügt. Planlos irrt Reger in dem Gebäude der alten Zeitformen umher … Debussy verzichtet ganz auf Ausdruck irgendwelcher Innenwerte, gibt nur noch äußere Sinneseindrücke wieder. Die Zeit ist gänzlich ausgehöhlt, keine Idee lebt mehr, die Materie hat gesiegt. Die amerikanische Maschine ist der trostlose Ausdruck einer trostlosen Zeit geworden … Was soll der künstlerische Mensch tun? … Sich weiterhin zu begnügen, Sehnsucht auszudrücken? … Er sieht, daß keinem die Sehnsucht nach Fuge und Sonate, nach Bach und Mozart gelohnt wurde … Der Himmel verschwindet vor Fabrikschornsteinen. Er sieht nur noch die wüste Fratze des Materialismus, nur noch die Jagd nach dem Dollar, den Triumph des praktischen Menschen … Nun wirft er alles, was an alte Form erinnert, über Bord … Das Ideal seiner Vorgänger ist für ihn unerreichbar. Sein Gefühl ist Hass, sein Gefühl ist Schmerz, sein Gefühl ist Protest gegen die Zeit, in der er zu leben verdammt ist. Seine Musik ist der verzweiflungsvolle Schrei eines Menschen, der erkannt hat, wie wurzellos, wie verstoßen er ist. Alle echte moderne Musik ist auf einem *Nein* aufgebaut. Strawinskys Atonalität ist brutal aus Affront … Strawinskys Freude an dem unter seinen Fußtritten heulenden Bürger liegt auf der Hand. Die tiefste Wurzel Strawinskys ist Nihilismus … ein Verneinen der morbiden abendländischen Kultur. Bela Bartók wird atonal aus Satanismus. Fürchterliche Nachtgesichte, grausame Selbstironie, eine Hölle von Grauen und Schmerz ist seine Welt.

Arnold Schönberg zuerst in der Romantik sein Heil suchend gelangt dazu, diese zu verneinen. Die Tragik dieses Problematischsten unter den Modernen ist, daß er am tiefsten von allen in der Vergangenheit wurzelnd, die Aussichtslosigkeit einsieht, weiter an ihr festzuhalten, und nun einen schmerzlichen Kampf gegen sich selbst führt, aus dem diese Erkenntnis als Siegerin über sein romantisches Herz hervorgeht. Unter solchen Umständen muß das Schaffen des modernen Schönberg unerhört qualvoll sein, und sein langjähriges Verstummen als Komponist ist begreiflich.

Tonale Musik zu schreiben, ist einem modernen Menschen unmöglich. Tonal komponieren konnten Mozart und Bach … Bach, Mozart und Beethoven wandten die Tonalität an ... alle drei haben gemeinsam einen Zeitgehalt, der sich in Kunst ausdrücken läßt, eine Einheit zwischen Ausdruckswollen und Ausdrucksmöglichkeit, zwischen Inhalt und Form ... Tonalität bedeutet das Beziehen alles akkordlichen Geschehens auf eine Basis, die Zeit Bachs, Mozarts, und bis zu einem gewissen Grade Beethovens, bedeutet die Beziehung alles Weltgeschehens auf eine Weltidee. Die Romantiker konnten da schon nicht mehr im echten Sinne tonal komponieren, weil ihnen die Ruhe, die Einheit zwischen Inhalt und Form verloren gegangen war ... Die modernen Künstler aber können die Tonalität genau so wenig wie Fuge und Sonate beibehalten, weil sie an ihrem Ideal verzweifelt haben. Weil ihre Kunst aus Hass, aus Protest, aus Negativem geboren wird, darum können sie sich nicht der Ausdrucksformen bedienen, die ein *Ja*, die ein Positives bedeuten, darum komponieren sie atonal.«

So schrieb der 24jährige, schon sehr erfolgreiche und als Pionier neuer Verwertung musikalischer Mittel anerkannte Walter Gronostay im Jahre 1930. Die Niederschrift war wohl als Grundlage für einen Vortrag gedacht.

Walter Gronostay wurde am 29. Juli 1906 in Berlin geboren. Der Vater war Sohn eines Lademeisters bei der Bahn, die Familie kam aus Ostpreußen, die Ahnen waren wahrscheinlich polnische Bauern – der Name Gronostay ist mongolischer Herkunft und bedeutet Hermelin. Gronostays Mutter starb jung; sie war einige Zeit als Köchin beim deutschen Gesandten in Istanbul tätig gewesen. Der Vater scheint kein besonders gutes Verhältnis zu seinem Sohn Walter gehabt zu haben, aber als sich dessen Begabung zeigte, unterstützte er seine Ausbildung zum Musiker. Um Geld für seine Musikstunden zu verdienen, spielte Walter Gronostay als Geiger auf Tanzböden; bereits als 15jähriger begann er, das, was er erlernt hatte, an eigene Musikschüler weiterzugeben. Er war 14 Jahre alt, als er sich um Kompositionsunterricht bemühte, und der damals sehr bekannte Komponist Hugo Kaun (1863–1932) nahm ihn als Schüler auf und gab ihm unentgeltlich Unterricht. Er hatte bereits Klavierstücke, Lieder, Kammermusik komponiert, die er dem Lehrer vorlegen konnte. 16jährig wurde er in die Klavierausbildungsklasse der Berliner Hochschule für Musik aufgenommen, obwohl er, wie er selbst einmal bekannte, erst später »richtig Klavierspielen« lernte. Er machte 17jährig, als er noch zur Schule ging, eine Kapellmeister-Prüfung, dirigierte an Theatern Bühnenmusik und wurde sogar Operetten-Kapellmeister an Berliner Bühnen. Bevor er ernsthaften Kompositionsunterricht erhielt, hatte er sich aus einer Bibliothek Lehrbücher geholt und schon neunjährig begonnen zu komponieren; auch erfand er eine eigene Notenschrift, die den mittelalterlichen »Neumen« nicht unähnlich war.

Walter Gronostay war zwanzig Jahre alt, als er sich um Aufnahme in Schönbergs Meisterklasse für Komposition und eine Freistelle in der Akademie bewarb: »Mein Vater ist Kanzleisekretär und wird aus Gruppe 6 besoldet«, schrieb er in seinem Gesuch: »Das Wenige, das ich selbst verdiene, reicht gerade zur Befriedigung einiger allernotwendigster Lebensbedürfnisse aus.« Schönberg erklärte sein Einverständnis.

Schönberg hat Weg und Fortschritt des jungen Meisterschülers mit viel Interesse und Anerkennung verfolgt. Gronostay ist als »Korrepetitor« in den Annalen der Akademie im Winterhalbjahr 1925/26 zum ersten Mal eingetragen und hat Schönbergs Meisterklasse bis zum Sommer 1928 besucht. Schönberg notierte in seinem halbjährlichen Bericht über das Sommerhalbjahr 1926, Gronostays Besuch und Fleiß seien »regelmäßig«, sein Fortschritt »befriedigend«, er habe ein »Streich-Trio« komponiert. Im Winterhalbjahr 1926/27 wird wieder das Streichtrio erwähnt, außerdem eine Klaviersonate; die Fortschritte waren »sehr gut«. Auch im Sommer waren die Fortschritte »sehr gut«, als Kompositionen werden »noch unvollendete Anfänge, u.a. eine Kammeroper, derzeit vollendet« erwähnt. In der Folgezeit waren »Besuch und Fleiß gut«, »Fortschritte sehr gut«, und Gronostay hat eine »Kurzoper« vorgelegt.

Das Streichtrio wurde 1927 von Mitgliedern des »Wiener Streichquartetts« (des Kolisch-Quartetts) als »Serenade für Violine, Viola und Violoncello« uraufgeführt, Gronostay nannte es auch »Divertimento für Streichtrio«. Die während seiner Studien bei Schönberg komponierte »Kurzoper« machte Gronostay sensationell bekannt, als »In zehn Minuten« beim Kammermusikfest 1928 in Baden-Baden (Fortsetzung der Kammermusikfeste in Donaueschingen) größtes Aufsehen erregte. Die moderne Form einer »Kurzoper« war im Jahr zuvor zum ersten Mal vorgestellt worden, es wurden damals Kurzopern mit kammermusikalischer Besetzung von Paul Hindemith (»Hin und zurück«) und Ernst Toch (»Die Prinzessin auf der Erbse«) sowie Darius Milhauds »Die Entführung der Europa« und Brecht/Weills »Songspiel« »Mahagonny«, aus dem später die Oper entstand, uraufgeführt. Während der Baden-Badener Musiktage 1928 kamen neben Gronostays »In zehn Minuten« auch »Saul« von Hermann Reutter und »Tuba mirum« von Kneip zur Aufführung.

»In zehn Minuten – Kammeroper in einem Akt« hat ein exotisches Kolorit, ihre Personen sind ein Varieté-Agent, ein Mormonenmissionar, eine junge Eingeborene und ein Depeschenbote. Es wirkt ein Männerchor mit, und das Orchester ist kammermusikalisch besetzt: 2 Klarinetten, Baß-Klarinette, 3 Saxophone, Klavier, Xylophon, Schlagzeug und Streichquintett einfach besetzt. Die Handlung spielt in »einem Kolonialgebiet in Afrika, Zeit: Gegenwart«. Interessante Chromatik, farbige Instrumentation und originelle Verwendung der Schlaginstrumente, traditionelles Schlagwerk und »Jazz-Schlagzeug« charakterisieren die Partitur. Die Fachkritik nannte die Musik »schlagfertig, frisch zupackend«, und die Oper beweise Gronostays »sicheren Instinkt für aktuelle Theaterwirkungen«. In der »Meloskritik« (»Melos« VIII, 1929) schrieben Hans Mersmann, Hans Schultze-Ritter und Heinrich Strobel, daß in der »rhythmisch-beweglichen, scharf pointierenden Deklamation und dann vor allem in der die Singstimmen noch unterstreichenden geistreichen und drastischen instrumentalen Untermalung« es dem Komponisten gelingt, »kleine Einzelszenen gelegentlich zu deutlich umrissenen Formen auszugestalten«: »In der Konzentration der Motivik und zugleich in der ziselierten Kleinarbeit erkennt man den Schüler Schönbergs.« Gronostay habe »einen neuen und zeitgemäßen Typus der Opera buffa« angedeutet.

Ein Jahr nach dieser Kurzoper überraschte Gronostay, 23 Jahre alt, mit einer »völlig neuen Verbindung von Text und Musik« in seinem Hörspiel »Mord«, speziell für das Medium Rundfunk geschaffen. Diese Funkoper, deren Handlung (ein Fabrikdirektor ertappt seine Frau und ihren Geliebten und erschießt sie) »bleibt in den Grenzen banaler Zeitungsreportage« (»Meloskritik«). »Die Sinnfälligkeit des Textes geht so weit, daß am Schluß der Rundfunkansager eingreift und den Steckbrief gegen den Mörder verliest ... Der Chor flüstert die Kernworte der Handlung expressionistisch oder schreit sie heraus, und hebt das Ganze in die Atmosphäre einer unheimlichen dramatischen Spannung. Die Musik ist mit außerordentlichem Geschick den Bedingungen des Hörspiels angepaßt. In kleiner und präziser Aufteilung stehen reportagemäßig skizzierte und musikalisch durchgestaltete Stücke gegeneinander ... Mit verblüffend einfachen Mitteln erreicht der Komponist eine musikalische Zeichnung, die das Essentielle der jeweiligen Situation blitzartig packt.«

In dem Komponisten Walter Gronostay erkennen die »Melos«-Rezensenten »einen neuen Typus: den Typus eines radikalen, bedenkenlosen Gegenwartsmenschen, der alle Zeitströmungen aufgreift, um sie zu Musik zu machen. Er ist der typische Gebrauchsmusiker, der sich bewußt in Gegensatz zur ›hohen Kunst‹ stellt. Er tastet alle aktuellen Ausdrucksformen der Gegenwart ab: Zeittheater, Kurzoper, Radio und Schallplatte. Und gerade weil er ohne Hemmungen sich zu ihnen bekennt, kann er sie persönlich und produktiv gestalten.«

1929, im Jahr der Komposition der Funkoper »Mord«, wurde Gronostay Abteilungsleiter bei der jungen »Berliner Funkstunde«; in der »Rundfunkversuchsstelle«, an der außer Gronostay Max Butting, Paul Hindemith und Alois Pachernegg die Möglichkeiten und Erfordernisse für eine »arteigene Rundfunkmusik« und Musik für den Film besprachen und experimentell von Musikhochschülern ausführen ließen, wurde vor allem auch diskutiert, wie durch Rundfunk, Schallplatte und Film eine neuartige Musik ein breites Publikum interessieren und packen könne. Schönberg hat sicher mit seinen Schülern über Probleme der Rundfunksendung von Musik gesprochen, hat auch darüber geschrieben, und Studioleiter und Musiker haben nicht nur in Berlin, sondern auch an anderen Orten die »in der Luft liegenden« neuen Probleme anzugehen versucht. So sind Arbeiten und Experimente im Radio Frankfurt (Hans Flesch, Ernst Schoen, Hans Rosbaud) dokumentiert, wie Juan Allende-Blin in seiner Monographie über den Komponisten Erich Itor Kahn (München 1994) eingehend beschreibt. In Berlin führten gleichzeitig die kaum je wiederholten Bemühungen um spezielle Musik, die *nur* durch Schallplattenaufzeichnung realisierbar ist, zu »Kompositionen« wie der genial erdachten »Geographischen Fuge« von Ernst Toch, in der Sopran-, Alt-, Tenor- und Baß-Stimmen Ortsnamen in fugenartiger Aufeinanderfolge *deklamierten* (z. B. Sopran »Brindisi«, tiefe Männerstimme »Ratibor«), auf Tonträger aufgenommen und dann mit stark erhöhter Geschwindigkeit abgespielt und neu aufgenommen wurden, und da verwandelten sich die deklamierenden Rezitatoren in veritable Sänger. Ähnliche Praktiken gab es erst viel später wieder, als die ersten Versuche entstanden, Musik elektronisch zu produzieren.

Walter Gronostay entwickelte noch eine weitere Idee einer nur auf

Autograph von Walter Gronostay.

Schallplatte möglichen Musik. Er forderte uns Teilnehmer an seinen Kursen auf, eine einstimmige, längere Musik zu komponieren, eine lange melodische Linie, die nacheinander von verschiedenen Instrumenten gespielt werden sollte, ein Instrument nach dem anderen, jedes Instrument anders plaziert. So sollte zum Beispiel *eine* Phrase von einer »Oboe auf dem Dache«, eine *andere* von einer »Violine in einem Raum mit viel Echo«, eine weitere von dem »Cello in einem Keller« gespielt werden. Wir Studenten boten verschiedene Lösungen an; der Autor hat sein eigenes Manuskript nach all den vielen vergangenen Jahren wiedergefunden – zur Ausführung war es schließlich nicht gekommen.

Mit durchweg klarer, kammermusikalisch instrumentierter Partitur für kleines Orchester schrieb Gronostay das »Zeitgemäße Divertimento 1929« in fünf Sätzen für vier Holzbläser, Horn, Klavier, Streichorchester, im 3. und 5. Satz zusätzlich Trompete und Posaune. Im eröffnenden Allegro-Satz »jagt« das Hauptthema förmlich durch alle Stimmen. Der zweite Satz, Adagio, beginnt im 3/4-Takt mit einem einer Zwölfton-Reihe ähnelnden Thema; in fließender Bewegung wechseln sich Soloinstrumente mit lyrischen Passagen ab. Trompete und Posaune blasen das Thema des Scherzo-Satzes; er bleibt führend. Ein dichtinstrumentierter »Ostinato«-Satz, ohne die Blechbläser, im 3/4-Takt, steht an vierter Stelle. Der Finalsatz, Allegro deciso, wieder mit Trompete und Posaune, nimmt den Anfangssatz der »Serenade für Streich-Trio« in neuen Farben auf. Das Werk wurde auf einem Musikfest in Pyrmont zum ersten Mal aufgeführt.

Lang ist die Reihe von Filmmusiken, die Gronostay für eigengestaltete Filme und für andere Filmproduktionen komponiert hat. Noch vor der Kurzoper »In zehn Minuten« erregte eine sehr kurze Studie für den Film »Alles dreht sich, alles bewegt sich« bei den Baden-Badener Musiktagen Aufsehen. Nach 1932 galt sein Hauptinteresse der Filmmusik, worunter »Reifende Jugend«, »Der Tunnel« (1932), »Totes Wasser« (Holland), »Gorch Fock«, »Glückspilze«, die Kulturfilme »Bremen«, »Berlin«, »Freiburg« und Spielfilme wie »Lady Windermeres Fächer«, »Die letzten 4 von Santa Cruz«, »Savoy Hotel 217« (1936), »Straßenmusik« (1936) die bedeutendsten Werke waren. Zu »Straßenmusik« hatte er ein eigenes Drehbuch geschrieben. 1937 entstanden als letzte Filme »Die Kronzeugin« und »Revolutionshochzeit«. Manche seiner Partituren, doch nicht alle, sind erhalten geblieben, auch Chansons und Schlagerlieder für die Spielfilme. Seine Musik zur Verfilmung des Romans »Der Katzensteg« von Hermann Sudermann blieb unvollendet. Eigensten Charakter tragen Filme mit sozialem Hintergrund, die Gronostay konzipierte, darunter »Wir blenden auf« – ein Industriefilm –, »Metall des Himmels«, »Hände am Werk«.

Einige lyrische Lieder (nach Gedichten von Heine und Lenau), eine »Sonata brevis« für Klavier (1923) und Musik für Unterhaltungs-Orchester, ein Entwurf zu einer unvollendeten einaktigen Oper »Judith«, eine Rundfunkkantate (»Chicago«) und kurze Schauspiel- und Rundfunkstücke sind im Nachlaß Walter Gronostays erhalten wie auch viele Skizzen zu nicht ausgeführten Werken. Seine »Hörspielmusiken« – etwa dreizehn Stücke – und seine seinerzeit auf Schallplatten aufgenommenen »Märsche« (»Englisch-schottischer Marsch«, »Russischer Marsch«, »Italienischer Marsch«) und »Nachtmusik für kleines Orchester«, »Ländliche Morgenmusik« – alle für die damalige Länge einer Schallplattenseite zeitlich begrenzt – sind es wert, gehört und studiert zu werden; Tonaufzeichnungen sind teilweise zugänglich.

Walter Gronostay war ein liebenswerter und interessanter Mensch, wohlwollend-kritisch, aber scharf, wo es gegen Unrecht oder unprofessionellen Dilettantismus ging. Er war von seinen Ideen und seinen Arbeiten förmlich besessen, so daß sich sein Tagesablauf – oft mit Nachtarbeit verbunden – sehr unregelmäßig gestaltete. Sicher war das mit daran schuld, daß er auf der Höhe seines Schaffens, in der Blüte seiner Jahre, einer schweren Krankheit erlag.

1930 hatte er geheiratet. Seine etwa zwei Jahre jüngere Frau, geborene Eva Schönfeldt, war jüdischer Abstammung und so im Nazireich ernstlich gefährdet. Kurz vor dem Tode des Vaters kam die Tochter Sylvia zur Welt, die ihren Vater also nie gekannt hat. Er starb im Alter von nur 31 Jahren am 10. Oktober 1937; er war zur Behandlung eines Leberleidens ins Krankenhaus gebracht worden, wo er noch an seiner Musik zu Sudermanns »Katzensteg« arbeitete und etwa die Hälfte der Partitur fast fertigstellen konnte.

Es gelang der Witwe, mit ihrer Tochter Sylvia den Nazis zu entkommen. Sie fanden in einem kleinen österreichischen Dorf eine mutige und großzügige Familie, die sie bis zum Ende des Weltkrieges versteckt hielt. Nach Kriegsende kehrten sie nach Deutschland zurück. Es war Mutter und Tochter gelungen, das gesamte nachgelassene Material und Noten und Schriften in Kisten nach Österreich und zurück nach Deutschland zu schleppen und zu bewahren.

Eva Schönfeldt-Gronostay starb 1991 83jährig. Sie erzählte ihrer Tochter viel von ihrem Vater. Der sehr starke Mann hatte ein opulentes Leben geführt, viel geraucht, viel getrunken, sehr gerne gegessen. Obwohl er mit Arbeit überhäuft war und gut verdiente, litt er zeitweilig an tiefen Depressionen und sagte, er sei überzeugt, früh zu sterben. Dies war wohl der Grund, daß unser jüdischer Mitstudent in Gronostays Kursen, Bernd Bergel, Meisterschüler auch in Schönbergs Akademie-Klasse, in einem nur als Privatdruck erhaltenen Buch schrieb, sein »deutscher Bekannter«, der ihm in der Nazizeit vor seiner Auswanderung ins damalige Palästina Aufträge und damit Verdienstmöglichkeiten verschafft habe, sei »jung, ganz plötzlich, unter etwas mysteriösen Umständen« verstorben.

Der 10. Oktober 1937 beraubte die deutsche Musikszene und die musikalische Welt eines der originellsten, weitschauenden Pioniere der Musik für die neu entstandenen Medien Rundfunk, Schallplatte, Film, eines Komponisten, dessen Werk noch heute »zeitgemäß« interessiert, unterhält und erfreut wie das »Zeitgemäße Divertimento 1929«.

Im Anfang seiner Entwicklung starb Walter Gronostay, nach wenig mehr als einunddreißig Jahren, in dem Augenblick, als er ein paar Feunden gegenüber mit klassischer Klarheit der Gedanken ein neues Leben mit neuem geistigen Inhalt aufriß: das Lebenswerk, das mit ein paar Themen einer Messe beginnen sollte.
Im Anbruch einer neuen musikalischen Klassik verliert die deutsche Musik einen ihrer berufenen Künstler durch den Tod.
Das kurze Leben unseres toten Freundes, äußerlich in seiner erfolgreichen, durch ungeheuere Arbeit und Selbstdisziplin erkämpften Laufbahn erscheinend, wurde im Innersten bestimmt durch den Gehorsam gegenüber dem Imperativ eines Beethoven, *der da lautet:*

»Wohltun, wo man kann! –
Freiheit über alles lieben! –
Wahrheit nie, auch am Throne nicht verleugnen!«

LEONHARD FÜRST, Walter Gronostay –
Worte, an seinem Grabe gesprochen

JOSEF ZMIGROD / ALLAN GRAY – DIE ZEIT FÄHRT AUTO

> Mit vielen meiner Kollegen über fünfzig, besonders in England und Amerika, muß ich sagen, daß die letzten Jahre für uns enttäuschend ausgefallen sind. Die sogenannte Explosion der Jugend scheint meistens die Ursache zu sein, wie eine Art Maffia, die zu erzwingen versucht, alles, besonders Musik, mit »gimmicks« zu verkaufen, und meistens kann man von diesen Produktionen sagen: déjà vu.
>
> ALLAN GRAY, ca. 1970

»FLIEGER, GRÜSS MIR DIE SONNE ...« Kino-Enthusiasten älterer Generationen erinnern sich an eins der aufregendsten Tonfilm-Erlebnisse der frühen dreißiger Jahre – man sieht den Film bisweilen wieder in einer Cinemathek oder im Fernsehen –, »F. P. 1 antwortet nicht«, und an sein mitreißendes Schlagerlied. Kaum ein Schlagerfreund, kaum ein Schallplattensammler weiß wohl, daß der begabte Komponist des Liedes (kennt er überhaupt seinen Namen?) ein Meisterschüler in der Kompositionsklasse Arnold Schönbergs an der Preußischen Akademie der Künste in Berlin war, des damals noch höchst umstrittenen, angefeindeten und unverstandenen Komponisten und Lehrers. Die 78-upm-Schellack-Schallplattenaufnahme von »Flieger, grüß mir die Sonne«, von Hans Albers, der die Hauptrolle spielte, hinreißend gesungen, mit dem zweiten Schlagerlied »Ganz dahinten, wo der Leuchtturm steht« auf der »zweiten Seite« der Platte, wurde damals zu Tausenden und Abertausenden Exemplaren verkauft, in der ersten Woche des Erscheinens mehr als zwanzigtausend Platten – was für jene Zeit einen Rekord bedeutete. Charles Boyer machte Film und Lieder in Paris, Conrad Veidt in England berühmt.

Im Filmtitel und auf dem Etikett der Schallplatte hieß der Komponist

Allan Gray. Der Schönberg-Schüler aber hieß Josef Zmigrod, und das war der eigentliche Name des aus Polen stammenden Musikers. Er hatte einen zweiten Namen gewählt – als Verfasser von Musik für Bühne und Film, weil Arnold Schönberg (obwohl er als jüngerer Musiker selbst Chansons für das Kabarett geschrieben hatte und sehr erfolgreich mit seinen heute noch gesungenen »Brettl«-Liedern war) es nicht gerne sah, wenn seine akademischen Meisterschüler mit Musik für das Theater, für den Film und für das Kabarett und überhaupt für die Unterhaltungsbranche auftraten. »Allan Gray« nannte sich Josef Zmigrod, weil er Oscar Wildes »The Picture of Dorian Gray« liebte – er ließ sich in jungen Jahren einmal als »Dandy« fotografieren. Schönberg wußte von der »Doppelerscheinung« seines Meisterschülers, denn in einem Akademiekonzert, in dem eine Komposition von ihm aufgeführt wurde, erscheint sein Name als »Josef Zmigrod-Gray«. Er studierte bei ihm in den Jahren 1926 bis 1928 und traf Schönberg später in Paris 1933 wieder, nachdem Meister und Schüler zur Emigration gezwungen worden waren: Schönberg übersiedelte von Paris aus in die USA, Zmigrod-Gray nach England.

Die Namen Josef Zmigrod und Allan Gray sind in keinem der großen Musiklexika zu finden; beide Namen erscheinen nur kurz im Frank-Altmann-Lexikon in der Neuausgabe des Heinrichshofen-Verlages, und da findet man zwei verschiedene Komponisten mit verschiedenen Lebens- und Aufenthaltsdaten und anderen Ungenauigkeiten.

Josef Zmigrod wurde in der Stadt Tarnów in Polen als Sohn jüdischer Eltern am 23. Februar 1902 geboren, sein Vater war Kaufmann, und die Familie scheint noch im ersten Jahrzehnt des Jahrhunderts nach Berlin übersiedelt zu sein. Als »Allan Gray« hat der Komponist, mit fast siebzig Jahren, Skizzen zu einer Autobiographie aufgezeichnet, aus denen er ein Buch machen wollte – wozu es aber nicht gekommen ist. In diesen Skizzen zur Autobiographie, die im Typoskript in seinem Nachlaß erhalten ist und sehr genaue, eindringliche Aufschlüsse über sein Leben und Schaffen, seine vielseitigen Tätigkeiten und seine Gedanken zum Musikbetrieb der Zeit gibt, beginnt er die chronologische Darstellung mit einem Kapitel, das er »Romantisches Berlin« nennt; es umfaßt die Jahre 1910 bis 1918. Die aus neun eng beschriebenen Schreibmaschinenseiten bestehende Niederschrift hat er »ALLAN GRAY. KOMPONIST UND EUROPÄER« betitelt.

Josef Zmigrod / Allan Gray.

Vom »romantischen Berlin« erzählt Allan Gray, daß seine »Kinderzeit und Schulzeit voller Jungenstreiche und jugendlicher Fatzkereien in Zilleland« waren. Er erlebt die ersten Berliner Kinos und die Frühjahr und Herbstparaden, die er »kaisertreu« regelmäßig besucht: »Wir bestaunen die fremden Potentaten.« Aber »plötzlich gibt es Krieg, und alle sind begeistert und es ist sehr heiß«. Er ist noch nicht zwölf Jahre alt, als der Weltkrieg ausbricht.

Früh interessiert er sich für Musik. »Ein richtiger Konzertpianist wird mein Klavierlehrer«, schreibt er: »In jeder freien Minute spiele ich Klavier, und ergattere Taschenbücher über Harmonielehre, Kontrapunkt, Komponieren und Orchestrieren. Und die ersten Konzertbesuche und der Vater nimmt mich in die Hofoper. Und dann zeichnen wir viel Kriegsanleihe. Und dann stirbt mein Vater und wir ziehen in die Kurfürstendamm-Gegend, und das Leben wird trotz des Krieges viel aufregender. Ich entdecke ›Moderne Musik‹.« Er studiert dann am Stern'schen Konservatorium bei Rudolf Maria Breithaupt, der als Pianist und Lehrer sehr berühmt war: »Aber die Kriegssituation verdüstert sich: Mehr und mehr unserer älteren Schulkameraden fallen den Heldentod und mehrere hatten den ›Pour le merite‹ ... Die Katastrophe ist nicht aufzuhalten. Der Krieg ist verloren. Matrosenrevolte. Der 9. November«, schließt das erste Kapitel des Chronisten.

Im zweiten Kapitel der Aufzeichnungen, »November 1918 bis 1924. Revolutionäres Berlin bis zum Ende der Inflation«, berichtet er weiter: »Was uns bewegte, was uns erregte«: »Radikalismus nicht nur in der Politik sondern in Kunst, Musik, Theater, Literatur«. Er nennt »Der Sturm«, »Die November-Gruppe«, »Die neue Sezession«, »Der jüngste Tag« und »die neuen Dichter«.

Am 9. November hört er unter Selmar Meyrowitz zum ersten Mal Strawinskys »Pétrouchka«, einige Wochen darauf Gustav Mahlers Zweite Sinfonie unter Oscar Fried. Er erlebt zum ersten Mal die Aufführung eines Werkes von Schönberg (Hermann-Scherchen-Quartett im »Sturm«) und hört die neuen Pianisten Eduard Erdmann und Walter Gieseking. Er wird Kompositionsschüler von Heinz Tiessen. Er sieht Theaterstücke von Oskar Kokoschka in den »Kammerspielen« und beginnt ein Studium an der Berliner Universität: Philosophie und Musikwissenschaft. Die großen Musikwissenschaftler der Zeit sind Johannes Wolf, Curt Sachs und Georg Schünemann. Er lernt Kurt Weill kennen und Hans Schmidt-Isserstedt, der später ein großer Dirigent wird. Ein einschneidendes Erlebnis ist die Bekanntschaft mit der neuen amerikanischen Tanzmusik und dem Jazz, die sich in Deutschland durchzusetzen beginnen. Für die modernen Komponisten wirbt die neugegründete Zeitschrift »Melos«.

Im Jahr 1921, er ist 19 Jahre alt, wird er von einem Onkel eingeladen, der in Genua lebt, und verbringt mit ihm beinahe fünf Monate. Er besucht mit ihm die Mailänder »Scala«, und der Onkel stellt ihn Richard Strauss vor, der sich für eine Konzertreise nach Südamerika einschifft.

»Die Inflation wird stärker«, erinnert sich der Chronist, »aber die künstlerische Aktivität nimmt auf allen Gebieten zu. Der Film beginnt eine Rolle zu spielen, und eine neue Kunst: Das Literarische Kabarett beginnt sich durchzusetzen.« Zmigrod wird mit dem brillanten Schriftsteller und Textdichter Marcellus Schiffer und mit Margo Lion, die Schiffer später heiratete, bekannt; Margo Lion macht ihr Debüt an Trude Hesterbergs »Wilder Bühne« – »dann haben wir zusammen einen sensationellen Erfolg«. Kurt Tucholsky schreibt Texte für Josef Zmigrod, eins seiner Lieder, das 1932 herauskam, war ein »Lied für's Grammophon«, »etwa im Stil einer Revellerplatte (des damaligen populären Gesangsensembles) vorzutragen: rhythmisch sehr elastisch, *ziemlich ironisch im Ausdruck*«, kommentierte der Komponist. Als Autor ist Theobald Tiger genannt (d.i. Kurt Tucholsky), als Komponist Allan Gray. Curt Bois hat das Lied, »Lucindy«, auf einer 78-upm-Schellack-Schallplatte bezaubernd gesungen.

Als Josef Zmigrod die Größen der Berliner Chansons, des Films und des Kabaretts erstmalig kennenlernte, war er einige Jahre lang vor allem als Josef Zmigrod bekannt. Er hatte verschiedene kleinere und längere Kompositionen für Klavier geschrieben und vervollkommnete sich weiter in der Komposition. Auch sein Universitätsstudium setzte er fort. Das Sommersemester verbringt er in Heidelberg und hört an der Universität Vorlesungen des Literarhistorikers Friedrich Gundolf und des Philosophen Karl Jaspers. Er erinnert sich in seiner Chronik an den damals in Heidelberg lebenden Komponisten Karl Salomon, von dem gesagt wurde, daß er der einzige Komponist war, den Richard Strauss jemals als Schüler annahm; Salomon lebte später in Jerusalem.

Als Josef Zmigrod nach Berlin zurückkehrte, wurde er von der 1923 ins Leben gerufenen »Berliner Funkstunde« engagiert, »gegen Bezahlung in Dollars« jeden Sonnabendnachmittag eine Stunde »Literarisches Kabarett« zu senden: »aber nach drei oder vier Sendungen werden wir abgesetzt«, erinnerte er sich: »Die Frau des Postministers nahm Anstoß an unseren Texten« – »Kunststück!« kommentierte er sarkastisch.

Josef Zmigrod studiert weiter Komposition, nun bei Walter Gmeindl. Als Allan Gray wird er ständiger Mitarbeiter an verschiedenen Kabarett-Bühnen und schreibt Ballettmusik für eine javanische Tänzerin. Leopold Jessner, neben Max Reinhardt der bedeutendste Regisseur der Zeit, engagiert ihn, Bühnenmusik zu Georg Kaisers »Von morgens bis mitternachts« zu schreiben; Alexander Granach spielt die Hauptrolle.

Die Jahre 1924/25 bis 1932/33 nennt der Komponist »Swinging Berlin«. Er lernt seine spätere Frau Lissy Radermacher kennen, und ihre Übersetzertätigkeit bringt ihn in Kontakt mit moderner französischer Literatur und vielen Autoren. Er schreibt eine »Surrealistische Sonate« für Klavier, hatte schon als 18jähriger eine Suite für Klavier komponiert und erwähnt in einem frühen Werkverzeichnis auch ein Notturno für Klavier und Lieder für Solostimme und Piano. Mit diesen Werken hat er wohl sein Gesuch an die Preußische Akademie der Künste gerichtet, in die Meisterklasse Arnold Schönbergs aufgenommen zu werden. Schönberg nahm ihn an, und er trat im Sommerhalbjahr 1926 in die Meisterklasse ein. Schönberg notierte in seinen halbjährlichen Aufzeichnungen über Fleiß, Besuchsregelmäßigkeit und Fortschritte der Meisterschüler, daß Josef Zmigrod die Kurse »regelmäßig« besuchte, im letzten Halbjahr, im Wintersemester 1927/28, aber »ungenügend«. Seine Fortschritte waren im Winterhalbjahr 1926/27 »befriedigend«, ebenso im Sommersemester 1927, im Winterhalbjahr 1927/28 »genügend«. An Kompositionen, die während Zmigrods Studium entstanden, nennt Schönberg »Klaviermusik« und ein »Sextett für drei Streicher und drei Bläser«.

Der Meisterschüler erinnerte sich später, daß er im Berliner »Westend« in derselben Straße wohnte wie Schönberg, in der Nußbaumallee (Schönberg zog später in die Nürnberger Straße).

Die Suite für Klavier, die Josef Zmigrod 1920 geschrieben hatte, und die Klaviersonate von 1925, im Werkverzeichnis und in den autobiographischen Skizzen »Surrealistische Sonate« genannt, sind im Nachlaß des Komponisten erhalten, die Partitur des Sextetts, von dem er anscheinend nur einen Satz komponiert hat, ist nicht ganz vollständig.

Schon die vier kurzen Sätze der jugendlichen Klavier-Suite geben ein deutliches, prägnantes Bild von der Begabung und vom musikalischen Schwung des Komponisten. Er setzt über das Werk ein »Motto« mit den reifen Worten: »Aller Dinge Kraft liegt an ihrem Wesen!«; drei der Sätze – der erste Satz »Sehr schnell«, der zweite Satz »Mäßig bewegt« und der Finalsatz »Lebhaft und mit großem Schwung« – enthalten viel Ungestümes und sind voll von kraftvollem Ausdruck. Der Mittelsatz, »Sehr langsam und mit großem Ausdruck«, an dritter Stelle der Suite, zeigt die emotionelle Ausdrucksfähigkeit des jungen Komponisten.

Die »Sonate: Vier Sätze für Klavier, komponiert Berlin-Charlottenburg 1925, op. 7« besteht aus vier ausgedehnten, recht unterschiedlichen Sätzen. »Ziemlich rasch« ist der erste Satz überschrieben, »Im Charakter eines Scherzos« der zweite. Wie in der Suite nimmt der dritte Satz den Charakter des Sonaten-Adagios an; er wird »Sehr langsam« gespielt. »Agitato«, sehr heftig bewegt und voll sprudelnden Temperaments, erklingt der Finalsatz. Ein besonderes Charakteristikum der Sonate ist die Tendenz des Komponisten, im Verlauf eines Satzes das Tempo mit der Ausdruckskraft immer wieder zu verändern und jedesmal zum Anfangstempo zurückzukehren; die Dynamik schwankt ebenso, und nicht nur im »Agitato«-Finale bricht sehr viel Erregtes in diesem Werk durch.

Das Sextett, das Schönberg in einem Akademie-Konzert mit Werken seiner Meisterschüler am 19. Juni 1929 als »Allegro ma non troppo aus dem Sextett für Flöte, Klarinette, Fagott und Streichtrio« aufführen ließ, ist ebenso wie die Klavierwerke von bewegter Dynamik und ausdrucksvoller Chromatik getragen; Zmigrod hat von Schönberg die Praxis übernommen, die Hauptstimmen durch Zeichen zu markieren und für den Spieler herauszuheben. Walter Schrenk, der Musikrezensent der »Deutschen Allgemeinen Zeitung«, berichtete über das Konzert und nannte das Sextett des (wie das Akademie-Programm fälschlich sagte) in Berlin geborenen Josef Zmigrod-Gray (so wurde er im Programm genannt) einen »weit ausgesponnenen Satz von verbindlicher Haltung in Erfindung und Klang, der einen reich entwickelten Sinn für instrumentales Kolorit beweist«. Zmigrod-Grays Sextett teilte das Konzertprogramm mit Kompositionen von Nikos Skalkottas (der im Konzert auch Geige spielte), Peter Schacht, Alfred Keller und Norbert von Hannenheim.

In seinen letzten in Berlin verlebten Jahren wird der Komponist musikalischer Direktor für die dramatischen Produktionen Max Reinhardts und tritt unter Reinhardts Regie sogar auch auf der Bühne auf. Er lernt die größten Schauspieler der Zeit kennen und auch die Leiter des Berliner Rundfunks und die Komponisten, die sich – wie Walter Gronostay – experimentell mit einer Musik für das Medium Rundfunk beschäftigen. Er erhält die ersten Aufträge, Musik zu Filmen zu komponieren. Der erste Tonfilm mit seiner Musik war »Berlin Alexanderplatz« nach dem Roman von Alfred Döblin, der bald nach seinem Erscheinen (1929) verfilmt worden war. Heinrich George war der Hauptdarsteller des Films, und das von Allan Gray komponierte Hauptlied des Films hieß »Liebe kommt, Liebe geht, das kann keine Regierung verbieten«. Das Lied wurde ein viel gesungener und gespielter Schlager ... etwa zwei Jahre, bevor eine Regierung so ziemlich alles verbot, was bis dahin gut und populär war, und die Schöpfer interessanter Literatur und großer Musik verfolgte und verbannte.

Dem ersten Filmmusik-Erfolg Allan Grays folgten die Filme »Emil und die Detektive«, nach Erich Kästners so beliebtem Roman für Kinder; »Die Gräfin von Monte Christo«, »Brennendes Geheimnis«, nach Stefan Zweig, und »F. P. 1 antwortet nicht«. In allen diesen Filmen spielten die bedeutendsten Schauspieler der Prä-Nazizeit. In der »Gräfin von Monte Christo« spielten Brigitte Helm, Rudolf Forster und Gustaf

Gründgens, und Allan Grays Lied »Niemand fragt uns« wurde ein Welterfolg. 1935 wurde dieser Film in Hollywood in einer amerikanischen Version neu gedreht und Allan Grays Musik dafür verwendet. »F. P. 1 antwortet nicht« und »Emil und die Detektive« wurden in Paris neu gedreht, als der Komponist schon in der Emigration war, Charles Boyer spielte und sang die Rolle von Hans Albers in »F. P. 1. ne repond plus«, und diese beiden Filme sowie »Berlin Alexanderplatz« liefen in zwei Pariser Kinos länger als zwei Jahre.

Allan Gray schreibt in seinen Erinnerungen, daß er mit dem Erfolg seiner Filme viele neue Freunde erwarb: »Noch nicht dreißig habe ich meine eigene Wohnung, ein Auto, von früh bis in die Nacht ununterbrochene Arbeit, aufregende Arbeit und unzählige Freunde. Aber da ist der neue Nationalismus und seine unwürdigen Ausbeuter: die Nazis, die sich (1932) immer breiter machen.«

1930 erscheint im Schott-Verlag in Mainz ein Heft (Nummer 9) in der Sammlung »Das neue Chorbuch«, herausgegeben von Erich Katz, mit zwei Chorliedern von Josef Zmigrod auf Gedichte von Erich Kästner. Das eine, »Die Zeit fährt Auto«, für Sopran-Alt-Tenor gesetzt, gibt die depressive Stimmung wieder, die ein Hauptgrund für den bald folgenden Sieg des Nationalsozialismus wurde: »Die Zeit fährt Auto«, heißt es bei Kästner, »doch kein Mensch kann lenken«, und in den Schlußzeilen sagen die Verse:

> Was gestern war, geht heute schon in Scherben,
> Der Globus dreht sich, doch man sieht es nicht.

Josef Zmigrod hat den kühlen, »sachlichen« und sarkastisch-ironischen Ton der Verse gut getroffen, und das zweite Lied, nur für Sopran und Tenor komponiert, ist eine moritatähnliche, tragikomische »Schauerballade«, »Marionettenballade« betitelt. Der Verlag kaufte dem Komponisten die beiden Lieder gegen eine einmalige Pauschalzahlung von 50 Mark ab. Andere Chorstücke in diesem Heft hatten Wolfgang Fortner, Hermann Reichenbach und Mátyás Seiber als Komponisten.

Mit seinem Freund R. A. Stemmle schreibt er »eine Art Oper für Kinder«, die »Welle ABC« genannt wird. Sie wird 1932 zuerst als Rundfunksendung konzipiert und dann für die Bühne bearbeitet. Die Berliner Volksbühne übernahm die Uraufführung des Stückes, und bald folgten Aufführungen in vielen Schulen in ganz Deutschland – bis Mitte 1933.

»Marionettenballade«, Text Erich Kästner, Musik Josef Zmigrod, erste Seite der Druckausgabe, Verlag Schott 1930.

Teile der Musik übernahm der Autor Stemmle in eine damals berühmt gewordene Komödie »Kampf um Kitsch«, die der Regisseur Karlheinz Martin auch in der »Volksbühne« herausbrachte. Als typisches Beispiel für »Zeitgeschichte« erinnert Allan Gray an das Schicksal des Films »Brennendes Geheimnis«. Er wurde eine Woche nach dem Reichstagsbrand in Berlin von Goebbels verboten; bei der Premiere hatten die Filmtitel zwar »Musik und Lieder von Allan Gray« genannt – es war anscheinend die jüdische Herkunft des Komponisten nicht bekannt –, aber weder der Autor, Stefan Zweig, noch der Regisseur, Robert Siodmak, noch der Verfasser des Drehbuchs, Friedrich Kohner, waren erwähnt!

»Die Stimmung in Berlin war entsetzlich«, schrieb Allan Gray in seinen Erinnerungen, »und am schlimmsten war der Verdacht, daß man niemandem mehr trauen konnte ... meine besten Freunde rieten mir an – denn sie kannten mein Temperament –, auf alles zu pfeifen und Deutschland zu verlassen.«

Allan Gray verließ Berlin und emigrierte zunächst nach Paris, wo er Mitte April 1933 ankam: »Meine Emigration hatte begonnen. Das Hotel (Hotel Lord Byron an den Champs-Elysées) war mit 80% Bekannten jeder Nationalität besetzt und jeder Profession. Lissy R. war in Berlin zurückgeblieben, um unseren Haushalt aufzulösen und zu retten, was zu retten war. Eine Anzahl von Emigranten-Zeitungen erscheinen in Paris, der Schweiz usw. Mit welchem Resultat ist schwer zu sagen, aber auf jeden Fall erhöhen sie die persönlichen Depressionen, zumal wenn man die Bilder von Bekannten, die die Nazis verhaftet hatten, schon in der französischen Presse gesehen hatte.«

Allan Gray erinnerte sich, daß er Schönberg zweimal in Paris traf und von ihm erfuhr, daß er öffentlich wieder zum jüdischen Glauben zurückkehren werde. Französische Freunde »erwiesen sich in der Überzahl nicht besonders interessiert an unserem Schicksal und Weiterkommen, was mit den vielen Russen und sonstigen Mitteleuropäern in ihrer Mitte vielleicht zu verstehen ist«.

Glücklicherweise hatte Allan Gray in der ersten Zeit als Emigrant in Paris keine finanziellen Sorgen; er hatte in seinen Filmerfolgen einen Rückhalt, der ihm über die ersten sechs Monate hinweghalf. Gerade als er in Paris angekommen war, hatte die Premiere des Films »F. P. 1 ne repond plus« mit Charles Boyer stattgefunden, »und der Film schlug ein wie eine Bombe«, berichtet der Komponist: »Aus jedem Bistro,

Grammophonshop, Tanzlokal erklangen für den Rest des Sommers meine Lieder.«

Innerhalb weniger Wochen erhielt Allan Gray den Auftrag, die Musik zu dem Film »Une fois dans la Vie« (auf deutsch »Rund um eine Million« betitelt) in einer französischen und einer deutschen Version zu komponieren, »eine Aufgabe, die mich den ganzen Sommer beschäftigte und die mir eine gründliche Einführung in die damaligen Usancen und Combinen (sic!) des französischen Film- und Musikgeschäfts bot«, schrieb Allan Gray in seinen autobiographischen Skizzen. »Eine abenteuerliche Idee«, die er mit Kate Perls und Billy Wilder hatte, »führte zu einem Kontrakt mit dem Pathé-Natan-Consortium, das den Film ›Mauvais Grain‹ erzeugte; Wilder entdeckte dafür als *leading lady* die noch vollkommen unbekannte Danielle Darrieux.«

Sehr schwer hatte es der Komponist in dem Winter, der dem erfolgreichen Sommer folgte. Er erhielt zwar etwa acht Angebote für Filmmusik, aber diese Angebote »sahen so aus: Der Filmproduzent sagte: ich bezahle nur für das Orchester; Sie komponieren die ganze Musik und behalten alle Aufführungsrechte.« Allan Gray kommentierte: »Abgesehen von meinen heiligen Prinzipien für Autorenrechte, für die ich schon in Deutschland gekämpft und geopfert hatte, warum soll ein Komponist auf Speck eine Arbeit leisten, die ihm nur Pfennige einbringen wird, wenn der Film *kein* Erfolg ist.« Der Winter 1933/34 wurde für ihn »eine sehr deprimierende Angelegenheit«.

»England schien in punkto Film in Europa die meisten Aussichten zu bieten. So als ich von einem Londoner literarischen Agenten die Mitteilung erhielt, daß Mr. R. Wainwright im Begriffe war, eine englische Version des ›Emil‹ zu vollenden und bereit sei, dafür meine originale Filmmusik zu erwerben, akzeptierte ich nach London zu kommen. Dort fand ich eine ganze Anzahl von Freunden und Bekannten, die wie ich die französische Filmsituation zu unsicher fanden.«

Nach der Überwachung der Synchronisation für die englische Version von »Emil und die Detektive« schrieb Allan Gray in London einige Songs für einen Film mit der beliebten Filmschauspielerin Dolly Haas, ließ aber die Beziehungen zu Paris nicht abreißen und reiste einige Monate lang ständig zwischen Paris und London hin und her. Er hatte in beiden Metropolen Aufträge und Arbeiten. In London heiratete er dann die Freundin Lissy Radermacher, und sie machten sich in London heimisch. Beide fanden es zunächst »ziemlich mühsam (schrieb Allan Gray), sich mit der englischen Lebensweise vertraut zu machen«. Gray komponierte »eine ganze Anzahl von unwichtigen englischen Filmen, denn die Industrie ... steckte noch ziemlich in den Kinderschuhen«. Aber die politische Situation verschärfte sich mehr und mehr. 1938 erneuerten die Deutschen nicht mehr die Reisepässe der Emigranten, und die in England lebenden aus Deutschland geflohenen Deutschen wurden sogenannte britisch-protektierte Personen und erhielten für Reisen ins Ausland ein derartiges britisches Dokument.

Ende 1938 forderte Gregor Rabinowitsch, der Pariser Produzent des Films »Die Gräfin von Monte Christo«, Allan Gray auf, für ihn die Musik zu dem Max-Ophüls-Film »Sans lendemain« zu komponieren, und da er dazu die große Darstellerin Edwige Feuillère verpflichtet hatte, zögerte der Komponist »nicht einen Moment« und ging mit seiner Frau nach Paris. Dort wurde für ihn am 17. Dezember 1938 »eine historische Party« gegeben, auf der er die Bekanntschaft von James Joyce machte. Der große irische Schriftsteller half Lissy und Allan Gray, in Paris eine Wohnung zu finden; im gleichen Haus, unter dieser Wohnung, residierte die republikanische spanische Exilregierung.

Als die befristete Aufenthaltserlaubnis für das Ehepaar Gray abläuft, hilft ihm – »of all people« – der gefürchtete Polizei-Präsident Chiappe, einen neuen Termin zu erhalten.

Allan Gray erinnert sich, daß »trotz der unerhört kritischen internationalen Situation Paris strahlte wie nie zuvor. Wir treffen viele berühmte Künstler und Schriftsteller, darunter viele, die auch Deutschland verlassen hatten, und dazu Picasso, Giacometti, Prévert, Gertrude Stein etc. etc.« Nachdem die Arbeiten für den Film »Sans lendemain«, für den er nach Paris gekommen war, beendet waren, erhielt er von dem Produzenten weitere Filmmusik-Aufträge, unter anderem bat man ihn, den dritten Teil eines dreiteiligen französischen historischen Films zu komponieren – für die ersten beiden Teile waren Darius Milhaud und Arthur Honegger verpflichtet worden. Die ersten sieben Monate des Jahres 1939 sind mit viel interessanter musikalischer Arbeit angefüllt. Im August verbringen die Grays einen Ferienmonat in Cap St. Martin mit Heinrich Strobel und seiner Frau und anderen Freunden: »Aber die Krisis ist nicht mehr aufzuhalten. Wir kehren nach Paris zurück, wo ein riesiges Durcheinander ausgebrochen ist. Wir versuchen unsere Angelegenheiten halbwegs in Ordnung zu bringen und müssen auf dem letzten Schiff vor der Kriegserklärung nach England zurück fahren.«

Die Jahre vom Ausbruch des Weltkriegs bis etwa 1946 waren für Allan Gray schwere Jahre: »Die nächsten achtzehn Monate (nach der Rückkehr nach England) sind wahrscheinlich die schlimmsten meines Lebens: kein Geld und keine Arbeit. Wir wohnen im Haus von ungarischen Freunden in Hampstead Gardens Suburb. Ich habe nicht einmal ein Klavier. Am 11. März stirbt meine Schwiegermutter im Alter von 63 Jahren in Holland, Den Haag. Zum Glück war mein Bruder mit ihr.«

Am 26. Juni wird Allan Gray »plötzlich« als »enemy alien« (feindliche Ausländer nannten die Engländer die Emigranten aus Deutschland) interniert. Er wird zunächst an einen Ort in der Nähe von Liverpool und dann auf die Isle of Man geschickt. Allan Gray fand in der Retrospektive »diese Episode irgendwie interessant und amüsant trotz vieler tragischer Umstände«. Bereits nach vier Monaten wurde er entlassen; der Komponist Sir Ralph Vaughan Williams (der einer Reihe von Verfolgten geholfen hat, wie der Autor weiß) war eine der hilfreichen Persönlichkeiten, die Allan Grays Entlassung aus dem Internierungslager bewirkten. Nach der Entlassung wohnte Allan Gray zuerst im Haus von Walter Goehr, mit dem er einige Semester lang zusammen in Schönbergs Berliner Meisterklasse studiert hatte; seine Frau war während der Bombenangriffe auf London dahin gezogen. Die Goehrs lebten in Amersham, Buckinghamshire; Alexander Goehr, Walter Goehrs Sohn, erinnert sich, daß er bei Allan Gray Klavierstunden nahm, als er noch sehr jung war, »aber mit wenig Erfolg«.

Die Grays fanden schließlich ein eigenes »hübsches Haus … und wie es die Vorsehung will, leben wir seitdem beinahe ununterbrochen in der Amersham-Gegend«, schrieb Gray in seinen autobiographischen Aufzeichnungen.

Die kommenden Jahre gestalteten sich für den Komponisten immer noch sehr schwierig. Infolge des Krieges kamen kaum die Tantiemen herein, die seine Haupteinnahme waren. Die ständigen Bombenangriffe auf England und alle die Restriktionen, denen die Einwohner unterworfen waren – vor allem die fremden –, machten die Situation unangenehm. »Andererseits hatten sich in Amersham eine ganze Anzahl interessanter Leute zusammengefunden und es gab ein wirklich soziales Leben. Drei Kinos, ein Repertoire-Theater, die immer in England hervorragenden Public Libraries ... machten das Leben in Amersham ohne Zweifel viel interessanter während des Krieges und während der ersten acht bis zehn Nachkriegsjahre als es heute ist« – das ist um 1970 niedergeschrieben.

Langsam begann sich Allan Grays berufliches Leben wieder zu entwickeln. Er wurde für einen großen Musikverlag »Songwriter« und hatte einen »Hit« mit einem Lied »Violin«, das gesungen und im Rundfunk gesendet und in 35 000 Notenexemplaren verkauft wurde. Im April 1942 schrieb er für das »Arts Theatre« eine Bühnenmusik zu William Shakespeares »Twelfth Night«. Kurz darauf brachte ihn sein alter Freund vom Film Emeric Pressburger mit seinem Partner, dem Filmregisseur Michael Powell, zusammen, und über die nächsten Jahre wuchs eine fruchtbare Zusammenarbeit. Nach ihrem ersten gemeinsamen Filmerfolg »The Life and Death of Colonel Blimp« produzierten sie eine Reihe »erstklassiger englischer Filme«, und Allan Gray lernte eine bedeutende Anzahl älterer und junger Persönlichkeiten von Theater und Film kennen, deren Namen internationale Geltung hatten.

Allan Gray komponierte Musik für Shakespeare-Aufführungen in Stratford-on-Avon, Shakespeares Stadt, und erhielt schließlich die britische Staatsangehörigkeit. Anfang Mai 1947 konnte er zum ersten Mal mit seinem britischen Reisepaß auf das europäische Festland reisen, in die Schweiz, nach Italien und nach Paris: »Wehmütiges Wiedersehen mit alten Freunden und Bekannten, die es überlebten ... Über die nächsten zwanzig Jahre wurden solche Reisen, meistens im Auto, beinahe selbstverständlich.«

Nach der Rückkehr nach England schrieb Allan Gray immer wieder neue Bühnenmusiken und eine Revue »Sauce Tartare«, für deren Hauptrolle Audrey Hepburn entdeckt wurde. Neben der Filmmusik komponierte Gray auch viele Stücke sogenannter »Stimmungsmusik« (»mood music«) für Schallplatten, die sich als sehr einträgliche Tantiemenquelle erwiesen. Als Filmmusik war der John-Huston-Film »The African Queen« ein Höhepunkt, in dem Katharine Hepburn und Humphrey Bogart die Hauptrollen spielten und »Be mine« ein großer Schlagererfolg wurde. Auch das Fernsehen entdeckte den Komponisten Allan Gray: für Douglas Fairbanks Jr. komponierte er seine erste Serie von 39 Television Plays; sie wurde in fünfzehn Jahren achtmal im englischen Fernsehen ausgestrahlt. 1955 erhielt Gray einen Auftrag, für das Gärtnerplatz-Theater in München ein »Musical« zu komponieren, aber der Auftraggeber starb ganz plötzlich bei einem Autounfall, und das Projekt wurde fallengelassen. Viel Arbeit hatte Allan Gray mit Film- und »Stimmungs«-Musiken, viel Zeit aber vergeudete er – wie er schrieb – mit der Suche nach musikalischen Stoffen.

Sorgen brauchte er als Komponist nicht zu haben, aber er litt unter dem Niedergang des musikalischen Geschmacks, vor allem bei der jungen Generation, und unter den »gimmicks«, die angewandt wurden, um minderwertige musikalische Erzeugnisse mit allerlei »modischen« Attributen zu verkaufen. 1969/70 dachte er an die Veröffentlichung einer ausführlichen Autobiographie, als deren Urzelle er die Skizzen niedergeschrieben hatte, die sich in seinem Nachlaß gefunden haben. Am 9. August 1972, er war 69 Jahre alt, schrieb er an den alten Freund R. A. Stemmle, mit dem der Kontakt einige Zeit abgebrochen war, und beklagte die Filmsituation der Zeit: »... rein englische Filme gibt es kaum ... eine alte Bekannte von mir, die alle berühmten französischen Filme auf englisch edierte, lebt heute davon, an rein pornographischen Filmen zu arbeiten. Die Amerikaner nehmen nur ihre eigenen Komponisten oder erfolgreiche Pop & Rockboys. Musikalisches Theater hat hier immer noch eine Chance, wenn Du das richtige Buch oder Stoff hast. Aber woher nehmen? Und der Stemmle, der es *könnte* – – – na ja.«

Und dann berichtet er dem Freund, daß ein erfolgreicher deutscher literarischer Agent »meine Autobiographie als verkäuflich beurteilte«: »Auf Grund eines kurzen Lebenslaufes und der Personen, in Indexform, mit denen ich im Laufe meines bisherigen Lebens in Berührung kam, zeigen zwei große deutsche Verleger anscheinend ernstes Interesse. Aber die zwei Seelen in mir machen die größten Schwierigkeiten. Auf der einen Seite die ›Showbusiness personality‹ und auf der anderen der ›highbrow‹, der fünf Jahre lang Meisterschüler Arnold Schönbergs an der Berliner Akademie war, der die halbe deutsche Literatur und die ganze seinerzeit junge französische persönlich recht gut kannte, und das romantische alte und revolutionäre neue Berlin, und Paris, und England. Wie soll das ein Nicht-Schriftsteller, der literarisch nur das Beste akzeptieren kann, wohl zusammenbringen?«

Eine Liste der Persönlichkeiten, die Allan Gray gekannt hat und mit denen er zum Teil zusammengearbeitet hat, stellte er damals für einen »Index« zusammen. Die Namen füllen elf eng beschriebene Schreibmaschinenseiten aus, sie sind alphabetisch geordnet, von Professor Hermann Abert bis Carl Zuckmayer, und es fehlt kaum eine Persönlichkeit aus Literatur, Lehre, Kunst, Schauspiel, Film, Musik, Unterhaltungsbranche der damaligen Zeit und bis in den Beginn der siebziger Jahre. Die Liste enthält mehr als sechshundert Namen.

Aus der Autobiographie ist leider nichts geworden; man kann dankbar dafür sein, daß die erhaltenen Skizzen Zeugnis ablegen von den wesentlichen Stationen eines aufregenden, interessanten künstlerischen Lebens und daß Musik des jungen hochbegabten Josef Zmigrod und des originellen und vielseitigen Theater-, Film-, Instrumental- und Schlagerkomponisten Allan Gray erhalten – und für die Forschung zugänglich – ist. Nach dem Tode des Komponisten ist seine Witwe nach Deutschland zurückgekehrt und hat den Nachlaß mitgenommen. Er ist dem begeisterten Musiksammler und Musikliebhaber Dr. Günter Vollmann in Lüdenscheid übergeben worden, dessen Archiv Noten und Tonbandaufnahmen von Musik aller großen Musiker – vor allem der leichten Muse – der Glanzzeit der Theater-, Film- und Schlagermusik enthält.

Josef Zmigrod / Allan Gray starb in Amersham, Buckinghamshire, am 10. September 1973. Er war 71 Jahre alt.

Natürlich werde ich vor meinem Tode im Jahr 2000 noch mindestens ein Meisterwerk schreiben, vielleicht dieses Buch, das ganz einfach versuchen wird, zu erzählen, zu berichten, aufleuchten zu lassen, wie ein ganz begabter Musiker, mit einer guten Erziehung durch diese ereignisreichen Jahre hindurch kam und sich zu identifizieren suchte – ohne einige »großartige späte *Figuren« der Zeit zu vergessen.*

P. S. Mir fällt zufällig das »Amtsärztliche Zeugnis« für den Führerschein vom August 1932 in die Hände. Es sagt u. a. Körperbau groß und kräftig. Nervenbefund voll in Ordnung – keine Abweichungen festzustellen usw. Im übrigen muß ich betonen, daß ich seit meinem 15. Lebensjahr ein Pfeifenraucherexpert bin. Und daß obige Lebensbeschreibung zumindesten eine »Hundebiographie« und Aufzeichnungen über meine Katzen enthalten wird. England hat aus mir einen Gärtner gemacht, und andere Umstände einen ausgezeichneten Koch. Meine jährlichen Ausgaben für Zeitungen und Zeitschriften (englische, deutsche, französische, italienische) kann man nur als abnormal bezeichnen.

ALLAN GRAY, 1970.

FRIED WALTER – KURS POSITIV

> Als ich das Licht der Welt erblickte, war ich sprachlos. Da ich keinen Ton von mir gab, wurde ich abwechselnd in kaltes und warmes Wasser getaucht und das so lange, bis ich schreiend protestierte. Später sollte ich viele Töne von mir geben, und diese in der Hoffnung, daß man sie auch gebührend wahrnehmen würde.
>
> FRIED WALTER

WENN WIR an vielseitige Musiker der Epoche Schönberg-Bartók-Strawinsky-Hindemith denken, kann Fried Walter, der für kurze Zeit Meisterschüler Arnold Schönbergs in Berlin war, der Vielseitigste genannt werden. Er war ein Vollblutmusiker mit einer umfassenden musikalischen Bildung, der auf allen Gebieten der Musik zugleich Hervorragendes und Erfolgreiches zur Aufführung gebracht hat: Oper, Singspiel, Konzertmusik, Kammermusikwerke, geistliche Musik, ernste und lustige Lieder, Volksmusikbearbeitungen, Musik für Rundfunk und Film, und außerdem war er als Dirigent bei allen Sängern, Instrumentalisten und Orchestern außerordentlich beliebt. Er kannte keine Trennung zwischen ernster, formell strenger und dabei stets ausdrucksvoller Musik in Fortführung traditioneller Gestaltungsformen und beschwingt-unterhaltender Musik: »Meine Musik kommt vom Volkslied her, vom deutschen Volkslied«, sagte er. »Ich möchte auch leicht verständlich ankommen, nicht schwer verständlich.«

Fried Walter hatte sich zwar nach wenigen Wochen seiner Arbeit in Schönbergs Meisterklasse für Komposition so vertraut mit Schönbergs Musik gemacht, daß er zum Beispiel imstande war, »Erwartung« mit der ausführenden Sängerin und mit Musikern zu korrepetieren und einzustudieren, nachdem die am Opernhaus angestellten Korrepetitoren sich außerstande erklärt hatten und sich weigerten, »diese Musik« zu spielen. Aber doch fehlten ihm in Schönbergs Musik Harmonie und naturhafter

Ausdruck, sie »rührte nicht das Herz«: »... sie ging meinem naiven Gemüt gegen den Strich«, sagte er einmal, er vermisse in ihr »die Balance zwischen Verstand und Gemüt, Balance zwischen Intellekt und Seele«. Diese »Balance« ist Arnold Schönbergs Musik zwar ohne Zweifel nicht abzusprechen, aber es ist zu verstehen, daß sie einem Naturtalent, wie es Fried Walter war, nicht leicht eingängig ist. Schönberg andrerseits fand Gefallen an dem talentierten jungen Meisterschüler und bewertete seine kompositorischen Fortschritte als »befriedigend« und sogar »gut«.

Begabung, Erziehung und Selbsterziehung, Fleiß und Ausdauer machten Fried Walter zu einem ernsten und ehrlichen, vielseitigen und strebsamen Musiker. Am 19. Dezember 1907 wurde er in Ottendorf-Okrilla nördlich von Dresden geboren. Über den ursprünglichen Familiennamen gab es lexikographisch gelegentlich auseinandergehende Vermutungen, über die Fried Walter nie gesprochen hat und die auch ganz unwesentlich sind: der Immatrikulationsschein der Preußischen Akademie der Künste in Berlin, von Max Liebermann (Präsident der Akademie) und Georg Schumann (Vorsitzender des Senats, Sektion für Musik) unterschrieben, lautet auf den Namen Fried Walter und war am 1. Oktober 1929 ausgestellt – der junge Komponist war 22 Jahre alt.

Der Vater war Volksschullehrer; seine Mutter beschrieb der Sohn als eine künstlerisch begabte, musikalische Frau. Sie starb, als er erst fünf Jahre alt war. Der Vater war auch musikausübend, er spielte Klavier und Bratsche, und im Hause wurde viel musiziert. Musik begann den Jungen schon früh zu interessieren, und er versuchte sich im Spiel verschiedener Instrumente. Der Vater schulte ihn in ein Seminar in Bautzen ein, wo er eine Lehrerausbildung beginnen sollte. Doch das schien für den musikinteressierten Jungen keine erstrebenswerte Laufbahn zu sein, und so war er froh, daß der Vater nach drei Jahren einen »Blauen Brief« erhielt, der das Ende seiner Schullaufbahn bedeutete. Bei seinem Abgang von der Schule reagierte Fried (wie er erzählte) mit »einer sinfonischen Dichtung zur Ehre der Schule: Darin ging es dramatisch zu, auch wurden einige Lehrerstimmen durch Instrumente karikiert. Die Partitur schlug mir der Schuldirektor beim abendlichen Kontrollgang auf den Schädel, da ich keine Schularbeiten gemacht hatte.« Schon vorher hatte Fried an den Vater geschrieben: »Ich will Musiker und kein Lehrer werden. Eines Tages wirst Du in einer feinen Loge sitzen und die Oper Deines Sohnes hören!« – Siebzehn Jahre später ist dies tatsächlich in Berlin eingetroffen!

Uraufführung der Oper »Königin Elisabeth« von Fried Walter, Königliche Oper Stockholm, November 1939; v. l.: Helga Görlin, Set Svanholm, Fried Walter, Joel Berglund.

Während seiner Schulzeit hatte Fried Klavier-, Cello- und Orgelspielen erlernt und konnte das Waldhorn blasen. 17jährig schaffte er es, an der Dresdner Oper als Theorie- und Dirigierschüler angenommen zu werden und abends auf den Stehplätzen große Opernaufführungen mitzuerleben. Er verdiente sich sein erstes Geld als Hornist des Bühnenmusik-Ensembles in Richard-Wagner-Opern. Im Orchester der Opernschule wirkte er als »zweiter Hornist« mit. Dieses Schülerorchester der Oper wurde als Vorproben-Ensemble oft von großen Dirigenten dirigiert, die für Opernaufführungen engagiert waren. Öfters dirigierte es Fritz Busch, einmal Igor Strawinsky. Der junge Fried Walter durfte sich auch als Dirigent versuchen, und einmal stand er – in Albert Lortzings »Die beiden Schützen« – als Tenor im Chor auf der Bühne.

Voller Dankbarkeit dachte Fried Walter stets daran zurück, daß er Fritz Busch, Operndirektor in Dresden seit 1922, näher kennenlernen durfte. In den Sommerferien spielte er mit Fritz Busch zusammen in einer Fußballmannschaft; mit dem Geiger Willibald Roth und Fritz

Busch am Klavier war er Cellist in der Aufführung eines Klaviertrios von Haydn. Fritz Busch unterschrieb auch Fried Walters Abgangszeugnis von der Dresdner Orchesterschule: »Er ist eine echte Vollblut-Musikantennatur. Er ist gleich stark im Schaffen wie im Reproduzieren. Seine Themen sind plastisch und originell, die Verarbeitung interessant, und die Instrumentation klingt erstaunlich modern und reizvoll. Im Dirigieren ist er gewandt, versteht ordentlich zu probieren, das Ganze fest zusammenzuhalten. Sein sprudelndes Temperament und die Frische seiner Empfindungen wirken angenehm und suggestiv. Infolge seines ausgezeichneten Klavierspiels ist er imstande, auch die schwierigsten Orchesterpartituren klar auf dem Klavier wiederzugeben.« Dieses ungewöhnliche Zeugnis war außer von Fritz Busch von Fried Walters eigentlichem Lehrer und Förderer, dem Kapellmeister Kurt Striegler, unterschrieben. Dieser Kapellmeister Striegler stand später, am 7. März 1933, bereitwillig in der Kulisse des Opernhauses, als der Generalmusikdirektor Fritz Busch – ein Deutscher und »Arier« par excellence, aber Vorkämpfer für Neue Musik – von einer Nazihorde im Saal niedergebrüllt wurde, und »rettete« die vorgesehene »Rigoletto«-Aufführung. Striegler war »ganz zufällig« an diesem Abend im Theater gewesen, doch wußte er, wogegen die Nazis protestierten, die für getreue Parteigenossen so viele Karten gekauft hatten, daß sie den Saal füllten: Busch hatte zu viele ausländische Sänger, zu viele Juden an die Oper geholt, habe viele jüdische Freunde, sei sehr viel abwesend und verdiene zuviel Geld. Fritz Busch emigrierte nach Argentinien, kehrte aber 1934 wieder nach Europa zurück, wo er zunächst Direktor der Dänischen Rundfunkgesellschaft wurde und 1934 zusammen mit dem Regisseur Carl Ebert Gründungsdirektor von John Christie's Glyndebourne Opera Company wurde.

Fried Walter hat im Laufe seines reichen Lebens viele große Dirigenten kennengelernt; Fritz Busch hat er leider nie wieder getroffen. Aber am Ende seiner Studienzeit in Dresden hörte er zum ersten Mal die Aufführung eines eigenen Orchesterstücks: »Ich saß alleine im Parkett des Zuschauerraums, und mein Lehrer Striegler dirigierte das Schülerorchester. Unvergeßlich! Unbeschreiblich! Und das in meiner Dresdner Oper!« schrieb Fried Walter später. Bei dieser Gelegenheit dachte er auch an das allererste Musikstück, das er im Alter von dreizehn Jahren zu komponieren versucht hatte: »Richtig notieren konnte ich noch nicht. Ich schrieb die Hilfslinien statt unter die Noten über sie. Das Manuskript habe ich noch. Natürlich war das noch nichts wert, aber es war der Anfang. Und dieses Stück steht in der Bearbeitung als ›Kleine Fantasie für Klavier zu vier Händen und drei Violinen‹ in meinem Werkverzeichnis an erster Stelle.«

Ein »Werkverzeichnis« hat Fried Walter vom Anbeginn seiner musikschöpferischen Tätigkeit (1921 – der »kleinen Fantasie«) bis in die letzten Jahre seines Lebens mit großer Akribie geführt. Es umfaßt mehr als fünfhundert eigene Kompositionen und an die 250 Bearbeitungen, vor allem Volkslied-Bearbeitungen. Er hat auch anschaulich sein Leben erzählt (»Ein Leben für die Musik«) und es dem Musikenthusiasten und Archivar seiner Musik, Heinrich Vogel in Remscheid, zur Vervielfältigung für seine Familie und seine Freunde übergeben – die Broschüre, 47 engbedruckte Seiten im Großformat, ist eine fast unerschöpfliche Quelle über den Komponisten und seine Werke, zu der viele interessante Briefe und Gespräche mit Fried Walter eine ergänzende Dokumentation vermitteln.

Fried Walters Vater hat nach dem Tode seiner Gattin 1914, als er in den Krieg ziehen mußte und seine vier Kinder nicht alleine lassen wollte, ein zweites Mal geheiratet, die Schwester seiner ersten Frau, und so war Fried Walter ein Elternhaus erhalten geblieben. Mit seinen Geschwistern, zwei Brüdern und einer Schwester, spielte er Kammermusik, und wenn der Vater zu Hause war, spielte er mit. Für Dirigierübungen sammelte der Vater Musikanten aus der Umgebung, aus den Nachbardörfern, und stellte für die Übungen des Sohnes ein Zimmer in seiner Schule zur Verfügung; die in dem Amateurorchester fehlenden Instrumente, zum Beispiel für Beethovens Erste Sinfonie, besorgte er in Dresden.

Die überaus reiche Vorbildung hatte es Fried Walter ermöglicht, an der Dresdner Opernschule so schnell vorwärtszukommen. Und so wurde er nach Beendigung der Schule gerne als Volontär am Landestheater in Gotha angenommen; Kurt Striegler hatte ihn dorthin empfohlen. Er erhielt dort viele verschiedene Aufgaben; und um sich zu verbessern, wechselte er an das Reußisch-Fürstliche Theater in Gera über. Er war dort der Jüngste unter acht Kapellmeistern, doch in der Weltwirtschaftskrise des Jahres 1929 war er gezwungen, seine Stellung aufzugeben. Er glaubte fest, seine Karriere – er war noch keine 22 Jahre alt – sei endgültig zu Ende. Als Aushilfsmusiker spielte er in Gasthöfen zum Tanz auf oder saß »nutzlos und mutlos zu Hause herum«, wie er sich erinnerte. Es war »für den energiegeladenen Musikanten eine schreckliche Zeit, die er unbedingt beenden wollte, beenden mußte«.

Fried Walter faßte den Entschluß, sein Glück in der Großstadt, in Berlin zu versuchen. Mit seinen wenigen Habseligkeiten in einem Pappkoffer kam er in Berlin an und verbrachte die erste Nacht unter freiem Himmel auf einem Spreekahn, der als Jugendherberge ausgebaut war – »mit kostenloser Sternenschau«, erinnert er sich. »Freier Komponist im pulsierenden Berlin«, schrieb Fried Walter: »das hielt in Spannung und animierte ihn zur Komposition eines größeren Werkes.« Nach Skizzenblättern, die er aus Gotha mitgebracht hatte, begann er, an einer Oper mit dem Titel »Der lasterhafte Herr Tschu« zu arbeiten, die anscheinend nicht ausgeführt wurde. Er fand ein »armseliges und kaltes Zimmer«, und die »Geldbörse« war dauernd leer: »Ich führe ein regelrechtes Künstlerleben«, schrieb er an seinen Bruder Herbert, »aber dabei bleiben mir nur trockene Semmeln, etwas Obst und Mittags für 35 Pfennige die ›Rote-Kreuz-Küche‹. An sich ein idealer Zustand, ins Blaue hinein zu leben und sehr zum Vorteil der Kompositionsarbeit.«

Fried Walter wollte sich unbedingt weiterbilden. Er entdeckte die Schätze großer Musik, die in dem Musiklesesaal der Staatsbibliothek Unter den Linden zugänglich waren, und studierte viele bedeutende Partituren. Schließlich erschien »ein Silberstreifen am Horizont«: Fried Walter fand einen Gönner in Dresden, Hofrat Schambach, Gründer und geschäftlicher Leiter der Orchesterschule, in der der junge Musiker studiert hatte. Der Hofrat hatte ihn immer wie ein eigenes Kind behandelt und ließ ihn einmal in seinem Haus ein Kammerkonzert dirigieren, in dem sogar eine Sopranistin »Chinesische Lieder« aus der geplanten Oper »Der lasterhafte Herr Tschu« sang. Der väterliche Freund ließ Fried Walter finanzielle Unterstützung zukommen, die ihm über schwierige Zeiten hinweghalf.

Um Geld zu verdienen, versuchte Fried Walter ein Engagement im Kino zu bekommen, wo Stummfilme noch von einem Pianisten oder einer kleinen Kapelle begleitet wurden. Er studierte Gegebenheiten und Techniken der Filmbegleitung bei dem damals berühmten Filmmusiker Giuseppe Becce, »einem kleinen Italiener mit markantem Kopf, den man sogar als Richard Wagner in einem Film mitspielen ließ«. Fried Walter lernte gründlich, mit welcher Art Musik ein bestimmter Film untermalt werden konnte oder mußte und wie solche Musik zu spielen sei. Gutbezahlte Engagements in Kinos ließen ihn hoffen, sich eine einigermaßen sichere Existenz gründen zu können. Aber plötzlich kam der Tonfilm, und mit dem Stummfilm und seiner musikalischen Untermalung war es zu Ende.

»Hungrig auf Musik, wollte der erneut beschäftigungslose Musiker unbedingt weiter studieren«, heißt es in Fried Walters Erinnerungen: Da wurden im Berlin der späten zwanziger Jahre die Namen Paul Hindemith und Arnold Schönberg genannt. »Neugierig, da er dessen Musik überhaupt nicht verstand, meldete er sich an der Preußischen Akademie der Künste bei Arnold Schönberg an.« Er erinnert sich: »Ich sagte mir damals, entweder stimmt bei dem etwas nicht oder bei dir reicht es nicht!«

Schönberg nahm ihn als Schüler an, und er bekam sogar ein Stipendium. Bei seinem ersten Besuch in Schönbergs Wohnung im Berliner Westend berührten ihn »eigenartig die vielen Aquarelle an den Wänden. Es waren keine Portraits, sondern nur Augen davon, die Schönberg selbst gemalt hatte.« Schönbergs Vorliebe für Augen fand er in der Oper »Die glückliche Hand« wieder, deren Musik er für Otto Klemperer später an der Krolloper mit den Sängern einstudierte: da standen die Sänger hinter einer Leinwand mit Löchern, und durch die Löcher hindurch sah man die Augen der Sänger.

»Wir waren zu fünf Schülern bei Schönberg: Norbert von Hannenheim, Nikos Skalkottas, Rudolph Goehr, Peter Schacht und ich. Mir ist noch in Erinnerung, daß es Wochen gab, in denen nicht eine einzige Komposition von den Schülern vorgelegt wurde.« Schönberg analysierte oft eine Brahms-Sinfonie, und »brachte nach langer Pause ein Schüler eine eigene Komposition mit, stürzte man sich förmlich darauf und zerriß die Arbeit in tausend Stücke, nichts blieb übrig«. »Schönberg gab sich große Mühe mit mir«, berichtete Fried Walter: »Da schrieb er mir Beispiele in mein Manuskript, wie man statt tremolo andere rhythmische Figuren einsetzen kann, wie man Harmonien wechseln kann usw. Ich verlor aber bald die Lust ... Als ich eines Tages merkte, daß Schönberg aus dem Kopf kein Motiv von sich nachpfeifen konnte ... war es bei mir geschehen. Ich blieb dem Unterricht einfach fern, was mir Schönberg natürlich übel nahm.«

Er drang aber trotz allem so tief in die »Materie der Schönberg-Musik« ein, daß er für ihn Korrekturen lesen konnte und viele Fehler in vor-

Fried Walters Berliner Skizzenbuch 1930, mit Schönbergs Verbesserungen unter Walters Noten.

gelegten Druckproben fand. Als die beiden Schönberg-Einakter »Erwartung« und »Die glückliche Hand« in der Krolloper aufgeführt werden sollten und alle Korrepetitoren sich weigerten, bei der Einstudierung mitzuwirken, forderte Otto Klemperer einen Schüler Schönbergs als Ausweg: »Schönberg schleppte mich dann zur Krolloper. Ich machte dort einige Wochen lang die Bühnen- und Beleuchtungsproben am Klavier mit, unter Zemlinsky und Klemperer. Das ging zur Zufriedenheit aller, und ich hoffte, ich würde angestellt. Man ließ mich aus dem ›Tristan‹ vorspielen und lehnte mich kurzerhand ab!«

Noch mehr als 65 Jahre nach diesem Ereignis erzählte Fried Walter mit Wut, aber ironisch, wie Schönberg Klemperer aufforderte, ihm für seine wochenlange Arbeit ein angemessenes Honorar zu zahlen, und Klemperer kurzangebunden sagte: »Das ist doch aber Ihr Schüler!«, und wie Schönberg darauf böse erwiderte: »Es ist doch wohl kein Verbrechen, ein Schüler von mir zu sein!« Klemperer bewilligte nicht eine einzige Mark für Fried Walters Arbeit, bot ihm lediglich Freikarten für schlechtbesuchte Vorstellungen an!

Schönberg beurteilte Fried Walters »Fleiß und Besuch« in seinem ersten Semester an der Akademie (Winterhalbjahr 1929/30) als »zufriedenstellend« und seine »Fortschritte: gut«. Als Kompositionen dieser Zeit nannte er eine »Ouvertüre für Orchester«. Im Sommerhalbjahr 1930 waren Fleiß und Besuch »sehr fleißig und regelmäßig«, die Fortschritte »befriedigend«, und der Meisterschüler arbeitete an einem Orchesterstück. Im Winterhalbjahr ist Fried Walter »derzeit beurlaubt«, und danach ist er nicht mehr genannt. »Erwartung«, 1909 vollendet, und »Die glückliche Hand«, 1913, wurden am 7. Juni 1930 an der Berliner Krolloper aufgeführt, und im Januar 1931 begann Fried Walter, mit der Sängerin Margot Hinnenberg-Lefèbre »Erwartung« für eine Aufführung in London einzustudieren, wo Schönberg selbst dirigierte. Fried Walter hat danach keine Verbindung mit Schönberg mehr gehabt, doch sind die Skizzenbücher erhalten, in die er Themen und Anfänge von Kompositionen notierte und Schönberg mit eigener Handschrift Verbesserungsvorschläge eintrug.

Fried Walter mußte nach Beendigung seiner Arbeit mit Schönberg nach Verdienstmöglichkeiten suchen, die ihm auch eine Weiterarbeit als Freizeit-Komponist ermöglichten. Am geschicktesten fühlte er sich im Arrangieren und in praktischen Bearbeitungen von Musik aller Sparten, und solche Aufgaben fand er in der Zusammenarbeit mit Unterhaltungs-Ensembles wie den damals berühmten »Comedian Harmonists« und mit verschiedenen Damen- und Herren-Quartetten. Er reiste mit den Ensembles von Varieté zu Varieté. Es war bezeichnend für ihn, daß er, als die Nationalsozialisten zur Macht kamen, jeglichen Kontakt zu

Partei und Militär vermeiden konnte, und das blieb so, als er als freier Mitarbeiter – Pianist, Kapellmeister, Komponist und Arrangeur – an den Rundfunksender Leipzig kam, für den er 175 Partituren schrieb und selbst dirigierte.

Eine unermüdliche, anstrengende Arbeitsbelastung führte zu einem körperlichen Zusammenbruch. Er mußte eine Arbeitspause einlegen und benutzte sie, um noch einmal Kompositionsunterricht zu nehmen und bei Hermann Ambrosius am Leipziger Konservatorium zu studieren. Dann gründete er ein Frauen-Gesangs-Ensemble, zusammen mit der holländischen Kabarettistin Elisabeth Stuy, die er im Juni 1933 geheiratet hatte. Er hatte sie in Berlin kennengelernt und lebte eine kurze Zeit lang mit ihr in Holland, wo er Kompositionen und Arrangements für den holländischen Rundfunk schrieb. Als Deutscher in Holland spürte er den Widerstand des holländischen Volkes gegen das Hitler-Regime und seine Judenverfolgungen; er bekam als Deutscher in Holland keine Aufträge mehr.

»Die Allotrias«, mit der jungen Frau Fried Walters an der Spitze, waren erfolgreich, und Fried Walter ging mit dem Quartett auf Reisen. Der Erfolg ermunterte ihn, sich erneut ernsthaft ans Komponieren zu machen, und er begann – nach einer Varieté-Vorstellung in Dortmund, an deren Datum, den 17. Februar 1938, er sich genau erinnerte – die Komposition einer Oper, »Königin Elisabeth«. Christof Schulz-Gellen, der vorher Chanson-Texte für ihn geschrieben hatte, verfaßte das Textbuch, angeregt durch den Greta-Garbo-Film »Königin Christine von Schweden«. Überallhin nahm er seine Notenblätter mit, er komponierte während der Vorstellungspausen in der Künstlergarderobe der Varietés, vor und nach den Vorstellungen, in der Eisenbahn, in den Nächten, bis die Oper schließlich vollendet war.

Das Ensemble war gerade in Stockholm angekommen, als das Werk fertig dastand, und Fried Walter, 31 Jahre alt, faßte den Mut, im Königlichen Opernhaus anzufragen, ob man Interesse habe, ihn zu empfangen. Der berühmte Sänger und Intendant der Oper, John Forsell, lud ihn ein, die Oper vorzuspielen: »... eine fachkundige Runde erwartete ihn in einem großen Raum. Über die Länge der Oper, zwei Stunden lang, spielte er und hämmerte auf dem Flügel herum, sang, flüsterte und schrie, je nach Bedarf, alle Rollen der Oper, ganz gleich ob Sopran, Alt, Tenor, Baß oder Chor«, erinnerte sich Fried Walter: »Als er fertig war, schaute er erschöpft in die Runde: alle anwesenden Herren mußten sich von der packenden Handlung, aber auch von dem Temperament des Komponisten erholen.« Endlich kam das erlösende Wort: »Wir spielen die Oper!«

Einer der Anwesenden war der Dirigent Herbert Sandberg, der dann die Uraufführung dirigierte. Fried Walter bat ihn, die glückliche Annahme der Oper nach Deutschland zu berichten. Der Dirigent »lachte kurz auf«: »Das nützt Ihnen gar nichts, ich bin ein Jude aus Breslau!«

Fried Walter setzte die Tournee mit den »Allotrias« fort, und er benutzte ein Gastspiel in Hamburg, seine Oper auch an der Hamburgischen Staatsoper vorzuspielen. Hans Schmidt-Isserstedt war bereit, die Oper in Hamburg aufzuführen, und setzte sogar einen Termin fest, der vor der Stockholmer Premiere lag. Aber dann brach der Krieg aus, und man wollte in Hamburg kein Bühnenwerk aufführen, in dessen Mittelpunkt eine englische Königin stand. Stockholm ließ das inzwischen festgesetzte Datum bestehen, und die Uraufführung fand am 24. November 1939 statt. Der Komponist durfte mit einem befristeten Paß nach Schweden reisen, aber weder seine Frau noch der Textautor erhielten von Deutschland die Erlaubnis, ihn zu begleiten.

Die Aufführung hatte einen geradezu sensationellen Erfolg, König Gustav V. war anwesend und applaudierte von seiner Loge aus. Zahlreiche Vertreter des Hofes und der Diplomatie zählten zu den Gästen; unter den Sängern waren Set Svanholm, Irma Björck, Helga Görlin und Joel Berglund.

Da die Oper großes Aufsehen erregte, befahl man plötzlich in Deutschland »von oberster Stelle«, die Oper doch in Hamburg auf den Spielplan zu setzen. Am 16. März 1940 sangen unter der Leitung von Hans Schmidt-Isserstedt Hilde Konetzni, Joachim Sattler, Hans Hotter und Ilse Koegel: auch hier hatte das Werk sensationellen Erfolg, aber nach acht ausverkauften Vorstellungen fielen die Bomben auf Hamburg. Die Oper konnte nicht mehr gespielt werden, und anderen Bühnen, die sie gerne gespielt hätten, wurde eine Aufführung offiziell verboten.

Doch der Stockholmer Erfolg hatte noch andere Folgen. Die Schwiegertochter des schwedischen Königs, Sibylla von Coburg-Gotha, hatte Kontakte zu Berlin und berichtete, daß ein junger Komponist aus Berlin in Stockholm mit einer Oper einen ganz besonderen Erfolg gehabt habe. Der Generalintendant der Berliner Staatsoper, Heinz Tietjen, erfuhr davon und ließ Fried Walter zu sich kommen, um zu erfahren, ob er vielleicht für Berlin eine neue Oper habe. Fried Walter hatte gerade einen Teil einer neuen Oper fertiggestellt, für die wieder Christof Schulz-Gellen das Libretto verfaßt hatte. Er hatte denselben Stoff gewählt, der auch »Cardillac« von Ferdinand Lion und Paul Hindemith zugrunde liegt: E. T. A. Hoffmanns Novelle »Das Fräulein von Scudéri«. Schulz-Gellen hatte eine reicher ausgeschmückte Handlung erfunden, und der Schauplatz wurde wegen des Krieges mit Frankreich von Paris nach Dresden verlegt, aus der Zeit des »Sonnenkönigs« in die Zeit König Augusts des Starken. Der tragische Goldschmied Cardillac hieß bei Schulz-Gellen »Andreas Wolfius«. Fried Walter spielte Tietjen eine Stunde lang aus der noch nicht ganz fertigen Oper vor, und Tietjen las während seines Klavierspiels in der Partitur mit. Tietjen drängte den Komponisten zur Fertigstellung der Oper und sorgte dafür, daß er nicht zum Militär rekrutiert wurde: er wurde »UK« – unabkömmlich – geschrieben.

»Andreas Wolfius« wurde am 19. Dezember 1940, am 33. Geburtstag des Komponisten, an der Berliner Staatsoper uraufgeführt. Johannes Schüler dirigierte, und die Hauptrollen sangen die besten damals verfügbaren Sänger: Jaro Prohaska, Erna Berger, Peter Anders, Marta Fuchs. Die Aufführung war ein großer Publikumserfolg, und die Presse war voll des Lobes für das Werk. Fred Hamel schrieb in der »Deutschen Allgemeinen Zeitung«: »Die Autoren greifen zurück auf das große Theater. Sowohl in diesem unbedingten Willen zum Theater, wie in der Fähigkeit ihn zu verwirklichen, harmonieren Textdichter und Komponist auf das Vollkommenste.« Im Vergleich mit Hindemiths »Cardillac« faszinieren in der Oper Fried Walters die überaus farbreichen Chorszenen und der tief ergreifende Monolog des Andreas Wolfius, in dem der Goldschmied sein tragisches Schicksal erschütternd meditiert. Daß er seine kunstvollen Geschmeide den Käufern in der Nacht wieder entreißen, sie töten muß, weil er es nicht ertragen kann, sein Werk in fremden Händen zu sehen, hat noch dunklere, durch die Orchesterbehandlung unterstrichene Töne als Hindemiths in anderer Weise genialer »Cardillac«-Monolog.

Wie Fried Walters »Königin Elisabeth« fiel auch »Andreas Wolfius« den Bomben des Weltkriegs zum Opfer. Nach der fünften Aufführung brannte die Berliner Staatsoper bei einem Bombenangriff ab, ebenso das Verlagshaus Bote & Bock, in dem alle Noten mit Partitur und Stimmen vernichtet wurden. Fried Walter ließ sich auch durch diesen Schicksalsschlag nicht ganz niederdrücken: »Es gab nach diesem Operntraum ein schlimmes Erwachen, aber ich durfte gesund den schrecklichen Krieg überleben und habe tatsächlich nie ein Gewehr in die Hand nehmen müssen. Das war mein größter Erfolg«, schrieb er nach dem Krieg. In seinen späten Jahren gelang es Fried Walter, nach einem erhaltenen Klavierauszug die Partitur des vielfarbigen Werkes zu rekonstruieren.

Während des Krieges konnte Fried Walter viele leichte Theater- und Konzertwerke zur Aufführung bringen, und niemals verließen ihn Mut und Schaffenslust. Da verlor er 1943 bei einem Bombenangriff Haus, Besitz, Wohnung und Noten, und langsam schloß ein Theater, ein Konzertsaal nach dem anderen seine Pforten. Für Prag konnte er noch eine Ballettmusik schreiben und zur Aufführung bringen. Er lebte eine Zeitlang in Königsberg, doch als im Januar 1945 die russische Armee im Anmarsch war, verließ er mit seiner Familie eiligst die Stadt und gelangte bis Schwerin. Dort erlebte er im Mai 1945 das Ende des Krieges und konnte bald nach Berlin zurückkehren.

Da Fried Walter in jeder Beziehung unbelastet war, wurde ihm sofort nach dem Neubeginn eine Stelle als Korrepetitor und Konzertpianist an der Berliner Staatsoper angeboten, und dort blieb er, bis er 1947 beim RIAS, dem Rundfunksender im amerikanischen Sektor Berlins, verpflichtet wurde, wo er dann 25 Jahre lang eine vielseitige Tätigkeit ausübte. Er war Programmgestalter, Abteilungsleiter, Dirigent, Arrangeur, Produzent und reiste als Gastdirigent zu anderen Rundfunksendern in Wien, London, Madrid, Paris, Oslo und Prag.

Mit besonderer Liebe betreute er die wöchentlichen Funksendungen für die Flüchtlinge aus Schlesien, Ostpreußen, Pommern und Böhmen, bearbeitete Volkslieder für Konzerte und Rundfunksendungen mit großen Sängern wie Hermann Prey, Anneliese Rothenberger und Rudolf Schock. Dabei war es sein Anliegen, dem Rundfunkpublikum das Beste an ernsterer und leichterer Musik zu bieten und die »verboten gewesenen Größen« (sowohl die vom Naziregime als »entartete Musik« verschriene als auch die gute Operetten- und Unterhaltungsmusik) zu neuem Leben zu erwecken. Es war nicht leicht, das notwendige Material zu finden: »Die Russen hatten das Inventar mit Noten, Tonbändern und Schallplatten in den Osten transportiert. Sie standen mit dem Gewehr vor dem Eingang des Rundfunkhauses in der Masurenallee und ließen keinen Amerikaner, keinen Engländer und keinen Franzosen hinein.«

Aber »Musik aus aller Welt mußte (und konnte) hervorgeholt und aufbereitet werden«, und Fried Walter schaffte es mit unermüdlicher Energie. Auch die Nachwuchsförderung von Sängern und Instrumentalisten war eine wichtige Arbeit. Für schwierige Aufnahmen gelang es ihm, Musiker der Staatskapelle Unter den Linden in den Vorort Lankwitz zu bringen; nicht das geringe Entgelt, das ihnen gezahlt werden konnte, sondern »das warme Mittagessen bei den Amerikanern« reizte sie. »An einem Nachmittag kamen auch sechzig Musiker des Philharmonischen Orchesters mit der Straßenbahn nach Lankwitz, was eine Reporterin mit dem später geflügelten Wort quittierte ›Ach du lieber Gott, jetzt kommt das Beethoven-Geschwader‹!«

Die besondere Anstrengung in der Funkarbeit bestand darin, immer wieder Neues bringen zu müssen: »Im Gegensatz zu einem Theaterkapellmeister, der immer wieder die gleichen Stücke dirigieren muß, gab es im Funk nur Premieren!« kommentierte Fried Walter. Die 25jährige vielseitige Tätigkeit hat Fried Walter nicht von unaufhörlichem Komponieren abgehalten: »Das Notenschreiben beruhigt mich. Ich konzentriere mich dann ganz auf meine Partitur, höre im Geist das Orchester, jede einzelne Stimme, mit ihrem Nachteil oder Vorteil des Instruments, der Balance zueinander. Da bin ich von der Außenwelt ganz abgeschirmt, sehe und höre nichts anderes.«

Es gibt kaum eine Sparte von Musik, in der Fried Walter nicht wertvolle Kompositionen geschaffen hat. Charakteristisch für sein Wesen, sein Gemüt, sein Schaffen, ist das Motto »Kurs positiv«, das er seiner Fünften Sinfonie vorangestellt hat: sie ist 1989 komponiert und im Jahr darauf in Trossingen, Sitz der Hohner-Instrumentenhersteller und der Hohner-Edition, uraufgeführt worden. Die 18 Minuten währende viersätzige Sinfonie (Allegro agitato, Andante idillico, Rondo, Allegro giocoso) ist für großes Blasorchester gesetzt und ein Werk voll schillernder Farben und Schwung. In großem Gegensatz zu dieser steht die bald darauf entstandene Sechste Sinfonie für großes Orchester, mit einer Aufführungsdauer von dreißig Minuten, die dem »Gedenken an den Heiligen Franz von Assisi« gewidmet ist und fünf Sätze enthält: »Canto del Sole« (Sonnengesang), »Esorcisma« (Teufelsaustreibung), »Misericordia« (Barmherzigkeit), Finale: »Avversaria« (Widersacher), »Allegro giocoso« (Freude über Freude), »Allegro idillico« (Idylle) und eine »Gloria«-Schlußfuge. Auch im Gegensätzlichen war Fried Walter ein Meister.

Aus seinen Jahren bei Schönberg an der Akademie sind nur ein »Lustiges Divertimento für Flöte, Saxophon, Fagott, Klavier« – ein einziger Satz –, eine »Serenade für Streichorchester« (auch nur ein erster Satz) mit eigenhändigen Korrekturen Schönbergs und einige Klavierlieder erhalten.

Unter den interessanten Kammermusikkompositionen Fried Walters ragen heraus: ein Streichquartett, 1935 komponiert, mit außerordentlich prägnanten Themen in den vier Sätzen, und ein dreisätziges Bläserquintett aus dem Jahre 1947: »Allegretto pastorale« mit fugiertem Beginn, »Andante«, ebenfalls fugiert beginnend, und als Finalsatz »Zwanzig lustige Variationen über das Volkslied ›Was kommt dort von der Höh'?‹«.

Film-Synchronisierung gehörte zu den wichtigen Arbeiten Fried Walters und verhalf ihm auch zu neuem Eheglück, nachdem seine erste Ehe gescheitert war. Als an einem Samstagnachmittag bei der Arbeit ein Film riß und niemand helfen konnte oder wollte, kam ihm bereitwillig eine UFA-Disponentin zu Hilfe, und »es begann ein neuer Film«. Edith Wölke wurde die zweite Frau Fried Walters, und nach ihr benannte er das traumhafte Ferienhaus, das er über dem Lago Maggiore erwerben konnte, »Casa nuvoletta« (Haus Wölkchen).

Nachdem in den Jahren der »Deutschen Demokratischen Republik« Fried Walters Name in der Heimat, als Mitarbeiter der Amerikaner in Berlin, nicht genannt werden durfte und es verboten war, seine Musik zu spielen, konnte ihm nach der Wiedervereinigung des geteilten Deutschlands seine Geburtsstadt Ottendorf-Okrilla eine Feier zum 85. Geburtstag bereiten und die Ehrenbürgerschaft verleihen. Im Rahmen der Feier spielte er auf der Kirchenorgel, auf der er 65 Jahre zuvor die Hochzeit seiner Schwester begleitet hatte, und anschließend erklang im benachbarten Dresden sein Streichquartett aus dem Jahre 1935, im Rahmen des Kolloquiums »Musik unter den Diktaturen« (1993).

Fried Walter starb in Berlin am 8. April 1996 im Alter von 88 Jahren.

Ich wollte mit meiner Musik immer die Herzen der Menschen erreichen. Ich wollte sie erfreuen, besänftigen, aber auch aufrütteln!

FRIED WALTER 1993

RUDOLPH GOEHR – MUSIK AUF DEN KOPF GESTELLT

Bei seinem Tode hinterließ Schönberg der Welt ein großes, zum Teil noch unverstandenes Erbgut und die Situation erinnert an die, welche dem Tode von Königen, Staatsmännern und Diktatoren folgt – das sind die Probleme ihrer Erben.

RUDOLPH GOEHR (1954)

Rudolph Goehr, Bruder des Dirigenten und Komponisten Walter Goehr, der vom Wintersemester 1925/26 bis zum Wintersemester 1927/28 in Arnold Schönbergs Meisterklasse an der Preußischen Akademie der Künste studierte, trat in Schönbergs Klasse im April 1930 ein; er war nur etwa ein Jahr bei Schönberg, ist einen ganz anderen Weg als Musiker gegangen als sein drei Jahre älterer Bruder, hat aber mit Schönberg zeitlebens in Verbindung gestanden. Er hat mit ihm auch in der Emigration nach 1933 korrespondiert – sowohl Schönberg als auch Rudolph Goehr hatten Berlin so früh wie möglich verlassen – und hat in Aufzeichnungen, Aufsätzen und Vorträgen über Schönbergs Lehre und Lehrkurse und über seine eigene Musik berichtet. Er gehört zu der Reihe der Musiker, die in fast allen Sparten und Ausdrucksmöglichkeiten der musikalischen Kunst und Schreibweise Interessantes komponiert haben und Experimente gewagt haben, die von anderen neueren Komponisten nicht versucht wurden.

Über seine Jugend, die Jahre, bevor er als 23jähriger zu Schönberg kam, hat Rudolph Goehr in einem im Nachlaß gefundenen Typoskript erzählt. Er hatte »in unwahrscheinlich frühem« Alter begonnen, Klavier zu spielen, und als etwa zehnjähriger Schüler in der Schule mit Chor »und einem flüchtig zusammengestellten verkleinerten Schulorchester« Beethovens »Chor-Fantasie« mit Klavier, Chor und Orchester gespielt. In seinen Erinnerungen schreibt er, daß er in ihr die Vorstudie zum schwächsten Satz der Neunten sieht: »Da mein pianistisches Können, besonders technische Möglichkeiten, begrenzt waren, übrigens so geblieben sind, hatte ich damals ungestraft – natürlich hatte das niemand bemerkt – selbst die Klavierstimme etwas erleichtert, pianistische Schwierigkeiten herausgenommen, und so mir selbst das Leben leichter und gleichzeitig einen ›begeisterten‹ Triumph gemacht!!

Ja, diese meine Jugend! Noch erinnere ich mich, wie Thekla Goehr, meine Mutter, übrigens eine gute Pianistin, die mit Prof. Kullak studiert hatte, mir unwahrscheinlich früh, schon als ganz kleinem Jungen, Klavierstunden gab und ich schon damals alle möglichen Klavier-Sonaten spielte. Später ging ich zur Geige über, was ich kolossal ernst nahm, und ich übte viel. Meine Liebe für Musik im Allgemeinen ging so weit, daß ich einmal als Statist in den ›Meistersingern‹ mitmachte. Leider war man mit mir ziemlich unzufrieden, daß man mich den ›Schatten des Deutschen Opernhauses‹ nannte! … Schon vor meinem Abitur fingen meine Kammermusikzeiten an. Viele Freunde und Bekannte spielten zusammen, ich zuerst bescheiden zweite Geige, dann Viola, später sogar erste Geige!!

Dann war das ›Phänomen‹ meines absoluten Gehörs, das ich schon sehr früh, beinah als Baby mit auf die Welt bekam, und das man immer sehr bewunderte. Allerdings überschätzt man wohl seine Bedeutung, da es eigentlich mit Feinheit des Gehörs oder Musikalität wenig zu tun hat. Sagt man doch auch, daß manche der allergrößten Meister der Komposition es gar nicht gehabt haben!

In unserer problematischen Welt war Geldverdienen immer gang und gäbe, und die Zeiten *meines* Geldverdienens konnten noch nicht kommen. Meine Orchestrierkapazitäten halfen mir natürlich dabei, und ich orchestrierte ungefähr alles, was im Buch steht. Manchmal sogar Militärmärsche! Sonst schreiben und dirigieren für Filme …, Arbeit an Platten, auch Elektrola, für die ich ein Gesangsquartett zusammenstellte. In der Berliner Funkstunde war es Musik zu den Hörspielen. Diese letzten mit meinem Bruder Walter als ›Genie‹, ich orchestrierte für ihn, half ihm auch sonst, wie ich konnte …

In diesen Zeiten der praktischen Gebrauchsmusik, der kontrapunktierenden Nachkriegszeit (Goehr spricht von den zwanziger Jahren), sprach man wohl viel von dieser Zusammenarbeit, daß sie sogar Paul Hindemith in seiner Kompositionsklasse rühmte. Noch heute sehe ich

Hindemith vor mir, wie er in seinen Streichquartettkonzerten Viola spielte. Ein sympathischer Mensch, und man fühlte einen Musikanten, der Musik wirklich liebte.

Auf dem Suchen nach neuer Musik mit neuen Klangfarben spielte ich einmal in einem Konzert in der Hochschule mit, in dem Hindemith verschiedene Kompositionen für Trautonium, ein neues Instrument, komponiert von Schülern, darunter eine von mir, durchspielte.

Kammermusik stand bei uns in hohem Ansehen. Alle unsere Freunde, jeder sein Instrument, spielten zusammen, mein Bruder Cello, ich Viola. Manchmal spielte Komponist Ernst Křenek am Klavier mit uns.

Trotz allem dachte ich oft an Arnold Schönberg, hatte versucht, wenn auch mit nicht viel Hoffnung, an seine Kreise heranzukommen. Auch mit der Idee kokettiert, etwas Ordnung in meine musikalischen Abenteuer hineinzubekommen. Schönberg mußte wohl schon früher von mir gehört haben. Als ich in seine Wohnung am Nürnberger Platz zur ›Aufnahme-Prüfung‹ kam, und ihn dort kennenlernte, fragte er mich: ›Welche von meinen Werken kennen Sie?‹ Ich nannte einige.«

Schönberg fragte ihn, ob er die »Kammer-Symphonie«, das »fis-Moll-Quartett«, das »Bläserquintett«, kenne: »Meine Freude kannte keine Grenzen, ich kannte sie alle.« Aber Rudolph Goehr mußte »zwar traurig aber nicht zaghaft« verneinen, als Schönberg ihn nach der Klaviersuite op. 25 und den »Orchester-Variationen« op. 31 fragte ... Schönberg ließ ihn dann bei Proben zu der Oper »Von heute auf morgen« für eine Sendung in der Berliner Funkstunde teilnehmen.

Goehr lernte bei diesen Proben viele interessante Persönlichkeiten kennen: Otto Klemperer, Hans Heinz Stuckenschmidt, Margot Hinnenberg-Lefèbre, die Schönberg-Schüler Josef Rufer (in dessen Wohnung er viel später einmal Boris Blacher begegnete), Zillig, Gronostay, Skalkottas, Hannenheim, Schacht und auch seinen Bruder Walter traf er bei Vorbereitungen zur Funksendung der Oper. Schließlich trat Rudolph Goehr am 1. April 1930 in Schönbergs Meisterklasse ein. In seinen Aufzeichnungen über die Meisterschüler notierte Schönberg im Sommersemester 1930, der Besuch und der Fleiß Rudolph Goehrs seien »vorläufig noch sehr unregelmäßig, ist erst gegen Ende des Semesters eingetreten«. Ein Fortschritt sei »bis jetzt noch nicht kontrollierbar«. Im Wintersemester 1930/31 »nimmt (Goehr) regelmäßig an den Übungen teil, beteiligt sich dabei an Analysen und dgl.«. Fortschritte seien »einst-

Rudolph Goehr mit Freunden in Athen.

weilen noch nicht sehr groß, Versuche, das Neugelernte zu verarbeiten«. Goehr arbeite an Klaviermusik und Kammermusik.

Rudolph Goehr berichtet von den Unterrichtsstunden bei Schönberg, daß sie für ihn »unter dem Zeichen des Wunders der Schönbergschen Analysen klassischer Musik standen, wie viele so interessante in seinem Buch ›Style and Idea‹ stehen.

Unglaublich, wie er uns zeigte, was man ja inzwischen weiß, was für eine kolossale geistige Anstrengung, ja manchmal Kalkulation, sich hinter leicht erscheinenden und einfach aussehenden Stellen in der Musik der Meister verbirgt. Wie andernteils hinter kaltem doppeltem Kontrapunkt ein Talent sein kann, das wirklich zu uns spricht!

Soviel überzeugender und positiver waren diese Ideen, als die der damaligen Fanatiker unter seinen Schülern, die außer ihm nichts gelten ließen und außer seinen Ideen alles ablehnten.« Rudolph Goehr sprach auch davon, daß Schönberg den Schülern seine neuen Schachfiguren, darunter Flugzeuge, vorführte und sie damit spielen ließ: »Und das neue Ping Pong, das man konstruiert hatte. Es war im Hause Schönbergs ein Gesetz, ihn immer im Ping Pong gewinnen zu lassen. Ich Neuankömmling wußte das nicht und besiegte ihn einmal! Entsetzt kam man auf mich zu und fragte mich: ›Ja, sind Sie denn wahnsinnig geworden?‹«

In Rudolph Goehrs Beschreibungen von Schönbergs Lehrstunden ist vieles zu lesen, was andere Meisterschüler nicht berichtet haben: Rudolph Goehr war ein ganz besonders aufmerksamer Chronist. Da erinnert er sich viele Jahre später: »Wenn Schönberg in seinen Kursen mit leidender Miene stundenlang, die Hände auf dem Rücken, auf und ab ging, war es meistens aus folgenden Gründen: weil er sich ärgerte und langweilte, wie eine Schülerin in einer Komposition, die sie ihm vorlegte, gewisse Formprobleme behandelte. Oft nahm er den Blei in die Hand und komponierte selbst weiter. Daß er der Erste war, der Posaunen glissandi geschrieben hatte, und jetzt machten ihm das alle in Jazzmusik nach. Daß er dabei alte Papiere und Briefe, die sich auf seinem Tisch angesammelt hatten, wegnahm und sie leidenschaftlich zerriß. (...)

Daß Strawinsky sei eigentlich nur ›Stimmzimmermusik‹ (sic!). Daß die *Marseillaise* wohl unter den Nationalhymnen musikalisch die interessanteste ist. Hübsch, wie sie melodisch gebaut ist, es immer weiter geht und fast nie sich etwas wiederholt. Wir Schüler dachten sofort an einen amerikanischen Schlager *Stardust*, der auch ein bischen so ist und melodische Inspirationen besitzt. Worauf Schönberg auf das Wunder Mozarts zurückkam, der in seinen letzten Stücken weniger und weniger Motive unverändert wiederholt, manchmal ›kilometerweise‹ alles neu erfindet, so unversieglich war der Brunnen seiner motivisch-melodischen Erfindungsgabe.« Und Goehr fragt sich: »Und meine eigenen Kompositionen, die ich ihm fast nie brachte? Auch nicht das Hornquintett für Horn und Streicher, das er von mir wollte und ich nie schrieb? Sei es, daß ich damals zu viel an Film, Radio, Platten und Geldverdienen dachte? Sei es, ich wollte vom Genie lernen, mich aber nicht von ihm tyrannisieren lassen? Sei es, ich dachte, ich würde nie erfolgreich sein unter den Schönberg-Fanatikern, und meine Stunde sei noch nicht gekommen?«

»Und dann eines Tages kamen die *glorreichen Zeiten*!« kommentierte Rudolph Goehr später aus dem Exil: »*Sie waren in den ›besten‹ Traditionen der ›nobelsten‹ Gefühle unserer dummen menschlichen Rasse.*« Schönberg mußte das »*damals nicht sehr ›gelobte‹ Land* verlassen wie alle, wie sie's nur konnten«. Rudolphs älterer Bruder Walter Goehr fand eine gute Existenzmöglichkeit als Dirigent in England, Rudolph emigrierte zunächst nach Paris. Schönberg war bereits vor ihm in Paris angekommen, und bevor sich der Meister mit seinem ehemaligen Schüler traf, verabredeten sie sich telefonisch zu einem Opernbesuch. Danach brachte Schönberg Rudolph Goehr mit einigen seiner Freunde in Paris zusammen, unter ihnen war die Sängerin Marya Freund. Schönberg bat Rudolph Goehr, mit ihr seinen »Pierrot lunaire« zu studieren; er war bereits dabei, nach Amerika zu reisen. »Nach ungefähr hundert Proben mit Marya Freund und drei mit Hermann Scherchen und den Musikern führten wir es im Salle Gaveau auf«, notierte Rudolph Goehr in seinen Erinnerungen. Schönberg schrieb aus Amerika an Rudolph Goehr: »Ich staune, daß Sie die Klavierpartie spielen konnten, die doch wahnsinnig schwer ist« und später noch einmal: »Erzählen Sie mir einmal, wie die Pierrot-Aufführung gewesen ist, wie Scherchen dirigiert hat ...« Noch während Schönbergs Anwesenheit in Paris spielte Rudolph Goehr den Klavierpart in Schönbergs Bearbeitung eines Cembalokonzerts von Matthias Georg Monn für Cello; Emanuel Feuermann war der Cellist.

Schönberg und Rudolph Goehr haben viele Briefe miteinander gewechselt, und Schönberg bat den jungen Komponisten auch, in Aufenthalts- und Existenzfragen für seinen Sohn aus erster Ehe, Georg, behilflich zu sein.

Als die Deutschen Frankreich besetzten, wurde Rudolph Goehr, wie so viele Flüchtlinge aus Nazideutschland, unter ihnen viele Intellektuelle, viele Künstler, in einem Lager in den Ostpyrenäen interniert. Es gelang ihm, von dort aus Verbindung zu Schönberg in Amerika aufzunehmen; er bat ihn um Hilfe bei der Übersiedlung in die USA. 1940 wurde Schönberg amerikanischer Staatsbürger und konnte schon kurz davor ein »Affidavit« unterzeichnen, in dem er (in englischer Sprache) bestätigt, daß er »weder mit Rudolph Goehr noch mit dessen Frau verwandt sei, aber sehr um sein Wohlergehen besorgt sei ... Aufgrund seiner ungewöhnlich großen musikalischen Begabung nahm ich ihn als Student meiner Meisterklassen an der Preußischen Akademie der Künste in Berlin an. Seine große Begabung sollte unterstützt werden, und ich bin bereit, ihn durch die Autorität meines internationalen Rufes zu unterstützen.« Schönberg fügt dann Einzelheiten über seine eigenen »finanziellen Möglichkeiten« zu: Gehalt, jährliches Einkommen, Wertgegenstände, Grundbesitz (das interessante Dokument ist reproduziert in Nuria Schoenberg-Nonos wichtigem Buch »Arnold Schönberg – Lebensgeschichte in Begegnungen«, Klagenfurt 1992, Dokument 1118). Rudolph Goehr hat die Einreiseerlaubnis erhalten und bedankte sich bei Schönberg in einem Brief vom 17. August 1941.

Schönberg hat Rudolph Goehr in Amerika mit vielen bedeutenden Persönlichkeiten zusammengebracht, vor allem mit solchen, die ihm zu Arbeitsmöglichkeiten verhelfen konnten. Das Leben in Amerika war nicht leicht für die meisten Emigranten, die aus Mitteleuropa kamen; »die Nazis und die Konzentrationslager waren zwar weit, aber auch nicht *zu* weit«.

Das Leben in Amerika war teuer, und die Zahl der Emigranten wuchs ständig, und es gab auch Widerstände gegen die vielen neuen Fremden im Lande. Es war Rudolph Goehrs Glück, daß er gelernt hatte, auf allen Gebieten der Musik Vorzügliches zu leisten. Seine Neigungen zur leichteren Muse fanden viel Inspiration durch seine Frau Nina, die eine ausgezeichnete Interpretin von Chansons war. Sie kam aus einer außerordentlich kultivierten, vielseitig begabten Familie; sie war eine geborene Shlonsky; ihr Bruder Abraham war ein sehr bedeutender hebräischer Dichter und Schriftsteller in Tel Aviv und ihre Schwester Verdina Shlonsky eine begabte, interessante Komponistin von Liedern, Klavier-, Kammer- und Orchestermusik, die gleichfalls in Tel Aviv lebte. Nach Ninas Tod hat Rudolph Goehr ein zweites Mal geheiratet, in Amerika aber auch diese zweite Frau überlebt.

Ein großer Teil von Rudolph Goehrs Kompositionen und ein Teil seiner Schriften sind in der Musikabteilung der Cambridge University Library (Depot Professor Alexander Goehr, Neffe des Komponisten, Sohn Walter Goehrs) aufbewahrt; Rudolph Goehr stellte Hans Heinz Stuckenschmidt seine Korrespondenz mit Schönberg aus den Jahren 1933–1949 zur Verfügung – doch sie ließ sich bisher (1997) nirgends auffinden.

Rudolph Goehr hat selbst ein Verzeichnis seiner Werke aufgestellt, von denen aber nur ein Teil in der Sammlung in Cambridge erhalten ist, einige Kompositionen sind in verschiedenen Verlagen gedruckt worden. Als erste Kompositionen nannte Rudolph Goehr in seinem Typoskript zwei Klavierwerke, die anscheinend nicht erhalten sind: eine Klaviersonate vom Jahre 1925 und eine Passacaglia vom Jahre 1927. Rudolph Goehr wurde am 25. Dezember 1906 in Berlin geboren und war 19 beziehungsweise 21 Jahre alt, als er diese Werke komponierte. Vielleicht hatte er diese Klaviermusik Schönberg vorgelegt, als er um die Aufnahme in die Meisterklasse ersuchte. Bis zu seinen Pariser Jahren erscheint in dem Werkverzeichnis keine Komposition; dann nennt er vor allem Filmmusik und Stücke nach griechischer und arabischer Folklore, ein Violinkonzert (1946) und eine Reihe von Musik in Tanzrhythmen für Gesang und für Instrumente. Von Bedeutung sind »Drei Bagatellen für Streichorchester nach verschiedenen folkloristischen Melodien« (1942) – Allegro ordinario mit arabischen Motiven und interessanter Instrumentation; Andante ma non troppo, nach einem griechischen Volkslied, mit Sordinen und dabei stetig wechselnder Dynamik und wechselndem Tempo; Allegro ma non troppo auf ein »Thema aus La Martinique«, wieder interessant instrumentiert, mit einem Adagio-Teil mit Violinsolo con sordino und Ponticello- und Pizzicato-Effekten, der den Finalsatz beschließt. Eine »Suite on Greek Tunes and Dances«, sehr chromatisch-melodisch ausgeschmückt, zeigt die Liebe des Komponisten zur Landschaft und Musik Griechenlands, das er gerne besuchte und wo er Freunde hatte, unter ihnen Nikos Skalkottas, den er in Berlin in Schönbergs Meisterklasse kennengelernt hatte und der für ihn anläßlich seines Besuchs in Athen ein Duo für Geige und Klavier schrieb (1939). Goehr nahm es mit sich und sandte später Mikrofilme der Suite nach Athen.

Ein großer Teil der erhaltenen Kompositionen Rudolph Goehrs ist im Werkverzeichnis überschrieben: »Composition in cancrizan«. Die Liste enthält die Namen und die Beschreibung der Besetzung von zehn Werken, von denen eins in New York publiziert wurde und die übrigen in Manuskripten der Cambridge University Library aufbewahrt sind. Die Werke sind betitelt:

Concerto cancrizante für zwei Violinen oder Violinen-Chor (1953, verlegt etwa 1956 in New York)
Trio allo specchio, für Klavier, Geige und Cello (1954)
Concerto classico für Klavier und Orchester (1955)
Chatteries: Suite für Klavier, vierhändig, auch für Orchester (1957)
Septatonica: für Klavier (1958)
Kammermusik für Streichinstrumente mit und ohne Klavier, auch mit Harfe und Schlagwerk (1959–1961)
»Schocken Divertimento« für vier Pianisten und Orchester (1962–1964)
»Hymne pour l'unité de l'Europe« (1971)
Duo für Viola und Klavier (1973)

Das Verzeichnis zeigt, daß der Komponist in den letzten Jahren seines Schaffens – in etwa zwanzig Jahren – nur noch »cancrizante« Werke geschaffen hat. Eine längere – in Goehrs Handschrift erhaltene – Abhandlung erklärt, was es mit dieser Art von Musik auf sich hat und wie sie ausgeführt werden soll:

»Wenn man lange weit von Europa lebt und nicht zu viel von den letzten Ereignissen, die auf diesem Kontinente vorgehen, weiss, kommen einem manchmal eigentümliche Ideen. Wie ich in den letzten Jahren zu meinem *cancrizante* Kompositionssystem kam und fast nur noch damit arbeiten wollte, ist schwer zu erklären. *Cancrizante* bedeutet krebsartig. Wie eine Krabbe von allen Seiten gleich aussieht, können sich hier Musiker gegenübersitzen, die Noten auf den Tisch legen und von beiden Seiten spielen.

War es, daß ein Freund mir Mozarts kleine, übrigens nicht sehr interessante Tafelmusik für zwei Geigen brachte und ich versuchte, auch etwas in dieser Art zu schreiben? War es, daß ich natürlich gehört hatte, daß lange vorher und nachher viele andere Meister sich mit diesen oder ähnlichen Problemen befaßt hatten? Schon im 14. Jahrhundert Guillaume de Machault: ›Mein Anfang ist mein Ende‹ heißt ein Stück für Gesang und Instrumente. Später Bach; in Haydn's Kanons ›Gebote der Kunst‹ ist einer *cancrizante*, Beethoven läßt im letzten Satz der Fuge seiner Hammerklavier-Sonate das Thema einmal von hinten nach vorne spielen. Im romantischen Zeitalter gab es wohl weniger Zeit für solche Dinge, es ging aber danach wieder weiter, z. B. bei Max Reger, Hindemith's ›Hin und zurück‹ und natürlich Schönberg.

War es, daß spartanisch technische Beschränkungen, sollten sie Komponisten mit ihrem Talent nicht gänzlich töten und kaputt machen, vielleicht etwas Respektables, vielleicht sogar Gutes bei ihnen zurücklassen würden?

War es, daß mein Lehrer Arnold Schönberg, in seiner Zwölftontechnik ähnliche Dinge benutzte? Wie man eben nach einer Griechenlandreise Venedig sehr bewundert, sich aber irgendwie nach Athen's klassischer Einfachheit zurücksehnt, wäre es nicht interessant, in unserem hypertechnischen Zeitalter einmal einfacher zu werden, anstatt der üblichen 12 chromatischen Töne nur 7 zu benutzen, die man sich allerdings durch Vorzeichen aussuchen könnte, wie man will? Also anstatt C, D, E, F: Cis, D, Es, F oder gar C, Dis, E, F?

In meinen Stücken, abgesehen von den ersten Tafelmusikversuchen, spielt man die Noten bis zur Hälfte jeden Satzes, stellt sie dann auf den Kopf und geht zurück bis zum Anfang. Dabei wurde mir klar, daß Motive auf den Kopf gestellt, gutes Durchführungsmaterial bieten, auch daß Motive, schon in der ersten Satzhälfte auf den Kopf gestellt, in der zweiten in ihrer Originalgestalt zurückkehren, was natürlich für musikalische Form sehr wichtig ist ...

Bei meinem System ist natürlich zu beachten: Schon am Anfang des Stückes, wie Machault schon schrieb, ans Ende zu denken, daß der Umfang der Instrumente begrenzt ist ...«

Das interessante Manuskript ist nicht datiert, doch da musikalische Beispiele im Verlauf und am Ende angegeben sind, handelt es sich wohl um einen Vortrag, vielleicht für den Rundfunk. Da unter den Beispielen das erste Stück der »Chatteries« (»Katzengeschichten«) für Klavier vierhändig und »Vergebliches Ständchen« aus demselben Werk angegeben sind, gespielt vom Komponisten mit dem Pianisten Frank Pelleg, der in Israel lebte, und »Chatteries« 1957 komponiert wurde, ist wenigstens ein Anhaltspunkt für das früheste Datum der Aufzeichnungen gegeben.

»Wie weiter?« fragte Rudolph Goehr in den letzten Kapiteln seines längeren Typoskripts: »Wie sollten wir superegozentrischen Komponisten damals weitergehen?« Man konnte nicht in den Ausdrucksmöglichkeiten früherer Zeiten steckenbleiben, denn wir erlebten eine Zeit mit ungeheuren neuen technischen Möglichkeiten dafür, daß Musik in die Häuser kommt und sich an Millionen wendet.

Man kann schwer verstehen, warum eine uninteressante, banale musikalische Kleinigkeit, auf der linken Seite der Bühne gespielt, dann aber nach ostentativem Umzug aller Musiker auf die rechte, ja warum sie dort ohne jede Zutat interessanter werden soll und warum ein plombierähnliches Zahnarztgeräusch, in gewissen Tonhöhen erklingend, keine interessanten Zutaten enthält – und viele »moderne« Beispiele solcher Art führt Goehr ad absurdum. Und Goehr stellt fest, daß ausführende Musiker, Dirigenten und Solisten, die heute im Konzertsaal *zu sehr* im Vordergrund stehen, verglichen mit dem geistigen Inhalt der Werke, die sie aufführen, zurücktreten vor Akustikern, Technikern mit ihren Magnetophonen, Tonbändern und Platten. Sie können nicht an gegen ihre maschinenmäßige Genauigkeit, diese allerdings nicht gegen das »Wunder und Erlebnis lebendiger Gestaltung jener«.

Rudolph Goehr macht sich an anderer Stelle seiner Erinnerungen Gedanken darüber, wie stark sich die Idee vom Komponieren verändert hat: »Wir Komponisten dachten eigentlich, Komposition sei eine ideelle Sache, in der Ideen sprechen und vibrieren sollten, doch leider sich so oft politische und finanzielle Gesichtspunkte einschleichen. War es alles das, was mich verhinderte, zu sehr und übertrieben hinter meiner eigenen Karriere zu laufen? Unwahrscheinlich, vielleicht aber nicht ganz falsch!?!«

Goehr möchte in einem »Kurzen Epilog« zum Schluß »bescheiden, aber mit Bestimmtheit, warnen: vor Komponisten, die genau wie zu viele Religionsfanatiker nur an Erfolg, Aufführungen und Geld denken, weitaus seltener aber an Musik oder Religion, vor Konzertbesuchern, die vor jeder Dummheit strammstehen, solange sie nur ›von unserer Zeit‹ ist«, vor anderen Konzertbesuchern, die alles herunterziehen, das nicht »vor Brahms« ist, »vor Leuten meines Schlages; denn ich gebe respektierten Komponisten großzügig und nicht allzu liebenswürdig alle möglichen Titel, wie z. B. ›elektronischer Vater‹, oder ›Musik-Messias‹. Den letzten für Anton von Webern, den Schönberg-Schüler, und ›elektronischer Vater‹ für Varèse, der schon lange durch seine Werke den Grundstein zu unseren ersten elektronischen Versuchen gelegt hatte. Laßt mich zuletzt warnen vor Jemandem, der wie ich immer Musik gemacht hatte, immer Analphabet war, erst ein junger, später ein älterer Analphabet, und plötzlich ein Buch schreibt!«

»Manchmal fragt man sich: was hätte unser Meister, was hätte *Arnold Schönberg* zu all dem gesagt? Aber seit den Tagen meines ungeschriebenen Hornquintetts ist viel Wasser die Spree, den Hudson und die Seine hinuntergeflossen.«

Rudolph Goehr ist in Santa Barbara, Kalifornien, 1981 gestorben. Er wäre am 25. Dezember 75 Jahre alt geworden.

Wahrscheinlich hat es wieder Schönberg am besten erfaßt, als er 1911 in seiner »Harmonielehre« sagte: Traurig ist nur, daß die Vorstellung »heute darf man alles schreiben« so viele junge Leute davon abhält, erst etwas Anständiges zu lernen, die Werke der Klassiker zu verstehen, Kultur zu erwerben. Denn: alles durfte man auch früher schreiben, nur gut war es nicht. Nur Meister durften niemals alles schreiben …

RUDOLPH GOEHR

Die Griechen

NIKOS SKALKOTTAS · CHARILAOS PERPESSA

NIKOS SKALKOTTAS – IN DER HEIMAT VEREINSAMT

Im modernen Griechenland stimmt Orpheus seine Lyra atonal ein. Diese Scordatura (Umstimmung) führte als erster Nikos Skalkottas ein, ein griechischer Schönberg-Schüler, der 1949 im Alter von fünfundvierzig Jahren starb.
Skalkottas wendet Schönbergs Methode in fast rhapsodischer Weise an. Sein kleines Stück für Cello und Klavier, kurz vor seinem Tode geschrieben und unter dem Titel »Tender Melody« veröffentlicht, ist in dieser Beziehung aufschlußreich. »Tender Melody« ist ein Beispiel für eine dodekaphonische Art, ein romantisches Stück Musik zu schreiben. Auf seinen Seiten scheinen sich Schumann und Grieg in einem feinen Nebel chromatischer Dünste zu begegnen. Schönberg selbst hat von seinen Schülern niemals orthodoxe Haltung verlangt, und er sprach warm von Skalkottas als einem seiner begabtesten Schüler.

NICOLAS SLONIMSKY, *New Music in Greece,*
»Musical Quarterly« 1965, pp. 225 ff.

ICH ERINNERE MICH an einen außerordentlich liebenswürdigen und hochbegabten Menschen, nicht nur Komponist, sondern hervorragender Geiger«, schrieb in seinen Notizen der Komponist und Dirigent Erich Schmid über seinen Mitschüler bei Schönberg, Nikos Skalkottas, dessen Musik er auch in Schönbergs Akademiekonzerten dirigiert hat: »Etwas von südlicher Wärme ging von ihm aus, und seine Musik, die das widerspiegelte, lag mir persönlich näher als diejenige

Hannenheims. Auch Skalkottas schrieb viel und vor allem ständig. Doch kann ich mich nicht erinnern, ob oder was er während meiner Berliner Zeit Schönberg vorgelegt hat. Wahrscheinlich hat Schönberg das Oktett, das ich im Akademiekonzert dirigierte, gesehen. Das reizende Werk zeigt – zumal für den Kenner – bei aller Selbständigkeit Schönbergsche Einflüsse, vor allem in der thematisch-motivischen Verarbeitung. Einer menschlich-rührenden Episode in unserem freundschaftlichen Verhältnis erinnere ich mich gerne. Skalkottas war ein hervorragender Koch. Am Pfingsten 1931 lud mich Niko zum Essen in seine hübsche Wohnung ein. Es war, wie ich mich deutlich erinnere, ein strahlender Tag. Für mich, in jener Zeit ein nicht gerade verwöhnter Mensch, wurde ein köstlich gebratenes Hühnchen mit speziell zubereitetem Reis und weiteren Zutaten zum unvergeßlichen Genuß! Ohne Musik aber ging es nicht. Skalkottas zeigte mir sein 1. Klavierkonzert, an welchem er arbeitete. Es machte mir einen faszinierenden Eindruck, und ich erinnere mich, daß ich schon damals die Wärme und den beinahe aufwühlenden Gestus dieser Musik bewunderte. Die völlige Vereinsamung des Komponisten in seiner Heimat und der wirklich tragische Tod sind bekannte Tatsachen. Das hinterlassene Werk ist nach dem Krieg allmählich wieder zugänglich geworden. Vieles harrt wahrscheinlich noch einer zuverlässigen Edition.«

Seit Nikos Skalkottas' Freund und Mitschüler Erich Schmid den hier zitierten Bericht »Ein Jahr bei Arnold Schönberg in Berlin« 1974 in »Melos« veröffentlichte, ist ein wichtiger Teil von dem umfangreichen Œuvre des griechischen Komponisten herausgegeben worden. Dies ist dem langjährigen Freund und musikalischen Nachlaßverwalter Yannis G. Papaioannou zu danken, dessen unermüdliche Forschungen biographische Daten und den Inhalt von persönlichen Gesprächen und Briefen bekannt gemacht haben. Viele Kompositionen des vielseitigen, aber auch verschlossenen Nikos Skalkottas harren weiterhin der Entdeckung, der Veröffentlichung und der Aufführung: Skalkottas hat mehr als 170 Originalwerke geschrieben: Orchesterwerke, Bühnenwerke, Kammermusik, Ballettkompositionen, Klavierstücke und Vokalmusik, darunter viele Werke großen Umfangs. In den viele Jahre lang veranstalteten »Hellenischen Wochen zeitgenössischer Musik« von internationalem Gepräge – und internationalem Widerhall –, die Yannis G. Papaioannou ins Leben gerufen und geleitet hat, nahmen Werke von Nikos Skalkottas

Nikos Skalkottas.

einen bedeutenden Platz ein; die dort aufgeführten Stücke griechischer Komponisten wurden von der griechischen EMI auf einer Reihe von Langspielplatten herausgegeben. Papaioannous Schwester Marika, eine hervorragende Schülerin Artur Schnabels, hat häufig Klaviermusik von Skalkottas aufgeführt und auf Schallplatten eingespielt; mit ihrem Bruder brachte sie vierhändige Klaviermusik zur Aufführung. 1995 hat Philips einen »Zyklus« von Kammermusikkompositionen auf CD veröffentlicht.

Skalkottas war 23 Jahre alt, als er in die Meisterklasse Arnold Schönbergs eintrat; er war einer der Meisterschüler, die eine besonders lange Zeit bei Schönberg verbrachten; er nahm an den Kursen vom Wintersemester 1927/28 bis zum Sommer 1932 teil. Schönberg war von seinem Fleiß und von seiner kompositorischen Entwicklung sehr beeindruckt: im Winterhalbjahr 1927/28 notierte er, Fleiß und Besuch der Lehrstunden seien »sehr gut«, die Fortschritte »sehr gut«, im Semester entstandene

Kompositionen waren eine Violinsonate und ein Streichquartett. Im folgenden Halbjahr bezeichnete Schönberg die Fortschritte als »ausgezeichnet«, es entstanden ein Violinkonzert und eine »Bläser-Symphonie«. »Sehr gut«, »ausgezeichnet«, »sehr zufriedenstellend« kehren als Urteil in allen folgenden Semestern wieder, und Schönberg nennt eine imponierende Zahl von Kompositionen, die im Lauf dieser Jahre entstanden sind. Im Winterhalbjahr 1930/31 notierte Schönberg, Skalkottas sei einige Zeit beurlaubt gewesen, aber »besucht seither regelmäßig den Unterricht. Nimmt mit Fleiß an den Übungen teil.« Fortschritte: »... kann schon wirklich sehr viel. Ist sehr selbständig und zielbewußt. Hat während seiner Beurlaubung ein sehr gutes STREICH-QUARTETT geschrieben, das auch im Schüler-Konzert zur Aufführung gelangt.«

In den Akademie-Konzerten war Skalkottas mehrere Male mit Kompositionen vertreten. Am 19. Juni 1929 wurden zwei seiner dreisätzigen Sonatinen für Violine und Klavier und sein ebenfalls dreisätziges Streichquartett aufgeführt; im Quartett spielte der Komponist selber die zweite Violine. Walter Schrenk schrieb über das Konzert in der »Deutschen Allgemeinen Zeitung«: »Die reifste Arbeit stand am Schluß des Programms: Ein Streichquartett von Nikos Skalkottas. Der heute 25jährige Grieche hat hier ein sehr gutes, frisches und entschlossenes Stück geschrieben, stilistisch besonders einheitlich in seiner kammermusikalischen Haltung. Alle drei Sätze bezeugen die innere Logik eines zum Denken in Musik Erzogenen, der Strom der Erfindung reißt nie ab, und die Form ist sehr klar« (die anderen Werke in diesem Programm waren Kompositionen von Hannenheim, Peter Schacht, Alfred Keller, Zmigrod-Gray gewesen).

Ein Jahr später, am 20. Mai 1930, dirigierte Skalkottas sein Konzert für Blasorchester in drei Sätzen und eine Sinfonie von Hannenheim; Winfried Zillig leitete die Aufführung eines eigenen Werkes. Dr. W. Sachse urteilte im »Steglitzer Anzeiger«, daß Hannenheims Sinfonie »die vitalste der drei Arbeiten« sei; die Komposition von Skalkottas »ist etwas vertikaler, nicht ganz so linear-dialektisch gearbeitet wie Zilligs und wirkt originell durch den Einbruch aufreizender Jazzrhythmik. Im Ganzen zeigt sie auch vornehmlich groteske Züge.«

Nach diesem Konzert schrieben Norbert von Hannenheim und Nikos Skalkottas gemeinsam einen Dankesbrief an Schönberg, der das Konzert möglich gemacht hatte.

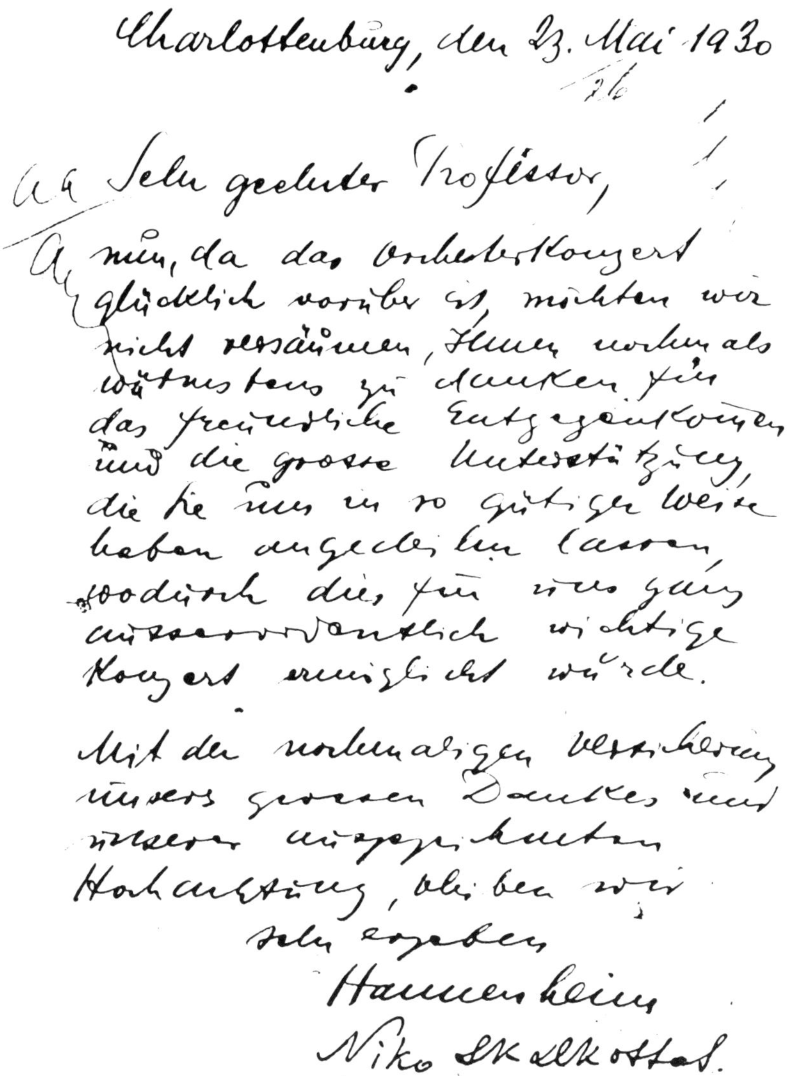

Charlottenburg, den 23. Mai 1930

Sehr geehrter Professor,

nun, da das Orchesterkonzert glücklich vorüber ist, möchten wir nicht versäumen, Ihnen nochmals wärmstens zu danken für das freundliche Entgegenkommen und die grosse Unterstützung, die Sie uns in so gütiger Weise haben angedeihen lassen, wodurch dies für uns ganz ausserordentlich wichtige Konzert ermöglicht würde.

Mit der nochmaligen Versicherung unseres grossen Dankes und unserer ausgezeichneten Hochachtung, bleiben wir sehr ergeben

Hannenheim

Niko Skalkottas.

Brief von Nikos Skalkottas und Norbert von Hannenheim an Schönberg, Mai 1930.

Am 2. Juni 1931 dirigierte Erich Schmid in dem Akademie-Konzert der Meisterschüler das Oktett für 4 Holzbläser und 4 Streicher von Skalkottas, wohl eine seiner bedeutendsten und charakteristischsten Kompositionen; der Komponist spielte die zweite Violine in der Aufführung, über die nur eine höhnische Kurzkritik des Dr. Fritz Brust in der »Allgemeinen Musikerzeitung« vorliegt. Im gleichen Programm standen Werke von Erich Schmid, Natalie Prawossudowitsch, Hannenheim und Peter Schacht.

Nikos Skalkottas wurde am 8. März 1904 in Chalkis, dem Hauptort der griechischen Insel Euböa, geboren. Als er wenige Jahre alt war, zog die Familie nach Athen. Im Elternhaus hörte Nikos viel Musik. Der Vater spielte die Flöte – als Autodidakt –, seine Schwester war Pianistin und Sängerin, sein Onkel, auch ohne professionelle Ausbildung, war Pianist und Flötist. In einer autobiographischen Notiz, die Skalkottas auf Wunsch des Französischen Instituts von Athen für eine Veröffentlichung seiner Vier Griechischen Tänze (1948) schrieb, nannte Skalkottas seinen Vater als ersten Lehrer, bei dem er die »Grundlagen der Musik« verstehen lernte. Im Alter von acht Jahren wurde er als Violinschüler im »Athens-Odeon«-Konservatorium aufgenommen; er studierte dort von 1912 bis 1920. Als Schüler des Geigers Tony Schulze erhielt er 1920 eine Goldmedaille und ein Stipendium, das ihm erlaubte, nach Deutschland zu reisen und dort sein Studium fortzusetzen. Er blieb in Deutschland bis zum Mai 1933 und hat oft geäußert, daß er sehr gerne in Berlin lebte – wenn auch seine Lebensbedingungen sehr schwierig gewesen sind. Bald nach dem Weltkrieg und dem Zusammenbruch Nazideutschlands sprach er davon, daß er gerne nach Deutschland zurückkehren würde, um zu erfahren, »was dort in der zeitgenössischen Musik vor sich geht« (wie Papaioannou berichtet); jedoch ist aus dem Plan nichts geworden.

Als er 1921 nach Berlin kam, wurde er Violinschüler des Louis-Spohr- und Joseph-Joachim-Schülers Willy Hess. Skalkottas entwickelte sich bei ihm zu einem glänzenden Geiger, aber er entdeckte auch seine Neigung zum Komponieren und gab das Violinstudium bei dem bedeutenden Lehrer zugunsten der Komposition auf. Er nahm Beziehungen zu einer Reihe von Komponisten auf, die im Berlin der zwanziger Jahre eine Rolle spielten, und arbeitete mit einigen von ihnen zusammen, um sich im Komponieren fortzubilden. Unter ihnen waren Paul Juon, Robert Kahn und Kurt Weill, dessen Jazz-Stil Skalkottas sehr anzog und ihn in einigen Kompositionen deutlich beeinflußte. Zwei Jahre lang, 1925–1927, nahm er Unterricht bei Philipp Jarnach. Zwei seiner Berliner Freunde, die Brüder Walter und Rudolph Goehr, beide Teilnehmer der Meisterklasse Arnold Schönbergs, drängten Skalkottas, die Arbeit bei Jarnach abzubrechen und zu Schönberg zu kommen. Dieser nahm ihn im Winter 1927/28 auf; gleichzeitig mit ihm traten Peter Schacht, Alfred Keller, Hansjörg Dammert zu den bereits früheren Teilnehmern Johannes Ewald Moenck, Max Walter, Winfried Zillig, Walter Gronostay, Josef Zmigrod-Gray, Walter Goehr, Robert Gerhard-Castells und Josef Rufer: dieses Wintersemester hatte die weitaus größte Zahl an Meisterschülern gegenüber allen früheren (den Winter 1926/27 ausgenommen) und späteren Semestern. Schönbergs Beurteilungen der Fortschritte Skalkottas' zeigen, wie hoch er die Begabung und die Arbeiten des griechischen Meisterschülers einschätzte. Papaioannou berichtet, daß seine Schwester Marika im Jahre 1928 Berlin besuchte und von Franz Schreker zum Lunch eingeladen wurde; Schönberg war der einzige mit ihr geladene Gast. Schüchtern fragte sie: »Sie haben einen griechischen Studenten mit dem Namen Skalkottas in Ihrer Klasse? Was halten Sie von ihm?« Schönberg wurde sehr ernst und antwortete ihr: »Er ist bestimmt ein ausgezeichneter, sehr ernster junger Komponist, außergewöhnlich talentiert!« Im April 1961 besuchte Papaioannou Arnold Schönbergs Witwe Gertrud in Los Angeles und hatte mit ihr etwa vier Stunden lang interessante Gespräche. Als er die Sprache auf Skalkottas brachte, berichtete sie ihm, daß Schönberg ihn oft erwähnt und als einen seiner begabtesten Schüler bezeichnet habe.

Seinen Lebensunterhalt mußte sich Skalkottas in Berlin mühsam durch Gelegenheitsarbeiten verdienen. Er spielte in Filmmusik-Ensembles und in Kaffeehäusern; in den letzten Jahren seines Berlin-Aufenthalts half ihm ein Mäzen finanziell aus. Er machte eine schwere seelische Krise durch, was zu der »Beurlaubung« führte, die Schönberg für das Wintersemester 1930/31 notierte. Die schweren Lebensbedingungen, eine innere Auseinandersetzung mit der Zwölfton-Musik Schönbergs, die er nur in einem einzigen Werk – der Sinfonischen Suite Nr. 1 in sechs Sätzen, etwa 40 Minuten Aufführungsdauer, 1929 – ganz konsequent anwandte, und dazu Probleme in seiner Ehe, die dann geschieden wurde, waren die mehr oder minder tiefgehenden Ursachen der psychischen Krise. Er zog sich ganz in sich zurück und verlor seine besten Freunde, und von 1931 bis zum Jahre 1935, als er schon nach Athen zurückgekehrt war, ist anscheinend nicht eine einzige Komposition entstanden.

Es ist als ziemlich sicher anzunehmen, daß Skalkottas in seinen Berliner Jahren – bis zum Jahre 1931 – an die sechzig bis siebzig Werke komponiert hat; doch hat er sich überhaupt nicht darum gekümmert, die Kompositionen zu sammeln und in die Heimat mitzunehmen; sie galten lange als verschollen, bis schließlich elf Partituren aufgefunden wurden. Die Sinfonische Suite war unter diesen verschollenen Werken; Skalkottas, der erstaunlicherweise viele seiner Werke nach langen Jahren aus dem Gedächtnis zu rekonstruieren vermochte, hat die Suite 1935 in Athen von neuem niedergeschrieben.

Am wichtigsten von seinen Kompositionen der zwanziger Jahre und der Schönberg-Zeit waren Skalkottas ein frühes Streichtrio und ein Streichquartett (1926/27) sowie einige Klavierstücke, die zum Teil von Kurt Weills Jazzstil beeinflußt sind. Von 1931 bis 1935 scheint Skalkottas überhaupt nicht komponiert zu haben; gelegentlich schrieb er Bearbeitungen von griechischer Volksmusik. In manchen späteren Kompositionen sind Einflüsse griechischer Folklore in kunstvoller Ausarbeitung erkennbar; Schönbergs Methode, Musik auf Reihen von zwölf Tönen aufzubauen, hat Skalkottas eigenständig, individuell für sich weiterentwickelt; von Schönbergs eigener »Schrift« ist in seinen Werken nur noch wenig herauszuhören.

In seinen späteren Werken erweiterte er die dodekaphonischen Grundlagen der Schönbergschen Musik dadurch, daß er mehrere Tonreihen übereinanderlagerte, öfters bis zu achtzehn Reihenkomplexe – je nach Ausdehnung seiner Komposition –, dabei aber die einzelnen Reihenorganisationen ebenso unverwandelbar behandelte, wie es Schönberg mit einer einzigen Reihe hielt; jedoch kamen in solchen Werken bei ihm manchmal auch nur Fragmente einer Reihe zur Verwendung. Das Kunstvolle in der Komposition Skalkottas' ist es dabei, daß das Konstruktive, Durchdachte dem Zuhörer nicht bewußtgemacht wird. Seine tiefgehende Beherrschung der Farbe jedes musikalischen Instruments und seine Kunst, jedes Kammermusik- oder Orchesterwerk in einen Reichtum außergewöhnlicher Farben zu kleiden, geben allen seinen Kompositionen ihre originelle, emotionell anziehende Kraft, wobei der Ausdruck oft düster, des öfteren dramatisch, dann wieder auch leicht-ironisch, spielerisch wirkt. Als Schönberg im Jahre 1932 Mitglied der Jury für die Vergabe des Felix-Mendelssohn-Bartholdy-Stipendiums war, schlug er Nikos Skalkottas und Norbert von Hannenheim als Hauptanwärter für den Preis vor – noch vor Peter Schacht als »Nr. 2«. Er pries das Talent von Skalkottas und fügte über das ihm vorliegende Werk hinzu: »Man kann aus der Ordentlichkeit der Satzweise, aus der Weiterführung und der motivischen Arbeit sehen, was ich bei meinen Schülern gelten lasse und was nicht. Das ist wohl überragend!« Die Kommission, der Schönberg angehörte, entschied sich schließlich, Norbert von Hannenheim den Preis zuzuerkennen.

Obwohl Nikos Skalkottas in Berlin ein außerordentlich schweres Leben hatte und sich mit unbefriedigenden Arbeiten mühsam ernähren mußte, sah er nicht die Sturmzeichen am politischen Himmel des hereinbrechenden Nazideutschland, verstand anscheinend auch kaum, warum sein verehrter Meister Arnold Schönberg seine Stellung an der Akademie verlassen mußte. Sein Freund und Meisterschüler-Kollege Erich Schmid, der Deutschland, obwohl ungefährdet, so schnell wie möglich verließ, erinnert sich, daß die Freunde Skalkottas' ihn »mit vieler Mühe nach Athen abschieben mußten, da er nicht mehr arbeiten konnte. Jetzt ist er wenigstens bei seinen Eltern und kann sich erst einmal erholen.«

Nikos Skalkottas kehrte in ein Athen zurück, das noch ganz provinziell und äußerst konservativ eingestellt war. Seine Musik war unbekannt, seine Persönlichkeit blieb unbeachtet. Er war gezwungen, sich wieder eine Stellung als Geiger zu verschaffen. Das Athener Orchester engagierte ihn und setzte ihn an das letzte Pult der Tutti-Geiger. Er verlor das Interesse an der Musik seiner Zeit; in Athen gab es sowieso keine Gelegenheit, Musik zeitgenössischer Komponisten zu hören. In Berlin hatte er stets alle neueren musikalischen Entwicklungen mit größtem Interesse wahrgenommen und aufmerksam das Schaffen der hier versammelten oder gastierenden Komponisten verfolgt. Er fühlte sich von den Werken von Béla Bartók und Alban Berg angezogen; Webern scheint ihn wenig interessiert zu haben, in der Musik Paul Hindemiths verachtete er »die Pedanterie«. Seinen Lehrer Arnold Schönberg verehrte er außerordentlich, doch zeitweilig stellte er Strawinsky höher – Schönberg blieb dabei für ihn die überragende Persönlichkeit als Lehrer und anregender Komponist.

Papaioannou weiß zu berichten, daß Skalkottas keine zeitgenössische Partitur mehr angesehen habe, auch an der Musik Schönbergs kein Interesse mehr bezeugte; ein Jahr vor seinem Tod sah Skalkottas bei Papaioannou die Partitur von Schönbergs Viertem Streichquartett, warf einen Blick darauf und sagte: »Laß mich sehen, wie Schönberg heute komponiert!« Er nahm die Partitur mit nach Hause, hat aber danach niemals über sie gesprochen.

Nachdem Skalkottas in den ersten Jahren seiner Rückkehr nach Athen als Komponist lange Zeit geschwiegen hatte, entwickelte er im Laufe von vierzehn Jahren in fast fieberhaft eiligem Schaffen seine neuartige auf Reihen von Reihen basierende Kompositionskunst und versuchte gleichzeitig, in Musik über volkstümliche Themen – wie in den auch berühmt gewordenen »Griechischen Tänzen« – dem Geschmack der Musiker und des Publikums in seiner Heimat näherzukommen.

Doch die eigentliche Grundlage seiner Hinwendung zu griechischer Volkskunst war seine erwachende wahre Leidenschaft für die traditionelle griechische Volksmusik, in ihrem von westlicher Musik so weit entfernten (zum Teil orientalischen) Melos, Rhythmus und Formgefühl. Er erarbeitete sich tiefstes Verständnis für die überlieferten Melodien und Formen; Papaioannou kann nachweisen, daß Skalkottas zwölf verschiedene Bearbeitungs- und Verwendungsmöglichkeiten für überliefertes Material fand – tonal und nichttonal, in ungewöhnlicher Harmonik, modal, selbst unter Verwendung von Zwölfton-Reihen. In seine späten Werke ist viel folkloristisches Material eingeflossen.

Keiner seiner wenigen Freunde hörte Skalkottas je ernsthaft über Musik sprechen; er lebte ganz zurückgezogen in seiner eigenen Welt. Seine Schwester, selbst eine vorzügliche Musikerin, hat berichtet, daß sie ihn einmal fragte: »Was komponierst du denn jetzt, Nikos?« und er antwortete: »Nichts, was du verstehen kannst!« Was seine Musik betraf, war er schweigsam und fast unnahbar; aber dabei liebte er gesellschaftliches Leben: er besuchte die Tavernen von Athen, sprach mit wenig gebildeten Musikern, trank gerne Wein und nahm an gesellschaftlicher Unterhaltung teil. Nur wenn er das Gefühl hatte, daß er es mit wirklich ernsten Musikern zu tun hatte, war er zur Zusammenarbeit bereit: Papaioannou erinnert sich an das »unvergeßliche Erlebnis« einer Wiedergabe seiner Vierten Sonatine für Violine und Klavier (1935), in der Skalkottas den Geigenpart spielte und er, Papaioannou, ihn am Klavier begleitete, daran, daß er einen Musikwissenschaftler über moderne Harmonie beriet, als er an einem Buch arbeitete, daß er sich von dem griechischen Komponisten Yorgos Sicilianos dessen Partituren zeigen ließ und ihm kompositorische Ratschläge erteilte, daß er Rudolph Goehr bei einem Griechenland-Besuch drei Geigenstücke widmete. Dies waren, wie sich

Papaioannou erinnert, die einzigen Fälle, in denen der scheue – und durch den Mangel an Achtung seitens seiner Umwelt verschlossen gewordene – Skalkottas aus seiner Zurückgezogenheit, seiner Isolation heraustrat.

Mit seiner ersten Frau, der aus dieser Ehe hervorgegangenen Tochter und deren Kindern hat Skalkottas anscheinend nie mehr Kontakt gepflegt. Im Jahre 1946 heiratete er die Pianistin Maria Pangali und hatte mit ihr zwei Söhne; das Schicksal schenkte ihm nur noch drei Jahre. Maria Skalkottas zeichnete verantwortlich für die Edition der »Ouvertüre für Orchester« (»Die Heimkehr des Odysseus«), die von der »Society of Friends of Nikos Skalkottas« in Athen 1969 herausgegeben wurde, mit einem ausführlichen Vorwort zu dieser »provisorischen Ausgabe« der Originalpartitur – das Vorwort ist »Athen, November 1951« datiert, die Ouvertüre ist wahrscheinlich in den frühen vierziger Jahren entstanden.

Skalkottas hat wohl mehr als 170 Werke komponiert; an die 110 Kompositionen werden im Skalkottas-Archiv (das Yannis G. Papaioannou geschaffen hat) aufbewahrt. Das Œuvre umfaßt mehrere sinfonische Suiten und Suiten für Streichorchester, eine »Ouvertüre« für großes Orchester, ein Concerto grosso für Blasorchester (1930 in Berlin und auch in Athen aufgeführt), konzertante Kompositionen und Ballettmusik, Streichquartette und Streichtrios, Klaviertrios, Duos für verschiedene Instrumente, eine Sammlung von 32 Klavierstücken, Suiten und Etüden für Klavier, einen Zyklus von 16 Gesängen, einzelne Lieder und Chorstücke, dazu griechische Tänze für verschiedene Besetzungen. Unter den Werken von Nikos Skalkottas finden sich mehrere sehr umfangreiche Kompositionen, aber auch einige sehr kurze, dabei im Ausdruck sehr intensive Stücke. In seinen »Griechischen Tänzen« hat er niemals Volksweisen »kopiert« oder Modi griechischer Musik nachzuahmen versucht; er hat Volksmusik entweder einfach, aber meisterhaft harmonisiert oder orchestriert oder aber volkstümliche Melodien Variationenwerken in seinem eigenen Stil zugrunde gelegt. Ein bedeutendes, charakteristisches Werk dieser Art sind die verhältnismäßig häufig aufgeführten »Acht Variationen über ein griechisches Volkslied«.

Wie sowohl Erich Schmid wie auch Yannis G. Papaioannou beobachteten, war Skalkottas ein eifriger, niemals müder Schreiber; Komponieren und Pläne für Kompositionen beschäftigten ihn Tag und Nacht. Anregungen von Musikern, er möge für sie besondere Werke komponieren, nahm er immer sofort auf. So bat ihn einmal ein Oboist des Athener Staatsorchesters um eine Komposition für sein Instrument, und es entstand ein Concertino für Oboe und Klavier (1939), das Heinz Holliger mit Bruno Canino am Klavier für das Philips-CD-Programm 1995 eingespielt hat. Die im gleichen Programm eingespielte Sonata concertante für Fagott und Klavier und das Concertino für Trompete und Klavier entstammen ähnlichen Gelegenheitswünschen von Musikern; der Fagottist Klaus Thunemann und der Trompeter Håkan Hardenberger interpretieren die virtuosen Stücke, die früher einmal als »unspielbar« angesehen (und sogar unvollständig aufgeführt) wurden. Den dreisätzigen Werken für Oboe und für Fagott mit Klavier gegenüber besteht das Concertino für Trompete und Klavier aus einem einzigen, weniger als sechs Minuten währenden Satz. Nachdem er die drei Stücke für ein Soloinstrument und Klavier beendet hatte, faßte Skalkottas die Idee, die drei Solobläser mit dem Klavier in zwei Quartett-Kompositionen zu vereinen und damit die Möglichkeit zur Aufführung eines kompletten »konzertanten Zyklus« zu geben. Er schrieb »Quartett Nr. 1 für Klavier und Bläser« und »Quartett Nr. 2« für dieselbe Besetzung. Das erste Quartett besteht aus zwei amüsanten kurzen Sätzen, im ganzen von dreieinhalb Minuten Dauer; nach der vorwiegend lyrischen Stimmung des Oboe-Concertino und der längsten und ausdrucksstarken Fagott-Sonate und dem sprudelnden Trompeten-Concertino läßt Skalkottas den 1940–1942 konzipierten Zyklus mit dem aus Tango und Foxtrott (von dreieinhalb Minuten Dauer) bestehenden Quartett Nr. 2 schließen – und so ist der Zyklus von Philips veröffentlicht worden. Skalkottas hat selbst keine Aufführung seines »Zyklus« erlebt; die Weltpremiere fand 1969 im Rahmen des English Bach Festival in London statt – aber erst nachdem es der Organisatorin Lila Lalandi gelungen war, einen Trompeter zu finden, der imstande war, das Concertino zu meistern; sieben Trompeter lehnten es ab – oder waren nicht imstande –, das Concertino zu spielen, bis der Trompeter Brian Gay eine brillante Aufführung (mit George Hadjinikos am Klavier) bieten konnte.

Erst allmählich – Jahrzehnte nach Nikos Skalkottas' Tod – finden die Werke des bedeutenden griechischen Komponisten Aufnahme in die Konzertprogramme der Welt; manche umfangreichen und schwierig aufzuführenden Kompositionen sind kaum in Konzerten oder Rundfunksendungen zu finden. Zu ihnen gehört die große »Ouvertüre: Die

Heimkehr des Odysseus«, für ein sehr großes Orchester komponiert: dreifache Holzbläser mit Englischhorn, Baßklarinette und Kontrafagott, 4 Hörnern und Cornetti, 3 Trompeten, 3 Posaunen, Tuba, Schlagwerk, Harfe und Streichorchester, mit etwa 25 Minuten Aufführungsdauer. Skalkottas selbst schätzte diese Ouvertüre hoch ein und nannte sie, als er gefragt wurde, welches seiner Werke er für eine eventuelle Aufführung im Ausland wählen wollte. Die »Ouvertüre« präsentiert sich als eine Art einsätziger Sinfonie, und eine erste Aufführung mit anscheinend provisorischem Material hat, wie berichtet wird, wenig zufriedenstellend gewirkt. Diese Aufführung scheint auf einer Schallplatte zu existieren. Die Weltpremiere mit gründlich durchgesehenem Material fand in London 1969 unter der Leitung von Antal Dorati statt.

Ein bedeutendes Werk von Nikos Skalkottas, das erst nach seinem Tode aufgefunden wurde, ist ein »Märchenspiel« mit dem Titel »Maienzauber« (»Mayday Spell«). Es hat seine eigene Geschichte. Im November 1943 besuchte Skalkottas seine Freundin Nelly Evelpidis, eine Geigerin, und deren Gatten, den Dichter Chryssos Evelpidis, von dem er sechzehn Gedichte vertont hatte. Dabei entdeckte er einen gerade veröffentlichten Band ihres Schwagers Christos Evelpidis: Das Stück reizte Skalkottas, und er traf sich einen Monat später mit dem Dichter, um die Möglichkeit zu besprechen, Musik für das Märchendrama zu schreiben. Er plante Musik, die zwischen die Szenen des Märchenspiels eingeschoben werden sollte und sich auf deren Inhalt und auf die dargestellten Figuren bezog. Im September 1944 brachte Skalkottas dem Dichter den fertigen Klavierauszug seiner für Orchester konzipierten Musik. Wie es ihm oft mit seinen Orchestrationen ging, beendete Skalkottas zunächst die Instrumentation des Orchestervorspiels und vernachlässigte die Weiterarbeit; erst am 2. Juli 1949, wenige Monate vor seinem Tode, brachte Skalkottas dem Dichter die vollendete Orchestrierung und spielte ihm die Musik am Klavier vor. Eine Aufführung hat Skalkottas nicht erlebt. Die erste Aufführung einer Suite für Orchester aus Skalkottas' Musik für »Maienzauber« dirigierte Walter Goehr, der Skalkottas von Berlin her kannte und schätzte, in Athen am 18. März 1951 – Papaioannou, dem wir auch diese Dokumentation verdanken, berichtet, dies sei das erste Mal gewesen, daß ein Orchesterwerk nach Skalkottas' Tod aufgeführt wurde. Außerdem war es die erste Aufführung einer Zwölfton-Komposition im konservativen Athen, und einige Orchestermusiker hatten gegen die

Musik revoltiert. Skalkottas hat vierzehn Orchesterstücke für das »Märchendrama« komponiert, mit einer Gesamtdauer von etwa vierzig Minuten; es gibt zwei Aufführungsmöglichkeiten: eine vollständige Wiedergabe des Theaterstücks mit den Zwischenaktmusiken oder eine Aufführung der Musik mit verbindender Rezitation überleitender, erklärender Texte. Die »Story« des Theaterstücks basiert auf Traditionen volkstümlicher Legenden über Feen, über einen jungen Mann, der sich in eine Fee verliebt hat, den Zauber des »Maientages« und mit dem in Feen- und Nymphen-Legenden voraussehbaren Ende. Die Partitur enthält nicht nur Nummern für Orchester, sondern auch zwei Lieder für Sopran – die Skalkottas wahlweise auch für fünfstimmigen Chor gesetzt hat – und zwei »dramatische Rezitationen« mit Orchester.

Erst Jahrzehnte nach Skalkottas' Tod und der ersten Aufführung der Orchestersuite unter Walter Goehr ist das anziehende und musikalisch wertvolle Stück wieder neu beachtet worden.

Die Universal Edition Wien, Verleger der Musik Schönbergs, Bergs und Weberns, hat bald nach dem Tod von Skalkottas begonnen, für den Druck und die Verbreitung seiner Musik zu sorgen, und vor allem Kammermusik kleinerer und größerer Besetzung veröffentlicht, darunter Klaviermusik, Duos für verschiedene Instrumente, die 1940 komponierte »Suite für Streichquartett oder Streichorchester« (»Ten Sketches for Strings«) und das 1931 geschriebene Oktett für Flöte, Oboe, Klarinette, Fagott und Streichquartett, das in dem Akademie-Konzert der Meisterschüler Schönbergs am 2. Juni 1931 uraufgeführt wurde: sicherlich eine der reizvollsten Kompositionen im reichen Katalog der Meisterwerke Skalkottas'. Sein erster Satz ist eine melodisch und dynamisch höchst abwechslungsreiche Allegro-moderato-Eröffnung mit starker kontrapunktischer Bewegung; in seinen ausbrechenden dynamischen Akzenten haben Kenner der Persönlichkeit und des Schicksals des Komponisten ein Echo von Bedrückung und Verzweiflung gesehen. Im kontrapunktischen Satz spielen die Bläser und die Streichinstrumente miteinander und gegeneinander in bestechender Transparenz. Der Satz spiegelt auch die Kompositionsweise Skalkottas' mit überlagerten verschiedenen Zwölftonreihen wider. Der zweite Satz des Oktetts, Andante cantabile, im 3/4-Takt, beginnt mit einem elftönigen Hauptthema der Flöte, kontrapunktiert in der Bratsche und umwoben von den anderen Instrumenten. Doch die Stille des Beginns ist trügerisch; auch dieser Satz ist voller erregender Bewegung und starker dynamischer Akzente und steigert sich im Verlauf im Ausdruck immer stärker; auch das »dolcissimo« geblasene Trio von Flöte, Oboe und Klarinette gegen Schluß läßt keine eigentliche Ruhe aufkommen. Erst der Finalsatz, Presto, leise beginnend, sich stetig steigernd, ist heiter und fröhlich; ein Mittelteil mit wechselnden Taktarten erinnert an Rhythmen der griechischen Volksmusik.

Das Oktett, das in Berlin seinerzeit Aufsehen erregte, gehörte zu den Kompositionen Skalkottas', die lange als verloren galten; die Partitur wurde 1955 gefunden und mehr als zehn Jahre später veröffentlicht.

Seit dem letzten Jahrzehnt des Jahrhunderts bemüht sich der von dem Komponisten Gunther Schuller in Newton Center, Massachusetts, USA, ins Leben gerufene Verlag Margun Music in Zusammenarbeit mit dem Skalkottas-Archiv in Athen, eine möglichst umfangreiche Reihe wichtiger Skalkottas-Kompositionen herauszugeben. So sind viele Jahrzehnte nach dem Tod des Komponisten Gelegenheiten gegeben, seinen bedeutenden Beitrag zur zeitgenössischen Musik und zur Kenntnis griechischer Musik aufzuführen, zu hören und schätzenzulernen.

In einer Reihe von Studien über Skalkottas und in seiner Dissertation über Skalkottas' Kunst des Orchestrierens (Athen 1977) hat Costis Demertzis auf bisher kaum bekannte Schriften von Nikos Skalkottas hingewiesen – darunter Gedanken zur Zwölfton-Musik –, die den Komponisten als tiefdenkenden Theoretiker und von neuartigen Ideen besessenen Schriftsteller ausweisen und zum Bild dieses in der Welt zuwenig bekannten großen Musikers vielfältige interessante Aspekte beitragen.

Nikos Skalkottas starb in Athen am 20. September 1949 im Alter von 45 Jahren.

Was immer aus seiner Feder kam, ist Gold.
HANS KELLER, *österreichisch-britischer Musikkenner*

CHARILAOS PERPESSA – KOSMOS, KUNST UND RELIGION

Der kosmologische Logos ist nicht nur ein großer Mathematiker, Logiker und Wissenschaftler, sondern auch ein großer Dichter, Musiker, Künstler und Dramatiker. Der kosmische Prozeß ist ein überwältigendes Drama, ein Drama von Tod und Wiedergeburt, mit gigantischen kollidierenden Emotionen.

Ich bin kein Physiker, sondern ein Künstler, ein Komponist sinfonischer Musik. Meine Werke sind von hervorragenden Orchestern aufgeführt worden, wie von den New Yorker Philharmonikern. Ich kann stolz darauf sein, daß mir Ovationen zuteil wurden, wie sie kein anderer zeitgenössischer Komponist beanspruchen kann. Aber man hat mich für mehr als zehn Jahre stumm gemacht, weil ich als Anhänger der Tradition, ein Mann der großen Tradition, mich den modernen Komponisten widersetze und ihren Kollegen, die heute das Musikleben kontrollieren und wie verrückte Hunde die letzten Überreste der Musik als Offenbarung des Logos zerstört haben. Während dieser letzten zehn Jahre, in denen man mich als Künstler nicht aktiv sein ließ, habe ich mich der Kosmologie zugewandt.

Physiker und Künstler können so miteinander sprechen wie zwei Menschen, die von entgegengesetzten Richtungen einen Tunnel graben. Die beiden Seiten des Tunnels sich treffen zu lassen kann unserem eigenen Glück und dem der Menschen dienen.

CHARILAOS PERPESSA in einem vier Seiten langen Brief (original in englischer Sprache) an Dr. Kip Thorne, California Institute of Technology, Pasadena, und Dr. Werner Heisenberg, Max Planck Institut für Physik und Astrophysik, München, 16. November 1972.

CHARILAOS PERPESSA: in Leipzig als Sohn griechischer Eltern geboren, Kompositions-Schüler in Arnold Schönbergs Meisterklasse in Berlin, zeitweilig in Athen ansässig und schließlich in Amerika die letzte Heimat findend, ist eine der interessantesten Erscheinungen der Zeit, ein enigmatischer Komponist und Denker gewesen. Er hat sich selbst als »Komponist sinfonischer Musik« bezeichnet, und in der Tat sind nur drei Orchesterwerke und das Fragment eines Oratoriums mit Vokalstimmen und Orchester erhalten – in der Jugend komponierte Klavier- und Kammermusik hat er anscheinend vernichtet. Für Orchester hat Perpessa auch Variationen über Beethoven-Musik, anscheinend auch Teile aus Johann Sebastian Bachs »Kunst der Fuge« in eigener Instrumentierung geschrieben. Daß der Komponist Jahrzehnte seines Lebens überhaupt nicht beachtet wurde, ist um so verwunderlicher, als zwei seiner Orchesterwerke erfolgreiche Aufführungen unter Dirigenten wie Eugene Ormandy und Dimitri Mitropoulos erlebt haben und bei Publikum und Presse weite Resonanz fanden. Er verbrachte seine letzten Jahre in Sharon, Massachusetts, wohin seine in Athen geborene Tochter Eleonora mit ihrer Familie gezogen war. Es ist ihr und ihrer musikliebenden Cousine Athiná, Tochter eines Bruders des Komponisten, zu danken, daß Partituren der Werke Perpessas interessierten Musikern und Forschern zur Verfügung gestellt werden konnten.

In New York gab es im Jahre 1950 ein Ereignis, das wohl in den Annalen der Sinfoniekonzerte für ein (bekannt konservatives) Abonnementspublikum weltweit einmalig sein dürfte. Dimitri Mitropoulos hatte am 26. Oktober 1950 und im Nachmittagskonzert des 27. Oktober mit den New Yorker Philharmonikern Charilaos Perpessas monumentale »Christus-Sinfonie« uraufgeführt – zwei Jahre zuvor hatte er das New Yorker Publikum mit Perpessas »Präludium und Fuge« für Orchester bekannt gemacht. Beethoven, Mozart und Ravel standen mit Perpessa im Oktober 1950 auf dem Konzertprogramm, und der 34jährige Yehudi Menuhin war Solist in Mozarts D-Dur-Violinkonzert KV 271a. Die »Christus-Sinfonie«, deren Sätze ohne Pause gespielt wurden, wurde vom Publikum mit wärmster Zustimmung aufgenommen, die Presse war weniger positiv. Jedoch etwa einen Monat nach den beiden Konzerten kündigten die New Yorker Philharmoniker an, daß »die Christus-Sinfonie von Charilaos Perpessa, die am 26. Oktober mit großem Erfolg uraufgeführt wurde, aufgrund der Wünsche des Publikums wiederholt würde«: für die philharmonischen Konzerte am 2. und 3. Dezember waren Werke von »Beethoven, Ravel et cetera« angekündigt, und als »et cetera« wurde wieder die »Christus-Sinfonie« gespielt; im gleichen Konzert spielte Nathan Milstein das a-Moll-Violinkonzert op. 82 von Alexandr Glasunow. Der Rundfunksender WCBS strahlte das Werk am 10. Dezember 1950 aus. Sechs Jahre später dirigierte Eugene Ormandy die »Christus-Sinfonie« –

mit einem sechsten Satz als Finale, der in den Mitropoulos-Konzerten nicht enthalten war, in zwei Konzerten mit dem Philadelphia Orchestra am 21. und 22. Dezember 1956. Ormandy hatte das Programm thematisch passenderweise mit zwei Choralpräludien für Orchester von Frances McCollin eingeleitet. Auch die Aufführung des sinfonischen Werks in Philadelphia erregte großes Aufsehen, aber bald darauf scheint das Interesse an Perpessa und andrerseits Perpessas Interesse an der Öffentlichkeit abgeebbt zu sein – denn in seinem Brief an die Physiker im November 1972 beklagt er zehn Jahre Inaktivität.

Charilaos Perpessa wurde in Leipzig am 10. Mai 1907 geboren. Er war das älteste von drei Kindern. Seine aus Griechenland stammenden Eltern, Konstantin und Agnes Perpessa, waren Pelzhändler und hatten sich aus ihrer Heimat nach Leipzig begeben, da die Stadt für ihren blühenden Pelzhandel berühmt war. Die Familie stammte aus Saitista (Kastoria), einer »Perle in den mazedonischen Bergen«, wie Charilaos' jüngerer Bruder Telemachos in einem Brief über seine Familie schrieb. Die Mutter, Agnes Perpessa, hatte den türkischen Familiennamen Mustafa; die Familie hatte sich den türkischen Namen gegeben, um sich vor ihren feindseligen türkischen Nachbarn zu schützen.

Charilaos Perpessa hat – wie Familie und Freunde berichten – kaum je über seine Jugend gesprochen, und über seine Schul- und Weiterbildung ist sehr wenig bekannt. Ein älterer Nachbar der Familie wußte zu berichten, daß der Vater gegen ein musikalisches Studium war, Charilaos aber heimlich Klavierstunden nahm und sich wahrscheinlich ganz allein mit den Grundlagen der Komponierkunst vertraut machte.

Als 23jähriger besuchte er als Gasthörer Philosophie- und Literaturvorlesungen an der Universität Leipzig, nachdem er ein Jahr lang der Kompositions-Meisterklasse Arnold Schönbergs angehört hatte. Perpessa muß Schönberg zusammen mit seinem Aufnahmegesuch eigene Musik vorgelegt haben, doch haben sich keinerlei Hinweise darauf gefunden. Perpessa war im Winterhalbjahr 1926/27 in die Akademie aufgenommen worden und zwei Semester lang als Teilnehmer an den Kursen verzeichnet. Er fühlte sich nicht glücklich mit Schönbergs Lehre, auf der anderen Seite aber war Schönberg mit seinen Fortschritten in der Komposition sehr zufrieden. Sein Besuch und Fleiß seien im Winterhalbjahr 1926/27 »regelmäßig«, die Fortschritte »befriedigend« gewesen, er habe Kammermusik und Klavierstücke komponiert. Im Sommer-

Dimitri Mitropoulos und Charilaos Perpessa , New York 1949.

semester 1927 waren die Fortschritte »sehr gut«, und wieder nannte Schönberg Kammermusik-Kompositionen. Schönbergs anderer griechischer Meisterschüler, Nikos Skalkottas, trat erst im Winterhalbjahr 1927/28 in die Meisterklasse ein, doch haben sich die beiden Komponisten in Berlin kennengelernt, und Skalkottas schätzte Perpessas Musik.

George S. Leotsakos, Autor einer kurzen biographischen Notiz im »New Grove« 1980 und eines ausführlicheren Lexikonartikels im »Pangosmio Viografiko Lexiko«, hat in einem persönlichen Schreiben an den Autor (15. März 1995) von einem Treffen mit Perpessa in Athen berichtet. Damals weilte Perpessa 1975/76 kurz in der Heimat seiner Familie. Obwohl es fast unmöglich war, eine wirkliche »Kommunikation« herbeizuführen – schrieb Leotsakos –, fand er ihn doch »ziemlich liebenswürdig« (»rather sweet«), doch man habe gefühlt, daß er psychische Hemmungen hatte – er war ganz in sich selbst gefangen, lebte in einer imaginären Welt und lehnte alles ab, was diesem seinem eigenen Universum fremd erschien. Leotsakos versuchte, »so vorsichtig wie ein praktizierender Analytiker«, ihn über Schönberg und Skalkottas zum Sprechen zu bringen. »Er blieb fest bei seinem Widerstand, über seine Jahre in Berlin etwas mitzuteilen, gab auch keine präzisen Daten über seine Berliner Jahre an, doch gab er zu, daß er ein Schüler Schönbergs an der Preußischen Akademie gewesen war und dort Skalkottas kennengelernt hatte. Er lehnte es ab, über Skalkottas zu sprechen, und sagte nur, daß er Schönbergs Zwölftonsystem ablehne.«

Jedoch ließ Charilaos Perpessa seine Beziehung zu Schönberg nicht abbrechen. Als er Schönberg – der bereits in Amerika lebte – 1937 für ein Gesuch um eine Empfehlung bat, schrieb Schönberg, daß seine Werke ihn als »einen sehr talentierten Komponisten« auswiesen, und noch viel später erinnerte sich Schönberg: »Ich mochte ihn. Er war natürlich und sehr lebhaft und intelligent. Ich hatte den Eindruck, daß er ein Idealist war und sein Bestes tun wollte.« Dieses Gutachten sandte Schönberg am 11. Mai 1947 an Perpessa, der bald darauf nach Amerika übersiedelte, an die Anschrift »c/o Near East Foundation, 4 Blvd. Queen Sophias, Athens«, und er fügte hinzu (alles in englischer Sprache): »Da es etwa sechzehn Jahre her ist, daß Herr Charilaos Perpessa Student in meinen Meisterklassen an der Akademie der Künste in Berlin war (tatsächlich waren es etwa 20 Jahre), und ich wahrscheinlich in dieser Zeit einige hundert mehr oder weniger talentierte Studenten gesehen habe, wird man verstehen, daß ich mich nur schwach an ihn erinnere. Aber da dies Meisterklassen gewesen sind, muß er ein deutsches Konservatorium absolviert haben (was für mich etwas bedeutet!), und ich hätte ihn nicht angenommen, wenn ich ihn nicht für talentiert gehalten hätte – und ich war in dieser Hinsicht unabhängig. Ich erinnere mich (auch nicht ganz deutlich), daß er mir Kompositionen zeigte, die etwa in Strawinskys Stil waren.«

Perpessa verließ Berlin, da ihn die Studien in Schönbergs Meisterklasse nicht wirklich befriedigt hatten, und kehrte nach Leipzig in sein Elternhaus zurück. Er hat anscheinend niemals darüber gesprochen, wie und womit er sich dort die Jahre bis 1933 beschäftigt hat – mit Ausnahme seiner Teilnahme an Vorlesungen in der Universität. Als die Nationalsozialisten an die Regierung kamen, siedelte Perpessa nach Athen über – in Deutschland hatte er »alles erlebt, was der Magen vertragen konnte«.

Für Perpessas musikalische Laufbahn war es ein Glück, daß er nach Athen kam. Er reichte ein 1935 vollendetes Orchesterstück bei einem Wettbewerb der Akademie ein, und das Werk wurde mit dem ersten Preis ausgezeichnet. So lernte er Dimitri Mitropoulos kennen, der sich bald mit ihm anfreundete; er dirigierte die Uraufführung des von der Athener Akademie preisgekrönten Werkes und interessierte sich für weitere Kompositionen des elf Jahre jüngeren Komponisten. In Griechenland und später in den Vereinigten Staaten hat er Musik von Perpessa aufgeführt und ihn auch zeitweise finanziell unterstützt. Mitropoulos war selbst ein interessanter Komponist, und mit Skalkottas und Perpessa steht er am Beginn der Epoche, in der griechische Komponisten sich aus der Abhängigkeit und Beeinflussung durch traditionelle lokale Folklore gelöst haben.

Nach dem prämierten »Orchesterstück« schrieb Perpessa eine Komposition, die eins der häufig aufgeführten Orchesterstücke des Komponisten wurde: »Präludium und Fuge für Orchester«; Perpessa selbst dirigierte die Uraufführung in Athen mit großem Erfolg; später hat Mitropoulos das Werk des öfteren dirigiert. Perpessa war ein vorzüglicher Pianist; mit Yannis G. Papaioannou – der für die Enzyklopädie »Musik in Geschichte und Gegenwart« 1976 eine Kurzbiographie Perpessas verfaßte – spielte er gerne vierhändig die Sinfonien Anton Bruckners, für die er anscheinend eine große Vorliebe hatte. Sein Klavierspiel nahm aber ein tragisches Ende, als er bei einem niemals ganz geklärten Unfall seinen linken Arm verlor. Es scheint, daß er Opfer seines Ungehorsams wurde, als nach dem Ende der deutschen Besetzung alliierte Truppen durch Athen patrouillierten. Der Bevölkerung war befohlen worden, die Häuser nicht zu verlassen, aber Perpessa wagte sich auf die Straße. Britische Patrouillen verhafteten ihn und ließen ihn in ein Internierungslager transportieren; er sprang aus dem Transportwagen und wurde auf der Flucht in den Arm geschossen.

Als ein Musiker in New York ihn viele lange Jahre nach dem Ereignis – anläßlich der Aufführung seiner »Christus-Sinfonie« – über sein Schicksal befragte, antwortete er philosophisch: »Es hat auch seine Vorteile, wenn man nicht fähig ist, ein Instrument zu spielen. Wenn man zurückgetrieben wird auf den Besitztum des Geistes, ist das für einen Komponisten von Orchestermusik eher ein Vorteil als ein Nachteil«: so sprach Perpessa im Jahre 1950.

1945 hatte Charilaos Perpessa eine bedeutende griechische Musikerin geheiratet: Helene Malafeka, die 1936 als Sängerin in der Meisterschule der Staatlichen Akademie für Musik und Darstellende Kunst in Wien ein Studium absolviert hatte, aber auch zwei Jahre bei Robert Lach musikwissenschaftliche Studien betrieb. Nach ihrer Rückkehr nach Athen wurde sie 1937 Leiterin der gerade neugegründeten Sektion für Musik im griechischen Ministerium für Erziehung und Unterricht. Sie hatte mit Perpessa eine Tochter. Mutter und Tochter folgten Perpessa nicht, als er 1948 nach Amerika reiste, wo er verschiedene zeitweilige Wohnsitze hatte – Los Angeles, Philadelphia, Cambridge (Massachusetts), New York. Von Zeit zu Zeit aber kehrte er für kürzere oder längere Besuche nach Athen zurück. Die Tochter Eleonora siedelte nach ihrer Heirat nach Amerika über.

Kurz nach Perpessas Ankunft in New York dirigierte Dimitri Mitropoulos Perpessas »Prelude and Fugue« in drei Konzerten in der Carnegie Hall – am 4., 5. und 6. November 1948. Das Programmheft der New Yorker Philharmoniker wies darauf hin, daß das Werk vorher nur zweimal gespielt worden sei, in der Athener Uraufführung unter Leitung des Komponisten und in Ankara in der Türkei. Der Kommentator wußte, daß Perpessa fast alle Kompositionen seiner frühesten Schaffenszeit vernichtet hatte, und zitierte ihn: »... der Komponist muß heute den Mut haben, sich seine eigenen Mängel und falschen Erzeugnisse selbst einzugestehen. Jeder schöpferische Künstler unserer Tage muß sich seine eigene Welt von Klängen organisieren. Wir leben nicht in einer Periode, wie einst Mozart, in der ein Komponist die Traditionen seiner Zeit annehmen und sich ihnen anpassen konnte. Eine der wichtigsten Lehren, die ich von Schönberg empfing, war objektive Selbstanalyse und Selbstkritik. Als meine Werke keiner dieser Forderungen entsprachen, habe ich sie einfach vernichtet.« Charilaos Perpessa zog es vor, Orchestermusik zu schreiben, weil er in ihr »unbegrenzte Möglichkeiten« sah. Er gab zu, daß seine Musik gewisse Wurzeln bei Wagner, Mahler und Ravel hatte, daß er »kein Zwölftonkomponist« war noch überhaupt irgendeine Methode anwandte – ob neu oder alt –, es sei denn, sie schien ihm nützlich. Die Tonalität habe er nicht abgelehnt, noch gebe es eine Wahrscheinlichkeit, daß er dies jemals täte.

Zwei Jahre nach »Prelude and Fugue«, Ende Oktober 1950, dirigierte Mitropoulos die »Christus-Sinfonie« von Perpessa, die der Komponist 1948 zu schreiben begonnen und gerade kurz vor der Uraufführung vollendet hatte. Den »regulären« Aufführungen folgten die Wiederholungen »auf Wunsch des Publikums«. Der griechische Mäzen Spyros Skouras hatte den Komponisten in der Zeit seiner kompositorischen Arbeit unterstützt. Sechs Jahre später wurde die Sinfonie in Philadelphia aufgeführt; Eugene Ormandy leitete das Philadelphia Orchestra in zwei Konzerten. Nach der letzten Orchesterprobe für die New Yorker Uraufführung der »Christus-Sinfonie« war ein Philharmoniker so hingerissen, daß er fühlte, er müsse den Komponisten aufsuchen und ihm einige Worte des Dankes und der Verehrung sagen. Er berichtete von seinen Eindrücken in der Zeitung des New Yorker Vororts, in dem er lebte: »Das Werk hat mich so erregt«, sagte der Geiger Eugene Settani, »daß ich direkt von der Carnegie Hall aus in Perpessas Hotelzimmer mitten in der Stadt lief, um ihm Tribut zu zollen.« »Und da war ein kleiner Teil der Perpessa Story«, schrieb die Zeitung: »Es war ein kalter Tag; Perpessa besaß keinen Mantel. Sicherlich ist der Komponist nicht so wichtig wie die Musik; aber den Komponisten anzuschauen kann auf das vorbereiten, was er auszudrücken hat.« Der Reporter bespricht dann die Teile des sinfonischen Werks und zitiert Perpessa dahin, er glaube, manche Hörer mögen in seiner Musik vielleicht Echos von Mahler, Ravel, Wagner, César Franck finden, seine Syntax aber sei ganz seine eigene. Musiker hätten ihn sagen gehört, er komponiere bestimmt nicht »für Cliquen und Professoren«. Eine ganze Reihe von Mitgliedern des New Yorker Philharmonischen Orchesters, die in der Nachbarschaft lebten, hätten sich ähnlich über das Werk Perpessas ausgedrückt, schreibt die Zeitung: »die Sinfonie sei das Werk eines großen Genies ... die hartgesottenen Zyniker, die die opulenten Klänge des Philharmonischen Orchesters hervorbringen, sagen ganz erregt, daß eine neue und sehr große Stimme zu unserem Jahrhundert sprechen wird, wenn die Christus-Sinfonie von Perpessa ihre Aufführung erlebt.«

Dem enthusiastischen Applaus des Publikums stand eine teilweise recht lauwarme Reaktion der Presse gegenüber: »das ist gute Musik zum Anschauen«, schrieb ein Rezensent, »... aber keine Konzertmusik.« Begeistert war der Musikberichterstatter der anspruchsvollen Wochenschrift »The New Yorker«, Winthrop Sargeant. Im April 1956, fünfeinhalb Jahre nach der Aufführung der »Christus-Sinfonie« in New York, setzte er sich dafür ein, daß eine Stiftung den bedürftigen Komponisten unterstützte: »Ich habe seine Christus-Sinfonie gehört«, schrieb er, »und war von ihr so beeindruckt, daß ich wahrheitsgemäß sagen kann, dies ist eine der wichtigsten Kompositionen, die ein zeitgenössischer Komponist verfaßt hat. Mr. Perpessa ist sehr hilfsbedürftig, um seine kreativen Aktivitäten fortsetzen zu können, und ich fühle, daß alles, was für ihn getan werden kann, ein wertvoller Beitrag zur Kultur wäre.« Im Februar 1965 unterstützte Winthrop Sargeant das Gesuch Perpessas um ein Stipendium der Ford Foundation: »Er ist in meiner Einschätzung ein ausgezeichneter Komponist – einer der besten. Es ist ihm seit langem unmöglich gewesen, Hilfe zu bekommen, da Cliquen von Komponisten die Jury-Kommissionen der meisten Stiftungen beherrschen. Sie mögen seine Musik nicht, da sie nicht ins Außergewöhnliche zielt oder nicht atonal ist. Die Ford Foundation hat ihre eigene Politik der Vergabe von Zuteilungen, und Perpessa fällt nicht ganz in diese hinein. Deshalb sollte ein besonderer Druck ausgeübt werden, um ihn zu unterstützen ...«

Auf die Frage, wovon Charilaos Perpessa in Amerika gelebt habe, antwortete die Familie, er habe Sozialhilfe erhalten und eine Künstlerpension bezogen, die ihm durch den Einfluß seiner Frau Helena Malafeka zugesprochen wurde. Es ist außerdem bekannt, daß Dimitri Mitropoulos ihm lange Zeit Stipendien zukommen ließ, aber daß es zu einem Zerwürfnis kam und die alte Freundschaft auseinanderging. Nachdem er mit den Aufführungen von »Präludium und Fuge« und der »Christus-Sinfonie« so viel Anklang bei Musikern und Hörern gefunden hatte, erteilte ihm Mitropoulos den Auftrag, ein neues Orchesterwerk für ihn zu komponieren, und setzte ihm dafür ein Stipendium aus, damit er ein Jahr lang sorgenlos arbeiten könne. Als aber das Jahr vorüber war, brachte Perpessa dem Dirigenten und Freund keine neue eigene Komposition, sondern die Orchesterpartitur einer modernen sinfonischen Neufassung von Musik Ludwig van Beethovens. Mitropoulos war tief enttäuscht, ja ärgerlich über diese Nichterfüllung seines Auftrags, und es scheint, daß Mitropoulos und Perpessa seitdem den Kontakt abgebrochen haben.

Die Beethoven-Bearbeitungen gehören zu den merkwürdigsten Kapiteln in der Lebens- und Schaffensgeschichte Perpessas. Es ist schwer vorstellbar, was ihn wohl zu ihnen getrieben hat: konnte er doch kaum damit rechnen, daß sich ein Dirigent, ein Orchester für die Art, wie er die in allen Konzertsälen heimischen Sinfonien umarbeitete, interessieren würde. Er hat seinen Partituren lange Vorworte und Erklärungen beigefügt. So schrieb er in »Meine Variationen zu Beethovens 8. Symphonie«: »Die 8. ist Beethovens Durchbruch-Symphonie, wir können also von dem explosiven Charakter des ersten Satzes sprechen, in der Tat ist eine Explosion das geeignetste Mittel, den Durchbruch zu erzielen, der Makrokosmos tut das gleiche.« Den zweiten Satz nimmt er langsamer als gewöhnlich und nennt ihn deshalb Andantino scherzando. Im dritten Satz, der »von besonderer lyrischer Schönheit ist«, hat Perpessa sein »eigenes Glück im Durchbruch-Humor versucht«. Im vierten Satz verweist er besonders auf das Einsetzen der Posaunen mit dem Fortissimo-Cis, »einen Tumult, wie er in der ganzen Literatur nicht zu finden ist, und das erreicht Beethoven mit den einfachsten Mitteln«. Perpessa fügt hinzu: »Plato sagt: das Werk ist nicht zur Vollendung gebracht, wenn es nicht im Einfachen endet. *Res simplex* ist die *Platonische Idee.*« Auch die Vierte von Beethoven unterzieht Perpessa einer Beschreibung: »... die ganze Symphonie vom ersten bis zum letzten Takt ist ein Wunder, ein wahres Geschenk des Himmels, es ist nur natürlich, daß dieses Himmelslicht nach der Eroica, der Symphonie von Tod und Auferstehung des Makrokosmos, kommen sollte.« In einer längeren Abhandlung geht Perpessa auf jede Sinfonie philosophisch beschreibend ein und erweitert seine Idee von der »res simplex«; in einer Seitenbemerkung verurteilt er die moderne Musik, die vom Wunder der Beethovenschen Musik nicht genügend gelernt habe. Von den Beethoven-Bearbeitungen haben sich in Perpessas Nachlaß »Symphonic Interpretations« des Streichquartetts op. 127 und die »Achte Symphonie mit Variationen« erhalten. Auch die vielen Seiten handschriftlicher Erläuterungen zu Auffassung und Interpretation sind Zeugnisse des tief in kosmologische Betrachtungen versenkten Charilaos Perpessa. Er glaubte fest daran, daß seine Beethoven-Bearbeitungen zur Aufführung gelangen müßten. Im Januar 1975 richtete er einen (handschriftlich erhaltenen) Brief an Kurt Masur, Leiter der Gewandhauskonzerte in Leipzig:

> Lieber Herr Masur,
> es war mir eine besondere Freude Sie und das Leipziger Gewandhaus Orchester hier in New York gehört und Ihre Bekanntschaft gemacht

zu haben. Es tut mir leid, daß meine symphonische Ausgestaltung des Beethoven Quartetts nicht Ihr Verständnis gefunden hat. Ich mache Ihnen deshalb keinen Vorwurf, es hat sich noch niemals ereignet, daß ein bedeutendes Werk im voraus erkannt worden wäre. Um nun die Bedeutung meiner Arbeit ans Licht zu bringen, brauche ich ein vollendetes Ensemble, in dem jeder Musiker ein Künstler seines Instrumentes ist. Deshalb habe ich für die Aufführung das Gewandhaus Orchester vorgesehen. Ich mache Ihnen nun diesen Vorschlag: lassen Sie mich nach Leipzig kommen und die Aufführung selbst leiten. Ich gebe Ihnen mein Wort, daß die Aufführung ein musik-historisches Ereignis wird, da keines meiner Werke bisher ein Mißerfolg gewesen ist, muß man meinen Worten schon die nötige Glaubenswürdigkeit einräumen.

Mit besten Grüßen, Charilaos Perpessa

»Präludium und Fuge«, die »Christus-Sinfonie« und eine Komposition aus Perpessas griechischen Jahren (etwa 1936 entstanden), »Dionysos-Dithyramben für Orchester und Klavier«, sind die einzigen eigenen vollständigen Partituren, die Perpessa hinterlassen hat. Der Schönberg-Schüler ist am ehesten aus den »Dionysos-Dithyramben« herauszuhören – einem bedeutenden Werk, von dem bisher (1997) keine Aufführung nachgewiesen werden konnte.

»Präludium und Fuge« ist eine außerordentlich schwungvolle und abwechslungsreich orchestrierte Komposition, die um dieselbe Zeit wie die »Dionysos-Dithyramben« entstanden ist, doch weit näher als das klavierkonzertähnliche Werk tonalen Grundlagen verbunden bleibt. In späteren Jahren hat Perpessa dem Werk den Untertitel »Song of the Concentration Camp« gegeben; als er nur kurze Zeit vor seinem Tode befragt wurde, wie er diesen Titel verstehe, habe er geantwortet, daß er an die furchtbaren Schicksale der Juden in der Nazizeit erinnern wollte. An sein eigenes Schicksal, das ihn den linken Arm kostete, hat er wahrscheinlich auch gedacht. Er hat der handschriftlichen Partitur ein »Motto« (in englischer Sprache) vorausgeschickt, das – also anscheinend erst spät in Amerika – über den Titel auf der ersten Seite gestellt ist:

»Ich bin freiwillig in mein Grab hinuntergestiegen, damit ich, nachdem ich durch das Fegefeuer gegangen bin, meine triumphale Wiedergeburt feiern kann.«

Als Verfasser seines Werkes gibt Perpessa »H. P. Aquarius« an – und so hat er die meisten späteren literarischen und musikalischen Manuskripte unterschrieben, obwohl er selbst nicht unter dem Zeichen des »Wassermanns« geboren war (»H. P.« ist Harilaos Perpessa, wie er seinen Namen in Amerika buchstabierte). Auch die Beethoven-»Interpretationen« sind mit H. P. Aquarius gezeichnet.

Die »Christus-Sinfonie«, die Perpessa in Athen 1948, kurz vor seiner Übersiedlung nach Amerika, zu schreiben begann und im Sommer 1950 in New York vollendete – bald darauf dirigierte Mitropoulos die Uraufführung –, besteht in der Fassung von 1950 aus fünf ineinander übergehenden Sätzen. Der Komponist beruft sich für seine Einstellung zu seiner religiös fundierten Musik auf Richard Wagners Aufsatz »Kunst und Religion« (1880), in dem Wagner schreibt: »Von je ist es, mitten unter dem Rasen der Raub- und Blut-Gier, weisen Männern zum Bewußtsein gekommen, daß das menschliche Geschlecht an einer Krankheit leide, welche es notwendig in stets zunehmender Degeneration erhalte«, und die einzige Rettung der Menschheit liege darin, die christliche Lehre zu akzeptieren, Musik aber enthülle die Essenz der christlichen Religion.

Perpessa zitiert für die ersten beiden Sätze der Sinfonie (beide Adagio) die »Offenbarung des Johannes«, Kapitel XXI, Verse 3 und 4: »Und ich hörte eine große Stimme von dem Thron her, die sprach: Siehe da, die Hütte Gottes bei den Menschen! Und er wird bei ihnen wohnen und sie werden ein Volk sein, und er selbst, Gott mit ihnen, wird ihr Gott sein. Und Gott wird abwischen alle Tränen von ihren Augen, und der Tod wird nicht mehr sein, noch Leid noch Geschrei noch Schmerz wird mehr sein, denn das Erste ist vergangen.«

Der dritte Satz (Allegro con fuoco – Andante) weist auf »die Krankheit der Menschheit: Selbstzerstörung«. Der vierte Satz (wieder Adagio) ist »Liebe, Glaube, Hoffnung« gewidmet. Für den fünften Satz (Presto) zitiert Perpessa aus der »Offenbarung des Johannes« Kapitel XIX, Verse 1 und 7: »Darnach hörte ich eine Stimme großer Scharen im Himmel, die sprachen: Hallelujah! Das Heil und die Herrlichkeit und die Kraft sind unseres Gottes! Lasset uns freuen und selig sein und ihm die Ehre geben, denn die Hochzeit des Lammes ist gekommen und seine Braut hat sich bereitet.«

Die von Mitropoulos in mehreren Aufführungen und von Ormandy mit so großem Erfolg aufgeführte Sinfonie beeindruckt durch den langen Atem ihrer melodischen Themen, ihre gewiß von Bruckner beeinflußte, doch in eigenständiger Kraft geformte Harmonik und eine ausgewogene innere Dramatik. In beiden Aufführungen in Philadelphia kam noch ein zusätzlicher sechster Finalsatz »Oh Du mein Jesus!« zu Gehör. Zu den Bewunderern der »Christus-Sinfonie« zählte auch Bruno Walter, der damals in Amerika ansässig war und zwar keine Aufführung, aber eine Tonbandaufzeichnung des Werkes hörte. In einem Brief Bruno Walters – der nur in einer ins Englische übersetzten Kopie erhalten ist – an Wilhelm Furtwängler spricht er von dem tiefen Eindruck, den ihm die Sinfonie gemacht hatte; sie ist in »einem interessanten musikalischen Idiom von überzeugender Kraft« geschrieben. Bruno Walter schreibt, daß sich Perpessa selbst an Furtwängler wenden würde, aber eine weitere Korrespondenz ist nicht bekannt.

Charilaos Perpessa arbeitete in den letzten beiden Jahrzehnten seines Lebens an einem monumentalen Projekt der Zusammenfassung seiner philosophischen, religiösen und kosmologischen Gedanken, gleichzeitig in einem Buch und in einem dramatischen Oratorium; umfangreiche Skizzen dazu und eine ausgedehnte Korrespondenz über das Werk haben sich erhalten, wie auch viele handschriftliche Seiten zu dem Buch und ein erster – anscheinend fast vollendeter – Teil des Oratoriums.

Buch und Komposition erhielten den Titel: »Die Öffnung des Siebenten Siegels«, und wieder, wie in der »Christus-Sinfonie«, war Perpessa von der »Offenbarung des Johannes« inspiriert, wo es im VIII. Kapitel heißt: »Und als das Lamm das siebente Siegel auftat, entstand eine Stille im Himmel etwa eine halbe Stunde lang. Und ich sah die sieben Engel, die vor Gott standen, und ihnen wurden sieben Trompeten gegeben.«

»Mein Werk Die Öffnung des Siebenten Siegels«, schreibt Perpessa in einem Exposé, »besteht aus zwei Teilen. Der erste Teil ist ein sinfonisches Werk für Orchester und Chor, der zweite ein Buch, das von der zeitgenössischen Welt im Zusammenhang mit der gesamten Geschichte handelt und versucht, hinter dieser Welt des Fließens das unveränderliche Gesetz zu erkennen, das Wechsel bestimmt. Insofern gehören Musik und Buch zusammen. Es ist die höchste Aufgabe des Philosophen sowohl wie des Künstlers, die wahre Natur der Welt zu enthüllen.« Nach philosophischen Gedanken über den »äußeren« und den »inneren« Menschen erklärt Perpessa, daß der Titel seines Werkes den »Eintritt in eine neue Weltordnung« bedeutet: »Wir erleben heute den Todeskampf einer alternden sterbenden Welt ... Wir leben heute in der apokalyptischen Zeit, die von den frühen Christen vorausgesagt wurde. Apokalypsis ist Offenbarung ... Die Menschheit braucht heute einen neuen Prometheus, der vom Himmel das neue Feuer bringt, das neue schöpferische Feuer, mit dem man die neue Welt, die neue Weltordnung bauen kann.« Als Ziel eines neuen Menschen sieht Perpessa den Menschen, in dessen Wesen und Charakter Religiosität, Intelligenz und Bescheidenheit untrennbar miteinander verknüpft sind. Nicht der nach außen gerichtete Mensch, nur der nach innen Gewandte könne große Musik schaffen.

Über das geplante Werk hat Charilaos Perpessa mit vielen Persönlichkeiten gesprochen und korrespondiert; unter anderem ist ein Briefwechsel erhalten, in dem sich Zenon Rossides, Gesandter von Zypern bei den Vereinten Nationen in New York, Jamil M. Baroody, Botschafter Saudi-Arabiens bei den Vereinten Nationen, und Perpessa mit Sinn und Inhalt des geplanten Werkes befassen.

Das Titelblatt des musikalischen Werkes trägt die Überschrift:

H. P. Aquarius:
The Opening of the Seventh Seal
A sacred festive Play for soloists, choir and orchestra
in four parts
Tomb and Resurrection
The Song of the Wolga
World Revolution
World Restitution.

»The Song of the Wolga« sollte ursprünglich »The Song of the Boatmen« heißen (was Perpessa im Titel durchstrich), und in der musikalischen Skizze zu diesem Teil findet sich eine von Perpessas charakteristischen Randbemerkungen: »Die Schiffer auf beiden Ufern des Stromes müssen die Boote stromaufwärts ziehen. Dies ist eine schwierige Aufgabe; es erklärt ihre Unzufriedenheit, ihre Hoffnungslosigkeit. Das führt zur Revolte. Der Triumph der Revolte besteht darin, daß sie den Fluß herumgedreht haben, so daß sie die Boote nicht mehr stromaufwärts ziehen müssen!«

Von der Partitur der »Öffnung des Siebenten Siegels« hat Charilaos

Perpessa 102 Seiten hinterlassen. Sie ist mit Zitaten – Anmerkungen – aus griechischen Mythen durchzogen, die Perpessa auch vor allem mit seinen kosmologischen Ideen in Verbindung bringt, und mit Hinweisen auf die Philosophie Platons. Perpessa hatte anscheinend eine umfassende Kenntnis der griechischen Mythologie, wie auch von Legenden der islamischen und der christlichen Welt, und wußte sie zu deuten und auszulegen. Bei allen Besonderheiten seines Wesens, seines Lebenslaufs, seiner Lebensbedingungen, seiner Perioden von Verbitterung und Depression ist es deutlich, daß Perpessa eine außergewöhnliche Allgemeinbildung besaß und seine musikalische Bildung ihn zu fesselnder Ausdruckskraft und Originalität befähigte, wenn er auch keinen Anschluß an die »moderne« Musik seiner Zeit gesucht hat. Seine Allgemeinbildung hat gewiß ihren Ursprung im väterlichen Hause in Leipzig gehabt; Familienangehörige wußten zu berichten, daß der Vater regelmäßig zu Dichterlesungen und musikalischen Abenden eingeladen hat, und in einem Brief von Charilaos an seinen Bruder Telemachos erkundigt er sich nach dem Verbleib der großen väterlichen Bibliothek, in der sich vor allem die Klassiker der deutschen und der russischen Literatur befanden. In den häuslichen Zirkeln soll vor allem über die Philosophie Friedrich Nietzsches debattiert worden sein. Seine Besuche von Literatur- und Philosophie-Vorlesungen an der Leipziger Universität haben zur Bildung Perpessas ebenfalls beigetragen, wenn auch ein ernstes Studium nicht zustande kam. Obwohl er in seinen spätesten Lebensjahren in der Konversation mit seiner deutschen Nichte Schwierigkeiten hatte, sich im Deutschen auszudrücken, hat Perpessa, wie man am Brief an Kurt Masur und später in einer deutschen Kurzfassung seines englischen Buches »The Opening of the Seventh Seal« ersieht, schriftlich die deutsche Sprache vorzüglich beherrscht; er war ja in rein deutscher Umgebung aufgewachsen und geistig erzogen, wenn auch die Eltern wohl im Hause ihre griechische Muttersprache weiter gepflegt hatten.

Charilaos Perpessa starb am 19. Oktober 1995 in Sharon, Massachusetts, im Alter von 88 Jahren.

Es gibt viele erstklassige und vernachlässigte zeitgenössische Komponisten, deren Musik die Philharmoniker spielen sollten – Charilaos Perpessa und der kürzlich verstorbene Karl Amadeus Hartmann unter ihnen.

WINTHROP SARGEANT, »The New Yorker«, 14. Februar 1964.

Ein Einzelgänger

NORBERT VON HANNENHEIM

NORBERT VON HANNENHEIM – UNGEZÜGELT, ERUPTIV

Ich bin überzeugt, daß man sich Namen, auf die man *auf solche Weise* aufmerksam gemacht wird, gar nicht merken braucht, da man sie eines Tages – ohne sie je gemerkt zu haben – ganz einfach *kennen* wird.

ALBAN BERG, 20. Juni 1929, an Norbert von Hannenheim, als Antwort auf ein im Auftrag Schönbergs an Alban Berg gerichtetes Schreiben.

IN SEINEN ERINNERUNGEN an seine Mitschüler in Arnold Schönbergs Lehrveranstaltungen in der Preußischen Akademie der Künste bezeichnete der Komponist und Dirigent Erich Schmid Norbert von Hannenheim als den »damals nach außen erfolgreichsten unter den Meisterklassenschülern Schönbergs«: »Er war absolut selbständig in seinen Urteilen und ließ sich – auch von Schönberg – nicht belehren. Er war wohl der Einzige, der Schönberg hemmungslos widersprach. Vielleicht imponierte das Schönberg? ... Seine Musik hatte etwas Ungezügeltes, Eruptives an sich.« »Die Einstellung Schönbergs zu Hannenheim«, schrieb Erich Schmid, der selbst auch Musik von Hannenheim im Rahmen der Akademiekonzerte dirigiert hatte, »erschien uns anderen immer etwas rätselhaft. Irgendwie muß er ihn als große Begabung geschätzt haben, oder war es einfach die Freude des Großen an seinem ›Narren‹?«

In der Tat hat Arnold Schönberg Hannenheim in späteren Jahren – noch in Amerika – als einen seiner besten Schüler genannt und sich brieflich nach seinem Verbleiben erkundigt.

Hans Heinz Stuckenschmidt hat die amerikanische Öffentlichkeit bereits mit einem in »Modern Music« (vol. X, 1932/33, p. 166) veröffentlichten Aufsatz auf Hannenheim aufmerksam gemacht, doch scheint seine Musik außerhalb Europas nirgends bekannt geworden zu sein, obwohl sie auf internationalen Musikfesten zu Gehör gekommen war. Stuckenschmidt nannte ihn in seinem Artikel einen »der wirklich Talentierten der jüngeren Generation. Ein Schüler Schönbergs, verkörpert er die Lehre des Meisters in einer ganz persönlichen und durchdachten Weise. Die Individualität seines Stils liegt in perfektem tonalem Gleichgewicht und findet Ausdruck in einem Reichtum von Intervallen, der jede Note, jeden Akkord, jede horizontale und vertikale Linie der Struktur miteinander verbindet.«

Stuckenschmidt hob die Persönlichkeit Norbert von Hannenheims zu Recht hervor. Hannenheim, 1898 in Hermannstadt geboren, war im Berlin der zwanziger und frühen dreißiger Jahre des Jahrhunderts, dem damals kulturellen und musikalischen Weltzentrum, einer der aufstrebenden jungen Komponisten, dessen Werke häufig zur Aufführung kamen und von Musikern, Publikum und Presse mit außergewöhnlichem Interesse beachtet wurden. Er erhielt Stipendien und Preise. Seine Musik wurde von bedeutenden Künstlern interpretiert und mit großem Erfolg bei internationalen Musikfesten aufgeführt. Im »Tausendjährigen Reich« war für die höchst individuelle Musik eines Schönberg-Schülers kein Platz. Warum der Komponist verfemter Musik trotzdem in Berlin blieb, der Nazi-Maschinerie fernbleibend, und dabei mit Ausführung harmloser und nicht kompromittierender Aufträge für volkstümliche Musik sein Leben kümmerlich fristete, kann nur vermutet werden. Als Lieblingsschüler des zur Emigration gezwungenen Arnold Schönberg konnte er sich weder mit den Restriktionen abfinden, denen Künstler in Nazideutschland unterworfen waren, noch mit der politischen Entwicklung in seiner siebenbürgischen Heimat. Unstet, schwierig und von tragischen Erlebnissen überschattet war sein Leben bereits bis dahin verlaufen. Erst wenige Jahre hatte er wirkliche künstlerische Anerkennung genossen, und nun gehörte er zu den verwerflichen Vertretern »entarteter« Musik. Er komponierte unaufhörlich, doch nur seine Volkslied-

Norbert von Hannenheim, um 1930.

bearbeitungen, für die es Aufführungsmöglichkeiten gab, brachten ihm, wenn auch kümmerlichen, Lebensunterhalt.

Jahrzehnte nach dem Zusammenbruch der Nazidiktatur begann man, den größtenteils verschollenen, schwer wieder aufzuspürenden Werken der Komponisten, die einmal zu den großen jugendlichen Talenten gezählt hatten, nachzuforschen – sie fanden naturgemäß zunächst weniger Beachtung als die Musik jener Meister, die in den ersten Jahrzehnten des Jahrhunderts Pioniere einer neuen Musik gewesen waren, als Vorbilder der talentvollen Meisterschüler gedient hatten und gleich ihnen der kulturellen Barbarei der Nazizeit zum Opfer gefallen waren.

In Siebenbürgen, dem Land, in dem die Familie Hann von Hannenheim jahrhundertelang zu Hause war, ist die Erinnerung an Norbert von Hannenheim lebendig geblieben, obwohl über Leben und Werke des Komponisten kaum etwas bekannt war. Das änderte sich erst, als Dieter Acker 1968 einen Aufsatz in rumänischer Sprache in Klausenburg (Cluj) und 1969 in »Melos« veröffentlichte. Inzwischen haben seine Hinweise und Anregungen sowie Kontakte mit weit verstreuten Mitgliedern der Hannenheim-Familie es ermöglicht, Norbert von Hannenheims bewegtem Lebenslauf und wichtigen Teilen seines musikalischen Schaffens

– in ebenfalls weit verstreuten Nachlässen und Sammlungen entdeckt – nachzuforschen.

Norbert von Hannenheims Ahnen lassen sich bis ins frühe 17. Jahrhundert zurückverfolgen. Die von Heinrich Hann von Hannenheim, einem Onkel des Komponisten, im Dezember 1940 veröffentlichten »Lebensbilder der Familie Hann von Hannenheim« nennen als ersten nachweisbaren »Hann« (Dorfrichter) den 1683 verstorbenen Andreas Hann von Hannenheim und als ersten eigentlichen Stammvater Andreas Hann von Hannenheim (1679–1744), der von Kaiserin Maria Theresia im August 1742 in den erblichen Adelsstand erhoben wurde. Norbert von Hannenheim war der Sohn eines Primararztes in Hermannstadt; er wurde am 15. Mai 1898 geboren und verlor den Vater im Alter von sechs Jahren. Er hatte einen Halbbruder aus der ersten Ehe seines Vaters und fünf Brüder von dessen zweiter Frau, der als »auffallend schöne Erscheinung« beschriebenen Julie Grohmann. Der Halbbruder, Stephan Viktor Walter, 1882 geboren, seit 1909 Professor im Lehramt und Schriftsteller, wuchs zusammen mit seinen Brüdern auf. Norberts ältester Bruder, Wilhelm Julius Stephan, 1885 geboren, studierte in Deutschland und Österreich und wurde als Dichter, Schriftsteller und Herausgeber von Zeitschriften bekannt. Alle Brüder Norberts, und auch er selbst, wurden im Weltkrieg zum Militär eingezogen; Wilhelm Julius Stephan zog nach dem Ende des Krieges ins Haus seiner Mutter und unterstützte Norbert und die Mutter. Er blieb unverheiratet wie seine Brüder Walter, Eberhard und Norbert. Ein anderer Bruder, Herbert Stephan (1889–1923), diente im Weltkrieg als junger Medizinstudent und erlitt nach schrecklichen Erlebnissen an der Front eine Kriegspsychose; er flüchtete 1916 nach Wien, das er aus seiner Studienzeit kannte, und starb dort 33jährig in einer Nervenheilanstalt. Die Mutter war 1921 in Hermannstadt gestorben. Das Schicksal dieses Bruders muß Norbert schwer getroffen haben, da er selbst als ganz junger Soldat schlimme Erlebnisse durchgestanden hatte.

Die beiden anderen älteren Brüder Norberts waren Karl Eberhard und Konrad Werner Stephan von Hannenheim. Eberhard, Dr. med. univ. und K. Ungarischer Regimentsarzt, kehrte verletzt aus dem Weltkrieg zurück, vertrat dann eine pharmazeutische Fabrik und ließ sich in Budapest nieder, wo ihn Norbert 1932 aufsuchte, als er in Berlin einen Nervenzusammenbruch erlitten hatte. Konrad Werner Stephan, zwei Jahre älter als der Komponist, war wie sein älterer Bruder kriegsversehrt, blieb aber nach dem Krieg weiterhin im Militärdienst. Er war der einzige der Brüder, der verheiratet war. Von seiner Gattin, einer Sängerin, Josephine geb. Bruckner, hatte er zwei Kinder. Die Tochter Ricarda Renate reiste achtzehnjährig im Jahre 1939 nach Berlin, wo auch Norbert lebte, um sich von Professor Ferdinand Sauerbruch an der Lunge operieren zu lassen; ihr Bruder Kurt wurde 1944 von russischen Soldaten erschossen.

Wie seine älteren Brüder war Norbert von Hannenheim im Weltkrieg zum Militär gerufen worden. Er hatte 1916 die Reifeprüfung am Hermannstädter Gymnasium bestanden und wurde im selben Jahr, erst achtzehnjährig, als Zugskommandant beim Schwere-Feldartillerie-Regiment 16 und dem Feldkanonen-Regiment 17 an der russischen und italienischen Front eingesetzt. Er nahm an blutigen Schlachten teil und befehligte schließlich eine Minenwerfer-Abteilung. Erst 1921, 23jährig, wurde er ganz vom Militärdienst befreit; kurz vor Kriegsende war er als Reserveleutnant mehrfach dekoriert worden.

In seiner Jugend konnte Norbert von Hannenheim seine offensichtliche musikalische Begabung nicht entwickeln, hat sich aber wohl die Grundlagen der Musik im Alleinstudium angeeignet. Der frühe Verlust seines Vaters, die Erlebnisse an mehreren Kriegsfronten und die Kriegspsychose seines Bruders müssen ihn seelisch zutiefst erschüttert haben. Der Befreiung aus dem Militärdienst folgte eine unstete Periode des Wanderns und des Suchens. Bevor er sich 1929 entschloß – und es erreichen konnte –, nach Berlin zu ziehen, pendelte er zwischen der Heimat, Ungarn und Österreich von Ort zu Ort, um nach einem Beruf zu suchen und zu studieren.

Zunächst dachte er daran, eine einträgliche kaufmännische Tätigkeit anzustreben, doch gab er diese Idee bald wieder auf. Er war nach der Befreiung vom Militär nach Graz gezogen, um an der Handelsakademie zu studieren, und legte dort 1921 ein Hochschulabiturium ab. Dann aber beschloß er, sich ganz der Musik zu widmen.

Die früheste dokumentierte Nachricht über eine musikalische Tätigkeit Norbert von Hannenheims findet sich im gedruckten Programm eines »Vortragsabends der Schüler und Schülerinnen von Musikdirektor Arthur Stubbe« im »Unikumsaal« in Hermannstadt. Der erhaltene Programmzettel ist »Dienstag den 6. Juni« (ohne Jahreszahl) datiert. Im Jahre 1916 war der 6. Juni ein Dienstag; im Mai hatte Norbert von Hannenheim den Einrückungsbefehl erhalten. Der Musikdirektor Arthur Theodor Heinrich Stubbe, 1866 in Berlin geboren, 1911 zum Chormeister des Männergesangsvereins und Lehrer am Mädchengymnasium in Hermannstadt ernannt (wo er 1936 starb), hatte vorher ähnliche Stellen in verschiedenen Städten Deutschlands bekleidet; in seinem »Vortragsabend« stellte er junge Pianisten, Sänger und Sängerinnen und auch eigene Kompositionen vor. Nr. 30 der 33teiligen Programmfolge war »Hann von Hannenheim, Sonate As-dur, II. Satz«, Vortragender »Herr Norbert Hann von Hannenheim«.

Die erste Komposition Norbert von Hannenheims, die dokumentiert ist, war ein tonaler Klaviersatz. Die erste seiner Kompositionen, von denen Noten gefunden wurden, ist ein Zyklus von drei Liedern nach Gedichten von Max Dauthendey: »Lieder der langen Nächte« aus »Der weiße Schlaf«. Der Dichter, der in der Liste von Vokalwerken Norbert von Hannenheims eine besondere Stellung einnimmt – unter den erhaltenen Liedern gehören immer wieder Vertonungen von Poesie Dauthendeys und Rainer Maria Rilkes zu den wertvollsten –, hat den Komponisten, wie die Texte zeigen, durch seine verinnerlichte, romantisch wie impressionistisch gefärbte musikalische Poesie angezogen. Aus diesen frühesten Liedern ist ersichtlich, daß Norbert von Hannenheim zunächst in tonaler musikalischer Eingebung komponiert hat und die Lieder wohl im zeitlichen Bereich der Sonate in As-Dur entstanden sind. Das erste Lied, »Die Sehnsucht, die rasende Schöne, tanzt meine Gedanken krank«, hat h-Moll als deutliche tonale Basis, dabei fallen chromatische melodische Einwürfe auf. Das zweite Lied, »Und durstig kommt die Nacht zu allen«, auch sehnsüchtig in Inhalt und Musik, hat es-Moll als Grundlage. »Und was suchen sie alle …« heißt das dritte Lied; es ist wiederum in Moll-Stimmung und fällt durch kühne, virtuose Klavierbegleitung auf. Zum Vortrag notiert der Komponist in seinem Manuskript: »Zeitmaß und Vortrag in den verschiedensten Abstufungen sind genau dem gedanklichen Inhalt des Gedichtes nach zu spielen!«

Bald nach der Komposition dieser drei Dauthendey-Lieder erschien ein Zyklus von drei Liedern – wiederum nach Poesie von Max Dauthendey – im Druck, als Reproduktion der Handschrift, anscheinend im Selbstverlag. Dieser Zyklus muß kurz vor Kriegsende 1918, vielleicht sogar schon vor Hannenheims Einrückung entstanden sein; das gedruckte Heft wurde am 15. September in der Kronstädter Zeitschrift »Das Ziel«

von dem siebenbürgischen Musikschriftsteller und Musiker Dr. Egon Hajek ausführlich rezensiert: »Es ist mir eine angenehme Pflicht«, schrieb Hajek, »auf einen jungen Komponisten aufmerksam zu machen, der in seiner ganzen Art eine ungewöhnliche Persönlichkeit zu sein scheint. Die Lieder gehen in Stil, Ausdruck und freier Tonalität über die früheren Lieder hinaus und nehmen auch in ihrer Stimmung viele Charakteristika der Musik Hannenheims voraus. Wie die früheren Lieder liegt ihnen eine etwas trübe, nachdenkliche Stimmung zugrunde.« Trübgestimmt sind alle drei Gedichte: »Die Sorgen ackern von Morgen bis Abend ... unermüdlich ist ihre Müh'!« heißt es im ersten Lied; der Komponist läßt es »sehr langsam. Hart und unerbitterlich« vortragen. Über farbigen Akkorden in postromantischer Dichte umfaßt die chromatisch reiche Melodie nur eine Oktave, erhebt sich nur in einem einzigen Takt (»sie lehren hassen und steinigen«) eine Terz nach oben. Auch das folgende Lied hat düsteren Charakter: »Sehr langsam. Einfach vorzutragen«: »Wege leer ins Leere sehen« und zeugt bei abwechslungsreicher Gestaltung von sicherem kompositorischen Formgefühl. Das dritte Lied wird »in müder Stimmung« vorgetragen: »Der Frühling ist in aller Mund, aber auf Wegen weit und breit ... hat's überall noch gute Zeit ... Zur Hochzeit ist noch nichts bereit«: es ist melodisch und harmonisch das reichste der Lieder.

Die Rezension Egon Hajeks vermittelt einen Hinweis auf mögliche Quellen der Inspiration und Kompositionsweise. Hajek schreibt: »Die drei eingesandten Lieder überraschen durch die Kühnheit, oft Rücksichtslosigkeit der Akkordfolge, Schönberg'sche Klangkombinationen, dabei logisch und zum Teil tief stimmungsentsprechend.« Der Rezensent denkt an Schönberg, der etwa zehn Jahre später Hannenheims wichtigster Lehrer werden sollte. Norbert von Hannenheim hatte sich anscheinend eine breitgefächerte Bildung angeeignet – er kannte die erst wenige Jahre vor seinen Kompositionen erschienenen Gedichte Dauthendeys. Kann er Musik von Schönberg gehört, gekannt haben? In den siebenbürgischen Städten gab es ein reiches Musikleben, und es gab musikalische Vereine, die regelmäßig Konzerte veranstalteten. Mit einiger Sicherheit kann angenommen werden, daß Lula Mysz-Gmeiner, 1876 in Kronstadt, Siebenbürgen geboren, seit 1896 in Berlin ansässig, die damals wohl vielseitigste und bedeutendste Liedersängerin, auf Konzertreisen ihre Heimat besucht und dort Lieder von Arnold Schönberg gesungen haben mag. Sie hatte diesen in den ersten Jahren des Jahrhunderts in Berlin kennengelernt und war eine von ihm hochgeschätzte Interpretin seiner Musik geworden. Vielleicht hat sie den jungen Norbert von Hannenheim in der Heimat kennengelernt; in späteren Jahren hat sie nachweislich Lieder von ihm in Konzerten gesungen, zum Beispiel bei einem Stuttgarter Musikfest im Jahre 1934. 1920 wurde sie Professorin für Gesang an der Berliner Hochschule für Musik und hat dort bestimmt mit den Komponisten des Schönberg-Kreises ebenso wie mit Schönberg Kontakt gehabt.

»Hannenheim wird von sich noch reden machen«, schrieb Egon Hajek in seiner Rezension der Lieder im Jahre 1919: »Sie sind Offenbarungen einer interessanten Begabung ... Diese Veröffentlichung berechtigt die reichsten Hoffnungen.« In seinem Buch »Die Musik, ihre Gestalter und Verkünder in Siebenbürgen einst und jetzt« (Kronstadt 1927) hat derselbe Autor Hannenheim einen längeren Absatz gewidmet und verweist auf eine »ungeheuere Produktivität seiner Begabung, dem der schöpferische Aktus fast ohne Mühe hunderte von Werken in den Schoß wirft, die kontrapunktische Virtuosität, die Energie, mit der er unbekümmert seinen Weg geht«. Das Buch Egon Hajeks erschien, kurz nachdem Norbert von Hannenheim mit einer öffentlichen Aufführung einer Violinsonate – am 29. November 1926 – bekannt geworden war. Hannenheim hatte inzwischen ernsthaften Kompositionsunterricht absolviert; er studierte 1922/23 in Leipzig bei Paul Graener (1872–1944), der damals ein äußerst erfolgreicher Komponist war und 1920–1924 als Nachfolger von Max Reger am Konservatorium von Leipzig unterrichtete. Er muß in den Leipziger Jahren von Graener viele Anregungen erhalten haben; in einem Aufsatz im »Siebenbürgisch-Deutschen Tageblatt« vom 28. November, in dem »Dr. R. B.« (Ranko Burmaz) auf das bevorstehende Konzert des Hermannstädter Musikvereins hinweist, in dem Hannenheims Violinsonate uraufgeführt wurde, schrieb Burmaz (in der Rubrik »Musik und Kunst«), daß sich Hannenheim »schon seit früher Kindheit mit Musik beschäftigt hat und auch gelegentlich als Autodidakt komponierte, bis er nach Absolvierung des Gymnasiums als Musikstudierender in Leipzig seinem Drange folgen und sich ganz der Musik widmen durfte ... daß er schon auf eine stattliche Zahl von Kompositionen zurückblicken kann«. Dr. Burmaz nennt Kammermusikwerke für verschiedene Besetzungen, Orchesterwerke, je ein Konzert für

Violine und für Violoncello mit Kammerorchester, eine Sinfonie für großes Orchester in einem Satz und ein Konzert für großes Orchester. In dem Jahr vor dem Hermannstädter Konzert hatte Hannenheim in Bukarest im Wettbewerb um den »George-Enescu-Preis 1925« den »zweiten Nationalpreis für Komposition« erhalten. 1926 bewarb er sich erneut um den Preis und fand eine Gelegenheit, dem Meister Enescu mehrere seiner Kompositionen vorzulegen, »der sich dann ihnen in Gegenwart eines kleinen musikalischen Auditoriums in einem zweistündigen Gedankenaustausch am Klavier mit größtem Interesse widmete«. Im Frühjahr desselben Jahres war der Komponist Waldemar von Baußnern in Hermannstadt mit Hannenheim zusammen und interessierte sich für die Musik des 32 Jahre jüngeren Komponisten. Es wurde berichtet, daß Baußnern besonders die starke rhythmische und die polyphone Begabung Hannenheims wohlwollend anerkannte.

Die im Konzert uraufgeführte Violinsonate, die anscheinend verlorengegangen ist, war die erste von sechs im Jahre 1925 entstandenen Sonaten für Violine und Klavier. Dr. Burmaz urteilte, sie sei eigentlich keine formal traditionelle Sonate. Doch die vier stark gegensätzlichen kurzen Sätze, die sich von Satz zu Satz steigern, dabei »eine bewußte Oekonomie des Ausdrucks darlegen«, rechtfertigen doch die Bezeichnung Sonate. Die in dem Artikel ausführlich beschriebenen Sätze sind ein »graziös-pikanter« Presto-Satz nach der ruhigen Eröffnung, dann ein Largo-Satz mit einem »gedanklich belasteten, problematischen« Thema als Basso ostinato und ein sehr bewegtes Finale, voller »sprühender Lebensfreude« mit einem fünfstimmigen Schluß-Fugato.

Daß Norbert von Hannenheim 1925 in rascher Folge sechs Violinsonaten komponiert hat, bleibt charakteristisch für seine spätere Kompositionstätigkeit; er liebte es, fast gleichzeitig mehrere Werke für dieselben Soloinstrumente oder Ensembles zu schreiben. Aus der stilistischen Nachbarschaft der Violinsonaten stammen vermutlich drei Sonaten für Orgel, von denen eine erhalten ist, und eine »Phantasie« für Orgel, deren Manuskript ebenfalls vorliegt, wohl auch ein erhaltenes Duo für Geige und Bratsche. Norbert von Hannenheim hat in dem kurzen Leben, das ihm vergönnt war – er starb 46- oder 47jährig –, eine Fülle außergewöhnlicher und interessanter musikalischer Werke verfaßt, weit mehr als zweihundert, die er in fast fieberhafter Eile niederschrieb. Dieter Acker zitiert aus einem Brief von Hans Heinz Stuckenschmidt: »Hannenheim fühlte sich im Grunde nur am Schreibtisch wohl, wenn er in seiner großen, deutlichen Schrift Partituren malte.«

Nach seinem Leipziger Studienaufenthalt bei Paul Graener verbrachte Hannenheim den größten Teil der folgenden Jahre in seiner Heimat; dann trat er mit dem Komponisten Alexander Jemnitz (1890–1963) in Verbindung, einem Reger-Schüler, der seinerseits mit Schönberg Kontakt hatte. Jemnitz lebte in Budapest, wo schon Norberts Bruder Eberhard ansässig war, und auch Norbert begab sich nun dorthin, um in den Jahren 1928/29 Kompositionsunterricht bei Jemnitz zu nehmen. Aber schon vorher hatte er an Arnold Schönberg geschrieben, der 1925 die Berufung nach Berlin erhalten hatte und 1926 übersiedelt war. Aber noch bevor er nach Budapest reiste, richtete Hannenheim ein (nicht erhaltenes) Gesuch an Schönberg, ihn in seiner Meisterklasse aufzunehmen, und fügte anscheinend auch Partituren von Kompositionen bei. Erhalten ist Schönbergs Antwortschreiben vom 27. Oktober 1927, gerichtet nach Hermannstadt-Sibiu, Riessenfeldgasse 5:

> Sehr geehrter Herr,
> ich bin erst jetzt dazu gekommen, Ihre Kompositionen anzuschaun und will Ihnen nun folgendes sagen:
> Ich bin bereit, Sie in die Meisterklasse der Akademie aufzunehmen und zwar mehr auf Grund Ihrer älteren Arbeiten aus welchen ich mir einen besseren Eindruck verschaffen kann, als aus den neueren. In jenen finde ich eine recht klare Ausdrucksweise und Formensinn, während in ersteren, zunächst wenigstens jedwede Gliederung vermisse. Auch mangelt es den dort auftretenden Gestalten an Deutlichkeit, an Plastik, sodaß ich bis jetzt zu keinem Eindruck gelangen konnte ...

Der Rest des Briefes, den Schönberg »Mit besten Empfehlungen, hochachtungsvoll« beschließt, betrifft Zeit- und Formalitäts-Einzelheiten.

Noch bevor Hannenheim im Sommerhalbjahr 1929 in Schönbergs Meisterklasse eintrat, schrieb er von Budapest aus einen Brief an Alban Berg und sandte ihm die Partitur seines – wohl gerade vollendeten – Streichtrios; der Brief ist vom 17. August 1928 datiert und an Alban Berg, Berghof am Ossiachersee, Post Satterdorf bei Villach, Kärnten, adressiert:

Sehr geehrter Herr,
ich erlaube mir, Ihnen mit gleicher Post ein Streichtrio zu übersenden. Bitte vergeben Sie mir freundlichst, wenn ich mir die ergebene Bitte gestatte, Sie möchten die große Freundlichkeit haben, die Arbeit anzusehen. Ich hoffe, Sie sind nicht ungehalten darüber, daß ich als ganz Unbekannter diese Bitte an Sie richte und Ihnen versichere, daß ich Ihnen sehr dankbar wäre, wenn Sie mir Ihre Meinung über die Arbeit mitteilen würden.
Wenn Sie mir gestatten, mache ich einige kurze Angaben über den Verlauf der Form.

Hannenheim erläutert Alban Berg dann ausführlich die Anlage seines Streichtrios, die eigentlich jedem Musiker recht klar ist, wie etwa: »1. Satz. Die 43 Takte lange melodische Linie der Viola wird vom Violoncello notengetreu wiederholt. Bei 4/4–3/4 übernimmt die Violine diese Linie, die in der Art wiederholt wird, daß vor jedem 3/4-Takt ein 4/4-Takt eingeschoben ist.« Ähnlich fährt er in der Beschreibung des zweisätzigen Werkes fort und schließt: »Bitte vergeben Sie mir die Weitschweifigkeit dieser Angaben – und daß ich Sie mit meiner Bitte belästige. Mit der Versicherung meines wärmsten Dankes im voraus, bleibe ich hochachtungsvoll sehr ergeben, Hannenheim.« Das Streichtrio, vom Komponisten mit »Nr. 3« bezeichnet, ist, nach dem Stil zu urteilen, wohl etwas später als die Orgelkompositionen entstanden. Der bedeutende Organist und Komponist Gerd Zacher hat über Hannenheims Orgelwerke ähnlich geurteilt wie Arnold Schönberg über die Werke, die ihm Hannenheim mit seinem Aufnahmegesuch einsandte: »... es fehlen Hannenheim auf dem Gebiet der Kontrapunktik und der höherrangigen Harmonik gründliche und bezugsfähige Kenntnisse, er wühlt halt. Klischees der Steigerung von Tempo und Dynamik werden ihm daher wichtig und verfehlen bei Aufführungen auch ihre Wirkung nicht. Eine gründlichere Kenntnis der Tradition (Graener, Jemnitz) hätte ihm aber auch zu einem besseren Kontakt mit ihr verholfen, zumal er darauf immer wieder rekurriert ... Zum anderen sind diese Stücke grundehrlich komponiert. Was ich anfangs formulierte (... mir scheint, daß er mit Rätselhaftigkeit sogar ungewollt kokettiert, daß er das Wasser künstlich trübe macht, damit man denkt, es wäre tief), war von Hannenheim nie als Betrugsmanöver konzipiert; er hielt diese Dinge für der Musik inhärent und arbeitete damit, vermutlich auch in der Hoffnung auf bessere Erkenntnis« (Brief an den Verfasser vom 24. September 1995, mit freundlicher Erlaubnis Professor Zachers zitiert).

Alban Berg scheint auf Hannenheims Streichtrio nicht reagiert zu haben, denn Hannenheim erinnert ihn in einem Brief aus Berlin vom 6. Juli 1929 daran, daß er ihm das Streichtrio aus Budapest sandte, wo er eine Zeitlang Schüler von Alexander Jemnitz war, »dessen Name Ihnen wohl bekannt sein dürfte«: »Ich weiß nicht, ob es der Mühe wert ist, die Arbeit durchzusehen. Denn Sie haben das Original-Manuscript. Ich habe keine Abschrift davon.« Das Manuskript hat sich im Nachlaß Alban Bergs gefunden und ist anscheinend weder beachtet noch gespielt worden, bis es beim Schleswig-Holstein-MusikFestival in einem Norbert von Hannenheim gewidmeten Konzert am 10. August 1997 im Rahmen der »Interaktiven multimedialen Arnold Schönberg Ausstellung« zur (wahrscheinlich Ur-) Aufführung kam.

Jedoch schon vor dieser Korrespondenz hatte Hannenheim einen Briefwechsel mit Alban Berg. Hannenheim hatte an Berg ein Programm des Akademiekonzerts der Berliner Meisterschüler vom 19. Juni 1929 gesandt, in dem er mit zwei Kompositionen vertreten war, einem Trio für Holzbläser und einer Suite für Klavier: »Im Auftrage von Herrn Schönberg erlaube ich mir, Ihnen das Programm des Konzerts der Schönberg-Schüler, das gestern hier stattgefunden hat, zu übersenden. In der Hoffnung, Ihnen damit eine Freude zu bereiten, bleibe ich in vorzüglicher Hochachtung sehr ergebener Hannenheim.« Auf diesen Brief hat Alban Berg sofort geantwortet: »L. H. H., herzlichen Dank für Ihre Aufmerksamkeit, die ich auch als eine Schönbergs empfinde. Ich bin überzeugt, daß man sich Namen, auf die man *auf solche Weise* aufmerksam gemacht wird, gar nicht merken braucht, da man sie eines Tages – ohne sie je gemerkt zu haben – ganz einfach *kennen* wird.« Am 6. Juli 1929 antwortete Hannenheim und schrieb an Berg: »Sehr geehrter Herr Berg, für Ihre so außerordentlich freundliche Karte danke ich Ihnen sehr«, und er sandte auch zwei Kritiken über das Konzert aus der Berliner Presse mit und machte dann Berg (wie bereits zitiert) auf die Partitur seines Streichtrios aufmerksam.

Über weitere direkte Kontakte Norbert von Hannenheims mit Alban Berg ist nichts bekanntgeworden. Doch waren es Alban Berg und Anton von Webern, Ernst Křenek, Franz Schmidt, Erwin Stein und Egon

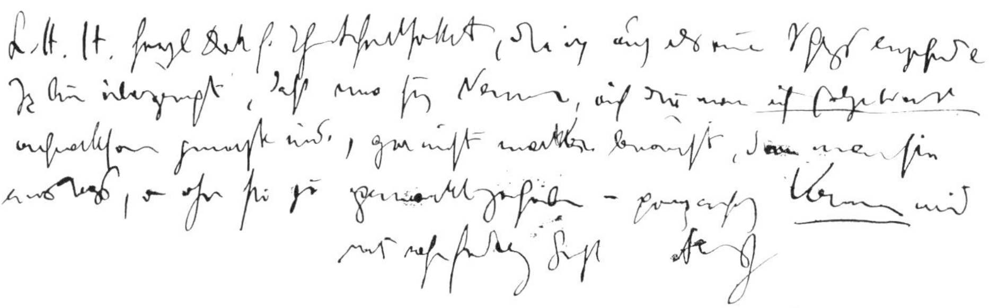

Brief von Alban Berg an Norbert von Hannenheim, Juni 1929.

Wellesz, die Hannenheim (und auch einem anderen Schönberg-Meisterschüler, Roberto Gerhard) im Mai 1933 den neugestifteten Emil-Hertzka-Preis zusprachen, zur Erinnerung an den 1932 verstorbenen Gründer und Leiter der Universal Edition Wien; der Preis betrug damals für jeden Komponisten 500 österreichische Schilling.

Unter den Kompositionen Norbert von Hannenheims, die, nach ihrem Stil zu urteilen, in den zwanziger Jahren entstanden sind, findet sich eine lange Reihe von Liedern für Gesang und Klavier, von denen einige in autographen Manuskripten und in Kopistenabschriften erhalten sind. Eine Liste der von dem Komponisten bei der »Genossenschaft Deutscher Tonsetzer«, der heutigen GEMA, angemeldeten Vokalwerke umfaßt mehr als 80 Lieder, und es haben sich noch Manuskripte gefunden, die er anscheinend nicht angemeldet hat. Erstaunlich ist es, daß Hannenheim die Poesie zahlreicher bedeutender und moderner Dichter kannte, wie Rainer Maria Rilke, Friedrich Hölderlin, Max Dauthendey, Otto Erich Hartleben, Hermann Hesse, Christian Morgenstern, Rudolf Binding, Arno Holz und viele andere. Auch Lyrik von Friedrich Nietzsche hat Hannenheim vertont und viele Lieder mit Klavier- oder Instrumentalbegleitung nach Volksliedern – vor allem Siebenbürgener – in farbigen Bearbeitungen geschrieben. Es paßt in dieses Bild, daß er im Alter von 22 Jahren, noch bevor er ernste Musikstudien begann, in seiner Heimat eine literarische Zeitschrift herausgab, die »Frühling – Blätter für Menschlichkeit« betitelt war. Im Jahre 1920 wurden mehrere Hefte der Zeitschrift in Hermannstadt, im »Frühling-Verlag«, gedruckt. Es erschienen darin Lyrik und Prosa von Norberts Bruder Wilhelm und anderen siebenbürgischen Autoren.

Norbert von Hannenheims Jahre als Meisterschüler Arnold Schönbergs in Berlin begannen im Sommer 1929; der von der Akademie der Künste ausgestellte Immatrikulations-Schein, gültig ab 1. April 1929, ist vom Präsidenten der Akademie Max Liebermann und dem Vorsitzenden des Senats, Sektion für Musik, Dr. Georg Schumann unterschrieben. Schon bald nach seinem Eintritt in die Meisterklasse wurde Hannenheim von Schönberg in einem öffentlichen Konzert vorgestellt. In dem Programm der »Meisterschule des Herrn Professor Arnold Schönberg«, das Hannenheim an Alban Berg gesandt hatte, wurden Werke von Nikos Skalkottas, Peter Schacht, Alfred Keller, Josef Zmigrod-Gray sowie Hannenheims Trio für Flöte, Klarinette und Fagott und seine viersätzige Suite für Klavier uraufgeführt. Mitschüler Hannenheims waren in dem Sommerhalbjahr 1929 auch die Russin Natalie Prawossudowitsch und der Berliner Hansjörg Dammert. In seinen Notizen über die Fortschritte seiner Schüler schrieb Schönberg am Ende des Semesters, daß Hannenheims Fleiß und Besuch der Lehrveranstaltungen sehr zufriedenstellend waren und die Fortschritte ausgezeichnet. Hannenheim arbeitete an einer Sinfonie, an einem Klavierkonzert und an Chören. Auch in den nächsten Semestern notiert Schönberg, Fleiß und Teilnahme seien »sehr zufriedenstellend«, im Sommer 1930 war er »außerordentlich fleißig, fehlt niemals«. Immer wieder lobt Schönberg Hannenheims Fleiß und Fortschritte, im Winter 1930/31 war der Fortschritt »außerordentlich«, und Schönberg fügt hinzu: »Der Klärungsprozeß, den ich hier bezwecke, macht große Fortschritte.« In der Zeit habe Hannenheim etwas weniger komponiert, »weil ihn Erwerbstätigkeit sehr in Anspruch genommen hat«. Vorher nannte Schönberg eine Zweite Sinfonie, eine Klaviersonate, ein Klavierkonzert.

Norbert von Hannenheim ist in Berlin ziemlich schnell bekannt geworden, und auch außerhalb der Akademiekonzerte kamen verschiedene seiner Kompositionen zur Aufführung und riefen bei Musikern, Konzertpublikum und Presse viel Interesse und Anerkennung hervor. Wer Schönbergs Musik nicht verstand oder nicht verstehen wollte – reaktionäre und antijüdische Publizisten begannen in den späten zwanziger Jahren ihr Wesen zu treiben –, spöttelte auch über die Musik seiner Meisterstudenten. Charakteristisch für diese Einstellung ist eine in der »Allgemeinen Musikzeitung, Berlin« am 26. Juni 1931 veröffentlichte Kritik eines Akademiekonzerts der Meisterklasse, die ein Dr. Fritz Brust schrieb – es war bereits das dritte Akademiekonzert, in dem ein Werk von Hannenheim zur Aufführung kam, ein Konzert für Klavier und sieben Holzbläser. Musik von Erich Schmid, Peter Schacht, Nikos Skalkottas und Natalie Prawossudowitsch kam gleichfalls zu Gehör. »Sie gehen unbekümmert ihre Wege«, schrieb der Kritiker, »und räumen mit dem Wohllaut in der Musik gründlich auf. Mit ihnen freuten sich auch einige Zuhörer, die Sprengungen, mit denen die alten Fundamente in die Luft flogen, zu vernehmen. Der Intellekt, der diese Dinge organisiert hat, ist so ziemlich das einzig Positive; eine stärkere innere Beteiligung an den tönenden Gebilden möchte man immer wieder bezweifeln.« Der bedeutende Musikkritiker der »Deutschen Allgemeinen Zeitung«, Walter Schrenk, urteilte nach Hannenheims Konzert-Debüt am 19. Juni 1929 verständnisvoll: »Hannenheims Trio für Holzbläser ist nicht nur geschickt gearbeitet«, schrieb er am 21. Juni 1929, »sondern auch sehr lebendig erfunden. Ungleich gelungener aber noch erschien mir eine Suite für Klavier; dieses kurze, im Klang sehr abstrakte Werk wird angetrieben von einem elementaren Musizierwillen, es ist erfüllt mit Ausdruck und Kraft, dazu vollkommen gestaltet.« Schrenk nennt Hannenheim »eine offenbar sehr starke schöpferische Begabung«: Über seine Dritte Symphonie, die im Konzert von Schönbergs Meisterklasse am 20. Mai 1930 – zusammen mit Werken von Winfried Zillig und Skalkottas – vom Berliner Symphonie-Orchester, dirigiert von Nikos Skalkottas, gespielt wurde, schrieb im »Steglitzer Anzeiger« vom 22. Mai 1930 Dr. W. Sachse, sie nähere sich »klanglich auch dem naiven harmonischen Empfinden« (d.h. mehr als die anderen Werke). »In Hannenheim ist Musikantenblut, er hat auch Atem und Ruhe des Gefühls, um ein echtes, nicht persifliertes Adagio schreiben zu können.« In den letzten beiden Sätzen melde sich das Groteske zu Wort.

Im selben Jahr, 1929, in dem Hannenheim, in seinem ersten Jahr in Berlin, sich erstmalig dem Berliner Publikum und den Musikern vorstellte, kamen zwei seiner Kompositionen in einem »Konzert des Vereins ehemaliger Hochschüler der staatlichen akademischen Hochschule für Musik in Berlin« im »Roten Saal des Brüdervereinshauses Kurfürstenstraße 115« zu Gehör. Natalie Prawossudowitsch, Hannenheims Mitschülerin bei Schönberg, hat über dieses Konzert – am 15. November 1929 – in ihren 1982 niedergeschriebenen Erinnerungen berichtet, da in dem Konzert auch eine von ihr komponierte Sonatine zur Aufführung kam. Der damals 26jährige Pianist Heinz Fischer aus dem nördlichen Berliner Vorort Pankow spielte Hannenheims »Sonate Nr. 13« (Allegro – Andante sostenuto – Allegro molto) und die »Suite Nr. 5« (Allegro – Adagio, molto vivace – Andante sostenuto – Presto); der brillante, vielversprechende Pianist wurde 1941, 38jährig, als Jude zusammen mit seiner alten Mutter und seiner Schwester von den Nazis in den Osten deportiert und umgebracht.

Im Jahr 1930 wurden mehrere Kompositionen Hannenheims uraufgeführt. Einen Tag nach dem Akademiekonzert vom 20. Mai 1930, in dem Hannenheims Dritte Symphonie uraufgeführt wurde, standen zwei Hannenheim-Werke auf dem Programm eines Kammermusik-Konzerts. Eine Konzertkritik vom 23. Mai 1930 berichtet: »(die 1898 in Breslau geborene) Ellen Epstein und der Geiger Max (vielleicht aber der Staatsopern-Konzertmeister Josef?) Wolfsthal führten eine neue Violinsonate Hannenheims auf, und die Pianistin spielte die Uraufführung einer neuen Klaviersonate: beginnend mit einem zart hingetupften, tropfenden Andante, seltsam zerrissen in der nur stockend sich vortastenden Thematik, ein ganz merkwürdiges Stück voll skurriler Anmut, zu dem das nachfolgende, gedrungene, fast bissige Allegro martellato einen reizvollen Gegensatz bildet« (Walter Schrenk, »Deutsche Allgemeine Zeitung«, 23. Mai 1930). »Die sehr originell erfundene Violinsonate voller rhythmischer und melodischer Einfälle hat ein schönes, von pathetischem Ausdruck erfülltes Largo – es ist eine einzige Inspiration« (Schrenk, ebda.). Das Konzert fand im Kammermusiksaal der Klavierfirma Bechstein statt. Am 20. November desselben Jahres spielte im Rekendorfhaus Berlin SW 48 die große Pianistin und Schönberg-Interpretin Else C. Kraus Hannenheims »6. Suite für Klavier« – Allegro, Andante, Molto vivace, Allegro moderato – in einem Musikabend der »Novembergruppe«, die 1922 in Berlin gegründet worden war und der viele junge Künstler, Literaten und Musiker angehörten.

Else C. Kraus hatte bereits im ersten der Akademiekonzerte der Schönberg-Schüler am 19. Juni 1929 mitgewirkt und dieselbe Klavier-Suite Hannenheims interpretiert. Sie hatte Norbert von Hannenheim – sicherlich durch Schönberg – wahrscheinlich bald nach seiner Übersiedlung nach Berlin kennengelernt, und sie blieb die wohl hervorragendste Interpretin seiner Musik. Sie wirkte in der Uraufführung seines »Konzerts für Klavier und 7 Holzbläser« im Akademiekonzert vom 2. Juni 1931 mit, das Erich Schmid dirigierte. Sie spielte Hannenheims erstes und zweites Klavierkonzert (deren Solopartien erhalten sind), begleitete ihre Freundin und Lebensgefährtin Alice Schuster in Liedern von Hannenheim und lud ihn ein, zu ihren Konzertabenden mit dem kompletten Klavierwerk von Schönberg Einführungen zu halten. Das erste dieser Konzerte fand am 27. Januar 1931 in Bremen statt und wurde zwei Tage später in Hamburg wiederholt; hier gab es gegen Schönberg die ersten antisemitischen Stimmen in der Presse: das »Hamburger Tagblatt« schrieb am 31. Januar, der Jude Schönberg »huldige« einem »gewaltsamen Erneuerungsdrang« und einer »asozialen kompositorischen Technik«, Hannenheims Einleitung wurde als »nichtssagend« bezeichnet. Auch in Berlin gab es antisemitische Stimmen. Else C. Kraus spielte ihr Schönberg-Programm am 1. März 1931 im Berliner Tonkünstlerverein. Der »Börsencourier« schrieb: »Ein junger Mann verließ aus Protest den Saal mit dem Ruf ›Armes Deutschland‹, im Saal von antisemitischem Gemurmel begleitet« (Artikel vom 5. März 1931), doch »das Publikum antwortete darauf mit starkem Beifall«. Dasselbe Konzertprogramm leitete am 25. März 1931 in Frankfurt Theodor Wiesengrund-Adorno ein, es folgten Konzerte in Freiburg und Aachen. In Aachen hielt die Einführung der dortige Generalmusikdirektor Peter Raabe – 1931 sprach er über Schönberg, wenige Jahre später wurde er Präsident der Nazi-Reichsmusikkammer und unterschrieb die Briefe, die an alle jüdischen und »nichtarisch versippten« Musiker gesandt wurden und ihnen das Berufsverbot mitteilten.

»So jung und spielt schon Schönberg! Armes Kind!« hatte ein Kritiker über ein Konzert anläßlich des 50. Geburtstags von Schönberg im Bechstein-Saal in Berlin geschrieben (Else C. Kraus war 34 Jahre alt); sieben Jahre später schrieb der »Steglitzer Anzeiger« (19. März 1931), Schönbergs Musik habe »keine Lebensberechtigung mehr«. »Schönberg-Trabanten« hätten das Konzert veranstaltet, das Publikum sei »von der übelsten Sorte« gewesen. In derselben Zeitung hatte Dr. W. Sachse ein Jahr zuvor, am 22. Mai 1930, Hannenheims Symphonie (im Akademiekonzert aufgeführt) als die »vitalste« der aufgeführten Kompositionen bezeichnet (im Vergleich zu Skalkottas und Zillig) und Hannenheim »Musikantenblut, Atem und Ruhe des Gefühls« zugestanden.

Für Hannenheim waren die frühen dreißiger Jahre eine Zeit hektischer Beschäftigung; er komponierte viel, und die Zahl der Aufführungen seiner Werke stieg von Jahr zu Jahr. Er lebte dabei, wie Mitschüler und Freunde dokumentiert haben, sehr zurückgezogen und in schwierigen finanziellen Verhältnissen. Natalie Prawossudowitsch erinnerte sich 1982 an den »langen, immer schwarz gekleideten Norbert von Hannenheim« und an die »pekuniären Nöte«, die die schöne Zeit in Berlin für alle Meisterschüler überschatteten: »Norbert von Hannenheim zum Beispiel wohnte in einer Dachkammer und schlief so viel als möglich, um sich das Essen zu ersparen.«

Schönberg war dabei seinen Schülern nicht nur Lehrer und Mentor, sondern auch ein väterlicher Freund, sorgte sich um ihre Gesundheit und ihren Lebensstandard, unterstützte ihre Gesuche um Stipendien, empfahl sie für Preise, verschaffte ihnen Arbeitsmöglichkeiten, unterrichtete sie ohne persönliches Honorar, wo sie es nötig hatten. Für Hannenheim erbat er von Persönlichkeiten, die ihm nahestanden, finanzielle Hilfe. Hannenheim »war zu ungeschickt und wohl auch zu nachlässig, um sich sein Geld als Musiker zu verdienen«, berichtete Hans Heinz Stuckenschmidt: »Schönberg machte ihm darüber Vorhaltungen und redete ihm immer wieder zu, er solle sich im Klavierspiel und im Dirigieren vervollkommnen. Es nützte nichts. Hannenheim fühlte sich im Grunde nur am Schreibtisch wohl, wenn er in seiner großen deutlichen Schrift Partituren malte.« Stuckenschmidt regte eine Sammelaktion an, zu der u. a. Paul Hindemith 50 Mark beisteuerte, und war verwundert, daß »der sehr reiche Paul Graener«, bei dem Hannenheim zehn Jahre zuvor Unterricht genossen hatte, nur 5 Mark gab.

Stuckenschmidt hatte Hannenheim in Schönbergs Wohnung kennengelernt; er besuchte gemeinsam mit ihm Schönbergs Analysekurse. Hannenheim »war ein grosser, schlanker Jüngling mit dunkel leuchtenden Augen und einem starken blauschwarzen Bartwuchs, der schon nachmittags eine zweite Rasur vertragen hätte. Ein düsterer Ernst lag auf seinem Gesicht. Auch im Gespräch zeigte er selten Heiterkeit und Humor. Er wirkte gezeichnet von einem Leben schwerer Entbehrungen, das er denn auch führte. In den Kursen war er ein heftiger und oft zorniger Diskutant, dessen Unnachgiebigkeit ich später ganz ähnlich bei dem auch physiognomisch ihm gleichenden Luigi Nono wiederfand ... Seine kompositorische Begabung war ungewöhnlich.« Schönberg selbst hat in späteren Jahren seines Lebens – noch im amerikanischen Exil – Hannenheim als einen seiner besten Schüler bezeichnet. Sicherlich hatte Hannenheim ihm das zu verdanken, was Hanns Eisler aus Schönbergs Lehre so wesentlich fand: »musikalisches Denken, Redlichkeit in der Musik, Verantwortlichkeit in der Musik und das Fehlen von jeder Angeberei«.

Wie sehr Schönberg bei seinen Schülern auf pünktliches Erscheinen, aktive Mitarbeit und Fleiß achtete, bezeugen seine bereits zitierten Aufzeichnungen über die Leistungen der Teilnehmer an seinen Kursen. Es ist ein Entschuldigungsbrief von Hannenheim an Schönberg vom 3. April 1930 erhalten, in dem er dem leicht erzürnbaren Lehrer schrieb, es sei ihm »äußerst peinlich«, daß er »heute vormittag durch meine Verspätung Ihren Unwillen erregt habe. Ich muß Sie deswegen um gütige Vergebung bitten und bin mit der Versicherung meiner Verehrung stets Ihr sehr ergebener Hannenheim«.

Einige Tage später, am 7. April 1930, richteten Hannenheim und Nikos Skalkottas gemeinsam einen Brief an Schönberg, in dem es um die Modalitäten und die Finanzierung des Akademiekonzerts ging, in dem am 20. Mai Werke beider Komponisten im Programm standen. Im Juli des Jahres arbeitete Hannenheim für Schönberg und korrigierte die Druckvorlagen für die Ausgabe von Schönbergs »Sechs Stücken für Männerchor op. 35, a cappella«, die im Verlag Bote & Bock in Berlin herauskamen. Schönberg hatte das Manuskript im März fertiggestellt. In einem Brief an Schönberg, der gerade nicht in Berlin war, bittet Hannenheim um die Berichtigung einer textlichen Unklarheit (15. Juli 1930).

Die Schüler ließen Schönberg auch ihre Dankbarkeit für seine Unterstützung wissen. So ist ein Brief erhalten, den Norbert von Hannenheim handschriftlich an Schönberg am 23. Mai 1930 geschrieben und gemeinsam mit Nikos Skalkottas unterzeichnet hat: von beiden Komponisten (und von Winfried Zillig) waren am 20. Mai Werke im Akademiekonzert aufgeführt worden, und Skalkottas hatte sein eigenes »Konzert für Blasorchester« und Hannenheims »Symphonie« in vier Sätzen dirigiert. »Sehr geehrter Herr Professor«, schrieben sie, »nun, da das Orchesterkonzert glücklich vorüber ist, möchten wir nicht versäumen, Ihnen nochmals wärmstens zu danken für das freundliche Entgegenkommen und die große Unterstützung, die Sie uns in so gütiger Weise haben angedeihen lassen, wodurch dies für uns ganz ausserordentlich wichtige Konzert ermöglicht wurde. Mit der nochmaligen Versicherung unsers grossen Dankes und unserer ausgezeichneten Hochachtung, bleiben wir sehr ergeben – Hannenheim, Nikos Skalkottas.«

Den öffentlichen Aufführungen der Kompositionen Norbert von Hannenheims im Jahre 1930 folgten sein Auftreten im Rahmen der Else-C.-Kraus-Konzerte zu Beginn des Jahres 1931 und Uraufführungen von drei Streichquartetten in einem Kammerkonzert im Mai 1931. Walter Schrenk hatte über sie in der »Deutschen Allgemeinen Zeitung« vom 29. Mai 1931 berichtet: »Der Komponist, der sich schon durch manche andere bedeutsame Arbeit legitimiert hat, zeigt auch hier eine starke, originale Begabung und ein sicheres, technisch durchaus fundiertes Können. Seine Einfälle sind nicht immer gleich an Qualität, aber er weiß stets etwas Besonderes aus ihnen zu machen. So bringt der Kopfsatz des ersten Quartetts eine Musik, die trotz denkbarer Unverbindlichkeit im Klang voller Kraft und melodischem Impetus ist, und im Andante con moto, das innerlich vielleicht nicht überall gehört ist, gibt es ein paar reizvolle Einzelheiten, besonders einen sehr schönen, inspirierten Ausklang.« Im zweiten Quartett findet der Rezensent eine »eigenbrötlerisch unsinnliche Atmosphäre« und ein »Überwiegen satztechnischer Komplikationen.« – »Anders steht es mit dem dritten Quartett. Es unterscheidet sich von den beiden andern durch die starke Ausdruckskraft der vielfach sich überschneidenden melodischen Linien, es ist am reifsten gearbeitet, in einem klingenden disziplinierten Kontrapunkt geschrieben und mit überlegener Hand geformt. Einfälle von lyrischer Zartheit und leidenschaftlichem Elan tragen den ersten Satz, dem sich ein sehr schön ausgesungenes, warm und tief empfundenes Adagio anschließt. Ein logisch durchgeführtes Finale mit einem zwar nicht sehr prägnanten, aber phantasievoll weiterentwickelten Thema gibt dem Werk einen lebendigen Ausklang ... Starker Beifall rief auch Norbert v. Hannenheim aufs Podium.«

Bald nach der Uraufführung der drei Streichquartette folgte die Uraufführung seines »Konzerts für Klavier und 7 Holzbläser« (2 Flöten, Oboe, Englischhorn, Klarinette, Baßklarinette, Fagott), dessen Klavierpart Else C. Kraus spielte; Erich Schmid, der Mitschüler, dirigierte. Die anderen Komponisten im Programm waren Erich Schmid, Natalie Prawossudowitsch, Peter Schacht und Nikos Skalkottas. In der »Deutschen Allgemeinen Zeitung« schrieb Walter Schrenk über das dreisätzige Werk (Molto vivace – Grave – Allegro vivace) – den Kompositionen der anderen Komponisten, die an dem Abend zur Aufführung gekommen waren, konnte er nicht viel abgewinnen –, daß Hannenheims Werk die anderen weit überrage: »Es besitzt in dem Grave einen Satz von starker melodischer Substanz, ein Stück leidenschaftlich gesteigerter, in gesammelter Empfindung abklingender Musik. Der einfallsreiche Kopfsatz ist rhythmisch ungemein lebendig, und das ebenso elementar wie geistreich empfundene Finale ist ein besonders glänzendes Zeugnis für Hannenheims Produktivität ...«

Das Jahr 1932 brachte Norbert von Hannenheim zwar schöpferische Erfolge und den Felix-Mendelssohn-Bartholdy-Preis, aber auch einen totalen Nervenzusammenbruch, von dem er sich anscheinend unerwartet schnell erholte. Im Januar 1932 wurde eine neue Sinfonie von ihm in Berlin uraufgeführt: der aus Wien stammende Dirigent Ernst Kunwald (1868–1939) leitete das Berliner Symphonie-Orchester in einem »Gemeinnützigen Uraufführungskonzert für zeitgenössische Tonsetzer«, bevor er in seine Heimatstadt zurückkehrte. In einem Konzert mit dem Berliner Funkorchester für die Internationale Gesellschaft für Neue Musik dirigierte Eugen Jochum Hannenheims »2. Konzert für Orchester« in einem Satz. Die im ganzen voller Spott auf die zeitgenössischen Komponisten gehaltene Kritik bescheinigt nur Hannenheim: »Dieser Mann ist ehrlich. Sein Werk das einzige, das innere Sauberkeit und äußere Gestalt hat. In seinem konstruktiven, dennoch durchfühlten Versponnensein repräsentiert er bereits Wesentliches unserer Lage, unseres Volkes. Nur reicht er, so wie er ist, noch nicht aus. Er muß sich vom Grunde her auffüllen, und das nicht nur musikalisch. Schon mancher, der von Schönberg kam, ist zu seinem Glück ganz woanders hingelangt« (»Tägliche Rundschau«, Berlin, 10. Januar 1933).

Im März des Jahres spielte Else C. Kraus in einem Kammermusik-Konzert der Ortsgruppe Berlin der Internationalen Gesellschaft für Neue Musik im Haus von Frau Thea Buchthal »im äußersten Berliner Westen« (wie das »Berliner Tageblatt« in der Morgen-Ausgabe vom 30. März berichtet) zwei Kompositionen von Hannenheim: eine Klavier-Suite und eine »Intrada« aus einer Serenade »Nr. 3«. »A. E.«, das ist der Musikwissenschaftler und Musikkritiker Alfred Einstein, nennt die Suite »mit vier aphoristischen Sätzchen so dissoziativ wie alles, was ich von Hannenheim kenne«, die »Intrada ... ist mehr eine eigenwillige als persönliche Toccata«. Josef Rufer beschreibt die Klavier-Suite in der »Berliner Morgenpost« vom 1. April 1931 als »kurz, prägnant erfunden«.

Datiert »Himmelfahrt 1932«, schreibt der Bremer Komponist Peter

Schacht, Schönberg-Meisterschüler wie Hannenheim und Erich Schmid, aus Berlin an Schmid: »Daß Hannenheim irrsinnig geworden ist, weißt Du wohl? Er ist von Schrenk zu seinem Bruder nach Budapest gebracht worden. Seine Werke wollte er verbrennen, die Kraus hat aber noch den größten Teil gerettet, es soll dieselbe Krankheit sein, die van Gogh gehabt hat, mit denselben Gehörstäuschungen, die bei Schumann auftraten. Schizophrenie und Beziehungswahnsinn. Sein neues Klavierkonzert soll hervorragend sein.« (Walter Schrenk, der zu den bedeutendsten Musikkritikern seiner Zeit gehörte, ist bald darauf gestorben; Peter Schacht war sehr traurig, »er stand doch weit über den meisten seiner Kollegen«.) Ende Mai 1932 war Peter Schacht mit Hannenheim und mit Adolph Weiss noch in Berlin zusammengewesen. Am 26. Dezember schrieb Schacht, diesmal aus seiner Heimatstadt Bremen, an Erich Schmid: »Anfang November erschien plötzlich der Hannenheim im Kurs bei Schönberg! Er hat sich außerordentlich gut erholt, ist wieder ganz in alter Frische und hat sich auch in kompositorischer Beziehung *sehr* entwickelt. Die Kraus hatte mir schon im Sommer sein 2. Klavierkonzert vorgespielt, mit dem er ja auf dem Musikfest in Wien einen großen Erfolg errungen hat, ich muß sagen, daß es mir *sehr* gut gefallen hat. Sein Styl ist viel plastischer geworden, auch schreibt er jetzt viel besser für die Instrumente. Er hat ja den Mendelssohnpreis bekommen, das hat natürlich auch günstig auf ihn eingewirkt.«

Norbert von Hannenheims Klavierkonzert Nr. 2 mit kleinem Orchester wurde im dritten Konzert des 10. Festivals der Internationalen Gesellschaft für Neue Musik am 20. Juni 1932 in Wien von Else C. Kraus uraufgeführt. (Der Komponist wurde als Vertreter der deutschen Sektion der IGNM bezeichnet; als fünf Jahre später, am 22. Juni 1937, im Pariser Fest der IGNM seine »Phantasie für Streichorchester« aufgeführt wurde, hatte sich Hannenheim angesichts der Nazifikation der deutschen Musikszene als Rumäne angemeldet – in ebendiesem Musikfest hätte auch ein Werk seines Schönberg-Mitschülers Peter Schacht aufgeführt werden sollen, doch mußte es auf Druck der deutschen offiziellen Stellen vom Programm zurückgezogen werden.) Die Wiener Aufführung des Zweiten Klavierkonzerts war ein voller Erfolg. Die Klavier-Solostimme der Komposition ist – ebenso wie die Klavierstimme des Ersten Klavierkonzerts – im Nachlaß der Else C. Kraus erhalten geblieben.

In der Presse waren über das Werk die widersprüchlichsten Meinungen von Rezensenten zu lesen, die dem Komponisten entweder brillant virtuoses Können oder einen Hang zu radikalster Schreibweise, sogar »Musikfeindlichkeit« und Einfallslosigkeit zuschrieben. Norbert von Hannenheim hat in einem Brief, den er am 24. Juni 1932 aus Budapest an Schönberg richtete, angedeutet, daß er bei der Aufführung seines Klavierkonzerts in Wien anwesend war – er ist eigens von Budapest aus hingefahren. Nun schrieb er an Schönberg, der gerade aus Barcelona, wo er an »Moses und Aron« arbeitete, nach Berlin zurückkehrte: »Sehr verehrter Herr Schönberg, wie ich in Wien gehört habe, sind Sie Vater eines kleinen Töchterchens geworden« (Nuria war am 7. Mai in Barcelona zur Welt gekommen). »Ich möchte nicht versäumen, Ihnen zu diesem freudigen Ereignis herzlichst zu gratulieren ... Mein Klavierkonzert hat in Wien grossen Erfolg gehabt. Ich bin auch mit der Universal-Edition in Fühlung getreten, wo man mir einige Hoffnungen gemacht hat.« Hannenheim fragt Schönberg dann, ob er ihm zur Erlangung einer Anstellung oder »einer sonstigen Verdienstmöglichkeit« verhelfen könne, die ihm den Aufenthalt in Berlin ermöglichen würde. Doch hat weder die Universal Edition (deren großer Leiter, Emil Hertzka, kurz vor dem Wiener Musikfest gestorben war) ein Werk von Hannenheim in Verlag genommen, noch hat Hannenheim in Berlin eine einbringliche Stellung finden können. Dann aber wurde ihm auf Empfehlung Schönbergs der Felix-Mendelssohn-Preis zugesprochen.

Es handelte sich um das »Staats-Stipendium für Komponisten 1932«. Schönberg war Mitglied der Jury und hat handschriftlich aufgezeichnete Urteile abgegeben. Von seinen Meisterschülern waren Hannenheim, Peter Schacht, Nikos Skalkottas und Bernd Bergel unter den Anwärtern. Skalkottas' Talent nannte er »überragend«, bei Hannenheim lobte er das »schöne Adagio eines eingereichten Werkes (Schluss) – ja: man braucht bloss einen solchen Schluss zu sehen, um ein echtes Talent zu erkennen. Das können eben die anderen nicht!« Hannenheim erhielt das Stipendium und mußte sich den Betrag von 1500 Reichsmark mit Harald Genzmer, dem 23 Jahre alten Hindemith-Schüler, teilen, über den Schönberg notiert hatte: »gefällt mir garnicht«.

Anfang November 1932 war Hannenheim wieder bei Schönberg in Berlin, wie wir aus dem Brief Peter Schachts an Erich Schmid wissen. Im Januar 1933 begann sich das Ende von Schönbergs Tätigkeit an der Akademie abzuzeichnen: Schönberg hatte die Entwicklung Deutschlands zum judenfeindlichen Nazismus hin vorausgesehen. Am 17. Mai 1933 verließ Schönberg Berlin und erreichte nach einem Aufenthalt in Paris Amerika. Wie wir aus verschiedenen Briefen, Aufzeichnungen, Handlungen seiner Schüler wissen, ging ihnen das Schicksal des vertriebenen Lehrers, Mentors und Freundes sehr nahe, sie fühlten das Fehlen einer geistigen und künstlerischen Führung. Einige von ihnen konnten Deutschland verlassen, einige mußten bleiben, und die meisten führten ein geistig unterdrücktes, vielleicht auf einen Mißerfolg des »Tausendjährigen Reiches« hoffendes Leben. Norbert von Hannenheim lockte eine Rückkehr in seine Heimat wegen der in seiner Familie herrschenden politischen Einstellung anscheinend nicht. Er nahm die Schwierigkeiten eines ungenügenden Lebensunterhalts auf sich, lehnte politische Aufträge wie eine Komposition für die Olympiade in Berlin ab, lieferte lediglich bei ihm bestellte Volksliedbearbeitungen. Seine einzige wirkliche Freude war es, daß man ihm den Hertzka-Erinnerungspreis zugesprochen hatte.

Unterstützung konnte ihm – dem Komponisten, dessen Musik der »entarteten Kunst« zugerechnet wurde – nur als »Auslandsdeutschem« zuteil werden; Nazideutschland versuchte, Deutsche im Ausland für die »Bewegung« zu gewinnen (was in Rumänien in gewissem Maße gelang), und unterstützte daher die innerhalb des Landes lebenden Ausländer deutscher Sprache und quasideutscher Herkunft. Hannenheim wandte sich schriftlich an die zuständigen Stellen und machte sich als »Auslandsdeutscher« bekannt.

Am 21. Oktober 1933 richtete er einen Brief an Professor Kurt von Wolfurt, den Sekretär der Abteilung Musik in der Preußischen Akademie der Künste. Er teilte ihm mit, daß er mit dem »Volksbund für das Deutschtum im Ausland« in Verbindung getreten sei, der ihm ein Stipendium zukommen lassen wolle, und bat im Zusammenhang damit um Befürwortung eines Gesuchs, das er an das Kultusministerium richten werde: »Ihre Fürsprache wäre mir sehr wertvoll, da Sie mich und meine künstlerischen Bestrebungen seit Jahren, noch aus der Zeit, da ich Schüler der Akademie war, kennen.« An den »Volksbund für das Deutschtum im Ausland« schrieb Hannenheim am 31. Oktober 1933. Er teilte biographische Daten mit und fügte hinzu, daß er seit fünf Jahren »als Komponist in Berlin« lebte und zwei Jahre an der Akademie der

Künste studierte: »Meine künstlerischen Erfolge, die sich in der Presse dartun, geben mir Aufmunterung, meinen Weg weiterzugehen und moralischen Halt, trotz schwersten Mangels, weiter zu arbeiten.« Hannenheim schreibt weiter: »Als Auslandsdeutscher erlaube ich mir, mich an Sie zu wenden ... Die wirtschaftlich krisenhaften Zeiten erschweren mir das materielle Fortkommen sehr stark, da keine Aussicht auf Verdienst in Form von Verlagsabschlüssen oder nennenswerten Einnahmen von Aufführungen besteht. Durch die grosse Notlage, in der ich mich schon seit Jahren befinde, ist auch mein Gesundheitszustand sehr erschüttert, so dass ich vor einem Jahre einen schweren Nervenzusammenbruch erlitten habe, unter dem ich noch heute zu leiden habe. Da sich meine Situation immer unerträglicher gestaltet und ich niemand habe, an den ich mich wenden könnte, gestatte ich mir, dies Gesuch an Sie zu richten.«

Noch am selben Tag hat der »Reichsführer« des »Volksbunds« an die Akademie der Künste geschrieben und das (dem Brief beigelegte) Stipendiengesuch übergeben. Der Brief ist charakteristisch für die Einstellung der Zeit: »Leider sind wir nicht in der Lage, ohne weiteres aus dem von uns verwalteten Stipendienfonds ein Stipendium zu geben, da diese Stipendien durch eine Bestimmung begrenzt sind, dass die auslandsdeutschen Stipendiaten sofort wieder in ihrer Heimat beruflich tätig werden müssen. Da dieses für Herrn von Hannenheim nicht in Frage kommt, und es im Interesse des Gesamtdeutschtums auch nicht erwünscht ist, sondern seine Weiterarbeit in Deutschland von höheren deutschen Gesichtspunkten notwendig ist, bitte ich dieses Gesuch an den Preussischen Herrn Minister für Kunst, Wissenschaft und Volksbildung weiterleiten zu wollen. Wir unsrerseits können das Gesuch aufs beste befürworten, soweit die Punkte in Frage kommen, die wir beurteilen können: Zugehörigkeit zum Auslanddeutschtum und Interesse des Auslanddeutschtums ... Aus den uns vorgelegten Kritiken ... erscheint uns als besonders wichtig von unserem Gesichtspunkt aus die vom 10. Januar 1933 (Tägliche Rundschau) zu sein, in der darauf hingewiesen wird, dass in seinem konstruktiven, dennoch durchfühlten Versponnensein bereits Wesentliches unserer Tage, unseres Volkes repräsentiert ist.«

Norbert von Hannenheim hat Kurt von Wolfurt am 31. Oktober 1933 persönlich besucht und ihm seine Lage geschildert, worauf die Akademie ihm durch die Post 60 RM zusandte, wofür sich Hannenheim am 3. November »wärmstens« bedankte. Am 2. November sollte Hannenheim auch eine Partitur in der Senatorensitzung der Akademie vorlegen, und der Deutschlandsender der Reichs-Rundfunk-Gesellschaft sandte eine Hannenheim-Partitur durch Boten an die Akademie.

Interessantes über Hannenheims Arbeit in dieser Zeit enthält ein weiteres Gesuch, das er bald darauf, am 10. Dezember 1933, wieder an Kurt von Wolfurt richtete. Er bittet um Verständnis, daß er »etwas zudringlich« mit seinem Brief sei, nachdem er durch Wolfurts Fürsprache eine Beihilfe Ende Oktober bekommen hatte: »Es ist mir sehr unangenehm, dass mich meine Situation zwingt, Sie zu fragen, ob ich wieder eine Beihilfe bekommen könnte. Ich bin sehr mit Arbeit überhäuft – durch eine Programmänderung im Kurzwellensender, wo am 18. d(es) M(onats) mehrere Werke zur Aufführung gelangen, die ich frisch schreiben musste für die vorhandene Besetzung. Ich habe mich an verschiedene Stellen gewendet, um aus der überaus verhängnisvollen Situation herauszukommen, jedoch abschlägige Antwort bekommen ...« Hannenheim hat daraufhin nochmals 60 RM erhalten, wofür er sich am 15. Dezember schriftlich bedankte. Weitere Zuwendungen sind auch für das Jahr 1934 dokumentiert.

1934 war Hannenheim, auch als Auslandsdeutscher, im Programm einer Festwoche, die vom 8. bis 16. September in Stuttgart, der »Stadt des Auslanddeutschtums«, stattfand: »Stuttgart will ... auch eine Pflegestätte der kulturellen Leistungen des Auslanddeutschtums sein und damit den wechselseitigen Beziehungen zwischen Reichsdeutschtum und Auslanddeutschtum eine noch weitere und festere Grundlage geben«, schrieb Oberbürgermeister Dr. Karl Strölin im Programmheft der Festwoche. »Neben Komponisten aus der Schweiz (!), aus Lettland, Estland und Strassburg (Kurt von Wolfurt) waren die Siebenbürgner Waldemar von Baußnern, Paul Richter und Hannenheim mit Liedern vertreten, die von Lula Mysz-Gmeiner vorgetragen wurden – aber auch Franz Schubert (Wien!) und Hugo Wolf (Südsteiermark!). Von Hannenheim sang die Künstlerin ein Lied nach einem Gedicht von Dauthendey.«

Hannenheim hat sich von Berlin aus auch bemüht, neue Beziehungen anzuknüpfen. So schrieb er am 5. Juli 1933 einen Brief an den Mäzen und Musikfreund Werner Reinhart, Musik-Kollegium Winterthur (dessen Dirigent Hermann Scherchen war), und fragte ihn, der »als Förderer neuer Musik bekannt ist ... ob er gestatten würde, etwas von seinen

Kompositionen zur Ansicht zu senden und ob er eventuell behilflich sein wollte, Aufführungen in der Schweiz zu erreichen«. Werner Reinhart antwortete ihm am 19. Juli, er habe sich gefreut zu hören, daß Hannenheim der Emil-Hertzka-Preis zugesprochen wurde, und er werde gerne gelegentlich in sein »Schaffen Einsicht nehmen«, nur für den nächsten Winter seien schon alle Orchesterwerke disponiert, so daß höchstens Kammermusik in Betracht käme. Er empfahl Hannenheim, sich mit Paul Sacher in Basel und mit Ernest Ansermet in Genf in Verbindung zu setzen. »So viel ich weiss«, schrieb Reinhart weiter, »führt unser Dirigent Hermann Scherchen demnächst in Strassburg ein Werk von Ihnen auf. Ich werde also wohl auch Gelegenheit haben, später auch mit ihm über Aufführungsmöglichkeiten bei uns zu reden.«

Es liegen keine weiteren Korrespondenzen Hannenheim–Winterthur vor. Peter Schacht, gleichfalls um diese Zeit mit Winterthur in Verbindung, wurde später in einem »Austauschkonzert Deutschland–Schweiz« mit einem Werk vorgestellt. In Straßburg leitete Scherchen ein Musikfest Neuer Musik, das Komponisten gewidmet war, die in Deutschland bereits als »entartete« Musiker galten – dafür hatte sich sogar Béla Bartók zur Verfügung gestellt, der speziell aus Budapest anreiste und eine Klavier-Rhapsodie mit Orchester spielte. Von Hannenheim standen Lieder im Programm.

Im Dezember 1933 wurde »in kleinem gesellschaftlichen Kreis« Hannenheims einsätziges »Konzert für sieben Holzbläser« von ehemaligen Studenten der Hochschule für Musik in Berlin unter der Leitung des Komponisten Hermann Heiß »schlechthin meisterlich« aufgeführt, und in der Zeitschrift »Deutsche Zukunft« vom 24. Dezember 1933 schrieb – man möchte sagen mit einigem Mut – Hans Lyck eine Würdigung Norbert von Hannenheims. In seinem Aufsatz »Die Jugend« stellt er ihn neben Hugo Distler und Paul Höffer – Höffer damals 36, Distler 25 Jahre alt: Hannenheim war 35. Im Gegensatz zu den anderen Komponisten kommt Hannenheim »weder aus den Bezirken kirchlicher Zweckkunst noch der Volksmusikbewegung. Er beweist, daß auch die Formen absoluter Musik und uneingeschränkter Persönlichkeitsausdruck für die Jugend volle Gültigkeit behalten haben. Dieser Persönlichkeitsausdruck ist bei Hannenheim denkbar radikal; er erwächst unmittelbar aus dem Umkreis musikalischer Evolution, die wir im letzten Jahrzehnt erlebt haben. Hannenheim steht durchaus an dem Boden des umstrittenen

Zwölftonsystems; aber ebenso unverkennbar ist eine sehr persönliche Stilbegabung, die sich immer stärker klärt und zentriert.« Zumal in dem aufgeführten Werk »zeigt sich eine musikalische Kraft, eine klangliche Phantasie und eine plastische Gestaltungsgabe, die bei allem ›Radikalismus‹ von neuem bestätigen, daß mit diesem Musiker ernsthaft zu rechnen ist.« Hans Lyck schließt aus der sich anzeigenden Neigung zum Konzertieren in kleineren Kreisen, daß wohl eine »neue Aktivität des Ausübens oder Hörens« beginnen könnte: »Die lebendige Kunst entscheidet sich, die amorphe Masse des Musikkonsumenten, die das Konzert als Objekt des Interpreten oder gar des eigenen gesellschaftlichen Ehrgeizes betrachtet, ihrem Schicksal zu überlassen.« Für die verfemte Musik der »Neutöner« gab es ja tatsächlich in den folgenden Jahren nur die eine Möglichkeit, ihre Werke selbst hören und aufführen zu können – in »kleinen gesellschaftlichen«, das heißt gleichgesinnten Kreisen. Für Hannenheims eigenste Musik – Klavier- und Kammermusikwerke – gab es keine öffentlichen Aufführungsmöglichkeiten; als »Auslanddeutscher« konnte er mit Liedern, die Lula Mysz-Gmeiner sang, und mit Volksliedbearbeitungen ein ärmliches Leben führen. Der Sänger Karl-Fritz Eitel hat siebenbürgische Volkslieder in Hannenheims Bearbeitungen interpretiert und auf »Polydor«-Schallplatten gesungen. Es ist überliefert, daß Hannenheim auch gemeinsam mit seinem Freund Hermann Heiß für einen Opernsänger Noten kopierte, der eine reiche Frau hatte, die beide Musiker unterstützte.

Hier und da müssen Kompositionen Hannenheims zu hören gewesen sein, denn sein Name wurde nochmals in einer illustrierten Reihe von Porträts »Deutschlands junge Komponisten« genannt, wieder zusammen mit Paul Höffer, Hugo Distler, dazu Günter Raphael, Ernst Pepping, Kurt Thomas, Herbert Marx, Hermann Reutter, Gottfried Müller, Hugo Herrmann, Werner Egk, Hans Brehme (der »die Zeit des Experimentierens in der Musik für überwunden« hielt). Die Kurzporträts erschienen in der Zeitschrift »Die Woche«, Heft 47 des 36. Jahrgangs, am 24. November 1934, und über Norbert von Hannenheim heißt es, er stehe »mit seinem Schaffen noch heute in unabgeschlossener Diskussion. In der Polemik werden Eigenschaften Hannenheims fast immer übergangen, die sein Künstlertum unanzweifelbar machen: hoher Ernst, künstlerische Gläubigkeit bis zum Fanatismus, unerbittliche Konsequenz. Hannenheim schreibt im Zwölftonsystem, dessen angebliche ›intellektuelle Konstruktion‹ allein schon durch seine stark erfühlte Musik widerlegt ist. In seinem Schaffen stehen Sinfonien und ein Klavierkonzert obenan.«

Für die folgenden Jahre hat sich nur wenig Dokumentiertes über Norbert von Hannenheims Leben und Schaffen gefunden, das erhaltene Verzeichnis seiner Kompositionen enthält eine lange Reihe von Liedern, volkstümlichen Liedern, Volksliedbearbeitungen für instrumentale Ensembles mit oder ohne Gesang und orchestrale Volksliedvariationen; im Katalog der 1936 in Deutschland in Musikverlagen gedruckten Musikalien (Friedrich Hofmeister in Leipzig 1937) sind drei Kompositionen von Hannenheim aufgeführt, im Verlag Kistner & Siegel in Leipzig erschienen (aber verschollen): »1. Konzert für Orchester in einem Satz«, »1. Suite im alten Stil für kleines Orchester«, »Suite im alten Stil für Streichorchester«. Der Verlag kündigte an, daß er Partitur und Stimmen »handschriftlich« im Verleih habe. Im Jahr darauf nahm der Verlag Henry Litolff in Braunschweig Hannenheims »3. Volksmusik-Divertimento für Blechbläser« in Verlag, im bei der GEMA erhaltenen Kompositionsverzeichnis ist vermerkt, daß es am 19. März 1937 erschienen und angemeldet sei. Das für zwei Trompeten, Horn, Posaune und Baßtuba komponierte Stück in fünf Sätzen erschien in der Reihe »Die Musik-Kameradschaft. Blasmusik für Feier und Unterhaltung, herausgegeben von Otto Sommer« und ist als »Direktions-Partitur« erhalten geblieben. Im Musikverlag P. J. Tonger erschien 1939 die Partitur der »Volksliedvariationen für kleines Orchester« von etwa sechs Minuten Dauer, mit dem Titel »Was helfen mir tausend Dukaten«, ein farbig instrumentiertes Spielstück. Die Partitur ist erhalten.

»Was helfen mir tausend Dukaten, Volkslied aus Schlesien« hatte Hannenheim bereits zwei Jahre vor dem Erscheinen der »Volksliedvariationen«, die bei Tonger gedruckt wurden, für eine Singstimme, 2 Violinen, Klarinette und Violoncello gesetzt (1937).

Aus dem Jahr 1937 sind zum Leben und Schaffen Hannenheims weitere Nachrichten erhalten. Am 22. Juni 1937 wurde im zweiten Konzert des IGNM-Festivals in Paris – das im Zusammenhang mit der Pariser Weltausstellung veranstaltet wurde – seine »Fantasie für Streichorchester« aufgeführt. Hannenheim war als Komponist aus Rumänien verzeichnet; im Wiener IGNM-Fest fünf Jahre zuvor war er als deutscher Komponist im Programm. 1937 schrieb Hannenheim eine Suite und zwei Sonaten für Bratsche und Klavier für den Bratschisten Emil Seiler, der Mitglied des Rundfunkorchesters in Berlin war und mit Hannenheim Musik für Bratsche und Klavier für den Rundfunk gespielt hat. Die drei Werke sind im Besitz Professor Seilers erhalten geblieben, auch als er nach Freiburg im Breisgau übersiedelte. In derselben Zeit war Hannenheim des öfteren mit seinem bedeutenden Siebenbürger Landsmann zusammen, Wolf Freiherr von Aichelburg, 1912 in Istria geboren, in Rumänien als prominenter Schriftsteller mehrere Male inhaftiert, 1968 rehabilitiert, worauf seine literarischen Werke schließlich publiziert werden konnten. Wolf von Aichelburg ist auch als Komponist hervorgetreten. 1981 übersiedelte er nach Freiburg im Breisgau. In den Jahren 1936/37 hatte er in Berlin studiert und Hannenheim kennengelernt. In einem Brief an den Verfasser (August 1992) berichtete er, daß »die volkstümliche Partitur damals im Gespräch war. Hannenheim war in materiellen Nöten und hat wohl aus diesem Grund diese Volksliedbearbeitung oder was es sonst ist komponiert. Er sprach davon mit bitterer Ironie« und sagte, ein Komponist sei heute nur dann bedeutend, wenn er sich zum reinen Volk herabbeugt. Dabei (schreibt Aichelburg) hielt Hannenheim wie sein Lehrer Schönberg sehr wenig von der Folklore. Hannenheim habe in Berlin sehr zurückgezogen gelebt und hatte auch keinen Kontakt zu anderen Komponisten.

Interessant ist eine ausführliche Unterredung, die Wolf von Aichelburg mit Hannenheim in Berlin gehabt hat und über die er in einem »Musikbrief« des »Instituts für Ostdeutsche Musik« in Bergisch Gladbach im Oktober 1990 berichtet hat: »Wir waren Gäste eines wohlsituierten Rundfunkmannes, ebenfalls siebenbürgischer Herkunft, verabschiedeten uns gemeinsam und schlenderten noch lange durch die menschenleeren Straßen um den Kurfürstendamm. Über viele Dinge konnte man sich mit Hannenheim interessant unterhalten, doch wenn die Sprache auf Musik kam, war nichts Ernstes aus ihm herauszubekommen. Er erging sich in Paradoxa und Sarkasmen, wohl eine Stachelhaut, die er sich umgelegt hatte, seit seine Musik als höchst entartet in die Katakomben verdrängt wurde.«

Als Aichelburg und Hannenheim über die »entarteten« Musiker sprachen, habe Hannenheim gesagt: »Schauen Sie mich bloß an! Rabenschwarzes Haar, kohlschwarze Augen. Gibt Ihnen das nicht zu denken?« Einmal bemerkte Wolf von Aichelburg, daß Korngold, Schönberg,

Zemlinsky und viele andere ungefährdet im Ausland lebten. Hannenheim unterbrach ihn lächelnd: »Dafür schreibe ich Volkslieder.« »Ich bin Volksliedkomponist«, betonte Hannenheim bei anderer Gelegenheit, als Aichelburg ihn fragte, ob er nie daran gedacht habe, eine Oper zu schreiben, und »seit Rigoletto gibt es keine vernünftige Oper mehr«.

In den genannten »Erinnerungen« an Hannenheim schreibt von Aichelburg auch über dessen Hang zur Magie. »Da war er zuhause. Dieses schlüpferische Wissensgebiet bot ihm anscheinend Ersatz für den künstlerischen Ehrverlust.« In der Unterhaltung darüber habe Hannenheim gesagt: »Wir leben in einer Umbruchzeit. Der Teufel, alle Teufel sind los. Ich bin auch so ein Teufel.« »Wie denn das?« fragte Aichelburg erstaunt. »Er erzählte, wie er auf der Straße oder in der S-Bahn von hinten hypnotisch fixierte Leute zwang, sich erschreckt nach ihm umzuwenden. Er habe seine Freude daran, sagte er, er könne alle in seinen Bann ziehen.«

Wolf von Aichelburg fährt in seinem Bericht fort: »Ich will nun doch eine Äußerung Hannenheims, rein Musikalisches betreffend, anführen. Ich sagte schon, daß auf diesem Gebiet gesprächsweise zu jener Zeit nicht viel mehr aus ihm herauszuholen war als Paradoxa und Sarkasmen. Einmal aber, durch Kreuzfragen herausgefordert, erklärte er: ›Ich bin ein Entdecker. Ich habe das genaue musikalische Äquivalent zur Geistlosigkeit anmaßenden Tyrannentums gefunden, die Formel, die den ganzen Totalitarismus zum Ausdruck bringt: Eine von möglichst vielen Trompeten – oder auch Klavier, da klingt es noch gemeiner – angestimmte reine C-Dur-Fanfare, wobei im Baß, punctus contra punctum, der C-Dur-Akkord in enger Lage die Fanfare begleitet. Sie lautet g-c-e g, g – e, g, g-e c-e-g. Das ist *die* Formel für alles, was heute um uns geschieht.‹

Ich gab das Meistermotiv bei Wagner und den Anfang des Finales von Beethovens Fünfter zu bedenken. Er lächelte. ›Ich habe schon so viel Zündstoff gehäuft, der meine Ketzerverbrennung rechtfertigen würde. Soll ich wirklich noch ein Übriges tun?‹ Dagegen war nicht viel zu sagen. Er lenkte etwas ein. ›Bitte, ich habe nichts gegen den Anfang der Fünften gesagt und auch nichts gegen das Tristanvorspiel. Wir sind halt alle arme Sünder. Kein Großer ist von Sünde freizusprechen. Die beiden Großen waren übrigens Arier und Arier bin ich auch.‹ Wahrscheinlich kam im ganzen reifen Œuvre Hannenheims kein einziger C-Dur-Akkord vor. Das war sein persönlicher Beitrag zum Widerstand.«

Soweit der Bericht Wolf von Aichelburgs über Leben und Anschauungen Norbert von Hannenheims in den späten dreißiger Jahren in Berlin: einer widersprüchlichen, von den Schwierigkeiten der Zeit und eigener Zerrissenheit gezeichneten, dabei doch starken Persönlichkeit.

Die letzte datierte Nachricht über Norbert von Hannenheim ist die Erneuerung des Vertrages mit dem Verlag P. J. Tonger in Köln-Bayenthal über die Volksliedvariationen für kleines Orchester »Was helfen mir tausend Dukaten«. Sie war nötig geworden, weil das Verlagshaus Tonger 1942 ausgebombt worden war. Hannenheims Partitur war 1939 bei Tonger erschienen; ein Exemplar fand sich in der Deutschen Staatsbibliothek Berlin Unter den Linden. Der neue Vertrag ist am 9. März 1944 von Hannenheim in Berlin unterschrieben; seine Anschrift war Rüdesheimer Str. 13b, Berlin-Wilmersdorf, bei Merten. Die Witwe des Verlagsinhabers berichtete der Musikforscherin Dorothee Schubel (1993), daß ihr Mann sich mit Hannenheim in Berlin getroffen hatte und Anfang der fünfziger Jahre noch ergebnislose Nachforschungen über den Verbleib des Komponisten anstellte. Tonger hatte durch Ernst-Lothar von Knorr den Kontakt mit Hannenheim aufgenommen und forderte ihn auf, für seinen Verlag einen Beitrag für eine Reihe von Laienorchester-Stücken zu liefern. Wie Tonger hatte auch Schönberg versucht, über das Schicksal von Hannenheim etwas zu erfahren. In einem Brief an Else C. Kraus (nach Wuppertal-Barmen) vom 18. Januar 1949 schreibt er ihr, er hätte gerne noch ein neues Stück für ihre Programme mit seinem gesamten Klavierwerk komponiert, er »habe vor Jahren ein paar Stücke skizziert, aber sie sind alle nicht weitergegangen«; anschließend fragt er: »Haben Sie etwas von Hannenheim gehört? Niemand weiß etwas.« Else C. Kraus antwortete am 22. Februar 1949: »Hannenheim, unser bester Freund, ist und bleibt verschollen, er kann nicht mehr leben … ist sicher bei einem Angriff v. Berlin umgekommen. Und sein *ganzes* Werk verloren. Mit Grausen fand ich den Klavierpart (aber nur diesen) der 2 Klavierkonzerte, die ich einige Male aufführte, aber Niemand könnte den Orchesterpart danach rekonstruieren. Welche Tragik!«

Die beiden Klavier-Parte der Konzerte haben sich glücklicherweise erhalten, die Orchesterstimmen oder eine Partitur sind nicht wiederaufgetaucht (1997). Es kann hinzugefügt werden, daß im Bezirksamt Berlin-Wilmersdorf festgestellt werden konnte, daß das Haus Rüdesheimer Straße 13b, in dem Hannenheim im März 1944 wohnte, im Krieg *nicht* zerstört worden ist. Eine Verwandte Norbert von Hannenheims, Marianne Boettcher, die ihn schon in Hermannstadt gekannt hatte und in den zwanziger Jahren nach Berlin übersiedelte, Frau des Musikers Hans Boettcher und Mutter von drei berühmt gewordenen Musikern, hat Norbert in Berlin des öfteren getroffen, allerdings nicht mehr in den Jahren des Krieges. Sie hat uns berichtet, daß Norbert sie oft zu Sonntag-Vormittag-Treffen in der Akademie am Brandenburger Tor einlud, wo Kompositionen der Meisterschüler vorgestellt wurden und auch Vorträge stattfanden. Paul Hindemith, der mit der Familie Boettcher befreundet war, habe Norbert von Hannenheim und seine Musik geschätzt; sie glaubt sich zu erinnern, daß er auch bei Akademie-Veranstaltungen anwesend war. Norbert hat sich mit ihr offen über alle seine Probleme ausgesprochen. Er sei sehr gutmütig gewesen, habe aber zuweilen Wahnvorstellungen gehabt, sich verfolgt gefühlt, so daß er Furcht hatte, auf die Straße zu gehen. Einer Cousine, Adele Simonis, habe Norbert einige Liedkompositionen gewidmet.

Die von der GEMA verwahrten Katalog-Zettel angemeldeter Kompositionen Norbert von Hannenheims enthalten etwa 50 Werke für Orchester, etwa 50 Kammermusikwerke, 23 Kompositionen für Klavier, 4 Orgelstücke und mehr als 80 Stücke Vokalmusik (Lieder, Chöre). Einige wenige unter den aufgefundenen Kompositionen sind bei der GEMA nicht verzeichnet.

Bis Ende 1997 haben wir die folgenden Kompositionen finden können: 3 Klaviersonaten, 2 Sonaten und 1 Suite für Bratsche und Klavier, ein Duo für Geige und Bratsche, ein Streichtrio und 3 Streichquartette, Phantasie und Sonate für Orgel, die beiden Solo-Klavierstimmen für Klavierkonzert Nr. 1 und Nr. 2, 2 Partituren von Volksliedvariationen und 14 Lieder für Sopran und für Tenor mit Klavier nach verschiedenen Dichtern.

Nach den vorliegenden Daten muß angenommen werden, daß Norbert von Hannenheim in den letzten Jahren des Zweiten Weltkriegs gestorben ist; er war 46 oder 47 Jahre alt.

»Norbert von Hannenheim war wohl der Einzige, der Schönberg hemmungslos widersprach«, erinnerte sich sein Studienkollege und Freund Erich Schmid, und so kann sich die von Hans Heinz Stuckenschmidt wiedergegebene Debatte wohl nur auf Hannenheim beziehen:

In der Meisterklasse wurde eine Stelle in einem Mozart-Quartett besprochen, und Schönberg sagte, daß es sich hier um ein unbeweisbares Geheimnis handele. Der Schüler erklärte, man könne da etwas beweisen. »In der Kunst kann man gar nichts beweisen«, erwiderte Schönberg: »Und wenn, dann nicht Sie – und wenn Sie, dann nicht mir!«

Epitaph für Arnold Schönberg

ALFRED KELLER

ALFRED KELLER – SCHÖNBERGS SCHWEIGSAMER SCHÜLER

> Schönbergs Anschauungen über das musikalische Kunstwerk, alle Kunst überhaupt, ruhten ganz auf den überlieferten Meisterwerken vorab der Klassik und Romantik. Auf sie hinzuweisen, sie zu erläutern und dem Lernenden vertraut zu machen, wurde er nicht müde. Indem er so zu den unvergänglichen Kunstwerken hinführte und Ehrfurcht lehrte, wurde er seinen ihn bewundernden und verehrenden Schülern, aber nicht nur ihnen, zum Sinnbild eines Hüters und Bewahrers der höchsten Werte abendländischer Musik und europäischen Geistes.
>
> ALFRED KELLER, Rundfunkvortrag Juni 1969 (abgedruckt »Neue Zürcher Zeitung«, 5. Mai 1974).

SCHÖNBERGS »schweigsamen Schüler« nannte Gerold Fierz den Komponisten Alfred Keller in einem Aufsatz in der Zeitschrift »Zürcher Woche« vom 3. Dezember 1965; einen Musiker, »der sich bis heute (1965), seit bald einmal dreißig Jahren aktiv im musikalischen Leben stehend, noch kein einziges Mal vorgedrängt hat, obgleich er Anlaß genug gehabt hätte (und mehr Anlaß als mancher komponierende Zeitgenosse, der sich immer und überall vordrängt), es zu tun.« Einen »unauffälligen Komponisten« nannte Walter Labhart Alfred Keller in der

»TV Radiozeitung« Nr. 1, Zofingen, Januar 1977, und »Musik aus der Stille« betitelte Labhart eine Darstellung des Lebens und Schaffens des Komponisten im »Rorschacher Neujahrsblatt« 1983.

In einer »Lebensskizze«, die der Schriftsteller und Dichter Dino Larese, im Verlag der Amriswiler Bücherei, Amriswil 1969, veröffentlicht hat, werden Charakter und Lebensart des Schweizer Schönberg-Schülers anschaulich beschrieben: »Es braucht das lange Gespräch, bis man hinter der Gestalt des Klassikers der Neuen Musik das Eigenwüchsige von Kellers Wesen erkennt, das sich durch eine integre Sauberkeit, eine ehrliche Werktreue, einem jeden falschen Schein abholde, fast nüchterne, ernste Bemühung um die eigene Aussage auszeichnet, durch ein achselzuckendes, ergebenes Hinnehmen der Umstände, die sein Talent nur im kleinen Kreis und zu später Zeit zur Entfaltung bringen lassen.« Nicht klarer kann man die Lebensweise dieses Komponisten beschreiben, als Dino Larese es in einem Bericht über eine Abendunterhaltung mit Alfred Keller aufgezeichnet hat: »... er sprach von seinen Liebhabereien, der Astronomie, der Schmetterlingskunde, er macht sich nichts vor, er spricht von der Geborgenheit in der Familie, aber auch von der glücklichen Idyllik, die sein Leben wie einen rosigen Gartenzaun umhegt: eine fast nüchtern-saubere Atmosphäre umgibt ihn; eine entwaffnende Ehrlichkeit, die die Grenzen seines Wollens und seines Könnens genau kennt, zeichnet ihn aus und gibt ihm das Mass des Menschlichen. Er schickt sich in die Gegebenheit seiner Welt, er ist glücklich, daß einige Freunde seine Kunst erkennen und ihm den Mut zum Weiterwandern geben.«

Daß, wie diese Zeugnisse beweisen, der Komponist Alfred Keller sich in eine gewisse Einsamkeit gedrängt fand, hängt mit den äußeren Umständen seines Lebensweges eng zusammen. Als er von seinen intensiven Studien in Schönbergs Meisterklasse aus Berlin in seinen Heimatort Rorschach am Bodensee zurückkehrte, fand er wenig Verständnis für die Musik, die er in Berlin komponiert hatte, wo sie Anerkennung und Widerhall fand und wo ihn Schönberg zum Weiterarbeiten ermunterte. Es war in den dreißiger Jahren die Zeit angebrochen, in der die Musik Schönbergs, seiner Schüler und vieler anderer Komponisten als »entartete Musik« geächtet wurde; die Ablehnung Schönbergs hatte längst auch Musiker in der kleinen Schweiz beeinflußt, und an Aufführungen von Alfred Kellers Musik war so leicht nicht zu denken. Keller verdiente sich seinen Lebensunterhalt als Privatlehrer, als Gastdirigent verschiede-

Alfred Keller.

ner Orchester, als Chordirigent und Komponist volkstümlicher Chorstücke; daneben versuchte er, durch Vorträge und Aufsätze, durch Rundfunksendungen und Einstudierung von Laien-Ensembles mit neueren Werken Verständnis für die Musik der Zeit zu gewinnen. Als Mitglied des Schweizer Tonkünstlervereins konnte er im Rahmen der Tonkünstlerfeste eigene wichtige Kompositionen zur Aufführung bringen lassen – Werke, die er in den wenigen Stunden seltener Freizeit schuf.

Die biographische Skizze Dino Lareses, die im Jahre 1969 erschien, nachdem der Autor die Uraufführung neuer Klavierwerke Alfred Kellers erlebt und mit dem Komponisten ein langes Gespräch geführt hatte – Keller war damals 62 Jahre alt –, gibt uns recht ausführliche Auskunft über das Lebenswerk des Komponisten: »Das Faszinierende bei Alfred

Keller«, schreibt der Biograph, »ist die Verbindung mit dem Namen Schönberg. Dieses Ereignis überschattet Kellers eigenes Leben, es tritt in den Hintergrund wie von der leisen Tragik des Verzichts und des Sichbescheidenmüssens in der Kleinstadt umwölkt und verdunkelt. Glück und Verzauberung, als Schüler in der Umgebung und in der Arbeit eines großen Meisters wirken und atmen zu dürfen, wiegen vielleicht jene Gefährdungen auf, später in der Abhängigkeit und im Nachglanz ein stilles, unauffälliges, abseitiges schöpferisches Dasein zu führen, das in einer schmerzlichen Resignation ausklingen kann.«

Alfred Keller war zur Zeit des Gesprächs mit Dino Larese Professor und Hauptlehrer für Klavier am Lehrerseminar seiner Heimatstadt. Er wurde am 5. Januar 1907 in Rorschach, Kanton St. Gallen, geboren. Die Familie war thurgauischer Herkunft; seine »bäuerliche Abstammung erfüllte ihn mit Stolz und Wohlbehagen« (Larese). Er erinnerte sich gerne an den Bauernhof, den seine Großeltern besaßen: der Hof »Schwärzi« in Weinfelden gehörte bis zum Jahre 1932 der Familie, und Kellers Vater war dort aufgewachsen. Er hatte an der Eidgenössischen Technischen Hochschule in Zürich studiert und wurde in Rorschach Stadtingenieur und Bauvorstand. Der Vater erwartete von seinem Sohn Alfred, daß er ebenfalls einen technischen Beruf ausüben würde, und ließ ihn nach Absolvierung der Primar- und Sekundarschule in der technischen Abteilung der Kantonsschule St. Gallen studieren. Doch der junge Technikstudent hatte von seinem Vater auch den Hang zur Musik ererbt; dieser war ein begeistertes Mitglied des »Liederkranzes am Ottenberg« in seiner Geburtsstadt Weinfelden und später im Männerchor »Helvetia« in Rorschach und ermunterte den Sohn zum Studium des Klavierspiels; den jungen Alfred Keller schien dies jedoch zunächst nicht sonderlich zu interessieren. Erst als er an der Kantonsschule St. Gallen studierte, begann er sich so lebhaft für Musik zu begeistern – er war dort Klavierschüler des Kirchenmusikdirektors Hans Oser –, daß er sich entschloß, Musiker zu werden. Der Vater hörte das nicht gerne, ließ den Sohn aber durch den Dirigenten Volkmar Andreae prüfen, nachdem er 1925 das Studium an der Kantonsschule 18jährig mit der Matura abgeschlossen hatte. Volkmar Andreae, Direktor des Konservatoriums Zürich und Dirigent des Tonhalle-Orchesters, dem Alfred Keller auch einige Kompositionen vorlegte, nahm ihn als Schüler in das Konservatorium auf und unterrichtete ihn selbst im Partiturspiel, im Dirigieren und in der Komposition.

Die erste Seite von Alfred Kellers »Epitaph für Arnold Schönberg«.

Als sich Keller als Komponist auf interessante Weise entwickelte, riet ihm Andreae, sich mit der Musik Schönbergs vertraut zu machen, und vielleicht sogar, an einen Unterricht bei ihm zu denken. Alfred Keller hat sich später daran erinnert, daß sein erstes Erlebnis mit Musik des Schönberg-Kreises seine Mitwirkung in einem Konzert im Jahre 1926 war, in dem Anton Webern eine Aufführung seiner eigenen »Fünf Stücke für Orchester, op. 10« dirigierte und Keller engagiert war, die große Trommel zu schlagen. Er hörte auch das »Konzert für Violine, Klavier und dreizehn Bläser« von Alban Berg, das ihn zutiefst beeindruckte.

Aus Zürich richtete er im Sommer 1927 einen Brief an Arnold Schönberg und sandte ihm einige Kompositionen ein. Schönberg antwortete (aus Pörtschach am See) und schrieb, er werde erst Anfang Oktober in Berlin eintreffen, Keller könne aber inzwischen ein Gesuch um die Aufnahme in seine Meisterklasse an die Akademie der Künste richten, und fuhr fort: »Sobald ich zurück bin, sehe ich dann Ihre mitgesandten Kompositionen an und Sie würden dann, wenn Sie es nicht riskieren wollen aufs Ungewisse hinzukommen, schriftlich von mir Nachricht bekommen. Im ganzen aber ziehe ich es vor, die Schüler zu sehen, ehe ich sie aufnehme. Und wenn Sie das was Sie gelernt haben wirklich können, so ist es nicht ausgeschlossen, daß ich Sie aufnehmen kann. (Im Kontrapunkt habe ich es allerdings sehr gerne, wenn man mindestens den doppelten, womöglich auch den dreifachen beherrscht).«

Alfred Keller reiste also nach Berlin und wurde von Schönberg für das Wintersemester 1927/28 als Meisterschüler aufgenommen; er war im Sommer zwanzig Jahre alt geworden. Keller hat sich sein Leben lang daran erinnert – und oft erzählt –, wie er zum ersten Mal zu Schönberg kam, um sich vorzustellen. Er war etwas verwirrt und begann über seine Zeugnisse zu sprechen, nachdem Schönberg ihn über seine bisherige Ausbildung befragt hatte. »Mit ablehnenden Gebärden« reagierte Schönberg darauf: »Um Gottes willen, nur keine Zeugnisse; wenn Sie zu mir kommen wollen, dann müssen Sie wissen, daß Sie nix können.«

In seinen Aufzeichnungen über Fleiß, Besuch der Lehrstunden und Fortschritte der Meisterschüler gab Schönberg Alfred Keller fortschreitend gute Noten: »sehr gut« waren Fleiß und Besuch im Winterhalbjahr 1927/28, »recht gut« die Fortschritte; im Sommerhalbjahr 1928 waren Fleiß und Besuchsregelmäßigkeit »sehr gut«, die Fortschritte »gut«. Als Kompositionen Kellers gibt Schönberg für die ersten Semester nur ein

Streichquartett an, im Wintersemester 1928/29 »Kammermusik«, im Sommerhalbjahr 1929 (Fortschritt: »sehr gut«) eine Klaviersonate, einen Streichquartettsatz, einen Kammerorchestersatz. Im Winterhalbjahr notiert Schönberg, Alfred Keller sei bis April beurlaubt; er erwähnt als Kompositionen drei Chöre und Beginn einer Suite für kleines Orchester. Für das Sommerhalbjahr 1930 war Keller wiederum »in den ersten Monaten beurlaubt, hierauf sehr fleißig«, sein Fortschritt war »sehr gut«, und wieder ist ein Streichquartett erwähnt. Nachdem Alfred Keller im Juli 1930 nach Ende des Sommerhalbjahres in die Heimat zurückgefahren war, sandte ihm Schönberg (am 19. Dezember 1930) ein handgeschriebenes Zeugnis:

»Zeugnis für Herrn Alfred Keller, welcher durch mehrere Jahre Schüler meiner Meisterklasse für musikalische Komposition an der Akademie der Künste zu Berlin war. Ich kann mit Vergnügen bestätigen, daß ich in Alfred Keller nicht nur einen sehr ernsten, sondern auch einen sehr ernst zu nehmenden Musiker zum Schüler hatte. Er zeichnet sich neben sehr beträchtlicher Kompositionsbegabung durch großen Fleiß und ausgezeichnete kunstmoralische Haltung aus, und ich kann sagen, daß ihn alle diese Eigenschaften befähigen, das Vertrauen, das Verantwortliche in ihn setzen, zu rechtfertigen. Ich hoffe, mich nicht zu täuschen, wenn ich ihn als Komponist ein sehr günstiges Prognostikum stelle: ein ausgezeichneter Musiker ist er schon jetzt.«

Alfred Kellers Klaviersonate, 1928/29 im Schönberg-Seminar komponiert, ließ Schönberg im Akademiekonzert am 19. Juni 1929 aufführen; im gleichen Konzert standen Werke von Nikos Skalkottas, Norbert von Hannenheim, Peter Schacht und Josef Zmigrod-Gray auf dem Programm. Dr. Heinz Pringsheim schrieb über das Konzert am 5. Juli 1929 in der »Berliner Allgemeinen Musikzeitung«, er habe »das Gefühl, bei Alfred Keller der innerlich vielleicht stärksten Begabung dieses Kreises gegenüberzustehen; seine Klaviersonate, die ihre wertvollsten Partien wohl im Andante und Scherzo (was sollen im Trio die merkwürdigen, melodisch und harmonisch gleich banalen Floskeln?) hat, scheint gleichfalls zu jener Zwölftontonalität zu tendieren«. Die »Deutsche Allgemeine Zeitung« schrieb in der »Chronik der Konzerte« vom 21. Juni 1929, »die reifste Arbeit« sei ein Streichquartett des Griechen Nikos Skalkottas gewesen, nannte Norbert von Hannenheim »eine offenbar sehr starke schöpferische Begabung« und konstatierte bei Josef Zmigrod-

Gray »einen reich entwickelten Sinn für instrumentales Kolorit«. »Von dem Schweizer Alfred Keller hörte man eine Sonate für Klavier, deren erster Satz ein wenig konstruiert wirkt« (was kann das sein, »ein wenig konstruiert«, muß man wohl fragen), »während im Andante einige Einfälle von besinnlicher Anmut stehen. Der beste Satz ist wohl das Presto: ein rhythmisch sehr vitales Scherzo mit einem Trio von koketter Primitivität des Einfalls.« Das »Ostschweizer Tagblatt« vom 3. Juli 1929 hat in einer Alfred Keller würdigenden Notiz die Rezension aus Berlin zitiert. Ein Nachklang seiner Berliner Zeit ist das 1930 vollendete Streichquartett in vier Sätzen.

Liebevoll und anschaulich hat Keller über den Unterricht in Schönbergs Meisterklasse in seinen »Erinnerungen eines Schülers an seinen großen Lehrer« berichtet, die er im Juni 1969 im Radio Basel vortrug und am 5. Mai 1974 in der »Literatur und Kunst«-Beilage der »Neuen Zürcher Zeitung« veröffentlichen ließ: »Der Unterricht an der Berliner Meisterklasse war ohne jede Förmlichkeit. Man traf sich nach jeweiliger Verabredung in Schönbergs Wohnung ... Völlig frei gestalteten sich die Unterrichtsstunden auch zufolge Schönbergs Angewohnheit, die Kompositionen seiner Schüler zuerst von diesen selbst besprechen und begutachten zu lassen. Da kam es dann oft zu heftigen, lautstark geführten Auseinandersetzungen; wenn sie auszuarten drohten, griff Schönberg ein, mit beschwichtigenden Worten zu Sachlichkeit und Ruhe mahnend. Manchmal aber sah er sich genötigt, ein unmißverständliches Machtwort zu sprechen, um dann seine eigene Meinung vorzutragen. Dabei ereignete es sich gar nicht so selten, daß da und dort, wo die Schüler nur Ungenügen oder Schlimmeres festgestellt hatten, der Lehrer Brauchbares fand, Ansätze, die unter seiner behutsam verbessernden Hand sich zu entwicklungsfähigen musikalischen Gedanken und Gestalten wandelten. Hie und da wechselte das Gespräch hinüber in den Bereich der anderen Künste: Malerei, Bildhauerei, Architektur, Literatur. Man sprach aber auch von weltanschaulichen Dingen, vor allem jedoch über Politik, an der Schönberg lebhaften Anteil nahm. Seine oft eigenwilligen Ansichten vertrat er sehr entschieden mit der ihm eigenen, glänzenden Beredsamkeit. Freilich forderte er dann fast immer den Widerspruch einzelner Schüler heraus, war aber stets bereit, geduldig zuzuhören ...

Seinen Schülern die Musikerlaufbahn zu ermöglichen und den Weg ins Berufsleben zu erleichtern, war Schönberg ein wichtiges Anliegen. Tatkräftig setzte er sich für sie ein mit seinem hohen Ansehen und den vielen gewichtigen Beziehungen, über die er verfügte. Und wer in irgendeiner, auch nichtberuflichen Angelegenheit sich an ihn wandte, der konnte seiner Unterstützung und eines väterlich-wohlwollenden Ratschlages gewiß sein. In künstlerischen Dingen allerdings kannte er keinerlei Nachsicht. Die Arbeiten der Schüler beurteilte, zerlegte und, wo es ihm angezeigt schien, zerzauste er mit der rückhaltlosen Offenheit, die er auch von den Schülern forderte. Glaubte er gar Überheblichkeit, selbstzufriedene Bequemlichkeit, ungenügenden Fleiß feststellen zu müssen, oder, was das Schlimmste war: nachlässige ›kunstmoralische Haltung‹ – ein oft von ihm zu hörender Ausdruck –, dann hielt er mit scharfen Worten nicht zurück …

Wo Schönberg anzuerkennen oder gar zu loben fand, hielt er nicht zurück: überschwänglich wurde er natürlich nie! Seine Vorschläge zum Ändern oder Umarbeiten wollte er als Anregung, niemals aber als Anweisung verstanden wissen … Er war immer darauf bedacht, die noch ungefestigte Persönlichkeit des jungen Komponisten niemals zu beeinflussen, sondern möglichst unauffällig zu führen. Dieses Bestreben erklärt wohl auch seine Scheu, eigene Kompositionen zum Unterricht heranzuziehen, sie zu besprechen oder von den Schülern analysieren zu lassen. Eine dahin zielende Anspielung tat er mit den Worten ab: ›Ich betrachte die Zwölftonkomposition als reine Familienangelegenheit‹ … Im Unterricht der drei Jahre 1927 bis 1930 war meines Erinnerns nur zweimal von Werken Schönbergs die Rede.

Von zeitgenössischen Komponisten und ihren Werken war oft die Rede. Neben seinen einstigen, nunmehr selbst zu Meistern gewordenen Schülern Alban Berg und Anton Webern waren es vor allem Bartók, Strawinsky und der junge Hindemith, die er voll anerkannte. Seine Schüler machte er bei Gelegenheit auf Konzerte und Opernaufführungen, wo Neues zu hören war, aufmerksam und ermunterte zum Besuch. War er selbst auch dabei gewesen, was oft zutraf, kam er in der folgenden Kompositionsstunde fast immer auf diese neuen Werke zu sprechen … Den breitesten Raum aber belegten die Komponisten, die Schönberg als die Größten unter den Großen bezeichnete: Bach, Mozart, Beethoven, Schubert, Brahms, deren Werke er ausführlich besprach und von den Schülern sehr genau analysieren ließ. Vor allem kam er immer wieder auf Beethoven und Brahms zurück, deren kompositionshandwerkliche Verfahren zum Teil manche Ähnlichkeit mit denen Schönbergs aufweisen: bei Beethoven die aus einem kleinen, manchmal gar nicht besonders bedeutsamen Keim unter der übermächtigen Phantasie des Schöpfers sich großartig entfaltenden Themen und ganzen Sätze; bei Brahms die ›entwickelnde Variation‹, wie Schönberg diesen kunstvollen Vorgang nannte. Weitaus im Vordergrund aber stand immer die musikalische Form, die zu beherrschen er als schwierige, wenn nicht gar schwierigste Aufgabe des Komponisten bezeichnete. Da gelte es denn also, unermüdlich gleichsam in die Schule zu gehen bei den Meistern, an ihren Werken die Gesetze erkennen und anzuwenden lernen, um auf diese Weise untrügliche Sicherheit für die Form des musikalischen Kunstwerks zu erlangen.«

In Vorträgen und Aufsätzen hat sich Alfred Keller darum bemüht, das Verständnis für die Persönlichkeit und die Musik Schönbergs – und anderer Meister der Zeit – bei Fach- und bei Laienpublikum zu erwecken. Er hat über Anton Webern, über Strawinsky, über Josef Matthias Hauer – den »anderen Erfinder einer Zwölfton-Komponiermethode« –, über Alban Berg, über die Geschichte der Zwölfton-Komposition, aber auch über Joseph Haydn und die klassische Sinfonie gesprochen.

In einem Vortrag führte er auch in sein eigenes Schaffen ein, mit Beispielen aus den wenigen Werken, von denen Konzertaufnahmen vorhanden waren. Es kamen ein Klavierstück »Polymetrum«, ein zweites Klavierstück »Palindrom«, die »Variationen für Orchester über ein Thema von Arnold Schönberg« und »Ewiger Augenblick« für Sopran und sechs Instrumente zu Gehör. Alfred Keller sprach hier zunächst kurz über Wesen und Entwicklung der Zwölftonmusik und ging dann auf eigene Kompositionen ein, vor allem auf das Formale und auf die Kunst der Variation im Sinne Schönbergs. Er beschloß die Ausführungen mit einem Hinweis auf eines seiner Kammermusikwerke für Solo-Holzbläser: er schrieb Stücke für Flöte solo, Klarinette solo, Oboe solo, und bei einem Konzert in der »Vereinigung Neue Musik St. Gallen« (1971) stand eine Aufführung des 1970 entstandenen Duettinos für Flöte (auch kleine Flöte) und Klarinette (auch Baßklarinette) auf dem Programm. Hier wie auch in den genannten Solo-Stücken verwendet der Komponist in drei kurzen Sätzen – mit den klassischen Titeln »Fanfare – Arietta – Tambourin« – neue kompositorische Schreibweisen. In jedem der Sätze vollziehen sich Wechsel zwischen metrisch gebundenen, in herkömmlichen Taktarten notierten Teilen und Abschnitten, in denen nur Spielart, Dynamik und Tonhöhen verbindlich fixiert sind, graphisch dargestellte rhythmische Elemente dagegen von den Spielern frei, quasi improvisiert, zu gestalten sind: »Das bewirkt begreiflicherweise eine Lockerung des formalen Gefüges«, erläuterte Keller, »und um die Form wieder klar zu schließen, wird jeweils am Ende des Satzes der Anfang noch einmal kurz, natürlich variiert, aufgenommen. Zuerst und vor allem Mittel der Formgebung sind die zahlreichen Effekte und Verfremdungen in diesem Stück (Flageolette, verschiedenartige Vibrati, Vierteltöne, Mikrotöne, Glissandi, Klappentöne, Klappengeräusche usw.); sie sollen aber andrerseits doch auch Flötist und Klarinettist Gelegenheit geben, von der auf ihren Instrumenten heute üblichen erweiterten Spieltechnik mit den neuen Klangmöglichkeiten Gebrauch zu machen.«

Es ist deutlich – und nimmt fast wunder –, daß Alfred Keller in der von den lebhaften Zentren zeitgenössischer Musik weit entfernten kleinen Stadt, wo er lebte und gezwungen war, für Laienmusiker zu arbeiten, und Anfänger in die Grundlagen der Musik einzuführen hatte, sich so weit mit den neuesten Entwicklungen in Kompositionsweise und Spieltechnik vertraut machen konnte, wie es in den Werken der letzten zwanzig Jahre seines Schaffens – und der zitierten Erläuterung – erkennbar ist.

Nachdem Keller im Juli 1930 aus Berlin nach Rorschach zurückgekehrt war, konnte er zunächst nur als privater Klavierlehrer, aber auch als Gesangs- und Theorielehrer arbeiten, bis er 1932 als Dirigent zwei Arbeiterchöre in St. Gallen übernahm und auch Chorkonzerte und zeitweilig Orchesterkonzerte leitete. Neunzehn Jahre lang dirigierte er den evangelischen Kirchenchor seiner Heimatstadt. 1937 übersiedelte er nach St. Gallen. Mit dem Ausbruch des Weltkriegs wurde er als Hilfsdienstpflichtiger einer Bewachungskompanie in St. Gallen zugeteilt, später kam er in eine Armeekommandogruppe. Seine Dienstzeit war schwer für ihn; es stellten sich unangenehme Krankheiten ein, die größere Erholungsurlaube verlangten. Für musikalische Tätigkeit war kaum Zeit und Kraft. Noch im Jahr 1939 hatte er eine interessante Begegnung in St. Gallen: Aus München war Karl Amadeus Hartmann gekommen, um einen Bruder zu besuchen, der als Flüchtling vor Nazideutschland dorthin gelangt war. Keller traf sich mit dem bedeutenden Kollegen, der wie sein

Bruder Nazigegner war, aber als innerer Widerstandskämpfer weiterhin in Deutschland wirkte; in einem Konzert wurden Hartmanns »Trauermusik« und Musik von Alfred Keller aufgeführt.

Nach Beendigung des Krieges hatte Alfred Keller für längere Zeit keine Ruhe und Muße zum Komponieren. Seine Gesundheit hatte in den Kriegsjahren stark gelitten. 1946 übernahm er es, am Lehrerseminar Rorschach einige Klavierstunden zu geben, und er begann auch wieder seine Arbeit mit den Chören. Er war ein gesuchter Klavierlehrer, und von Jahr zu Jahr stieg die Zahl seiner Schüler. 1951 wurde er dann angestellter Hilfslehrer am Seminar und widmete sich dem Klavierunterricht so intensiv, daß er schließlich die Chorarbeit aufgab. 1954 war er mit seiner Familie aus St. Gallen auf Dauer zurück nach Rorschach gezogen und wurde dort 1958 zum Hauptlehrer für Klavier befördert und zum Professor ernannt. Während seiner Zeit als Chorleiter hat er fast ausschließlich Chormusik einfachster Art komponiert, atonal gehaltene Werke dieser Jahre vernichtete er, weil er glaubte, sie mit seinem künstlerischen Gewissen nicht vereinbaren zu können. Er setzte sich mit der »Tropenlehre« und der »Zwölftonmusik« von Josef Matthias Hauer auseinander und verglich ihn mit seinem Lehrer Schönberg. Er versuchte, sich einen eigenen Stil, eigene Form, eigene Klangvorstellungen zu schaffen. Eine wirklich schaffensreiche Periode – reich an interessanten Kompositionen, wenig umfangreich an Zahl – begann mit dem Jahre 1956, als er ein ausdrucksstarkes Klavierstück »Epitaph für Arnold Schönberg« schrieb, dessen Thema auf den in Noten umsetzbaren Buchstaben des Namens Schönberg – Es(S), C, H... B, E, R (=𝄽), G – aufgebaut ist, sechs Töne einer Reihe. Zwei Jahre nach der Komposition schrieb Alfred Keller eine Neufassung des Klavierwerks. Es entstanden weitere Klavierstücke, die Kammerkantate »Ewiger Augenblick« auf Gedichte »Gezeiten des Jahres in der Form des japanischen Haiku« für Sopran mit Flöte, Baßklarinette, Celesta, Harfe, Violine und Violoncello (1962/63); eine spätere Kammerkantate »Der enthüllte Stern« nach Worten von Richard B. Matzig für Singstimme mit Flöte, Oboe, Klarinette, Violine, Viola, Violoncello, Harfe und kleines Schlagzeug (1974/75), Orgelwerke, die »Variationen über ein Thema von Arnold Schönberg« für großes Orchester (1962, revidiert 1967), »Ossia« für großes Orchester (1980/81), auch eine Hörspielmusik »Das Wandbild am Rathaus zu Lindau« (Curt Hoenig, 1963/64). Interessante Titel haben die Klavierstücke »Polymetrum«

(1967), »Palindrom« (1968), »Permutatio« (1968), »Melancholericon« (1972), »Consolation« (1972), »Omaggio« (1974) – die letztgenannten Stücke hat der Zürcher Verlag Hug & Co. unter dem Titel »Drei Klavierstücke« in der Editionsreihe »Schweizer Musik des 20. Jahrhunderts« veröffentlicht. Der Pianist Charles Dobler hat Kellers Klavierwerk als erster bekannt gemacht.

Im Jahre 1972 wurde Alfred Keller pensioniert, nachdem er fast dreißig Jahre am Seminar in Rorschach gewirkt hatte. Die genannten Werke der siebziger Jahre zeigen, daß die Entbindung von den pädagogischen Pflichten Lust und Liebe zum musikalischen Schaffen mit sich gebracht hat. Er hat in den Klavierwerken und vor allem in den Stücken für Solo-Blasinstrumente einen neuen eigenen Stil gefunden, wie er es auch in den Erläuterungen zu seinen eigenen Kompositionen beschrieben hat. Es sind dies acht bedeutende und höchst originelle, virtuose Stücke, die erst viele Jahre nach ihrer Entstehung in ihrer attraktiven Schreibweise und ihrer Originalität der Form und des Ausdrucks erkannt worden sind und dann von großen Interpreten gespielt wurden: »Ciacona« für Flöte solo (1970), »Burletta« für Klarinette solo (1972), »Capricietto« für Flöte solo (1973) und aus demselben Jahr »Pastorella« für Oboe solo, »Scherzino« für Oboe solo und »Canzonetta« für Klarinette solo. Aus dem Jahre 1970 stammten die »Ciacona« und das Duettino für Flöte (kleine Flöte) und Klarinette (Baßklarinette), über das der Komponist sich in seinem zitierten Vortrag ausführlich geäußert hat. Zu seinem 70. Geburtstag sprach ihm die Stadt Rorschach ihren ersten Kulturpreis zu (1977). Zu seinem 80. Geburtstag widmete Andres Briner ihm am 5. Januar 1987 einen Würdigungsartikel in der »Neuen Zürcher Zeitung«. Wohl mit Bedauern stellt er fest, daß Alfred Keller »in seinem späten Leben eine begrenzte Anerkennung erfahren« hat. Sein Freund, Schönberg-Meisterschüler wie er, der gleichaltrige Komponist und Dirigent Erich Schmid (er war am 1. Januar 1907 geboren, Keller am 5. Januar), schrieb in einem Gratulationsbrief zum 70. Geburtstag: »Wir beide haben vielleicht gewisse Ähnlichkeiten in Charakter und Kunstauffassung. Wir können nichts vormachen, sind jeglichem Bluff abhold. Oder man sagt vielleicht, wir seien menschlich zu bescheiden. Ist das nicht etwas Positives, besonders in der heutigen Zeit, da auch in unserer Kunst so viel Schwindel gefördert wird?« Erich Schmid freute sich, daß der Freund noch weiter als Komponist tätig war, während er selbst schon längst nicht mehr schrieb; er war auch sehr froh, daß in einer Rundfunksendung Orchestermusik von Keller zur Aufführung kam, die er dirigiert hatte.

»Seit Ende der vierziger Jahre habe ich nicht mehr komponiert«, schrieb Erich Schmid an Keller vor dem 80. Geburtstag beider Musiker. Wider sein Erwarten wurde seine früher entstandene Musik jetzt »akzeptiert«, gleichzeitig wurde er auch als Dirigent »wiederentdeckt«, und anläßlich seines 80. Geburtstags sollte er ein Konzert des Tonhalle-Orchesters, an seinem »alten Pult« in Zürich, dirigieren. So konnten die Freunde es nicht einrichten, ihre 80. Geburtstage wie erhofft gemeinsam zu feiern. Am 10. Januar 1987 bedankte sich Alfred Keller für ein Geburtstags-Telegramm, das ihm Erich Schmid mitten aus seiner Orchesterprobe heraus gesandt hatte, er klagte aber, daß er »seit zwei Wochen wieder einmal (zum x-ten Mal) untätig in der Matratzengruft« liege. Er konnte aber auf seinem Krankenlager durch einen Transistor die Rundfunksendung des Konzerts hören, in der das Hauptwerk die Sechste Sinfonie von Anton Bruckner war: »im zweiten Teil«, der ein Gespräch von Erich Schmid mit Keller enthielt, »waren wir beide gewissermassen gemeinsam zusammen«; es wurde auch Musik von Keller gespielt: »Was mich besonders beeindruckte« (schrieb Schmid am 21. Januar 1987), »waren Deine späten Kompositionen. Ganz köstlich das Zwei- und Miteinander-Gespräch der beiden Blasinstrumente ... das hat einen ungeheuren Charme und wirkt erheiternd und beglückend. Und dann die späten Lieder. Eine Musik, die zutiefst anspricht. Ich bewundere Deine Sparsamkeit in der Ausfüllung des musikalischen Raums bei aller Dichte! Vielen, vielen Dank für diese Gabe!« (Mit freundlicher Erlaubnis wiedergegeben.)

Alfred Keller hat den 80. Geburtstag nicht lange überlebt. Fünf Monate später, am 14. Juni 1987, ist er in Rorschach gestorben.

»Haben Sie Ihren Stil nun gefunden?« wurde Alfred Keller von Norbert Schmuck gefragt, der 1978 eine »Arbeit zur Musikgeschichte« als vervielfältigtes Typoskript im Selbstverlag des Verfassers, Steinach SG, vorlegte: »Alfred Keller. Entwicklung und Beschreibung seiner Kompositionsmethode«.

Alfred Keller gab zur Antwort: »Das ist eine Frage, die kein Komponist gerne beantwortet. Eine gewisse Begabung zum Komponieren muss man einfach haben. Man muss wohl das Handwerk des Komponierens erlernen, einen Stil entwickelt man aber nicht, den hat man einfach!«

Komponistin aus Rußland

NATALIE PRAWOSSUDOWITSCH

NATALIE PRAWOSSUDOWITSCH – EMPFEHLUNG ALEXANDR GLASUNOWS

Herrn Professor Arnold Schönberg
Sehr geehrter Herr Professor,
Ich nehme mir die Freiheit Ihnen Frl. Natalia Prawossudowitsch als Schülerin zu empfehlen.

Sie hat das Konservatorium in Leningrad als Theoretiker und Komponistin absolviert.

Frl. Prawossudowitsch ist musikalisch begabt, hat viel studiert und die letzte Zeit große Fortschritte gemacht.

Mit vorzüglicher Hochachtung
ALEXANDER GLASUNOW, Rektor am Staatsconservatorium in Leningrad, Mitglied der Preußischen Akademie der Künste
(aus Paris, 39 rue Singer, Paris, 16 Den 19th Okt. 1928)

AM 26. OKTOBER 1928 schrieb Natalie Prawossudowitsch (bereits in Berlin wohnhaft) an Arnold Schönberg:

Hochverehrter Herr Professor,
Hierdurch gestatte ich mir, Sie darum zu bitten, zwecks einer persönlichen Rücksprache mir eine Zeit einzuräumen. Nachdem ich die Kompositionslehre am Konservatorium in Leningrad bereits absolviert habe, beabsichtige ich dieselbe hier fortzusetzen. Es liegt mir sehr daran, meine weitere Fortbildung nur unter Ihrer persönlichen Leitung fortzuführen. In Erwartung Ihrer hochgeschätzten Antwort, zeichne ich, mit vorzüglicher Hochachtung ganz ergebenst

Natalie Prawossudowitsch.

Schönberg hat ihr am 30. Oktober geantwortet und sie in die Meisterklasse für das Sommerhalbjahr 1929 aufgenommen. Sie blieb in der Meisterklasse bis 1931 und mußte dann aus Gesundheitsgründen nach Meran übersiedeln.

Natalie Prawossudowitsch war 29 Jahre alt, als sie im April 1929 in Schönbergs Meisterklasse eintrat. Sie wurde am 14. August 1899 in Wilna geboren und war im Herbst 1928 per Schiff nach Hamburg und weiter per Bahn nach Berlin gereist. Sie lebte, wie sie in ihren später in Meran niedergeschriebenen Erinnerungen sagte, unter großen Entbehrungen und mußte sich mit verschiedensten Arbeiten ihren Lebensunterhalt verdienen, um das Studium an der Akademie weiterführen zu können. Sie hatte schon einige Kompositionen aus ihrer Heimat mitgebracht, die anscheinend Schönbergs Interesse hervorriefen, und komponierte während der Studienzeit in Berlin eine Sonatine und eine Sonate für Klavier, Lieder, die Schönberg (wie er in seinen Berichten durch Unterstreichen hervorhob) *»recht gut«* fand, und ein Streichquartett, das ihn »nicht befriedigt«. Ihr »Besuch und Fleiß« waren »unregelmäßig«, auch »sehr unregelmäßig« im Sommersemester 1930, was wohl mit ihren schwierigen Lebensbedingungen und ihrer Gesundheit zusammenhing; im Winterhalbjahr 1929/30 war der Besuch der Lehrstunden »regelmäßig«, der Fleiß »genügend«. Ihre Fortschritte waren zuerst »genügend«, dann »nicht unbefriedigend«; später haben sich ihre Arbeiten »einigermaßen verbessert«.

Aus einer viel späteren Zeit ist ein Urteil Schönbergs über die Komponistin bekannt. In einem Brief des Meisterschülers Peter Schacht an Natalie Prawossudowitsch vom 25. März 1933 erfährt man, daß sich Schönberg ein Konzert für Streichquartett und Orchester der Komponistin genau angesehen hat, »besonders den ersten Satz. Er findet das Stück *viel* ausgereifter, kompositorisch hat ihm vieles gut gefallen. Im Satz findet er aber die Idee eines Streichquartettkonzertes nach wie vor unglücklich, und zwar aus den Gründen, die er schon damals mit Ihnen besprochen hatte.«

Die Komponistin berichtet in ihren Erinnerungen, daß dieses Werk das erste war, das sie in Meran komponiert hatte, und sie sandte es durch Vermittlung von Nikos Skalkottas an Schönberg; Schönberg akzeptierte das Werk als ihre Diplomarbeit – das war, kurz bevor Schönberg Deutschland verließ und emigrierte. In dem Brief, den Natalie Prawos-

Natalie Prawossudowitsch.

sudowitsch ihrer Sendung vom 14. März 1932 aus Meran beilegte, kündigt sie an, ihre Partitur »zur Erleichterung der Durchsicht« mit einer »ausführlichen Analyse« der Komposition zu ergänzen – diese Analyse hat sich wohl nicht angefunden. Die Noten des Werkes hat Peter Schacht der Komponistin am 25. März 1933 zurückgeschickt. Natalie Prawossudowitsch dankte Peter Schacht in einem langen Brief vom 18. Mai 1933 (aus Meran) und ging auf Schönbergs Urteil ein, daß die Idee eines Streichquartettkonzertes unglücklich sei: »Schönbergs Urteil ... hat mich sehr gefreut, nur habe ich mich gewundert ..., da er mir ja selbst so eine Besetzung empfohlen hatte, oder hat er damals damit nur gemeint, daß ein Kammerorchester doch besser als ein großes Orchester wäre.«

Natalie Prawossudowitsch hatte anscheinend im Mai 1933 in Meran keine Ahnung, was inzwischen in Deutschland vor sich ging. In ihrem Brief an Peter Schacht fragt sie: »Was machen Sie jetzt bei Schönberg? ... Wie steht es überhaupt mit der Akademie der Künste? Wie geht es Herrn Schönberg?« Dann berichtet sie, daß das Kurorchester in Meran ein von ihr komponiertes »Intermezzo« aufführen wolle, und sie hätte gerne »die Erlaubnis dazu von Herrn Schönberg«. Sie könne zwar im Moment die

Partitur noch nicht schicken, aber falls Schönberg etwas gegen die Aufführung ihres Stückes hätte, würde sie die Aufführung absagen. – »Ich glaube, daß das Stück gut klingen muß, nur hat es viel Melodik – ist das ein Verbrechen?!!« Peter Schacht antwortete ihr am 27. Mai 1933, Schönberg sei vor vierzehn Tagen nach Paris abgereist »und wird vorläufig nicht wiederkommen. Die Akademiefrage ist ja noch nicht geklärt, es ist aber nicht wahrscheinlich, daß er die Meisterklasse behalten wird.« Er teilt ihr dann Schönbergs Adresse in Paris mit – Hotel Regina –, sie solle ihm aber auf keinen Fall jetzt Noten zur Ansicht schicken, »er hat bestimmt jetzt keine Zeit und Ruhe, es durchzusehen«. Skalkottas sei nach Griechenland gefahren, Adolph Weiss auch nicht mehr in Berlin, vor kurzem sei er mit seiner Frau und Hannenheim noch in Berlin zusammengewesen. Von einem anderen Mitstudenten, Alfred Keller, habe er seit Jahren nichts gehört.

Natalie Prawossudowitsch hat in späteren Jahren noch gelegentlich an Schönberg geschrieben. Am 4. Juli 1937 dankt sie ihm für eine »freundliche Mitteilung und daß Sie sich meiner erinnert haben«. Sie wünscht seinem »kleinen Nachfolger ein recht gesundes und fröhliches Gedeihen«. Sie berichtet von Aufführungen ihrer Werke und von einem Konzert des Maggio Fiorentino: »Der junge Maestro Luigi Dallapiccola, dessen Chöre in dem Konzert auch aufgeführt wurden, interessiert sich sehr für Ihre Schule, Herr Schönberg, und da er im Winter durch gemeinsame Bekannte erfahren hat, daß ich Ihre Schülerin bin, bat er mich, ihm etwas von meinen Arbeiten zu schicken – ich schickte ihm eine Cellosonate, die ihm, wie er mir (und auch meinen Bekannten) schrieb, sehr gefallen hat.« Am 14. Mai 1938 gratuliert sie Schönberg »zum Geburtstag Ihres Sohnes«, und am 27. Dezember 1938 sandte sie ihm beste Glückwünsche zum neuen Jahr und berichtete, daß am 5. Dezember der 2. Satz ihrer Orchestersuite – »Canzone« – aufgeführt wurde. Sie habe soeben ein Trio für zwei Violinen und Cello beendet und habe wieder vor, ein Orchesterwerk zu komponieren.

Natalie Prawossudowitsch hat einen kurzgefaßten »Lebenslauf« und einen aufschlußreichen, längeren Essay mit dem Titel »Meister Arnold Schönberg und meine Berliner Erinnerungen« hinterlassen. Der »Lebenslauf« ist vom November 1963 datiert, als die Komponistin 66 Jahre alt war; die »Erinnerungen« schrieb sie »im Spätherbst 1982« im Alter von 83 Jahren, fünf Jahre vor ihrem Tode.

Dem kurzgefaßten Lebenslauf entnehmen wir, daß Natalie Prawossudowitsch am 14. August 1899 »in Russland« geboren wurde – die Akten erwähnten Wilna als Geburtsort: »Erste Kompositionsversuche (am Klavier) im 6. Lebensjahr. Bald darauf erster Klavierunterricht bei meiner Mutter (Absolventin des St. Petersburger Konservatoriums). Während meiner Studienzeit auf dem Lyzeum, tritt meine starke Neigung für Literatur und Malerei (Privatunterricht bei dem Maler Odinzoff) zurück und steigert sich mein Streben zur Musik. – Auftreten in Schülerkonzerten.

Ab 1918 besuche ich den höheren Klavierkursus des St. Petersburger Konservatoriums bei Prof. Vera Skrjabin, Witwe des Komponisten Alexander Skrjabin. Infolge ihres Todes, der mich sehr beeindruckt hat, gebe ich das Klavierstudium auf und widme mich vollständig der Komposition. Gleichzeitig (1920) werde ich mit der *Sammlung lustiger Mollbagatellen* für Klavier in die Kompositions-Theorie-Klasse aufgenommen und betreibe weitere Studien bei Professor Sergej Ljapunoff. 1925 werde ich am Petersburger Konservatorium diplomiert. Auf Verwendung des Direktors des Konservatoriums Alexander Glasunow bekomme ich die Ausreise-Erlaubnis und im Herbst 1928 komme ich nach Berlin und werde in die Preußische Akademie der Künste als Meisterschülerin in die Klasse Prof. Arnold Schönbergs aufgenommen.«

Ihre Berliner Tätigkeit beschrieb Natalie Prawossudowitsch in ihren ausführlichen »Erinnerungen«; im »Lebenslauf« war sie nur kurz angedeutet. Im »Lebenslauf« erwähnte sie noch, daß sie im Herbst 1962 den 1. Preis (»Premio Helene Rubinstein«) beim Internationalen Wettbewerb der Komponistinnen in Buenos Aires in der Kategorie der Solo-Instrumente zugesprochen erhielt, daß sich aber im Frühjahr 1963 ihre Sehkraft so verschlechtert hatte, daß sie keine Noten mehr schreiben konnte. Sie war damals noch nicht 65 Jahre alt.

In ihren Erinnerungen an die Schönberg-Jahre in Berlin vom Spätherbst 1982 beschrieb sie, wie Arnold Schönberg seine Meisterschüler in seiner Villa im Westend empfing:

»Vom schattigen Garten aus kam man durch ein großes Tor und einen Vorraum in das geräumige Musikzimmer mit zwei Flügeln. Prof. Schönberg war mittelgroß, sehr freundlich, einfach und sympathisch. In seiner Gegenwart fühlte man sich frei und unbefangen.

Das Studium bei ihm war völlig unkonventionell; wir waren ja alle schon geschult, brachten unsere Kompositionen mit und spielten sie vor. Darauf folgte des Meisters gründliche und auch erbarmungslose Kritik. Wir lernten Selbstkritik üben.

›Wir‹, das war eine Gruppe von fünf Kompositionsschülern, die wir stets beisammen waren: der begabteste war wohl der Grieche Nikos Skalkottas, dann Peter Schacht aus Hamburg (richtig: aus Bremen), Alfred Keller aus der Schweiz, und der lange, immer schwarz-gekleidete Norbert von Hannenheim, schließlich ich.

Die Zeit verlief für uns immer allzu schnell und lebhaft. Meister Schönberg war außerordentlich anregend. Einmal zum Beispiel spielte Schacht eine eigene Komposition vor, da zeigte Schönberg auf eine bestimmte Stelle mit der Frage: ›Was ist das?‹ Schacht antwortete: ›Eine Variation.‹ ›So!‹ rief Schönberg aus, lief im Zimmer hin und her, erfaßte einen Aschenbecher, stellte ihn heftig auf den Tisch und sagte: ›Das ist ein Spazierstock!‹ Einen seiner Lehrsätze umschrieb Schönberg mit dem Bild: ›Wenn man in ein Glas Wasser Zitronensaft hineintut, kann man diesen nicht mehr herausnehmen‹, das heißt, daß eine Anfangsfigur später nochmals aufgegriffen werden sollte. *Es durfte nichts Gestaltloses geschrieben werden!*

Ein anderer Ratschlag Schönbergs an seine Schüler war, daß der Schluß eines Werkes stets vorbereitet werden muß: ›Wenn Sie im Sommer verreisen, was machen Sie da? Sie schließen zuerst den Schreibtisch, dann die Schränke, dann die Zimmer, dann die Haustür und schließlich das Tor.‹ –

Niemals sprach Schönberg von seinem Zwölfton-System, vielleicht um keinen Druck auf uns auszuüben und uns ganz frei und unbeeinflußt komponieren zu lassen und nach unserer eigenen Individualität.

Und das Schönste war, daß alles, was wir geschrieben haben, sofort gespielt wurde. Ich hatte ein Streichquartett komponiert und schon in der nächsten ›Stunde‹ saßen vier Streicher da, um es uns vorzuspielen. Meine Klaviersonate op. 23 (wohl op. 13?) spielte uns damals die Pianistin Irene Westermann vor.«

Natalie Prawossudowitsch erzählt in ihren Erinnerungen auch, daß Schönberg mit seiner Gattin und seinen Schülern bisweilen nach einer Aufführung seiner Operneinakter im Rundfunk gemeinsam in ein Restaurant ging und gesellig beisammensaß.

»Wir Schüler der Schönbergschen Meisterklasse waren gute Freunde und machten nach dem Unterricht öfter Ausflüge miteinander. Einmal ergab sich die Gelegenheit, daß Alfred Keller ein Schweizer Müsli für uns zubereitete, das wir sehr genossen. Arg überschattet wurde diese für uns als Schönbergs Meisterschüler so schöne Zeit freilich durch unsere pekuniären Nöte. Norbert von Hannenheim zum Beispiel wohnte in einer Dachkammer und schlief so viel als möglich, um sich das Essen zu ersparen. Nikos Skalkottas dirigierte Tanzmusik in einem Nachtlokal und verkaufte Rosinen, die er von zu Hause aus Griechenland bekam.«

Natalie Prawossudowitsch selbst verdiente sich ihren Lebensunterhalt »in verschiedensten Metiers«. Sie entwarf Plakate für eine Werbefirma, sie arbeitete für ein Büro zum Notenabschreiben, schrieb Nächte hindurch dringend benötigtes Orchestermaterial. Gelegentlich war sie auch bei einer Familie Kinderfräulein. Für einen Musikverlag korrigierte sie das Orchestermaterial zu Strawinskys »Apollon Musagète«. Schließlich vermittelte ihr der Komponist Nikolaus Lopatnikoff eine Stelle als »Tonmeisterin« in dem damals neugegründeten Kino »Hollywood«; sie hatte die Stummfilme mit Schallplattenmusik zu unterlegen, zu welchem Zweck sie auch eine Diskothek zu gründen hatte. Das bedurfte einer langwierigen Vorbereitung im Kino und zu Hause, und dann saß sie während der Vorstellung in einer Kabine, den Film aufmerksam verfolgend, um zur betreffenden szenischen Untermalung jeweils zeitgerecht umzuschalten. Aber am ersten Tag dieses Amtes passierte ihr ein Mißgeschick: »Der von einer Familie geflüchtete Sohn tanzte in einem Lokal und ich ließ dazu einen Walzer spielen; zu Haus aber weinte der Vater, ich schaltete jedoch nicht rechtzeitig, und der Walzer spielte weiter. In der Pause stürzte der Direktor wütend in die Kabine.« Sie entschuldigte sich, der Direktor nahm die Entschuldigung an, und so ein »Mißgeschick« passierte ihr nie wieder! Mit dem Kommen des Tonfilms war es mit dieser »Tonmeisterin«-Tätigkeit zu Ende.

Die Arbeit in der Meisterklasse Schönbergs litt niemals darunter, daß die Komponistin für ihren Lebensunterhalt auch Nächte hindurch arbeiten mußte. Sie mußte auch weiterarbeiten, als sie aus der russischen Heimat traurige Nachrichten erhielt: ihre Mutter starb, sie selbst erkrankte, ihr Vater wurde im Solowki-Gefängnis erschossen: ihre Berliner Freunde hatten es schon längere Zeit gewußt, es ihr aber so lange wie möglich verschwiegen. Der Gesundheitszustand von Natalie Prawossudowitsch verschlechterte sich in bedrohlicher Weise, so daß ihre Freunde ernstlich besorgt wurden; vor allem hatte sie die pausenlose Arbeit zermürbt. Eines Tages berichtete ihr eine Bekannte, daß eine Dame aus Meran sie kennenlernen wollte. Durch deren Vermittlung kam sie im Mai 1931 in die Stiftung »Borodina« nach Meran, »zunächst für zwei Monate zur Erholung«. Doch der Gesundheitszustand erlaubte keine Rückkehr nach Berlin. Natalie Prawossudowitsch ist dann bis zum Ende ihres Lebens in Meran geblieben.

Nicht nur mit Arnold Schönberg, sondern auch mit einigen ihrer Meisterschüler-Kollegen ist sie in Verbindung geblieben und erlebte es sogar, daß in einer Rundfunksendung des römischen Radios eine ihrer Kompositionen im selben Programm mit Musik von Nikos Skalkottas gespielt wurde, ohne daß die Sendeleitung wußte, daß beide Komponisten gemeinsam bei Schönberg studiert hatten. Sie war in Italien Mitglied der »Società degli Autori ed Editori« geworden und wurde als Komponistin in das italienische »Who's Who« aufgenommen. Als Russin von Geburt sorgte die Stiftung »Borodina« in Meran für sie, da dies eine Stiftung des russischen Exregimes war.

Der Internationale Arbeitskreis »Frau und Musik«, dem Natalie Prawossudowitsch selbst zu ihren Lebzeiten beigetreten war, hat ein Werkverzeichnis ihrer Kompositionen angelegt und im Band »Komponistinnen von A–Z« (hrsg. von A. Olivier und U. Weingartz-Peshel, Düsseldorf 1988) veröffentlicht, im Jahr, in dem die Komponistin gestorben ist – so darf es als vollständig gelten. Die Herausgeberinnen verzeichnen, daß der Vorname der Komponistin in Manuskripten und Veröffentlichungen sowohl Natalie als auch Natalja, Natascha Michajlovna lautet.

Das Werkverzeichnis reicht vom »opus 1« (vor 1917 entstanden) bis »op. 66« (1984/85) und nennt drei Sinfonien, ein Konzert, eine Suite für Klavier und Orchester und das in der »Debatte« mit Schönberg erwähnte Konzert für Streichquartett und Kammerorchester sowie »Tema e variazioni« und zwei »Intermezzi« für großes Orchester. Für Kammerbesetzung schrieb Natalie Prawossudowitsch ein Streichquartett und Kammermusik, in der stets das Cello eine Rolle spielt. Sie komponierte Lieder und Chorstücke. Ein gewichtiger Teil ihres Schaffens war dem Klavier gewidmet; das Werkverzeichnis nennt außer der bedeutenden Klaviersonate op. 13 verschiedene kleinere Klavierwerke und drei Suiten für Klavier. Die Klaviersonate, 1925 entstanden und möglicherweise Schönberg zur Begutachtung vorgelegt, beeindruckt durch großen virtuosen Schwung und innere Kraft. Von besonderem Charme ist eine Reihe von Miniaturen für Klavier, die 1926/27 entstanden und »Primitivi« benannt und als op. 17 bezeichnet sind: sechs kurze Stücke mit den Überschriften »Vivo«, »Pastorale«, »Foxtrot grotesque«, »Espressivo«, »Alla pastorale«, »Grotesque«. Die Stücke sind im Grunde tonal empfunden, enthalten dabei harmonische Kühnheiten und originelle Akkordkombinationen.

Natalie Prawossudowitsch hat eine Reihe von Aufführungen ihrer Werke selbst erlebt, sowohl in Berlin als auch später in verschiedenen Ländern; gelegentlich hat sie im Rundfunk eigene Kompositionen interpretiert. In Berlin, in einem Konzert des »Vereins ehemaliger Hochschüler der Staatlichen Akademischen Hochschule für Musik in Berlin«, spielte der Pianist Heinz Hirschland eine »Sonatine für Klavier« der Komponistin, in drei Sätzen mit den Überschriften »Heiter und schnell – Zart und nicht schnell – Rhythmisch, markiert«. Das Werk erlebte seine Uraufführung, und im gleichen Konzert wurden zwei Kompositionen von Norbert von Hannenheim (Sonate für Klavier Nr. 13, in drei Sätzen, und Suite für Klavier Nr. 5, in vier Sätzen) wie auch eine Suite für Bratsche und Klavier von Wolfgang Jacobi uraufgeführt. Eine Erstaufführung war die Sonate op. 47 von Ernst Toch, die Hans-Erich Riebensahm spielte. Am 2. Juni 1931 war Natalie Prawossudowitsch im Konzert der Meisterschule von Schönberg mit drei Liedern für Sopran und Klavier vertreten. Alice Schuster wurde am Klavier von Else C. Kraus begleitet: die Gedichte waren »Hinaus in das lachende Land«, »Heimkehr« und »Hetäre« von Hans Schwarz.

Im März 1967 konnte die Komponistin aus Meran nach Bad Reichenhall reisen, wo das Philharmonische Orchester der Stadt ihre Dritte Sinfonia concertante, op. 41, zur Uraufführung brachte. Das Werk war 1961 entstanden, und der Dirigent der Uraufführung, Dr. Wilhelm Barth, hatte die Komponistin bei einem seiner häufigen Gastdirigate in Meran kennengelernt und die Partitur angesehen. Das sinfonische Werk fand in Reichenhall warmen Beifall: »Die Zuhörer fanden in diesem Werk, dessen gegeneinander klar abgesetzte Teile zuerst fast immer einzelnen Orchesterstimmen Gelegenheit geben, solistisch hervorzutreten, und dann jeweils einem symphonisch gestalteten Höhepunkt zutreiben, vollauf bestätigt, was Dr. Barth zusammenfassend über das Schaffen dieser Künstlerin ausgeführt hat«, schrieb das »Reichenhaller Tagblatt« in der

Ausgabe vom 6./7. März 1967, den Dirigenten zitierend. »Ihr Stil erfuhr im Lauf der Jahre allerlei Wandlungen, von der klassischen Tonalität zum Expressionismus der mittleren Schaffensperiode. Die Vergeistigung der Reifejahre führte sie in den Schoß der Tonalität zurück.« In Meran wurde die Besprechung des »Reichenhaller Tagblatts« nachgedruckt und die Hoffnung ausgesprochen, daß das Werk auch einmal in Meran zur Aufführung kommen werde. Die nächste dokumentierte Aufführung fand in einem Sinfoniekonzert des Orchestervereins Ulm/Neu-Ulm statt, und auch dieser Aufführung, am 6. Dezember 1975, konnte die Komponistin beiwohnen. Dirigent war Hubert Dapp, und die Komponistin wurde, wie die »Neu-Ulmer Zeitung« am 16. Dezember 1975 schrieb, »mit ehrendem Applaus bedacht«, und ihre Sinfonie gewann als eine »gewiß beachtliche Quintessenz von zeitgemäßen, die Tonalität nicht ausschließenden Aussageformen nicht weniger Sympathien als ihre Interpreten, die dem dynamischen Kontrastwechsel des russischen Ausdrucksgehalts weitgehendst gerecht wurden«. Der Rezensent der »Südwestpresse Ulm« schrieb am 9. Dezember nach der Aufführung über die Sinfonie: »Ein dreisätziges, fast im Stenogrammstil geschriebenes Werk von expressivem wie elegischem Charakter. Ungemeine Klangfülle und Ausdrucksintensität kennzeichnen die Einleitung; in atonalen Grenzen bewegt sich auch das klangschwelgerische Moderato, kunstvoll und besonders effektvoll ist das Fugato gearbeitet, das nahezu hymnisch ausklingt. Das stark besetzte Orchester wird den hohen, diffizilen Anforderungen in vollem Maße gerecht ... Es bleibt der Eindruck einer Komposition, die zwischen Glasunow und dem frühen Schönberg angesiedelt ist, interessante Klangaspekte aufzeigt, aber geistigen Tiefgang vermissen läßt. Beifall und Blumen für die Komponistin.«

Schließlich sei noch eine weitere Zeitung zitiert; das Werk und das persönliche Erscheinen der Natalie Prawossudowitsch haben außergewöhnliches Interesse hervorgerufen – sie war zu dem Zeitpunkt der Aufführung 76 Jahre alt und hatte die Reise von Meran nach Ulm unternommen, um der Wiedergabe ihrer Sinfonie beizuwohnen. Die »Schwäbische Zeitung« vom 10. Dezember 1975 nannte die Sinfonia concertante »stimmungsreich instrumentiert und konzertierend, zunächst die Holzbläser einzeln gegenüber-, dann Gruppe gegen Gruppe im orchestralen Apparat stellend ... auf kurze sinfonische Höhepunkte hin angelegt, mit hochgesteigertem Effekt, mit einer gewissen Tschaikowsky-Attitüde, mit schwelgerischer Liebe zu Lyrismen und zu Kontrasten«. Nach eingehender Beschreibung der orchestralen Aufführung würdigte der Rezensent die »liebenswürdige Geste, diese Rückerinnerung einer feinfühligen Musikerin an die Ära des ekstatischen Expressionismus, an die Verbindung von russischer Folklore und westlicher Glätte in das Programm aufzunehmen. Die anwesende Komponistin – eine sympathisch wirkende, weißhaarige Dame – erhielt herzlich anerkennenden Beifall und Geschenke – wie übrigens alle, deren Mitarbeit den eindrucksreichen Abend ermöglicht hatte.«

Natalie Prawossudowitsch ist in Meran am 1. September 1988 gestorben. Sie war am 14. August 89 Jahre alt geworden.

Ein tragisches deutsches Komponisten-Schicksal

PETER SCHACHT AUS BREMEN

PETER SCHACHT – WIDERSTAND UND OPFER

Vor dem Gewitter

Die Schwalbe peitscht die Wege,
Noch ist der Himmel frei.
Schon hör ich dumpfe Schläge,
Im Mühlgrund knarrt die Säge
Vom Feld der Wachtel Schrei.

Die schwarzen Wolkenberge
Reißt jäh ein Blitz entzwei.
Weiß nicht, wo ich mich berge.
Die Stube dumpf wie Särge.
Herr, steh mir bei!

Ein Gedicht von RICHARD BILLINGER, das Peter Schacht 1935, wohl in unterbewußter böser Ahnung, als Lied vertont hat.

»WIE DIE VERHÄLTNISSE hier augenblicklich sind, werden Sie ja schon erfahren haben«, schrieb Peter Schacht an Arnold Schönberg am 18. Oktober 1933 nach Paris (das Schönberg am 24. Oktober verließ, um nach Amerika zu übersiedeln): »Über alles Unerfreuliche kann nur die feste Überzeugung hinweghelfen, daß einmal doch die Zeit kommen wird, wo das Wahre sich durchsetzen wird, wo man besonders in Deutschland erkennen wird, daß es gerade *Ihre* Musik ist, die das Werk der großen deutschen Meister fortführt. Wenn auch augenblicklich in Deutschland diejenigen, die wirklich zu Ihnen stehen, nichts oder wenig ausrichten können, so ändert das noch nichts an ihrer Gesinnung, und nichts wird sie davon abbringen, Ihnen die Treue zu bewahren.«

Im selben Jahr, in dem für Deutschland und die Deutschen die tragischen, kulturzerstörenden zwölf Jahre des »Tausendjährigen Reiches« anbrachen, hat Peter Schacht die ersten Lieder nach Gedichten des österreichischen Dramatikers und Poeten Richard Billinger komponiert, der von 1890 bis 1965 gelebt hat und dessen Gedichte Peter Schacht in dem Band »Über die Äcker« von 1923 kennengelernt hatte. Auch diese ersten Vertonungen: »Weite Reise« (»Ich wollte heute wandern aus meinem engen Haus. Wandern, ja wandern wohl in die Welt hinaus«) und »Die Ruine« (»Hoch trotzt ein Turm ... Willst du allhier den Herzort bauen, dem Falken gleich zu Tale schauen, zwischen Morgen, zwischen Abend, immer dich am Abgrund labend?«) weisen auf die schicksalhafte Isolation, in die der empfindsame Komponist geraten ist und die seine ihm verbleibenden kurzen zwölf Jahre eines schwierigen Lebens weiter bestimmen sollte: »Ich habe noch einige Lieder komponiert«, schrieb Peter Schacht an Schönberg in dem erwähnten Brief vom 18. Oktober 1933, »die vorläufig im Schreibtisch ihr Leben fristen werden.«

Peter Schacht war im Winterhalbjahr 1927/28 in Schönbergs Meisterklasse gekommen. Auf das Aufnahmegesuch, dem Peter Schacht einige Kompositionen beigefügt hatte, antwortete ihm Schönberg zunächst – damals in der Pension Bavaria am Steinplatz in Berlin-Charlottenburg wohnend – am 17. Mai 1927: »Sehr geehrter Herr, aus den mir vorliegenden Proben kann ich leider nicht genug entnehmen, was für die Ausbildungsfähigkeit Ihres Talents spricht. Ich glaube nicht, daß Sie genug und auch nicht, daß Sie das Richtige gelernt haben. Vielleicht erklärt sich daraus auch die auffällige aber unbegründete Nichtbeachtung herkömmlicher Gebräuche. Aber ich glaube: Sie gehen nicht von Einfällen, sondern, nur negativ, von Kritik aus. Eine schöpferische Begabung kann ich hier nicht erkennen – es tut mir leid, das sagen zu müssen, aber: Positives kann ich nicht finden. Dagegen überrascht es mich sehr, eine Partitur zu sehen, in welcher in keiner Stimme bezeichnet ist, ob der Autor die Noten getrennt oder gebunden gehört hat. Demjenigen, dem Sie

Peter Schacht.

einen Eindruck von Ihren Intentionen erwecken wollen, erschweren Sie es damit bis zur Unmöglichkeit. Lohnt das?«

Schönberg hat in dem Meisterkurs die Entwicklung Peter Schachts sehr aufmerksam verfolgt, und die Notizen über seine Fortschritte sind vom ersten Semester an positiv: »Fleiß und Besuch« waren im Wintersemester 1927/28 »befriedigend«, die Fortschritte »recht gut«, er komponierte ein Streichquartett. Im Winterhalbjahr 1928/29 ist der Fleiß »befriedigend«, der »Fortschritt gut«; im Sommer 1929 der Fleiß »sehr befriedigend«, der Fortschritt »gut«, ebenso im Wintersemester 1929/30. Für den Sommer 1930 notiert Schönberg: »Fleiß: sehr fleißig und regelmäßig«, »Fortschritt: sehr gut«, wieder wird ein (das?) Streichquartett erwähnt. In dem Bericht für das Winterhalbjahr 1930/31 lobt Schönberg »sehr großen« Fleiß und fügt dazu: »... hat sich in der letzten Zeit überraschend entwickelt. Insbesondere erfreut mich die Solidität seines Könnens.« Als Kompositionen dieser Zeit nennt Schönberg »Klarinettenstücke mit Clavier«, »Chorgesänge«, »Streichquartett«. Das Sommersemester 1932 war Peter Schachts letztes Halbjahr bei Schönberg, und dieser bezeichnete seine Fortschritte als »überraschend gut. Schacht hält mehr, als ich von ihm erwartet habe.« Er schrieb eine Violinsonate und »arbeitet gegenwärtig an einer Ouvertüre für Orchester«.

Bevor Peter Schacht sein Aufnahmegesuch an die Akademie der Künste richtete, hatte er eine solide konservative musikalische Ausbildung genossen. Deren Ergebnisse, die eingereichten Kompositionen, hielten der Kritik Schönbergs nicht stand, dieser nahm ihn aber schließlich doch in seine Meisterklasse auf.

Bald nach seinem Eintritt ins humanistische Gymnasium seiner Vaterstadt Bremen hatte Peter Schacht begonnen, Klavierunterricht zu nehmen. Er scheint sehr schnelle Fortschritte gemacht zu haben und wechselte den Klavierlehrer, sobald er glaubte, eine höhere Stufe des Spielens erreichen zu müssen. Er hat sich auch früh schon mit anderen Instrumenten vertraut gemacht, vor allem mit der Geige und der Klarinette. Sein Geigenspiel wurde im Laufe der Zeit so hervorragend, daß er bei dem Meisterlehrer und Violinisten Carl Flesch an einem Kurs in Baden-Baden 1931 teilnehmen konnte. Nachdem er die Reifeprüfung am Gymnasium absolviert hatte und die Sprache auf die Berufswahl kam, erklärte Peter Schacht zum Erstaunen seiner Eltern, daß er sich zu einem Musikstudium entschlossen habe. Der Vater willigte unter der Bedingung ein, daß er als Hauptfach ein wissenschaftliches Studium wählte und Musik als Nebenfach. Obwohl er sich in seiner Gymnasialzeit besonders für mathematische Probleme interessiert hatte, ließ er sich an der Universität von Freiburg im Breisgau als Student der medizinischen Fakultät immatrikulieren, suchte aber zunächst einmal nach einem guten Kompositionslehrer. Er studierte bei dem wissensreichen, feinfühlig-spätromantischen Komponisten und hervorragenden Pianisten Julius Weismann (1879–1950), doch anscheinend nur zu Beginn der Freiburger Zeit (1920), denn ein Jahr später finden wir ihn als Schüler von Fritz Reuter, der gerade zu Beginn des Wintersemesters 1921/22, selbst erst 25 Jahre alt – Peter Schacht war 20 Jahre –, als Theorielehrer am Leipziger Konservatorium verpflichtet war. Reuter war ein vielseitiger Pianist, Komponist und Musiktheoretiker und promovierte in Leipzig 1922 mit einer Dissertation über »Die Geschichte der frühdeutschen Oper in Deutschland« – 1933 verlor er alle seine Ämter und konnte nur als Studienrat in Dresden, seiner Heimatstadt, wirken, bis er 1945 wieder ehrenvolle Stellungen als Dirigent und Musikpädagoge erhielt und 1962, ein Jahr vor seinem Tode, Direktor des Instituts für Musikerziehung an der Humboldt-Universität Berlin wurde. Peter Schacht war bei ihm am Konservatorium Leipzig als Klavierstudent immatrikuliert, legte aber vor allem großes Gewicht auf seine Unterweisung in Musiktheorie.

Als Komponist ist Peter Schacht in Leipzig nur einmal aufgetreten: Im Mai 1926 wurde eine Sonate für Violine in G-Dur öffentlich aufgeführt – ein Werk, das anscheinend nicht erhalten ist, wie auch andere Kompositionen, die in Leipzig sicher geschrieben wurden, aber entweder vom Komponisten vernichtet wurden oder verlorengingen. Erhalten ist ein Quintett für zwei Geigen, zwei Bratschen und Violoncello in f-Moll, eine sehr umfangreiche und in kein Neuland vorstoßende Komposition in vier Sätzen. Es ist wohl dieses Streichquintett, 1926/27 datiert, das Peter Schacht mit seinem Aufnahmegesuch für die Meisterkurse an Schönberg eingesandt hat; das würde Schönbergs Kritik gut erklären. Ein Vergleich mit den in Schachts Berliner Schönberg-Jahren entstandenen Arbeiten beweist auch die von Schönberg Jahr für Jahr konstatierten Fortschritte.

Die vier Jahre, die Peter Schacht Meisterschüler in Berlin war, wurden erlebnisreich, produktiv für ihn und vor allem wohl auch unbelastet von Sorgen und Problemen. Aufgewachsen war er in einem harmonischen Elternhaus, zusammen mit seiner vier Jahre älteren Schwester Renate, die ihn um 15 Jahre überlebte und der ausführliche biographische Notizen und die Übergabe der nachgelassenen Partituren und persönlichen Dokumente des Bruders an das Archiv Deutsche Musikpflege in Bremen zu danken sind. Peter Schacht wurde am 30. Juli 1901 geboren; der Vater war ein wohlsituierter Kaufmann. Die Schwester schrieb in ihrer Biographie, daß die Eltern ihnen eine glückliche Kindheit bereitet hatten.

Die ersten schweren seelischen Probleme stellten sich für Peter Schacht in seiner Freiburger Studentenzeit ein, Probleme, die ihn als einen zu Geradlinigkeit, zu Ehrlichkeit, Gerechtigkeit und Menschlichkeit erzogenen jungen Mann tief berührten. Der Vater, der seinen Sohn an die Universität sandte, damit er einen guten Beruf erlerne, glaubte, daß er »zur Sicherung seines weiteren bürgerlichen Lebens« auch einer Burschenschaft beitreten müsse. Der neunzehnjährige Student hat in seinem Freiburger Jahr viele Freundschaften geschlossen und ist auf Wunsch des Vaters in ein Korps eingetreten, hat sich für die Korpstugenden »Kameradschaft und Bundesbrüderschaft« begeistert. Er scheint mit so manchen Idealen des Korps bald nicht mehr einverstanden gewesen zu sein und geriet – wie seine Schwester es formulierte – »in Gegensatz zu den Anschauungen des Korps«. Er hat dabei seine Jahre als Korpsstudent niemals bereut und Freundschaften, die er in dessen Reihen angeknüpft hat, immer intensiv gepflegt. Zum eigentlichen Bruch kam es im Jahr 1934. Renate Schacht hat den Austritt des Bruders aus der Korpsgemeinschaft beschrieben und gedeutet: In den Jahren, als die Nationalsozialisten die Korps von den sogenannten Fremdrassigen reinigen wollten, hat er sich mit seiner ganzen Kraft dafür eingesetzt, daß die »jüdisch Versippten« nicht aus dem Korps ausgewiesen wurden, da das der Hauptidee des Korps, nämlich der Kameradschaft und Bundesbrüderschaft, widerspreche. Seine Bemühungen blieben vergebens. Er hat im Jahre 1934 die Konsequenz daraus gezogen und ist mit einem anderen Bremer Korpsbruder aus dem Korps ausgetreten.

In Leipzig hatte Peter Schacht im Juli 1926 vom Konservatorium das musikalische Reifezeugnis erhalten, und im März 1927 ging er nach Berlin, um sich um die Aufnahme in Schönbergs Meisterklasse zu bemühen. Renate Schacht schreibt, daß »Peter von Neuem anfing zu lernen, wie wenn er noch garnichts gelernt hätte ... Glückliche Lern- und Schaffensjahre folgten in der ihn ungeheuer anregenden Berliner Atmosphäre, die er immer mehr als seine zweite, vor allem geistige Heimat empfand und wo er sich sehr wohl fühlte«. Als er in Schönbergs Meisterklasse eintrat, waren – im Wintersemester 1927/28 – seine Mitschüler Winfried Zillig, Walter Goehr, Walter Gronostay, Adolph Weiss, Robert Gerhard-Castells, Josef Zmigrod-Gray, Alfred Keller, Hansjörg Dammert, Nikos Skalkottas, Max Walter, Johannes Ewald Moenck und Josef Rufer. Im Sommerhalbjahr 1929 traten die Russin Natalie Prawossudowitsch und der Siebenbürger Norbert von Hannenheim ein; manche anderen Schüler hatten die Akademie verlassen. Im Winterhalbjahr 1929/30 und dem folgenden Sommersemester kamen als neue Meisterschüler Helmut Rothweiler, Fried Walter und Rudolph Goehr hinzu. Mit einer Reihe dieser Studienkollegen hat Peter Schacht viele Jahre hindurch Kontakt behalten und Freundschaft gepflegt; sein bester Freund wurde Erich Schmid, mit dem er vom Winterhalbjahr 1930/31 bis zum Sommer 1932 zusammen bei Schönberg war. Erich Schmid verdanken wir auch eine ausführliche Charakterisierung des Freundes:

»Peter Schacht – ein hochkultivierter und intelligenter Mensch aus Bremen, der mir zunächst durch sein norddeutsches S, welches sich in dem natürlich oft verwendeten Wort *S*timme manifestierte, auffiel. Mit ihm befreundete ich mich rasch, und wir pflegten eine Art Kolloquium, zu welchem wir uns alle zwei Wochen trafen, um Probleme der Komposition zu diskutieren oder vierhändig Orchesterwerke zu spielen, meist Mahler oder Bruckner!« Erich Schmid berichtet, daß er mit Peter Schacht bis 1938 in Kontakt war und durch ihn die letzten Nachrichten über »Schönberg und unsere Mitschüler« erhielt: »Die Musik Schachts habe ich in Erinnerung als sehr feinnervig, durchaus atonal, aber ich glaube, daß sie nicht eigentlich im Zwölftonsystem geschrieben war.«

Peter Schachts Mitschüler Winfried Zillig schrieb an den Bremer Musikkritiker Fritz Piersig, er sei mit Peter Schacht »wirklich sehr eng befreundet, soweit man mit ihm, dem scheuen, sehr verschlossenen und norddeutschen Menschen befreundet sein konnte . . . Er wirkte sehr steif (mit norddeutschem s-t auszusprechen), kam aus dem sehr reaktionären (musikalisch) Leipzig, wagte seine Absichten viel unverblümter zu sagen, als wir, die wir vor Schönberg heillosen Respekt hatten (er auch), und wir waren dann verblüfft, wie schnell er doch zu uns gehörte, und wie rasch Schönberg ihn offensichtlich sehr gerne mochte. Er blieb ja dann in Berlin, den Kampf ums Dasein ersparte ihm seine häusliche Situation« (Brief vom 17. August 1961).

Während seiner Studienzeit an der Akademie der Künste wurden auf Veranlassung Arnold Schönbergs zweimal Kompositionen Peter Schachts aufgeführt. Im Akademiekonzert vom 19. Juni 1929 kamen seine »Variationen über ein Thema von J. S. Bach« zu Gehör, sechzehn Variationen über Johann Sebastian Bachs »So oft ich meine Tabakspfeife mit gutem Knaster angefüllt«, aus dem »Clavier-Büchlein für Anna Magdalena Bach«. Im selben Konzert standen Kompositionen von Nikos Skalkottas, Alfred Keller, Norbert von Hannenheim und Josef Zmigrod-Gray auf dem Programm. Am 2. Juni 1931 spielten Anatol Knorre, Giovanni Bagarotti, Edmund Partos und Paul Hermann Peter Schachts Streichquartett in drei Sätzen. Dasselbe Streichquartett wurde am 23. März 1932 in einem Privathaus »im äußersten Berliner Westen« (»Berliner Tageblatt«, 30. März 1932) wieder aufgeführt, in einem Konzert der Ortsgruppe Berlin der Internationalen Gesellschaft für Neue Musik im

Hause Frau Thea Buchthals. »Arbeiten aus kompositorischen Schulen« war das Programm betitelt; es wurde Musik von Schülern Schönbergs, Hans Pfitzners und Franz Schrekers aufgeführt. Lieder und Klavierstücke aus der Schule Pfitzners »in einem Abend ›Neuer Musik‹ zu bringen, ist entweder Ironie oder Selbstironisierung«, schrieb Alfred Einstein im »Berliner Tageblatt« vom 30. März 1932. »In Schönbergs Meisterschule klingt es uneinheitlicher, die Wege gehen auseinander, aber sie laufen wenigstens ins Freie ... Ein Streichquartett von Peter Schacht (vom Partos-Quartett vorgetragen, wobei für den erkrankten Cellisten Werner Landshoff einspringt) zeigt bei aller scheinbaren Lockerheit oder Interjektionenhaftigkeit der Thematik, bei aller lyrischen Erregtheit doch eine feste und feine Formung: hier ist eine große Hoffnung.« Winfried Zillig und Norbert von Hannenheim waren die anderen Meisterschüler Schönbergs im Programm.

Zwei Monate nach der Aufführung des Streichquartetts kam nochmals eine Komposition von Peter Schacht im Hause Buchthal zu Gehör: in einem Konzert der »Vereinigung ehemaliger Hochschüler der Staatlichen Akademischen Hochschule für Musik in Berlin«. Das Konzert war außerordentlich stark besucht: »Fünf Kritiker verließen vor Beginn des Konzertes unter Protest das Haus, da sie keinen Sitzplatz bekommen konnten.« Schachts Werk war ein Duo für Klarinette und Klavier. Die vorgestellten »ehemaligen Hochschüler« waren hauptsächlich Musiker, nicht Komponisten. Eine Sonatine für Violine und Klavier von Nikos Skalkottas wurde in der einzigen erhaltenen Kritik (»Das kleine Journal«, Berlin) als »problematisch« bezeichnet und verrissen, Peter Schachts Duo kaum eingehend beschrieben. Die von Schönberg im Sommer 1932 erwähnte Sonate für Violine und Klavier in drei Sätzen wurde zuerst in einem privaten Kreis von Schönberg-Schülern im Sommer 1932 aufgeführt; dann brachte ihm eine Aufführung in Wien am 9. Mai 1934 eine Auszeichnung. Peter Schacht schrieb an Erich Schmid am 30. Mai 1934, daß sie »vor ein paar Tagen« von Hilde Steuermann und einem jungen Geiger namens Fuchsgelb gespielt wurde, und »anscheinend war die Aufführung sehr gut«. Peter Schacht, der auch ein guter Klarinettist war, teilte Schmid im selben Brief mit, daß er ein neues Klarinettenstück (Variationen) komponiert und es mit Hermann Heiß am Klavier zum ersten Mal gespielt habe: »Es klingt sehr schön, ich habe allerdings auch in altgewohnter Weise auf der Klarinette geglänzt! Übrigens das 1. Mal, daß ich die Klarinette in die Hand genommen habe seit unserem Musikabend bei Dir in der Kantstraße!«

Unglaublich fast klingt Peter Schachts Mitteilung (1934!): »Von Schönberg höre ich, daß er sich gut in Brookline eingelebt haben soll – Aufführungen, Schüler u.s.w., aber gerne wieder nach Deutschland zurück möchte. Das ist natürlich augenblicklich ganz unmöglich.«

Peter Schachts Streichquartett, 1931 im Akademie-Konzert und 1932 in einem Privathaus aufgeführt – eins der gelungensten, formal und inhaltlich ausgewogensten Werke des Komponisten, dabei auch eine der hervorragendsten Streichquartett-Kompositionen der Zeit –, entfachte bei einem Musikfest in Dortmund einen öffentlichen Skandal, der das Ende der musikalischen Laufbahn Peter Schachts im nationalsozialistischen Deutschland einleitete und sein Leben verdüsterte, ein Leben, an dessen frühem Ende das ihm verhaßte Regime die Schuld trägt.

Die Geschichte dieser Dortmunder Aufführung – was ihr voranging und was ihr nachfolgte – ist ein Stück Zeitgeschichte, Zeichen des Geistes und Ungeists jener Jahre. Der »Allgemeine Deutsche Musikverein«, im Jahre 1861 von Franz Liszt und Franz Brendel ins Leben gerufen und seit 1919 von Heinz Tiessen und Georg Schünemann geleitet, veranstaltete im Juli 1933 in Dortmund sein »63. Deutsches Tonkünstlerfest«. Peter Schachts Streichquartett war für das Programm von einer Jury vorgeschlagen worden, der Alban Berg, Hans Gál und Ernst Toch angehört hatten. Nachdem Deutschland nationalsozialistisch geworden war, wurden der Vorstand des Vereins abgesetzt und Parteigenossen wie Paul Graener, Max Trapp u. a. in den Vorstand gewählt. An Anton Webern, an Peter Schacht, an Walter Braunfels richtete der neue Vorstand Briefe, in denen den Komponisten nahegelegt wurde, ihre Werke vom Dortmunder Musikfest zurückzuziehen, da die Musik »einer künstlerischen Richtung angehört, die von der nationalen Bewegung bekämpft wird«. Anton Webern und Peter Schacht waren Schönberg-Schüler und somit für die Nazis »Kulturbolschewisten«. Die Musik von Walter Braunfels kam eigentlich aus der spätromantischen Tradition, aber er war Sohn eines jüdischen Rechtsanwalts und daher »untragbar«; er war aus seiner Stellung als Direktor der Kölner Musikhochschule entlassen und die Aufführung seiner Musik verboten worden.

Die Kompositionen Weberns und Braunfels' verschwanden vom Programm des Musikfests, aber Peter Schacht war nicht bereit, seinen Beitrag zurückzuziehen. »Die Aufführung meines Streichquartetts in Dortmund ist noch gerade vor Toresschluß erfolgt. Die ganze Sache hatte soviel Staub aufgewirbelt, daß auch die von Burkard geplante Aufführung des Quartetts in der Funkstunde, die gleich nach dem Dortmunder Tonkünstlerfest stattfinden sollte, nicht mehr möglich war«, schrieb Peter Schacht am 18. Oktober 1933 an Arnold Schönberg: »Jetzt ist natürlich für die nächste Zeit überhaupt nicht mehr an Aufführungen zu denken.«

Das Streichquartett wurde, wie Peter Schachts Schwester Renate berichtet, »von einer von der Partei bezahlten Clique ausgepfiffen, fand aber trotz allem nicht nur ablehnende, sondern auch außerordentlich verständnisvolle und positive Kritiken.« So schrieb Karl Holl in der »Frankfurter Zeitung« im Rahmen eines längeren Artikels, man könne das Streichquartett von Peter Schacht »nicht als verbindlich anerkennen. Dabei war gerade dieses Stück in seiner konzentrierten, die Abkunft Schönbergs deutlich erweisenden Anlage nach Klangmaterial und Formidee das eigentümlichste des ganzen Programms und gegen Widerstände mutig durchgesetzt«. Hans Heinz Stuckenschmidt schrieb in der »Vossischen Zeitung« vom 25. Juni 1933: »Das Befremden, das Peter Schachts Streichquartett erregte, darf den Blick für die außergewöhnlichen Qualitäten dieses Werkes nicht trüben. Wie bekannt, war Schacht unter den drei Festautoren, denen im April nahegelegt wurde, ihr Werk zurückzuziehen ... Schacht bestand auf der Aufführung, und sein Werk, für das bereits eine Ersatznummer angenommen war, wurde gespielt. Was immer man gegen Schacht sagen mag, eines wird man ihm nicht absprechen können: die große, ja überragende satztechnische Meisterschaft, mit der die Variationen im langsamen Mittelteil seines Quartetts geschrieben sind. Hier, in der Strenge, mit der die beethovensche Variationsauffassung verfolgt wird, zeigt sich jenes handwerkliche Verantwortungsgefühl, jene wahre künstlerische Ethik, die Schönbergs Lehre wie kaum eine andere dem deutschen Musikernachwuchs eingeimpft hat. Das Stück ist in der Geschlossenheit seines Stils vorbildlich; daß Schacht sich zu einer ganz persönlichen Sprache noch nicht durchgerungen hat, mag in der nordischen Schwerblütigkeit seines Wesens begründet liegen. Die Merkmale seiner Begabung weisen ins Gebiet der Lyrik und der Kammermusik; hier können wir hoffen.«

Manch andere Kritiker des Dortmunder Tonkünstlerfestes bemühen sich um objektive, dabei oft nichtssagende Urteile, scharf aber wettern die echten Nationalsozialisten gegen den Schönberg-Schüler: »Das Streichquartett des Schönberg-Schülers Peter Schacht wurde ausgepfiffen. Die Hohlheit der Konstruktion erreichte einen seltenen Gipfel absoluter Impotenz« (»Badische Presse«, Karlsruhe, 27. Juni 1933). Dagegen: »In einem Streichquartett zeigt der Schönberg-Schüler Peter Schacht sich durchaus nicht von der Konstruktivität seines Meisters beeinflußt, der Aufbau zerfasert ihm in rhythmisches Kleinwerk. Immerhin ergeben sich gerade klanglich einzelne Stellen von eigenartig reizvoller Wirkung« (»Deutsche Tageszeitung«, Berlin, 24. Juni 1933). »Eine in ihrer konstruktiv-starren, jedem ohrenfälligen Klang ausweichenden Polyphonie unerträgliche Komposition« (»Düsseldorfer Nachrichten«, 23. Juni 1933). »Derart konstruktiv erklügelten Äußerungen vorgestrigen Musizierwillens sollte eine Vorführung bei repräsentativen Musikfesten in Zukunft verwehrt bleiben« (Ernst August Schneider, in »Die Musik«, Berlin, Juli 1933).

Das Postulat Schneiders im offiziellen Naziorgan (»Die Musik«) wurde bald danach in die Tat umgesetzt, als eine Komposition Peter Schachts, die beim Festival der Internationalen Gesellschaft für Neue Musik in Paris aufgeführt werden sollte, auf Druck deutscher offizieller Stellen zurückgezogen werden mußte. Es hätten Peter Schachts Zwei Stücke für Klarinette und Klavier vorgestellt werden sollen (die Entscheidung der internationalen Jury war längst vorher gefallen). Doch der »Reichsmusikkammer« war »die nicht rein arische Zusammensetzung des internationalen Komitees nicht genehm«, und Peter Schacht wurde selbst unter Druck gesetzt, die Absetzung seines Stücks (das im gedruckten Progamm bereits genannt war) anzuordnen! Es kann dabei den Nazi-»Fachleuten« nicht um das internationale Komitee gegangen sein: dies bestand aus Edward Clark, Roberto Gerhard, Jacques Ibert, Gunnar Jeanson, Slavko Osterc; Mitgliedschaft in der Internationalen Gesellschaft bedeutete einfach generell »entartete Musik« und »Kulturbolschewismus«. Ein anderer Schönberg-Schüler, der in Deutschland lebte, »durfte« dagegen aufgeführt werden: Norbert von Hannenheim, beim IGNM-Fest in Wien 1932 als Deutscher, in Paris 1937 als »Rumäne« verzeichnet – er war für die Nazis ein willkommener »Auslandsdeutscher«, wenn er auch nicht einer der ihren war.

Peter Schacht war somit aus dem »offiziellen« Musikbetrieb ausgeschlossen und einem Leben in musikalischer Isolation überlassen. Seine Stimmung lassen die in musikalischer und seelischer Einsamkeit komponierten Lieder erkennen, die er in den Jahren 1933 bis 1936 komponierte: acht Gesänge mit Klavierbegleitung nach Gedichten von Richard Billinger, »Empfindung« von Arthur Rimbaud, »September-Morgen« von Eduard Mörike und »Die scheinheiligen Dichter« von Friedrich Hölderlin: Textwahl und Musik spiegeln Peter Schachts inneres Erleben dieser Jahre wider. Es existiert noch der Entwurf zu einem Lied »Frühlingsgruß« nach einem Gedicht von Eichendorff. Zwei Aufführungen eines Werkes von Peter Schacht sind für diese Jahre zu verzeichnen: seine »Drei Sätze für Streichorchester« wurden in einem »Austausch-Konzert Deutschland–Schweiz« unter dem Protektorat des Schweizerischen Tonkünstlervereins am 1. Dezember 1937 im Stadthaussaal Winterthur uraufgeführt. Veranstalter war das »Musikkollegium Winterthur«, dessen Chefdirigent seit 1922 Hermann Scherchen war – Werner Reinhart war Mäzen und Spiritus rector des Musikkollegiums. Dirigent des Konzerts war Herbert Albert, Generalmusikdirektor der Württembergischen Staatstheater Stuttgart; der Dirigent war zwei Jahre jünger als der 1937 36 Jahre alte Peter Schacht.

Die Organisation der »Internationalen Austausch-Konzerte« lag in den Händen des »Ständigen Rats für die Internationale Zusammenarbeit der Komponisten«, der 1934 als Gegenorganisation zur »Internationalen Gesellschaft für Neue Musik« gegründet worden war; Richard Strauss war als sein Präsident gewählt worden. Es ist möglich, daß Peter Schacht, dessen Teilnahme am Internationalen Pariser Musikfest im Frühsommer 1937 zurückgezogen werden mußte, seine »Drei Sätze für Streichorchester«, »im alten Stil« komponiert, speziell für die neue Organisation geschrieben hat, da er ja wußte, daß Musik in seinem eigensten Stil keine Chance mehr hatte, aufgeführt zu werden. Paul Höffer, Helmut Degen, Hans Chemin-Petit waren die anderen Komponisten des Winterthurer Programms. Die deutsche Presse hat von dem Konzert in Winterthur kaum Notiz genommen; Peter Schacht schrieb aber an seinen Schweizer Freund Erich Schmid, daß man ihm spöttisch vorgeworfen habe, er ergehe sich »als einstiger Radikaler nun in tonaler Harmlosigkeit«. Das »Neue Winterthurer Tagblatt« rühmte an Peter Schachts Werk die »zweifellose handwerkliche Fertigkeit und eine gewisse formale Straffheit. Ein forsches konzises Thema sichert den ersten Takten des Allegros prägnan-

Peter Schacht: »Die scheinheiligen Götter«, nach Hölderlin, in der Handschrift des Komponisten.

ten Charakter und auch im weiteren Verlauf ergibt sich ein sauberer, allerdings wenig in die Tiefe stoßender Streichersatz ... Reichlich konventionell ... ist der Mittelsatz. Das Molto allegro hingegen ist von eigenwilligeren, rhythmisch launisch geprägten Zügen beherrscht, doch scheinen sich die zusammengetragenen Bauelemente zu wenig einem organischen Willen zu fügen, als daß sich ein kompakter Habitus ergäbe«. Der Rezensent (F. S.) vermerkt, daß sich die Komponisten Schacht und Degen persönlich für die herzliche Aufnahme ihrer Werke bedanken konnten. »Konventionell« fand auch »Der Landbote und Tagblatt der Stadt Winterthur« vom 11. Dezember 1937 die »Drei Sätze« von Peter Schacht: »zwar satztechnisch sauber und ›gut‹ klingend, über weite Strecken auch kräftig profiliert, im Grunde aber doch recht unpersönlich« ... »Am markantesten musiziert dünkte mich der wenigstens formal gut gebaute erste Allegro-Satz und der leis pathetische Ausklang des Andante-Mittelstückes, während das recht lebendig aufspringende Finale (Molto allegro) mit seinen wechselbunten Ausdruckssteigerungen und Gefühlsentladungen ideenflüchtig und gestückt wird« (H. Sp.).

Die »Drei Sätze für Streichorchester« erlebten zwei Monate nach ihrer Uraufführung in Winterthur eine weitere Aufführung, der Peter Schacht beiwohnen konnte, am 14. Februar 1938 in Wuppertal im 50. Konzert des 1930 von Anton Schoenmaker gegründeten und von ihm geleiteten, nach ihm benannten Kammerorchesters. Peter Schachts Werk erklang nach einer Komposition des Wuppertaler Komponisten Victor Kahl und vor zwei Werken von Johann Sebastian Bach – dem E-Dur-Violinkonzert und dem Dritten Brandenburgischen Konzert. In einer Besprechung des Konzerts vom 16. Februar 1938 (»Bergisch-Märkische Zeitung«) schreibt Ernst Kuckelsberg: »Die auch in rhythmischer Hinsicht völlig selbständige horizontale Eigenführung der einzelnen Instrumente, die scharfe Überschneidungen nicht vermeidet, ergibt vielfach eine über Strauss hinausgehende klangliche Vielgestaltigkeit und reizvolle Farbigkeit. Da indes die aus vollem Innern strömende und daher zum Herzen sprechende melodische Erfindung, die den rhythmisch erregten Allegro-Ecksätzen mehr oder weniger fehlt, sich auch in dem Andante-Mittelsatz nicht ganz durchzusetzen vermag, so wird man trotz aller klanglichen Eigenarten und linearen Formkünste nicht recht innerlich warm und empfindet diese drei Sätze für Streichorchester mehr als formal vielseitige Konstruktionen des Kopfes, denn als musikalische Herzensangelegenheit ... Das Werk fand jedoch wohlverdiente Anerkennung durch lebhaften Beifall, für den auch der anwesende Komponist danken konnte.« Ein anderer Rezensent zählte Peter Schacht »zu den Suchern nach harmonischem Neuland und auch zu denen, die die von der Kunst der Instrumentation bisher beschrittenen Wege meiden. Daher ist seine

Musik nicht unmittelbar eingängig und bietet auch den Ausführenden nicht unerhebliche Schwierigkeiten. Der jedoch, der sich durch Schachts kunstreiche Tongebilde durchzuhören vermag, wird aus den drei Sätzen, namentlich an dem charaktervollen Andante, beachtliche Klangwirkungen von reizvoller Eigenart entdecken können. Mit voller Hingebung nahm sich Schoenmakers Gefolgschaft des Werkes an und wußte ihm fesselnde Züge abzugewinnen.«

Die Kritiken zeigen, daß man dem kompromißreichen Stil der »Drei Sätze« ebensowenig Verständnis entgegenbrachte wie Peter Schachts großen »reifen« Kompositionen der Schönberg-Zeit. Dabei kann man wohl auch sagen, daß die Rezensenten von Peter Schachts Musik »im alten Stil« genauso verwirrt waren wie wahrscheinlich der Komponist selbst, der hier nach einer traditionell-eingängigen Schreibweise gesucht hatte. In den Jahren 1933 bis 1937 hatte er in bedrückter Stimmung, in Wehmut, aber Trotz, elf Lieder geschrieben. Nach den traditionsgebundenen, doch auch Kraft ausströmenden Sätzen für Streichorchester stürzte er sich verzweifelt in ein ganz neues Leben.

»Den Kampf ums Dasein ersparte ihm seine häusliche Situation«, schrieb Winfried Zillig in seinem Brief an Fritz Piersig vom 17. August 1961; er blieb in Berlin. Vom Elternhaus genoß er wohl weiterhin Unterstützung, obwohl der Vater 1935 82jährig gestorben war; die Mutter überlebte den Sohn; sie starb 1954 mit 88 Jahren.

Peter Schacht faßte angesichts der Einsicht, daß er seinen eigentlichen Weg nicht mit Erfolg weitergehen konnte, den Entschluß, sich mit Ballettmusik und Tanzmusik zu befassen – wo es vielleicht möglich war, ein gewisses Publikum zu erreichen und dieses auf ihn als tätigen Musiker aufmerksam zu machen. Die Schwester Renate berichtete, daß ihn von jeher der »Rhythmus der amerikanischen Jazz-Musik außerordentlich angezogen« habe: »Wie er alles mit kolossaler Gründlichkeit und Intensitivität ergriff, so auch dieses Gebiet. Um mit Leib und Seele in dieses Reich des Rhythmus einzudringen, besuchte er eine Tanzschule und lernte dort den Kunst-Step, worin er es zu großer Geschicklichkeit brachte. Auch andere Gesellschaftstänze pflegte er von jetzt ab mit besonderer Liebe. Wenn er den ganzen Tag über konzentriert gearbeitet hatte, liebte er es, ab 10 oder 11 Uhr abends das Nachtleben der Großstadt mitzumachen. Seine letzte Komposition, eine Suite aus dem Berliner Leben, wurde davon inspiriert.«

Er komponierte auch eine Ballettmusik, in der sich nach Erinnerung Winfried Zilligs, der eine Aufführung in Essen im Jahre 1940 geleitet hat, Jazz-Anklänge fanden: »Ich erinnere mich«, schrieb Zillig in dem erwähnten Brief an Fritz Piersig, »daß es ein zwar ganz tonales Stück war – auch bei Schönberg hatte er ganz tonale Variationen als Schularbeit geschrieben –, das aber sehr unverhohlen nach dem Jazz schaute, was im Hinblick auf das ländliche Sujet (›Andreasnacht‹) seltsam war. Es war irgend eine Geschichte, wo ein Knabe nicht zu seinem Mädchen finden wollte, worauf die ganzen Freunde und Freundinnen der beiden in der Johannisnacht eine Art Zauber inszenieren, wobei ein Tausendfüßler eine Rolle spielt, ein riesiger, in dem alle Beteiligten wie in einer großen Maske drinstecken, um dadurch die Liebenden endgültig zusammenzubringen. Die Aufführung in Essen (sie muß zwischen 37 und 40 gewesen sein, wahrscheinlich 1938 – Renate Schacht schreibt 1940) war ein Erfolg, die Leute waren dem Jazz so fern, daß sie gar nicht die ›kulturbolschewistische‹ Kehrseite der Sache begriffen, auch die sehr spröde, karge, an den klassizistischen Strawinsky erinnernde Instrumentation war unverdächtig, da niemand die Vorbilder kannte.«

Im Mai 1941 erreichte Peter Schacht der Gestellungsbefehl, und der 40jährige Musiker wurde Soldat. Er kam als Landesschütze nach Posen zur Bewachung von englischen Kriegsgefangenen. Hier mußte er nach den zermürbenden Dienststunden in einem Wehrmachtsorchester spielen, wie Renate Schacht erfuhr, und zwar als Klarinettist. Außerdem hatte er Solisten aus dem Orchester am Klavier zu begleiten. Es wurde auch Tanzmusik gemacht. Das Orchester war sehr begehrt im weitesten Umkreis, um bei Festlichkeiten (die Einweihung von Fahnenjunkern, Hochzeiten von Unteroffizieren und ähnlichen Gelegenheiten) die ganze Nacht hindurch Tanzmusik und Märsche zu spielen. Gegen Morgen wurde dann meist das ganze Orchester mit Notenpulten und Instrumenten auf Lastkraftwagen verladen, um pünktlich wieder beim Dienst antreten zu können. »Nur der Gedanke an die Beseitigung seiner größten Feinde, der Nazis, ließ ihn diese schwere Zeit durchhalten«, schrieb seine Schwester. »Es war schlimm für ihn als produktiven Menschen, darunter zu leiden, Stunde für Stunde, Monat für Monat und Jahr für Jahr nichts weiter zu tun, als andere Menschen bei der Arbeit zu bewachen.«

In Posen traf Peter Schacht auch Winfried Zillig wieder, der dort während der Jahre 1940 bis 1943 Opernchef war. »Er war sehr oft bei mir«, berichtete Zillig, »auch oft im Theater, brachte seine Kameraden mit, und ich konnte feststellen, daß er es fertig gebracht hatte, einen ganzen militärischen Verband, wie es seine Landesschützen-Einheit doch war, einschließlich der Chargen, zu klarsichtigen Menschen zu machen (man nannte das damals Defaitisten). Er hatte bereits 1940 im Siegestaumel des Frankreichkriegs unerbittlich genau die Katastrophe gesehen und ihre Entwicklung ganz wie es später eintraf vorausgesagt. Es war die größte Tragödie, daß er, der bei der Berliner Kristallnacht (9./10. November 1938 – den organisierten Pogromen der Nazis gegen die Juden) der SA auf dem Kurfürstendamm sich wütend diesen Scheusälern entgegenstellte (es war ein Wunder, daß er da heil davon kam, man hielt ihn offensichtlich für einen Verrückten), diesem Krieg zum Opfer fiel, während Millionen solcher, die von ›ganz gut mitmarschiert‹ bis ›ganz vorn an den Krippen gefressen‹ reichen, heute vergnügt auf dem Vulkan des Deutschen Wunders tanzen.« Zillig erwähnt, daß er in Posen auch »ein ebenfalls tonales Stück für Streichorchester« aufgeführt habe, »das auch gewisse wenn auch weniger deutliche Jazz-Anklänge enthielt«. In Posen zeigte Peter Schacht Zillig auch »seine ausgezeichneten Miniaturklavierstücke«, in denen er – wie Zillig schreibt – sehr dem Stil nahekam, den er damals schrieb.

Die Ballettmusik »Andreasnacht« und die »Berliner Suite« sind bisher (1997) nicht wiedergefunden worden. Die »Miniatur«-Klavierstücke sind im Archiv Deutsche Musikpflege aufbewahrt, wie auch die Lieder, die Partitur der »Drei Sätze für Streichorchester«, das Streichquartett, die Violinsonate, die Bach-Variationen und das Streichquartett sowie die Stücke für Klarinette und Klavier und eine Konzertouvertüre für Orchester. Es ist ein an Umfang kleines, aber gewichtiges Œuvre, das Peter Schacht hinterlassen hat.

Als am 12. Januar 1945 die Russen über die Weichsel setzten, schreibt Renate Schacht, kam das Ende heran. Aber anders, als er es sich erhofft hatte. Das ganze Landesschützen-Bataillon wurde aus Posen herausgezogen, da sie nie im Kampf gewesen und auch nicht entsprechend ausgebildet waren. Seine Kompanie kam als einzige zum Einsatz. Am fünften Tage traf ihn eine Granate. Er war sofort tot. Es muß ungefähr der 25. Januar 1945 gewesen sein. Peter Schacht war noch keine 44 Jahre alt.

Ihr scheinheiligen Dichter

Ihr kalten Heuchler,
sprecht von den Göttern nicht!
Ihr habt Verstand!
Ihr glaubt nicht an Helios,
noch an den Donnerer und Meergott,
Todt ist die Erde,
wer mag ihr danken?
Getrost, ihr Götter!
Zieret ihr doch das Lied,
wenn schon aus eurem Namen die Seele schwand,
und ist ein großes Wort vonnöten,
Mutter Natur! so gedenkt man deiner.

FRIEDRICH HÖLDERLIN, *von Peter Schacht etwa 1935/36 für tiefe Stimme (Bariton) und Klavier komponiert: »lebhaft – sehr stark, mit viel Schwung«.*

Zwei Komponisten aus Jugoslawien

MIROSLAV SPILLER · LEO WEISS

MIROSLAV SPILLER – KOMPONIST UND PÄDAGOGE

Mein Bruder erzählte, Schönberg kannte alle Streichquartette Beethovens auswendig. War scheinbar nicht ganz sicher, ob er alle Töne in einer 12-Ton-Komposition unterscheiden könne. Mein Schwager Michael Gielen kann es toll – ich nicht.

PROFESSOR LJERKO SPILLER, Buenos Aires,
Brief an den Verfasser 24. Oktober 1993.

IM WINTERHALBJAHR 1926/27 nahm Schönberg zwei miteinander befreundete Komponisten aus Jugoslawien »provisorisch« in seine Meisterklasse auf, Miroslav Spiller* und Leo Weiss. Beide lieferten »Instrumentalstücke und Übungen«, aber Schönberg scheint mit ihren Fortschritten nicht sehr zufrieden gewesen zu sein, denn beide sind bald wieder aus der Meisterschüler-Gruppe ausgetreten. Beide haben aber anscheinend von der kurzen Lehrzeit bei Schönberg ernsthaft profitiert, wie ihre kompositorische Entwicklung – bei dem jung verstorbenen Leo Weiss nur kurz – beweist.

Miroslav Spiller war noch keine 20 Jahre alt, als er zu Schönberg nach Berlin kam. Er wurde am 19. Dezember 1906 in Crikvenica geboren. Be-

* Im Kroatischen schreibt sich der Name Špiler.

vor er sich entschloß, an der Meisterklasse Arnold Schönbergs in Berlin teilzunehmen, hatte er bei den bedeutendsten Professoren des Zagreber Konservatoriums studiert und ein brillantes Abgangszeugnis erhalten. Spiller war tief beeindruckt von Schönbergs Haltung, Schülern die eigenen Ideen nicht aufzudrängen, offen zu sein für fremde Ideen und sie nach ihrem Gehalt zu bewerten. Spiller hat sich später – vor allem durch politische Einwirkungen in seiner Heimat gezwungen – von Schönbergs Kompositionsmethode, nicht aber von seiner Lehre abgewandt. In Gesprächen mit einem jugoslawischen Freund, dem Dirigenten Teodor Romanić, hat er betont, daß Schönbergs Ethos und künstlerische Toleranz entscheidende Wirkung auf sein weiteres Leben und seine Arbeit sowohl als Komponist wie auch als Pädagoge gehabt haben, »wie er überhaupt alle Ideen würdigte, die ganz radikalen wie auch konservative – es kam ihm im konkreten Werk immer ausschließlich auf eine Aufrichtigkeit der Aussage, auf Phantasie und Inspiration an, alles Äußerliche und Virtuelle lehnte er dagegen ab« (Teodor Romanić in einem Gedenkartikel nach Spillers Tod, aus dem Serbokroatischen freundlichst übersetzt von Hildegard Roth, Slawisches Seminar, Universität Freiburg im Breisgau).

Miroslav Spiller hatte die Zagreber Akademie als Komponist und Dirigent absolviert und wollte sich in beiden Fächern weiter ausbilden. So ging er nach der kurzen Lehrzeit bei Schönberg zunächst nach Basel, um bei dem Dirigenten Felix von Weingartner zu studieren; nebenbei vervollkommnete er sich im Klavierspiel. Von Basel ging er für ein Jahr an die Schola Cantorum nach Paris, deren Mitbegründer der einflußreiche Pädagoge und Komponist Vincent d'Indy war. Die Schola Cantorum zog eine große Zahl junger und bedeutender Musiker an, und Spiller war von dem Stil der Schule und von der Atmosphäre in Paris sehr beeindruckt, sie »bereicherten seine künstlerische Erfahrung« (Romanić).

Von Paris kehrte Spiller nach Jugoslawien zurück und ließ sich in Zagreb nieder, wo er studiert hatte. Er wurde ein gesuchter Klavierbegleiter für Instrumentalisten und konzertierte vor allem auch mit seinem zwei Jahre jüngeren Bruder, dem Geiger Ljerko Spiller, der in Zagreb und Paris bei Jacques Thibaud und George Enescu studierte, dann einige Zeit an der »École Normale de Musique« lehrte und 1935 nach Buenos Aires übersiedelte. Ljerko Spiller wurde als Violinist wie als Geigenlehrer weltberühmt und gewann in seiner Wahlheimat Argentinien einen besonderen Ruf als Interpret zeitgenössischer und amerikanischer Musik. Die

Miroslav Spiller.

Schwester Miroslav und Ljerko Spillers heiratete den Komponisten und Dirigenten Michael Gielen, dessen Vater, der bedeutende Theater- und Opernregisseur Josef Gielen, mit der Familie von Wien nach Argentinien auswanderte, als der Sohn zehn Jahre alt war. Josef Gielen kehrte 1948 nach Wien – ans Burgtheater und die Wiener Staatsoper – zurück, wohin ihm auch Michael später folgte.

Miroslav Spiller interessierte sich zunehmend für das Medium Rundfunk und wurde musikalischer Leiter, Dirigent und Pianist am Radio Zagreb und verschwand bei Ausbruch des Weltkriegs und der Besetzung des Landes durch deutsche und italienische Truppen »in den Untergrund« (Ljerko Spiller). »Bei den Partisanen sammelte er Lieder, ordnete sie und ließ sie drucken, organisierte Gruppen für Widerstands-Kulturarbeit, leistete Pionierarbeit mit seinem Bemühen, mit der Musik zum Sieg über den Okkupator beizutragen« (Romanić). Nach der Befreiung begann er in Zagreb und Belgrad zu arbeiten; 1953 siedelte er nach Sarajevo über, wo er Professor und Rektor, Prorektor und Seminardirektor, Mitglied verschiedener Gremien wurde. Er war der eigentliche Begründer der Musikakademie in Sarajevo. Spiller wurde von seinen Freunden und Kollegen als ein unermüdlich arbeitender Musiker und Pädagoge beschrieben. Er arbeitete in Zurückgezogenheit, verzichtete auf Freizeit und auf Freuden des Alltags; kaum leistete er sich Ruhe zur Entspannung und zu einem Zusammensein mit Freunden. Neben seiner praktischen Arbeit als ausübender Musiker und seinem kompositorischen Schaffen lag ihm vor allem die Lehrtätigkeit am Herzen. Er gab nicht nur sein reiches Wissen im Unterricht an die Lernenden weiter, sondern verfaßte auch Lehrbücher. Zehn Jahre etwa arbeitete er an einem umfangreichen Werk über das Orchester und das Dirigieren, doch fehlte ihm stets die Zeit zum kontinuierlichen Schreiben, und das Buch blieb unvollendet. Zwei Teile – über das Streichorchester und über die Holzbläser – konnten veröffentlicht werden (in kroatischer Sprache), den dritten Teil, über die Blechbläser, hat Spiller nur im Konzept hinterlassen. Fachleute haben das Werk als »kapitale, einzigartige« Arbeit bezeichnet, in der theoretische Belehrung und praktische Anwendung miteinander verbunden und mit reichen musikalischen Beispielen dargestellt sind.

Eine Reihe von Spillers Kompositionen ist zu seinen Lebzeiten zur Aufführung gekommen. Er wurde Präsident des Verbandes jugoslawischer Komponisten und erhielt in seinem Lande den höchsten Orden für kulturelle Verdienste. Sein Bruder in Argentinien hat verschiedene Kompositionen Miroslav Spillers bewahrt (und Kopien der Partituren freundlichst zur Verfügung gestellt); viele Werke sind bei den Wirren und Kriegshandlungen in Sarajevo verschollen, nicht auffindbar oder verlorengegangen. Teodor Romanić berichtet, daß er Uraufführungen verschiedener Kompositionen dirigiert hat: »Das erste war ›Introdukcija i Largo‹, dann die ›Sinfonija u dva stava‹ (Sinfonie in zwei Sätzen), sodann ›Opsesija‹ (dem Dirigenten gewidmet), die ›Tri kompozicije za violinu solo i kamerni orkester‹ und die ›Pjesme na tekstove Lorke‹ (Lieder auf Texte von Lorca). Die Uraufführungen folgten sehr bald auf den Abschluß der Kompositionen; viele dieser Werke brachte ich im Land selbst und auch im Ausland zur Aufführung.« Über eine Aufführung der »Drei Miniaturen für Geige und Kammerorchester« bei einem Festival neuer jugoslawischer Musik in Opatija berichtete Zija Kukukalić in der Zeitschrift »Melos« VI, 1971, S. 260: »… es ist expressionistisch konzipierte, sachkundig geschriebene Musik«; es war dies eins von zwei Werken im Programm, »die aufhorchen ließen«.

Romanić betont, daß Spiller stets eine so genaue Vorstellung vom Klang seiner Partituren hatte, daß er niemals etwas zu ändern fand, wenn die erste Orchesterprobe begann. Das Notierte war zwar nicht leicht zu spielen, war »aber bei wirklicher Konzentration zu bewältigen ... Partituren dieser Art können jedem Dirigenten imponieren«. »Obwohl er schon als Kind mit Schönberg die Zagreber skandalisiert hatte«, schrieb uns der Bruder Ljerko Spiller, »sind seine Kompositionen, sicher wegen politischer Richtlinien, mehr vom russischen Stil beeinflußt.« Er besitze »eine kleine Komposition von ihm« für Gesangsstimme (ohne Text) und Geige, die »freier« ist, schreibt der Bruder.

Die »kleine Komposition«, betitelt »Dijalog, Kompozicija za Sopran i solo violinu«, »Andante sostenuto«, liegt uns vor, und es scheint wohl die originellste und interessanteste Komposition Miroslav Spillers zu sein. Sie beginnt mit dem Violinsolo, einem stark akzentuierten Motiv, gefolgt von zwei Pianissimo-Flageolett-Griffen. Eine längere chromatische – nicht komplett zwölftönige – Melodie der Violine leitet zum Beginn des Gesangssolos über, und es entwickelt sich ein wirklicher Dialog zwischen Gesangsstimme und Instrument. Die Sängerin vokalisiert auf offenen Vokal-Silben und steigert sich im Verlauf zu virtuoser Koloratur, während die Geige in einem solistischen Zwischenspiel sehr virtuos musiziert. Sehr ruhig, fast einfach gestaltet, endet der Dialog in leisesten Tönen. Der Beschluß des Werkes trägt das Datum »Sarajevo, 28.9.1971«.

Spillers »Drei Stücke für Violinsolo und Kammerorchester« (das aus vier Holzbläsern und Horn sowie Streichorchester besteht) entstanden zwischen Mai und August 1970 und enthalten einen langsamen Eröffnungssatz, einen bewegten Mittelsatz »Mobile, ma non troppo« und ein gemäßigt bewegtes Finale. Die García-Lorca-Lieder, »Präludium«, »Propast« (»Unheil), »Oproštaj« (»Abschied«), sind in Sarajevo entstanden und wurden dort 1969 als Autograph von der Vereinigung der Komponisten Bosniens und der Herzegowina herausgegeben. Jedes der Lieder ist kaum mehr als vier Minuten lang, und die Stimme wird von einem großen Orchester mit Harfe begleitet. Die chromatischen melodischen Floskeln sind der Gestaltung des »Dialogs« nicht unähnlich; die Solostimme singt sehr ruhig und linear, die Orchestration ist äußerst farbig. Man kann nicht sagen, daß diese hier beschriebenen Kompositionen Zugeständnisse an zeitgebundene Konventionen enthalten und daß Spillers Herkunft aus Schönbergs Schule unsichtbar wäre. Eher ist das der Fall in dem Orchesterwerk »Opsesija«, für stark besetztes Orchester mit Klaviersolo und viel Schlagwerk, dabei ein Stück von sicherlich großer Wirkung. Spiller hat auch kammermusikalische Werke in einer weit konventionelleren Haltung geschrieben, wie »Sjetni Trenutak« (»Empfindsamer Moment«) für Flöte, Oboe, Baßklarinette und Klavier (1955), »Samotni Trenutak« aus demselben Jahr für Flöte, Klarinette, Englischhorn und Klavier, aus dem nächsten Jahr ein Stück für Rezitation und Begleitung sowie ein »Präludium« für Trompete und Klavier (1956), »Grave con colore«. »Opsesija« trägt kein Datum, auch die Sinfonie in zwei Sätzen (Poco pesante, ma non troppo lento – Allegro moderato, ma deciso) trägt kein Datum, in tonalitätsnaher Harmonik sehr farbig für großes Orchester (mit Harfe und Klavier) geschrieben, mit kanonischen Spielereien im ersten Satz und Instrumental-Soli und starken dynamischen Gegensätzen im Allegro-Teil. Beide Sätze enden beruhigend, der Allegro-Satz bei völliger Auflösung der Thematik im Pianissimo.

Miroslav Spiller starb am 30. November 1982 in Sarajevo, kurz vor seinem 76. Geburtstag.

»Menschen wie Spiller lassen immer etwas Unvollendetes zurück, weil sie, kaum haben sie das eine abgeschlossen, sofort etwas anderes, Neues beginnen, eine Fortsetzung ohne Ende.« Mit diesen Worten nahm der Freund und Dirigent Teodor Romanić in seinem »In Memoriam« Abschied von Miroslav Spiller: »Ein Ende gefunden hat eine ausdauernde, wirksame, fruchtbare Kraft, ein unruhiger Lebensweg ist zu Ende. Uns bleibt nur übrig zu trauern, zu versuchen, auf vielfältige Weise die Erinnerung an das Werk Miroslav Spillers zu bewahren und uns mit Dankbarkeit daran zu erinnern, wieviel Schönes und Nützliches Miroslav Spiller uns geschenkt hat.«

LEO WEISS – FRÜH VOLLENDET

> ... sein Orchesterwerk hat der Musikerwelt und auch der breiten Öffentlichkeit wirklich etwas Wesentliches und Neues zu sagen – als Kundgebung einer früh zur Reife entwickelten schöpferischen Begabung.
>
> ALOIS HÁBA

Mit seinem eindreiviertel Jahre älteren Freund Miroslav Spiller kam der einundzwanzig Jahre alte Leo Weiss aus Jugoslawien zu Schönberg an die Preußische Akademie der Künste zu Berlin. Er wurde, wie Spiller, »provisorisch aufgenommen«, schrieb »Instrumentalstücke und Übungen«. Er trat, wie Spiller, im Winterhalbjahr 1926/27 ein und wurde im Sommersemester 1927 als »seither ausgetreten« verzeichnet. Im Sommersemester 1927 hat Schönberg als Anmerkung zu seinen Notizen über Fleiß, Fortschritte und Kompositionen der Meisterschüler (im Sommer 1927 waren es Josef Rufer als Assistent, Zillig, Moenck, Gerhard, Max Walter, Zmigrod, Perpessa, Walter Goehr und Adolph Weiss) noch ein Nachwort beigefügt: »Alle Schüler haben außer ihren Kompositionen noch Lücken ihrer theoretischen Ausbildung ausgefüllt und in meinen Kursen durch Analysen und theoretische Arbeiten ihr Wissen erweitert.«

Über Ausbildung und Lebensweg des sehr jung verstorbenen Leo Weiss ist nur sehr wenig bekanntgeworden. Er wurde am 16. März 1905 in Mitrovica geboren, und seine Zeugnisse oder Kompositionen müssen Schönberg so weit befriedigt haben, daß er einer »provisorischen Aufnahme« in seine Meisterklasse zustimmte. Aus Nachrichten vom Bruder seines Freundes Spiller, Professor Ljerko Spiller in Buenos Aires, war zu erfahren, daß es beide Freunde zur anthroposophischen Lehre Rudolf Steiners zog und Leo Weiss aus Berlin in die Schweiz übersiedelte, an das Zentrum der anthroposophischen Gesellschaft, das Goetheanum in

Dornach bei Basel ging, während Miroslav Spiller in die jugoslawische Heimat zurückkehrte.

Professor Spiller sandte uns zwei gedruckte Ausgaben von Kompositionen von Leo Weiss: »Tri Sonate na stari način« und die Partitur eines Werkes für großes Orchester. Die drei Sonaten sind kurze tonale Stücke im Stil der zweistimmigen Inventionen von Johann Sebastian Bach; das Orchesterwerk ist eine Komposition von Bedeutung. Es liegt ein eindrucksvoller Brief des großen tschechischen Komponisten Alois Hába vor, den er nach dem Tod des Komponisten an den bedeutenden kroatischen Komponisten und Dirigenten Krešimir Baranović sandte – zu der Zeit musikalischer Leiter der Zagreber Oper, nachdem er vierzehn Jahre lang mit Anna Pawlowas Ballett-Truppe gereist war. Hábas Brief ist vom 4. März 1939 datiert.

»Sehr geehrter Herr Baranović«, schrieb Hába: »ich fand in Zagreb im Jahre 1937 bei Frau Zora Weiss in dem musikalischen Nachlaß ihres Sohnes Leo Weiss ein außerordentlich interessantes und wertvolles Werk/Particell – Kompositionsskizze stellenweise mit Angaben der Instrumentation versehen – und 25 Takte fertiger Partitur / von einzigartiger Ausdruckskraft, Formsicherheit und melodisch-harmonisch chromatisch fein modulierender, polyphon sauber ausgearbeiteter, selbständiger klanglicher Konzeption, die sich an keine Vorbilder anlehnt.

Der künstlerische Wert dieses Werkes hat mich veranlaßt, meinen besten Schüler, Komponisten Dr. Karel Reiner, dessen Name von internationalen Musikfesten bekannt ist, zur Beendigung der Instrumentation dieses Werkes anzuregen und die Instrumentation selbst durchzusehen. Die stilistischen Absichten der Instrumentation, wie sie Leo Weiss angefangen hat, sind durchwegs respektiert worden. Auch habe ich hier in Prag die Drucklegung dieses Werkes beaufsichtigt.

Nun ist die Orchesterpartitur gedruckt und wird Ihnen zugeschickt. Ich empfehle Ihnen dieses originelle Orchesterstück wärmstens zur Aufführung. Es hat der Musikerwelt und auch der breiten Öffentlichkeit wirklich etwas Wesentliches und Neues zu sagen – als Kundgebung einer früh zur Reife entwickelten schöpferischen Begabung. Mit besten Grüßen und Hochachtung, Alois Hába.«

Die Orchesterpartitur wurde in Zagreb 1938 »zum Andenken an den einzigen Sohn anläßlich seines zehnten Todestages herausgegeben von seiner Mutter«. Auf dem Umschlag der Druckausgabe ist verzeichnet:

»Kompozicija za veliki Orkestar (Stück für großes Orchester). 25 Takte instrumentiert vom Autor. Instrumentation beendigt von Karel Reiner«.

Karel Reiner (1910 geboren) hatte sich zu einem hervorragenden Komponisten und Dirigenten entwickelt, war 1934/35 Teilnehmer an Alois Hábas Lehrstunden für Viertelton- und Sechstelton-Musik am Prager Konservatorium. Er konnte die Bearbeitung der Leo-Weiss-Partitur beenden und zum Druck vorbereiten. Bald darauf wurde er bei der Besetzung der Tschechoslowakei durch Nazi-Deutschland verhaftet, nach Dachau und von dort nach Auschwitz deportiert, hat aber die schrecklichen Jahre überlebt.

Das Orchesterstück hat eine Aufführungsdauer von nur etwa fünf Minuten. Das Adagio-Thema steht in e-Moll, pianissimo von den Violinen in halben Notenwerten gespielt, von den Bratschen in Achtelbewegung kontrapunktiert; Thema und Begleitung werden im Verlauf chromatisch entwickelt. Die Bewegung wird lebendiger, die Chromatik wird reicher, das Tempo »agitato« gesteigert. Harmonisch wird das Gefüge immer reicher. Nach langsamer Beruhigung mündet das Stück in einen Fortissimo-Maestoso-Beschluß, in dem die Hörner chromatische Kadenzen beisteuern.

Die politischen Wirren und Kriegshandlungen in dem zerteilten Jugoslawien haben es unmöglich gemacht, dem Schicksal dieses Werkes nachzuforschen, auch eventuell vorhandene andere Kompositionen von Leo Weiss aufzufinden.

Man hat über Leo Weiss auch vom Goetheanum in Dornach nichts erfahren können. Professor Spiller ist es bekannt geworden, daß Leo Weiss 1928, 23 Jahre alt, an einer Vergiftung gestorben sei.

Intermezzo

»... ATONALE MUSIK KENNENLERNEN ...«

An
Seine Excellenz
den Herrn Kultusminister
Dr. Becker!

Berlin-Tempelhof,
Ringbahnstr.: 49.II
29. Sept. 26.

Preuß. Ministerium f. Wissenschaft, Kunst u. Volksbildung.
Eing.: 30. SEP. 1926

UIV 14289 26

Ew. Excellenz!

erlaubt sich die ergebenst Unterzeichnete hierdurch die Bitte vorzutragen ihr gütigst erlauben zu wollen dem Unterricht in der Meisterklasse des Herrn Prof. Arnold Schönberg in der Staatlichen Hochschule für Musik als Hospitantin beiwohnen zu dürfen.

Durch die Güte Ew. Excellenz habe ich das Prädikat: „Staatl. anerkannte Privatlehrerin für Klavier, Theorie u. Komposition" erhalten.

Ich möchte mich gern weiterbilden, besonders die neueste „atonale" Musik und ihre Entwickelung kennen lernen zum Nutzen der mir anvertrauten Schüler.

K. Akademie d. Künste
No 0833

Der Preußische Minister
für Wissenschaft, Kunst
und Volksbildung.
U IV Nr. 14289.

Urschriftlich

dem Herrn Präsidenten

der Akademie der Künste

hier,

zur gefälligen weiteren Veranlassung, gegebenenfalls zum Bericht.

Berlin W 8,
den 1.X.1926. Im Auftrage

Es ist mir unmöglich teure Privatstunden zu diesem Zwecke zu nehmen.

So bitte ich Ew. Excellenz inständig mir durch Gewährung meiner Bitte die Möglichkeit zu dieser Weiterbildung gütigst geben zu wollen.

Ehrfurchtsvoll
mit vorzüglicher Hochachtung

Ihre
sehr ergebene

Gertrud Fuhrmann.
Staatl. anerkannte
Privatlehrerin für Klavier,
Theorie und Komposition.

17. DEZ. 1926

Zu dem Gesuch ~~des~~ Herrn Fuhrmann habe ich Folgendes zu bemerken.

1) Vor Allem bitte hierin zu berichtigen: ich unterrichte nicht „atonale Musik" — sondern: Musik.

Es ist allerhöchste Zeit, atonale Musik noch nicht zu unterrichten!

Es wäre mir ein Übel, wenn man es täte, dagegen ist es notwendig, aufrichtig componieren zu lassen!

2). Im Allgemeinen bezwecke ich bei meinem Unterricht weniger Belehrung, als Unterweisung, deshalb ziehe ich vor für mich Schüler zu haben, die Gelegenheit finden werden, von der gegebenen Unterweisung gewissenhaften Gebrauch zu machen: Komponisten also; oder wenigstens solche, bei denen man hoffen darf, daß sie es noch werden können.

3). Aber ich habe nichts dagegen, daß — wie überall sonst — jemand, also auch Hr. Fuhrmann, bei solchen rein theoretischen Kursen hospitiert, die ich für meine Schüler von Fall zu Fall abhalte.

Verehrter Herr Professor Amersdorfer, die Frage des Hr. Fuhrmann war mir eine erwünschte Gelegenheit zu dieser Richtigstellung. Es war billig, unfreundlich solche Antworten abzufassen: ich bin nämlich ganz unbeeinflusst!
Mit besten Empfehlungen Ihr ergebener Arnold Schönberg

Traurige Entsagung

JOHANNES E. MOENCK · MAX WALTER
HELMUT ROTHWEILER

JOHANNES ERNST EWALD MOENCK: REVOLTE – HAFT – BEFREIUNG

Mir war überhaupt nicht bekannt, daß mein Vater, Johannes Ernst Ewald Moenck, bei Arnold Schönberg studiert hatte.
Insgesamt hat mein Vater jedoch nicht die Musik sondern die Schriftstellerei als Schwerpunkt seines kreativen Schaffens gewählt.

ANDREAS MOENCK, 1992

UNTER ARNOLD SCHÖNBERGS Meisterschülern an der Preußischen Akademie der Künste in Berlin, denen es nicht möglich war, Deutschland mit dem Anbruch des Naziregimes zu verlassen, die entweder hofften, es werde sich nicht lange halten, oder aber versuchten, gegen das Regime zu arbeiten, waren Musikstudierende, die durch die erzwungene Emigration ihres Meisters aus der Bahn gerissen wurden, Musik nicht mehr als Beruf verfolgten, ihr Leben umstellten.

Einer von ihnen war Johannes Ernst Ewald Moenck, der aus Pommern stammte, in Stettin zur Schule ging, an der Friedrich-Wilhelm-Universität in Berlin studierte und im Sommerhalbjahr 1927 und dem Winterhalbjahr 1927/28 an Schönbergs Meisterkursen teilnahm. Er war 25 Jahre alt, als ihn Schönberg als Meisterschüler aufnahm; er hat – wie Schönberg in seinen halbjährlichen Aufzeichnungen notiert – zuerst den

Unterricht sehr regelmäßig besucht, später krankheitshalber weniger regelmäßig an ihm teilgenommen und daher nur »schwache« Fortschritte erreichen können. Über seinen Verbleib und sein Schicksal – wie über so manche der Berliner Meisterschüler Schönbergs – war bisher kaum etwas bekannt. Die Suche nach Familien mit dem seltenen Namen Moenck führte schließlich zur Bekanntschaft mit dem Ehepaar Andreas Moenck in Berlin. Auf eine Anfrage, ob der Berliner Kompositionsstudent der Familie angehöre, antwortete Herr Andreas Moenck »ebenso überrascht wie erfreut«: »Überrascht, weil mir überhaupt nicht bekannt war, daß mein Vater, Johannes Ernst Ewald Moenck, bei Arnold Schönberg studiert hatte. Erfreut, da ich mich zur Zeit intensiv mit dem Leben meines leider früh verstorbenen Vaters auseinandersetze, und da stellte diese Information einen weiteren Baustein dar, der etwas Licht in das für mich noch ziemlich im Dunkeln liegende Leben meines Vaters bringt.«

Der Sohn Andreas war erst zehn Jahre alt, als der Vater 1960 starb; Nachforschungen an der Akademie und die aktive Hilfe des Sohnes halfen, das dramatische, vielfach tragische Leben des ehemaligen Schönberg-Schülers zu erhellen und zu verstehen, warum er – wie der Sohn sagt – »nicht die Musik sondern die Schriftstellerei als Schwerpunkt seines kreativen Schaffens gewählt« hat.

Johannes Moenck wurde am 28. März 1902 in Casekow, Kreis Randow, Pommern, geboren. Sein Vater war Postangestellter, die Mutter Tochter eines Fleischermeisters. Sie waren aus Pommern nach Stettin gezogen, wo Johannes das Bismarck-Oberrealgymnasium besuchte und dort 1921 das Abitur bestand. In einem »Personalbogen«, den er im November 1956 in Berlin ausfüllte, nennt er drei Brüder und eine Schwester; ein Bruder lebte damals in Barcelona als »Industriekaufmann«, bei Siemens angestellt, ein anderer Bruder in Erlangen, gleichfalls bei Siemens arbeitend, ein weiterer war selbständiger »Handelsagent« in Hamburg. Eine verheiratete Schwester lebte in Berlin. Im Gegensatz zu den gutbürgerlichen Familien seiner Geschwister zeichnete sich bei Johannes Moenck ein wahrlich abenteuerliches, sogar kämpferisches Leben ab, für das er mehrere Male grausam inhaftiert wurde.

Zunächst schien sein Leben beruflich in geordneten Verhältnissen abzulaufen. Nach seinem Abitur wurde er Volontär in einer Konzertagentur in Stettin (E. Simon), zog aber 1923 nach Berlin, um an der Friedrich-Wilhelm-Universität in Philosophie, Kunst- und Kunstge-

Johannes E. Moenck.

schichte zu hospitieren. Prüfungen hat er sich, nach eigenen Angaben, in keinem Fach oder Beruf je unterzogen. Zum Gelderwerb nahm er eine Stellung als »Werkstudent« bei der damaligen Groß-Berliner Straßenbahn als »Werkstattschreiber« an und arbeitete dort, neben seinem Studium, in den Jahren 1925/26. Am 7. Januar 1927 richtete er an die Akademie der Künste in Berlin ein »Gesuch, um Gewährung einer Unterstützung, die mir den Besuch der Meisterklasse des Herrn Professor Schönberg ermöglicht«. Er schreibt: »Durch den unvermittelten Ausfall einer langersehnten Rente von der Seite eines wohlmeinenden Gönners bin ich heute genötigt, den hochwohllöblichen Senat zu bitten, mir eine Unterstützung zuteil werden zu lassen in dem Sinne, daß ich durch eine solche in die Lage versetzt werde, das Honorar für den Besuch der Meisterschule leisten zu können. Da ich meinen Lebensunterhalt schon bisher zur einen Hälfte durch Erteilen von Unterricht bestritten habe und im Augenblicke noch keine Möglichkeit ersehen konnte, meine wirtschaftlichen Einkünfte entsprechend der oben bezeichneten Veränderung zu erhöhen, so wage ich es höflich, den Senat um wohlwollende Berücksichtigung meines Gesuchs zu bitten und leiste in guter Entschlossenheit das Versprechen, mich des Weiterstudiums recht ernsthaft zu befleissigen.«

Schönberg unterschrieb das Gesuch: »... ich kann die Erstellung einer Unterstützung an Herrn Moenck, den ich probeweise für ein Semester aufgenommen habe, *befürworten.*«

Es geht daraus wohl hervor, daß Schönberg den Anwärter auf ein Stipendium entweder geprüft hat oder sich Kompositionen von Moenck angesehen hatte, bevor er ihn – allerdings mit Vorbehalt, »probeweise« – aufnahm. Kompositionen von Johannes Moenck, die er Schönberg hat vorweisen können, haben sich anscheinend nicht erhalten, auch aus Moencks Lehrzeit in den Meisterkursen scheinen sich keine Werke gefunden zu haben. Schönberg verzeichnet in seinen Notizen über die Meisterschüler, daß Moenck Lieder komponiert habe, Fortschritte seien »noch abzuwarten«. Im folgenden Semester, Winter 1927/28, war Schönberg mit ihm unzufrieden. Wenn vielleicht die kompositorisch-schöpferische Begabung für einen Beruf als schaffender Musiker – zum mindesten nach Arnold Schönbergs Einschätzung – nicht ausreichte, so ist doch aus Moencks Lebenslauf und aus seinen Angaben im »Personalbogen« des Jahres 1956 ersichtlich, daß er eine gute, solide Ausbildung und Allgemeinbildung besaß: er beherrschte »Französisch gut«, »Englisch leidlich«, gab an, er sei »Schriftsteller als erlerntem Beruf«, »Bibliothekar als angelerntem Beruf«, habe »organisatorische und ordnungswissenschaftliche Kenntnisse«, kenne sich aus in »Dezimalklassifikation«. Er sei als »Schriftsteller und Privatlehrer« in Berlin tätig gewesen, bevor er 1937 beim Reichspostzentralamt im Luftpostdienst Tempelhof angestellt wurde. Aus einer erhaltenen Novelle »Die Lokomotive«, eine kühne Phantasie, die man heute als »Science-fiction« bezeichnen würde, erkennt man nicht nur, daß Moenck in einem gewandten literarischen Stil schrieb, sondern auch, daß er sich mit den Richtungen der Existentialisten und der Surrealisten auskannte, Schriften von Huizinga zu zitieren wußte und autoritäre Persönlichkeiten mit Humor darstellen konnte. Es handelt sich in der Novelle um eine Lokomotive interessanten Modells, die mitten in einem bewohnten Gebiet »unter Dampf« aus dem Himmel heruntergestürzt zu sein scheint; weder die Feuerwehr-Ingenieure noch der Polizeipräsident noch das Luftabwehrinstitut noch der Landesausschuß der Christlich-Sozialen Volkspartei sehen sich imstande, das Rätsel zu lösen, andererseits wird »auf keinem der vielen Rangierbahnhöfe der Welt eine Lok dieser Art vermißt …«. Diese Novelle sowie auch »eine *giftige* Funkgroteske« mit dem Namen »Peyotl«, 1949 in Berlin entstanden und unter dem Pseudonym Manuel Timor als Manuskript erhalten, zeugen von einem überaus originellen Autor. Die »giftige« Groteske spielt in Basel (die Novelle in Paris), in einem Landhaus, in der Stadt selbst, im Auditorium maximum der Universität Basel und in der Basler Oper, und ihre Figuren sind ein Privatlehrer und seine Tochter, ein Nervenarzt, ein Bankier und ein Schriftsteller (Philosoph) und dessen Verlobte. In einer »Nachtkneipe« in der Nähe von Basel läßt der Autor die Gäste ein Lied im Schlagerstil anstimmen (dessen Noten erhalten sind). Er schrieb und komponierte auch ein »Krippenspiel«: »Der Stern von Bethlehem«, und entwarf eine neuartige Notenschrift.

Doch Johannes Moenck begnügte sich nicht damit, das Leben eines »freiberuflichen« Schriftstellers und Privatlehrers zu führen – wie er sich in seinem »Personalbogen« für die Zeit der dreißiger Jahre beschrieb. Es drängte ihn danach, sich politisch zu betätigen, und er wurde 1928 (bis 1933) Mitglied der Kommunistischen Partei, von 1930 an auch Mitglied der Sozialistischen Partei Deutschlands. In der KPD war er organisatorischer Leiter der Agitproptruppe »Alarm« und trat gleichzeitig einem »Klub der Geistesarbeiter« bei, der 1933 anscheinend aufgelöst werden mußte. »Haben Sie aktiv am Widerstandskampf gegen den Faschismus teilgenommen?« lautete eine vorgedruckte Frage im Personalbogen im November 1956, und Moenck antwortete wahrheitsgemäß mit »Ja«. Er war als Verfolgter des Naziregimes ausgewiesen, unter anderen Organisationen war er in der »Judenschutzorganisation des Dr. Liebrecht« tätig gewesen. Seine Stellung als Postbetriebsarbeiter beim Luftpostdienst Tempelhof, die er 1935 angetreten hatte – vorher hatte er seinen Lebensunterhalt als Café-Pianist, als Zeitungsverkäufer, Privatlehrer und Journalist verdient –, nahm ein dramatisches Ende, als seine politischen »Umtriebe« bekannt wurden: er wurde am 27. November 1937 »wegen Vorbereitung zum Hochverrat« inhaftiert und in die Strafanstalt Tegel in

Berlin gebracht, wo er bis zum 19. Januar 1939 blieb. Von dort überwies man ihn in die damaligen »Wittenauer Heilstätten« für Geisteskranke, eine Anstalt, aus der nur wenige »Patienten« lebend herauskamen. Aber nach einem grausamen, vollen Jahr durfte Moenck die schreckliche Anstalt verlassen und fand eine Stellung als Sekretär des ehemaligen Generalkonsuls in Washington, Dr. K. von Lewinski, der in Berlin eine Praxis als Rechtsanwalt führte. In dieser Stellung blieb Moenck von 1940 bis zum Ende des Weltkrieges 1945. Für die Dauer der Besetzung Thüringens durch die Amerikaner wurde er als Bürgermeister in Bad Berka/Weimar eingesetzt; als aber die Amerikaner abzogen, wurde er im August 1945 – natürlich als Mitarbeiter von Amerikanern – von dem »Volkskommissariat für innere Angelegenheiten der USSR (NKWD)« inhaftiert und in Weimar bis zum Februar 1946 festgehalten. Er zog dann nach Berlin zurück und war längere Zeit arbeitslos.

Nachdem zwei frühere, nur kurze Ehen geschieden waren, heiratete Johannes Moenck am 2. Mai 1950 Ilse-Dora Faber, von Beruf freiberufliche Musiklehrerin, und bald darauf wurde der Sohn Andreas geboren. Andreas wählte nach seinem Studium den Beruf eines Psychotherapeuten; er verlor den Vater, als er zehn Jahre alt war. Johannes Moenck übte damals in verschiedenen Bibliotheken eine Stellung als Bibliothekar aus, in der Volksbibliothek Berlin-Frohnau, in der Bezirksverwaltung Berlin-Spandau und schließlich in der Staatsbibliothek Unter den Linden in Berlin (damals »DDR«). Ab 1957 arbeitete er auch als Hauptsachbearbeiter bei der Deutschen Bauakademie. Er blieb sein Leben lang als Schriftsteller aktiv und führte Korrespondenzen mit Verlegern. Seinen Wohnsitz hatte er in Berlin-Spandau, Kolonie Haselhorst.

Johannes Ernst Ewald Moenck starb am 24. Mai 1960; er war im März 58 Jahre alt geworden.

Sein Krippenspiel »Der Stern von Bethlehem« hatte er während seines einjährigen erzwungenen Psychiatrieaufenthalts in den »Wittenauer Heilstätten« für Gemischten Chor komponiert und dort unter seiner Leitung aufführen lassen. Später notierte er einen Kanon in dem von ihm entwickelten, aus verschiedenfarbigen und unterschiedlich großen Rechtecken bestehenden Darstellungssystem.

ANDREAS MOENCK, 1992

MAX WALTER – MOZART-PREIS ENTZOGEN

> Ich, Max Walter, möchte mich höflichst bewerben um eine *Freistelle* in der Meisterklasse des Herrn Professor *Schönberg*. Ich bin das achte Kind meiner Eltern und bestreite ohne jeglichen Zuschuß von zu Hause, durch Klavierstundengeben meinen Aufenthalt. Ich bekleide außerdem die Organistenstelle an der Lankwitzer Kirche, die mir monatlich 70 M einbringt. Ich habe bisher mein Studium mit äußerst großen Entbehrungen betrieben, und würde es sehr dankbar begrüßen auf diesem Wege eine Erleichterung meines Weiterstudiums zu erhalten. Ergebenst,
>
> MAX WALTER (datiert 28. Februar 1927)

ARNOLD SCHÖNBERG unterschrieb das Gesuch: »Ich empfehle hiemit dieses Ansuchen zur freundlichen Berücksichtigung«; Max Walter trat noch im Wintersemester 1926/27 im Alter von 26 Jahren in die Meisterklasse ein und blieb Meisterschüler Schönbergs im Sommer 1927 und im Winterhalbjahr 1927/28. Bevor er zu Schönberg kam, hatte er bereits gründliche musikalische Ausbildung erhalten.

Max Walter wurde am 1. April 1899 in Myslowitz, Oberschlesien, geboren und besuchte die Schule von 1905 bis 1915. Schon in seiner Schulzeit, seit seinem zehnten Lebensjahr, nahm er Violin- und Klavierstunden und begann auch, das Orgelspiel zu erlernen: in der großen Kirche seiner Stadt leistete er als Fünfzehnjähriger Aushilfe an der Orgel. Als 1914 der Krieg begann, stellte ihn die Myslowitzer Kirche als selbständigen Organisten an. Bevor er noch kurz vor Ende des Weltkriegs zum Kriegsdienst mobilisiert wurde, studierte er am Konservatorium Czyplik/Beuthen Orgelspiel, Violine und Klavier.

Im Jahre 1919 zog der 20jährige Max Walter nach Berlin, um bei Professor Carl Thiel Unterricht zu nehmen; er blieb dort ein Jahr lang und setzte dann seine Ausbildung zum Organisten in Regensburg fort, wo er 1923 eine Abschlußprüfung absolvierte. In der Folge bekleidete er Organistenstellen in bayerischen Kirchen, hauptsächlich im Benediktiner-Kloster in Scheyern, bis er schließlich 1926 wieder nach Berlin übersiedelte. Am 1. April 1926 wurde er Organist und Chorleiter an der Materdolorosa-Kirche in Berlin-Lankwitz. Von dort aus sandte er im folgenden Jahr das Gesuch um Aufnahme in Arnold Schönbergs Meisterklasse.

Schönberg bestätigte Max Walter in seinen halbjährlichen Berichten über die Meisterschüler, daß sein »Fleiß und Besuch« der Lehrstunden »regelmäßig« seien; die Fortschritte waren im ersten Semester »noch abzuwarten«, Max Walter komponierte »Lieder und eine Klaviersonate«. Der »Fleiß und Besuch« blieben auch weiterhin »regelmäßig«, die Fortschritte »schwach«. Nach Beendigung des Winterhalbjahrs 1927/28 verließ Max Walter die Akademie.

Die Organisten- und Chorleiter-Stelle bot Max Walter eine Basis für den Lebensunterhalt, und einige seiner Kompositionen wurden durch öffentliche Aufführungen bekannt. So fand im »Meistersaal Köthenerstraße« zu Berlin am 11. April 1930 ein »Kompositions-Abend Max Walter« statt, in dessen Programm die Pianistin Emma Schnickel, die Sängerin Maria Oertel, der Geiger Erwin Kirschbaumer (Konzertmeister im Berliner Symphonie-Orchester) Werke des Komponisten zur Aufführung brachten: seine Zweite Klaviersonate (in drei Sätzen), seine Fünfte Klaviersonate (in vier Sätzen), seine Erste Violinsonate und zwei Gruppen von Liedern. Im selben Konzertsaal fand im folgenden Jahr, am 3. Februar 1931, ein weiterer »Kompositions-Abend Max Walter« statt. Diesmal wirkten die Sopranistin Erna Kramer, wie im Vorjahr die Pianistin Emma Schnickel und Professor Adalbert Gülzow (Violine) mit. Eine viersätzige Violinsonate und eine dreisätzige Klaviersonate (ohne Nummern-Bezeichnung) und drei Gruppen von Liedern standen im Programm.

Der Einbruch der Nazizeit bedeutete für Max Walter und seine Gesinnung einen schweren Schlag. Er war zu Beginn des Regimes Mitglied der Reichsmusikkammer geworden, gab aber die Mitgliedschaft 1934 aus politischen Gründen auf. Eine Fachjury hatte ihm die Verleihung des »Mozart-Preises« für Komponisten zugedacht; sie wurde jedoch rückgängig gemacht, da er für politisch unzuverlässig gehalten wurde.

Max Walter.

Max Walter betätigte sich als freier Musiker, vor allem im Unterrichtsfach, und blieb bis zum Jahr 1943 unbehelligt. Er war 44 Jahre alt, als er zum Kriegsdienst einberufen wurde. Die Familie erfuhr, daß er in Gefangenschaft geriet und verschollen blieb. Am 5. Dezember 1973 wurde er zum 31. Dezember 1946 »für tot erklärt«. Sein Nachlaß befindet sich in der Deutschen Staatsbibliothek Preußischer Kulturbesitz in Berlin, die auch einen »Tabellarischen Lebenslauf« und Werkverzeichnisse aufbewahrt. Sie wurden von der Schwester Max Walters »in Ermangelung von Original-Unterlagen aus dem Gedächtnis unter Hilfe meiner Schwester Lucie Weirich niedergeschrieben, können also Unrichtigkeiten hinsichtlich der Daten enthalten« (von Angela Walter am 10. Februar 1979 in Berlin unterzeichnet).

Im Nachlaß der Staatsbibliothek sind als Autographen eine Reihe von Kompositionen bewahrt: eine »Jesus-Messe« in sechs Teilen (eine 20seitige Partitur); die Klaviersonate Nr. 2 (Andante, Adagio, Rondo), die beim »Kompositionsabend Max Walter« am 11. April 1930 aufgeführt wurde; die Violinsonate Nr. 1 in drei Sätzen, die im gleichen Konzert zu Gehör kam; ein »Pax« betiteltes Streichquartett; ein Streichsextett; eine Sinfonie in 4 Sätzen; eine Zweite Sinfonie in 4 Sätzen; ein »Andante für Klavier«; »Laßt die Kleinen zu mir kommen« für Chor, Melodie von Max Grot, Satz Max Walter; drei Opernfragmente: Klavierauszüge von Entwürfen, unvollendete Skizzen; »Adagio für Orchester«: Particell eines Entwurfs; außerdem Skizzenbücher, eine Titelblattzeichnung für eine Sinfonie. Die Skizzenbücher enthalten Zeichnungen.

Charakteristisch für Max Walters Kompositionsstil scheint vor allem sein »Andante für Klavier« zu sein; »sehr geheimnisvoll und immer sehr leise mit Dämpfer« soll es vorgetragen werden. Eine im Pianissimo (ppp) gespielte Melodie der rechten Hand wird von dreistimmigen weit gesetzten Akkorden in der linken Hand begleitet, über diesem Satz imitiert die linke Hand auch die Melodie der Oberstimme. Der in leisestem Pianissimo bezeichnete Satz klingt in der dichten Harmonik stärker als erwartet. Nach einem gegenüber dem Hauptteil nicht sehr unterschiedlich empfundenen Mittelteil – auch durchweg pp, ppp bezeichnet – wird der erste Teil mit harmonischem gis-Moll-Schluß wiederholt.

Max Walter steht eher in der Nachfolge Max Regers, wenn auch mit stärkerer, noch ausdrucksvollerer Harmonik und Chromatik, als in einer Nachfolge Arnold Schönbergs. Seine vom Regime verschuldete Einengung hat vielleicht einer selbständigeren musikalischen Entwicklung entgegengewirkt. Nach dem Weltkrieg wurde er als »verschollen« und »für tot« erklärt. Er war nur 47 Jahre alt geworden.

HELMUT ROTHWEILER – ERINNERUNGEN AN DEN MEISTER

Es war im Jahr 1929 (erinnerte sich der Kirchenmusikdirektor Helmut Rothweiler bei einem Gedenkabend aus Anlaß der 20. Wiederkehr von Arnold Schönbergs Todestag im Juli 1971 in der Evangelischen Kirchenmusikschule Esslingen), »als ein junger, unerfahrener, aber suchender und fragender Musikstudent sich aufmachte in die damalige Metropole nicht nur des einstigen Deutschen Reiches, sondern der schönen Künste überhaupt in den zwanziger Jahren, um einen Mann, seine Kunstauffassung und seine Lehre kennenzulernen, dessen Werke und theoretische Schriften die musikalische Fachwelt aufhorchen liessen und beunruhigten, den an der Akademie der Künste lehrenden Arnold Schönberg.

Es ist mir ein unvergeßlicher Eindruck, als ich, auf Empfehlung des damaligen Stuttgarter Generalmusikdirektors Karl Leonhardt und ausgewiesen durch einige eingesandte Probestücke in seine Meisterklasse aufgenommen, erstmals diese Musikerpersönlichkeit erblickte.

Ich hatte mich, noch ungewohnt der Benutzung moderner Verkehrsmittel wie S- und U-Bahn in der großen Stadt gründlich verfahren und war mit einiger Verspätung in Schönbergs Wohnung in Berlin-Charlottenburg, Nußbaumallee, angelangt, wo in völlig zwangloser Form der Unterricht stattfand.

Recht beklommen wegen der erheblichen Verspätung, mit der ich eintraf, glaubte ich, ein Wort der Entschuldigung anbringen zu müssen, doch dazu kam es garnicht: Der Meister wies mir, ohne meinen Redefluß zu unterbrechen, im Halbkreis der Studenten einen Platz an, wo ich mich still niederließ. Und nun, welch unerhörter Eindruck!

Ein Mann, klein von Gestalt, aber mit bedeutendem Haupt, läuft mehr, als schreitet durch den Raum, dozierend, gestikulierend, intensive und fordernde Blicke den Studenten zuwerfend und unablässig sprechend.

Von was redet er? Damals war gerade sein neuestes Opus, der Einakter ›Von heute auf morgen‹ in Frankfurt unter Steinberg uraufgeführt worden. Schönberg war voll Lobes für die Darsteller und den Dirigenten, voller Sarkasmus und giftiger Pfeile gegen die meist ablehnende Presse.

Und hier offenbarte sich mir als erstes ein wesentlicher Charakterzug: die durchaus kämpferische für seine künstlerische Überzeugung durchs Feuer gehende Natur dieses einmaligen Mannes.

Doch nun kam er sogleich auf zentrale Dinge zu sprechen: Daß es ein Irrtum sei, anzunehmen, der Dreiklang als Grundlage aller Musikausübung sei ein ewiges Naturgesetz. Das beweise u.a. die Jahrhunderte alte aussereuropäische Musikkultur und die Tatsache, daß die Dreiklangstheorie eine verhältnismäßig junge Erscheinung in der musikalischen Entwicklung sei. Alle Klang- und Hörgewohnheit sei einer stetigen Abnützung unterworfen. Schon bei Wagner, Bruckner und Wolf machen sich Auflösungstendenzen der Tonalität bemerkbar, und eine Fülle von harmonischen Momenten und Konstellationen, die ebensogut anderswohin weisen.

Ob die prinzipienstarre Aufrechterhaltung eines gleichen Grundtons zu Anfang und zu Ende eines Stücks noch organisch sei,

ob die Anwendung dieses traditionellen Kunstgriffs hier nicht bloß geschieht, weil er Tradition ist,

ob so nicht aus einem formalen Vorteil eine formalistische Marotte entstanden sei,

ob die Tonalität nicht vielleicht mehr die rein äusserliche Anerkennung eines ersessenen Rechts bedeutet, als daß sie einer konstruktiven Notwendigkeit entspringt.

Der 65 Jahre alte Kirchenmusikdirektor Helmut Rothweiler erinnerte sich lebhaft an die Eindrücke seiner ersten Lehrstunde in Schönbergs Meisterklasse, als er 1971 zu der Kirchengemeinde in Esslingen sprach und anschließend in kurzen, eindringlichen Zügen Leben und Werk Schönbergs, mit musikalischen Beispielen aus Schallplatten-Einspielungen, darstellte. Er beschloß den Gedenkabend mit einer Wiedergabe an der Orgel von Schönbergs Orgelvariationen op. 40, der er eine eingehende musikalische Analyse vorausschickte.

Helmut Rothweiler war 23 Jahre alt, als er im Winterhalbjahr 1929/30

Helmut Rothweiler als Organist.

in Schönbergs Meisterklasse eintrat. Er war am 10. Juni 1906 in Elberfeld geboren; seine Eltern waren der lutherische Pastor Karl Hugo Rothweiler und seine Frau Martha, geb. Erbslöh – der väterliche Großvater stammte aus Württemberg (worauf auch der Name hinweist). Er begann schon in frühem Alter Klavier zu spielen und wurde im Alter von 16 Jahren als Klavierschüler von Max Pauer in Stuttgart angenommen. 1924 mußte er das Klavierspiel wegen einer Sehnenscheidenentzündung zeitweilig aufgeben. Nach der Wiederherstellung entschloß er sich, Kirchenmusik mit dem Hauptfach Orgel zu studieren; sein Hauptlehrer war Hermann Keller in Stuttgart. Bei Schönberg erstrebte er eine Entwicklung und Vertiefung seines kompositorischen Wissens, aber er konnte nur kurze Zeit an den Kursen in Berlin teilnehmen. Schönberg bezeichnete seine Fortschritte in der Komposition in den halbjährlichen Berichten an die Akademie als »gut« und nannte als Komposition während der Unterrichtszeit den ersten Satz einer Violinsonate. Im April 1930 notierte Schönberg, Rothweiler sei beurlaubt, »befindet sich nach seinen Angaben auf einem Schiff zwecks Brotverdienstes«. Er konnte nicht mehr nach Berlin zurückkehren, weil ihm wohl die Mittel dafür fehlten. Erst 1933 wurde er als Organist an der Hospitalkirche in Stuttgart verpflichtet. Den Weltkrieg verbrachte er als »Singeleiter« bei der Marine.

Nach Beendigung des Krieges wurde er Organist an der Schloßkirche in Stuttgart; von 1962 bis 1973 war er wieder Organist an der Hospitalkirche. Seine Tätigkeit umfaßte das Spielen und Begleiten an der Orgel und die Komposition von Orgelmusik für den Kirchengebrauch. Gleichzeitig war er ein gesuchter Orgel- und Klavierlehrer. Es kam vor, daß er im Laufe einer Woche fünf Chöre leiten mußte. Gerne hat er Orgelabende gegeben, bei denen er kurz vor Beginn seines Konzerts die Anwesenden bat, ihm ein Thema zu stellen. Er habe genial improvisiert, hat ein Schüler (Ulrich Stierle in Stuttgart) der Tochter Rothweilers bestätigt, überhaupt sei er »genial« gewesen.

Es ist bedauerlich, daß Helmut Rothweiler nicht die Zeit und Muße fand, außer der Kirchenmusik seine kompositorischen Fähigkeiten in selbständiger Musik zu entwickeln. Es war schwer für einen Kirchenmusiker nach dem Krieg, eine Familie zu ernähren, und so mußte er alle seine musikalischen Kräfte auf seine Berufstätigkeit konzentrieren. Seine Darstellung von Leben und Werk Arnold Schönbergs, die er mit zahlreichen musikalischen Analysen belegte, seine Erklärungen zur Notwendigkeit und tieferen Bedeutung der Zwölftonmusik und sein Werben für das Verständnis der neueren Komponisten beweisen seine gründliche Kenntnis dieser Musik – er fand in seinem Esslinger Vortrag des Jahres 1971, daß die Zwölftonmusik »erst im Kommen sei«.

Den Forderungen des Broterwerbs folgend, hat Rothweiler sich nicht eigentlich »als Komponist gefühlt, deshalb existieren auch nicht viele Kompositionen von ihm«, meint die Familie. Proben seiner Kirchenmusik, die erhalten sind, wie eine Choralfantasie für Orgel »Allein Gott in der Höh' sei Ehr« – Toccata, Arioso pastorale, Fugato –, kurze Choralvorspiele, die teilweise auch gedruckt vorliegen, zeigen auf diesem Gebiet einen Meister seiner Kunst.

Helmut Rothweiler starb am 2. Juni 1990, kurz vor seinem 84. Geburtstag, in Villingen-Schwenningen. Er war zuletzt in Königsfeld im Schwarzwald wohnhaft.

Die verlorene Handschrift

HANSJÖRG DAMMERT

HANSJÖRG DAMMERT – SCHRIFTSTELLER GORDON

> Wir staunen immer wieder über die Fähigkeit der Humanisten des 15. Jahrhunderts, verschollene Handschriften wiederzufinden.
>
> UMBERTO ECO, Festvortrag *De Bibliotheca*, Mailand 1981, deutsch München 1987.

DR. RUDOLF DAMMERT, der früher in Berlin lange Jahre als Herausgeber von Zeitungskorrespondenzen gewirkt hatte, ist in Hinterzarten im Schwarzwald einem Schlaganfall erlegen« (»Badische Zeitung«, Freiburg im Breisgau, Dienstag, 12. November 1946). Nachdem Archivstudien ergaben, daß ein Rudolf Dammert in Freiburg die Ehe geschlossen hatte und die Eheleute fünf Jahre in Freiburg gelebt hatten, lag es nahe, die zuständigen Ämter über diesen Dr. Dammert zu befragen, denn der Meisterschüler Arnold Schönbergs in Berlin, Hansjörg Dammert, hatten einen Dr. Dammert als Vater, und Nachforschungen in Freiburg konnten vielleicht bislang Unerklärtes zum Lebensweg Hansjörg Dammerts erhellen, dessen Spuren sich im Nazi-Weltkrieg verloren hatten. Die im Zeitungsarchiv erhaltene Nachricht vom Tode Rudolf Dammerts in dem nahe Freiburg gelegenen Schwarzwalddorf legte Nachforschungen in Hinterzarten nahe.

Zwar konnte man in Hinterzarten nichts über den Verbleib des Sohnes – und der Tochter – Rudolf Dammerts ermitteln, doch was man über

Wesen und Charakter Dammerts erfuhr, gab hinreichend Erklärung für die gestörte Jugend und den Entwicklungsweg des musikalisch ungewöhnlich begabten Schönberg-Schülers, den die Zeit zwang, ein kämpferischer Literat zu werden.

In Hinterzarten konnten die Tochter der Hauseigentümerin des zweistöckigen Hauses, in dem Rudolf Dammert das obere Stockwerk gemietet hatte, und ältere Einwohner des Dorfes sich gut an das Ehepaar Dammert erinnern. Rudolf Dammert war ein glühender Nazianhänger, ein ungetreuer Ehemann, wenig angenehm im Umgang. Das Ehepaar war 1939 nach Hinterzarten gezogen, die Ehefrau starb in Freiburg am 26. November 1939. Dammert verarmte; er hatte alles Geld seiner einstmals vermögenden Frau, das er verwaltete, aufgebraucht. Von seinen beiden Kindern durfte in seiner Gegenwart nicht gesprochen werden; Frau Dammert hatte der Wohnungsvermieterin erzählt, daß sie mit der Tochter und dem Sohn in Verbindung sei, dies aber dem Ehemann verheimlichen mußte und daher alle Korrespondenz vernichtete. Die Mutter war stolz auf ihren Sohn. Als Dammert starb – am 9. November 1946 –, verzeichnete über ihn das Register: »Witwer, 2 lebende Kinder«. Über den Verbleib des Sohnes und der Tochter nach 1940 können bisher nur Vermutungen angestellt werden; anscheinend aber war es der Behörde bekannt, daß sie 1946 am Leben waren – Liese Lotte, genannt Lilo, 41 Jahre alt, Hansjörg 36 Jahre.

Die Biographie Rudolf Dammerts läßt uns tief in das Zerwürfnis zwischen Vater und Sohn blicken. Rudolf Dammert war 1879 in Bruchsal in Baden geboren; er heiratete 24jährig die Kaufmannstochter Helene Rheinfeld aus Elberfeld, Tochter einer wohlhabenden Familie. Fünf Jahre nach der Eheschließung zog das Paar nach Stuttgart, wo Hansjörg am 4. März 1910 geboren wurde (eine andere Dokumentation gibt Worms als Geburtsort an); Liese Lotte wurde am 15. Dezember 1905 in Worms geboren. Das Stuttgarter Adreßbuch des Jahres 1910 gibt Rudolf Dammert (Dr. phil.) als »Chefredakteur« an. Doch bereits am 27. Dezember 1910 zog die Familie nach Berlin. In der Mitte der zwanziger Jahre besuchte der amerikanische Pianist und Komponist George Antheil Berlin und lernte Hansjörg Dammert kennen. Er schreibt in seinen Erinnerungen (»Bad Boy of Music«, New York 1945; deutsch »Enfant terrible der Musik«, 1960), die Dammerts hätten in einem »palastähnlichen Haus« gelebt: »Soweit es sich um den luxuriösen Zuschnitt handelt,

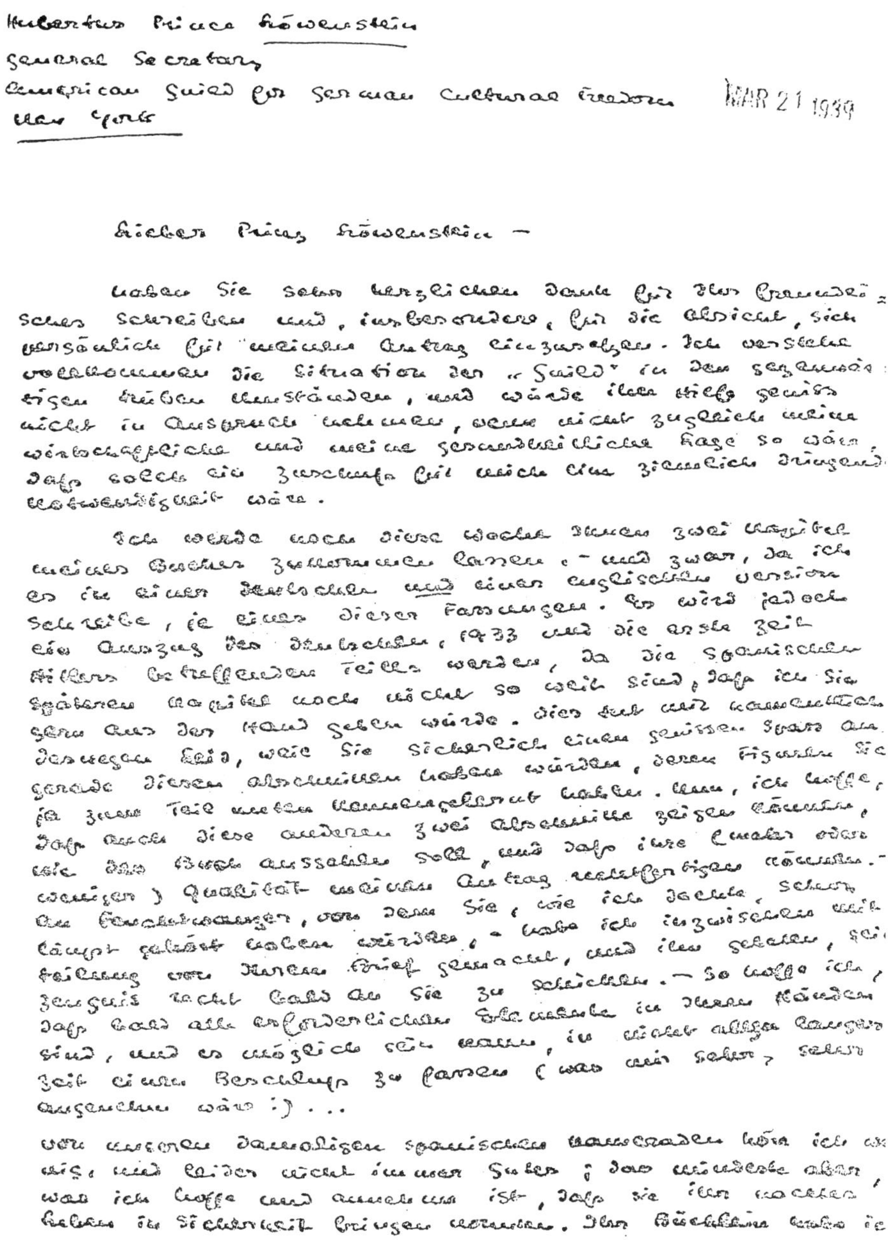

Hubertus Prince Löwenstein
General Secretary
American Guild for German Cultural Freedom
New York

MAR 21 1939

Lieber Prinz Löwenstein –

Haben Sie sehr herzlichen Dank für Ihr freundschaftliches Schreiben und, insbesondere, für die Absicht, sich persönlich für meinen Antrag einzusetzen. Ich verstehe vollkommen die Situation der „Guild" in den gegenwärtigen trüben Umständen, und würde Ihre Hilfe gewiss nicht in Anspruch nehmen, wenn nicht zugleich meine wirtschaftliche und meine gesundheitliche Lage so wäre, dass solch ein Zuschuss für mich eine ziemlich dringende Notwendigkeit wäre.

Ich werde noch diese Woche Ihnen zwei Kapitel meines Buches zukommen lassen, – und zwar, da ich es in einer deutschen und einer englischen Version schreibe, je einen dieser Fassungen. Es wird jedoch ein Auszug des deutschen, 1933 und die erste Zeit Hitlers betreffenden Teils werden, da die spanischen späteren Kapitel noch nicht so weit sind, dass ich sie namentlich gern aus der Hand geben würde. Dies tut mir namentlich deswegen leid, weil Sie sicherlich einen gewissen Spass an gerade diesen Abschnitten haben würden, deren Figuren Sie zum Teil selbst kennengelernt haben. Nun, ich hoffe, dass auch diese anderen zwei Abschnitte zeigen können, wie das Buch aussehen soll, und dass ihre (mehr oder weniger) Qualität meinen Antrag rechtfertigen können. – Schon [illegible] – habe ich inzwischen [illegible] Zeugnis recht bald an Sie zu schicken. – So hoffe ich, dass bald alle erforderlichen Unterlagen in Ihren Händen sind, und es möglich sein kann, in nicht allzu langer Zeit einen Beschluss zu fassen (was mir sehr, sehr angenehm wäre!) …

Von unseren damaligen spanischen Kameraden höre ich [illegible] wenig, und leider nicht immer Gutes; das Mindeste aber, was ich hoffe und annehme ist, dass sie ihr nacktes Leben in Sicherheit bringen konnten. Ihr Büchlein habe ic[h]

Erste Seite eines Briefes von Hansjörg Dammert / George Gordon an Prinz Löwenstein.

hatte ich noch nie ein so gut geführtes Haus wie dieses gesehen.« Die Wohnung lag im Berliner Westen, im anspruchsvollen Tiergarten-Viertel. Rudolf Dammert kann von seiner beruflichen Arbeit kaum so gelebt haben.

In Stuttgart nannte er sich Chefredakteur der Württemberger Zeitung und redigierte »Kulturbeiträge. Korrespondenz für moderne Tageszeitungen«. Er wandte sich schriftlich an eine lange Reihe von Persönlichkeiten aus der Politik, dem Sozial- und Wirtschaftsleben, aus Recht und Justiz, Medizin und Naturwissenschaften, allgemeiner Wissenschaft, Kunst, schöner Literatur und zitiert in einer gedruckten Liste der »Mitarbeiter« Zuschriften von bedeutenden Persönlichkeiten, die ihre »Sympathie« für seine »Kultur-Beiträge« mitgeteilt und sich zur gelegentlichen Mitarbeit bereit erklärt hätten. Die Liste der »Mitarbeiter« enthält berühmte Namen wie Professor Erich Harnack, Friedrich Meinecke, Siegfried Ochs, Max Schillings, Hanns Heinz Ewers, Albert Ballin, Emil Rathenau, Hermann Sudermann, Graf Zeppelin, Hermann Hesse, Alexander Roda Roda, ja Thomas und Heinrich Mann. Unter den erhaltenen Briefen Dammerts befindet sich ein Schreiben an Engelbert Humperdinck (vom 4. Juli 1910), in dem er sich für Humperdincks Zusage zu einem Beitrag bedankt und ihn bittet, in einer kurzen Arbeit von 100 bis 150 Druckzeilen als »Thema ein aktuelles Problem oder sonst eine Frage aufzugreifen, die Sie gerade beschäftigt«. Dammert fügt hinzu: »Zahlreiche Zuschriften aus Mitarbeiterkreisen gaben mir ihre hohe Befriedigung darüber kund, welch' starke Resonanz ihre Ausführungen durch meine Korrespondenz, die in die angesehensten und verbreitetsten deutschen Zeitungen übergeht, gefunden haben und welch' gute Einwirkung sie sich für die Entwicklung der Volksbildung versprechen …«

In Berlin gründete Rudolf Dammert das »russisch-romantische Theater«, die Tochter wurde Schauspielerin. 1928 ist er in Kürschners Literatur-Kalender als »Vorsitzender des Vereins der Korrespondenzverleger« genannt, 1934 »Inhaber und Chefredakteur u. a. Dammerts Pressedienste«. Er schrieb Theaterstücke, Romane, Filmdrehbücher, Feuilletons; aus dem Jahre 1910 datiert ein Drama »Der verbotene Tanz«. Seine chauvinistisch-nationalistische Tendenz geht bereits aus einem 1916 veröffentlichten Buch »Der serbische Feldzug« hervor. 1938 erschien in Leipzig »Deutschlands Nachbarn im Südosten. Völker und Mächte im

Donauraum«, gewidmet »Dem unbekannten Deutschen, der in der Fremde der Treue zum Deutschtum zum Opfer fiel«. Dem Buch stellte Dammert ein Vorwort voran: »... Das Deutsche Reich ... sieht nach den Worten des Führers und Reichskanzlers Adolf Hitler den Zweck der Existenz des Staates in der Erhaltung des Volkstums ... das völkische Ideal im Kreislauf des eigenen Blutes.« Das gesamte Buch ist voll von Hitler-Zitaten.

Musik lag Rudolf Dammert vielleicht nahe. So hat er 1937 ein Buch veröffentlicht (Berlin & Leipzig): »Das Wunderkind. Ein Mozartbuch«: »Es ist kein Roman über Mozart«, erklärte er, »sondern eine Erzählung von ihm.« Er hat Quellen zitiert und genannt für das leichthin geschriebene Buch; charakteristischerweise nennt er »Così fan tutte« ein »elendes Machwerk Da Pontes«.

Man kann sich vorstellen, in welcher geistigen Atmosphäre der musikbegabte Hansjörg Dammert aufwuchs. Schon daß er für seine Teilnahme an Schönbergs Meisterkursen die Akademie um finanzielle Unterstützung bat, obwohl er doch aus begütertem Hause stammte, zeigt, daß das Verhältnis zum Vater nicht so gestaltet war, daß er um Studiengelder für einen Unterricht bei Arnold Schönberg bitten wollte. Er wurde für das Winterhalbjahr 1927/28 aufgenommen – er war 17 Jahre alt. Hansjörg hatte bereits vorher in Musikerkreisen verkehrt, Hans Heinz Stuckenschmidt hatte sich mit ihm angefreundet, und er hatte in einem Musikabend der Berliner »Novembergruppe« eine Komposition vorgestellt; das war einige Monate vor seinem Eintritt in die Akademie, am 2. Mai 1927. Hansjörg Dammerts Werk war seine »Erste Sonate für Klavier«, bereits als »op. 12, No. 1« angekündigt. Im Programm standen außerdem noch die Erste Klaviersonate von Stefan Wolpe und die Erste Klaviersonate von Hans Heinz Stuckenschmidt (!). Franz Osborn spielte Dammerts Sonate, Else C. Kraus die Sonate von Wolpe, und Stefan Wolpe spielte die Sonate von Stuckenschmidt.

»Nach den Aufführungen wird Tee gereicht. Danach wird das Programm wiederholt«, stand in der gedruckten Einladung zum Konzert, doch bevor es soweit kam, hatte sich einiges abgespielt. Im Publikum saßen Artur Schnabel, Hanns Eisler und die bedeutendsten Musikkritiker Berlins, unter ihnen Adolf Weißmann; Max Butting hatte die Leitung des Abends. Pfiffe und Buhrufe begleiteten des Konzert, das trotz Beifallsbezeugungen in einen Skandal ausartete.

Die Veranstalter hatten das Publikum in der Einladung auf den Charakter des Musik des Abends ausführlich hingewiesen:

> Bemerkungen: Es handelt sich bei den drei Klaviersonaten um eine Musik formal experimentellen Charakters, bei der das Thematische und Modulatorische zugunster rein rhythmischer und dynamischer Gestaltung in den Hintergrund tritt.
>
> Man kann auf diese Stücke am besten den Ausdruck ›stehende Musik‹ anwenden, da die formalen Spannungen und Entspannungen hier aus dem Prinzip der Wiederholung (im Gegensatz etwa zur Variation) entwickelt werden.
>
> Es wird in dieser Musik versucht, den Begriff der musikalischen Zeit bis an die Grenze des Möglichen zu analysieren.
>
> So entstehen Wirkungen und Formen, die in der überlieferten Musik nur wenige Beispiele haben, die aber annähernd etwa von Schönberg im dritten der Orchesterstücke op. 16 oder von Strawinsky in der Piano Rag Music erstrebt wurden.
>
> Wenn diese Musik vom Interpreten die Verwendung von Faust und Unterarm verlangt, so ist das keine besondere Extravaganz, sondern lediglich eine Erweiterung der pianistischen Möglichkeiten, die keinen größeren Widerstand verdient, als ihn z. B. Beethoven mit seiner immensen Erweiterung der orchestralen Techniken gefunden hat.

Hans Heinz Stuckenschmidt hatte Hansjörg Dammert in Hamburg kennengelernt, wo er in einem Kabarett arbeitete (wie er in seinem Buch »Zum Hören geboren«, 1979 erschienen, erzählt). Lilo Dammert, die Schauspielerin, spielte dort eine kleine Rolle, und Stuckenschmidt freundete sich mit ihr an, während er im »Curiohaus« mit dem jungen Gustaf Gründgens – »dem eleganten blonden Rheinländer«, der »in einem intellektualisierten, hintergründig ironischen Operettenstil mit hübscher Baritonstimme« sang und »mit ebensoviel rhythmischer Präzision wie körperlicher Anmut« tanzte – die »Noatawa«-Revue einstudierte. Das war im Jahre 1925, Stuckenschmidt war noch keine 24 Jahre alt, Lilo Dammert war vier Jahre jünger: »Eines Wochenendes kam Lilos fünfzehnjähriger Bruder Hansjörg. Er besuchte das Berliner Französische Gymnasium, komponierte im Stil Darius Milhauds, kannte alle moderne Musik und war neugierig, mich kennenzulernen und auszufragen. Zu dritt verbrachten wir fortan die Wochenenden und machten Pläne zu einer gemeinsamen Reise nach Paris.« Stuckenschmidt dirigierte die von ihm komponierte Musik zu »Noatawa« selbst und bekam den Auftrag, für das Bremer Schauspielhaus eine moderne Musik zu Grillparzers »Der Traum ein Leben« zu schreiben. Ein Jahr später kam dann die geplante Reise nach Paris zustande. Lilo, Hansjörg Dammert und Stuckenschmidt fuhren im Juli 1926 in die Bretagne und verlebten eine »selige« Zeit am Meer: »Hansjörg hatte Poulencs ›Bestiaire‹-Lieder mit, und wir sangen Apollinaires Texte mit Begeisterung, namentlich den von Dom Pedro d'Alfaroubeira und seinen vier Kamelen (...) und den vom rückwärts laufenden Krebs ... Nach vier Wochen Sonne, Meer und gutem Essen waren wir ganz zufrieden, abzureisen. Die beiden Geschwister trafen ihre Eltern im Engadin ...« – damals scheint die Familie Dammert also noch einträchtig zusammengewesen zu sein.

Bald darauf begann Stuckenschmidts regelmäßige Tätigkeit als Kritiker, aber »noch hatte ich das Komponieren nicht aufgegeben (schrieb Stuckenschmidt 1976), und die gemeinsame Freundschaft mit (Stefan) Wolpe und Hansjörg Dammert zeugte die Vision einer neuen Art von Klaviermusik, die wir in drei Sonaten Gestalt werden ließen.« So kam das Konzert im Mai 1927 zustande, und Adolf Weißmann »vernichtete mich« mit dem Satz: »Ich hatte einmal viel für ihn übrig« (Stuckenschmidt).

Aus derselben Zeit stammte die Freundschaft Stuckenschmidts mit Hanns Eisler. Er hatte ihn schon in Wien 1924 kennengelernt und sich »gut mit ihm verstanden«. In Berlin wurden sie Freunde und trafen sich des öfteren. Stuckenschmidt machte Hanns Eisler mit Hansjörg Dammert bekannt, »der ihn bald bis an den Rand der Hörigkeit verehrte und durch ihn zu Marxismus-Leninismus bekehrt wurde«. Es war Eisler, der dann Hansjörg riet, in die Meisterklasse Schönbergs einzutreten. Das wurde im Winter 1927 möglich.

Zur Charakterisierung Hansjörg Dammerts hat der amerikanische Komponist und Pianist George Antheil zusätzlich Interessantes beizutragen. Nachdem er bereits 1922 als Klaviervirtuose Europa bereist hatte, kam er 1926 wiederum nach Paris und traf dort Stuckenschmidt: »Er war in Begleitung einer Gruppe junger deutscher Intellektueller, unter denen sich ein gewisser Hansjörg Dammert befand, ein junger deutscher Komponist von erheblichem Talent völlig neuer Art. Ich war sehr glücklich, als ich mir seine neue Komposition ansehen und ihm Ratschläge geben konnte, obwohl ich gerade an den Skizzen zu meiner Zweiten Sinfonie arbeitete.

Stuckenschmidt besuchte mich häufig, gewöhnlich in Begleitung des jungen Hansjörg, und war noch ebenso herzlich mit mir befreundet wie früher. Doch in seine musikalische Bewunderung anderer Komponisten hatte sich ein neues undefinierbares Element eingeschlichen, das ihn in seiner Philosophie und seinen Ansichten irgendwie deutscher zu machen schien. Vor allem hatte er Hauer entdeckt, die neueste deutsche Offenbarung des atonalen Systems ... Im Prinzip hatte das atonale System schon vor Hauer existiert, doch Hauer war das ›Genie‹, wie sie ihn nannten, das es in eine perfekte, brauchbare Ordnung brachte ... Doch Hansjörg Dammert lachte über Hauer und erzählte Stuckenschmidt und mir phantastische Geschichten von ihm ... All das hörte ich mir in beunruhigtem Schweigen an.«

Hansjörg Dammerts Musik (die wir bis heute – 1997 – nicht zu Gesicht bekommen haben) beschrieb Antheil als »in ihren Grundzügen völlig tonal, wenn auch mit überraschenden neuen musikalischen Tricks gepfeffert«. Als George Antheil viel später wieder von Hansjörg Dammert hörte, hatte er die Musik als Kämpfer für Anstand, Ehrlichkeit und Freiheit verlassen: »Hansjörg gehörte zu jenen beunruhigten jungen Deutschen, die durch ihre Herkunft eigentlich bestimmt gewesen wären, automatisch in die arrogante deutsche Führungsschicht – mit allem, was das bedeutet hätte – aufzusteigen, deren Sympathien jedoch von Anfang an bei den Kämpfern für die Freiheit lagen. Er stammte aus einer ausgezeichneten Familie und lebte in der elegantesten Straße von Berlin. Bisweilen frage ich mich, wie viele Hansjörgs es in Deutschland gegeben hat. Kennengelernt habe ich nur diesen einen.«

Arnold Schönberg hat Hansjörg Dammert und seine Musik sehr geschätzt. Als er im Winterhalbjahr 1927/28 in die Meisterklasse eintrat, waren auch gerade Peter Schacht, Nikos Skalkottas und Alfred Keller neu eingetreten; die damals recht große Klasse hatte von vorigen Semestern noch Winfried Zillig, Walter Gronostay, Walter Goehr, Robert Gerhard-Castells, Adolph Weiss, Johannes Ewald Moenck, Max Walter, Josef Zmigrod und Josef Rufer als Teilnehmer. Schönberg nannte Hansjörg Dammerts »Fleiß und Teilnahme: sehr gut«, den »Fortschritt: befriedigend« und als Kompositionen in Arbeit »Kammermusik und

Kammerorchester«. Im Sommerhalbjahr 1928 ist Hansjörg Dammert »beurlaubt«. Im Wintersemester waren »Fleiß und Teilnahme: befriedigend«, »Fortschritt: gut«, Kompositionen »Kammermusiken«. In den folgenden Semestern war er weiterhin eingeschrieben, aber »krankheitshalber beurlaubt«.

Am 5. Dezember 1929 schrieb Arnold Schönberg einen (handschriftlich erhaltenen) Brief an Hansjörg Dammert, als Antwort auf einen (anscheinend nicht erhaltenen) von Dammert:

»Lieber Herr Dammert, hoffentlich erreicht Sie dieser Brief, denn das einzige Wort, das ich in Ihrem Brief nicht recht lesen kann, ist der Ort. Und außerdem schreiben Sie nicht, ob er in Frankreich oder Spanien liegt. Ich denke, daß wir so gegen 10. Januar wieder bei mir zusammenkommen werden. Sehr gerne bin ich bereit, mit Ihnen über ›Ihren Fall‹, wie Sie sagen, zu sprechen. Das können wir dann telefonisch abmachen. Ich hoffe, Sie haben sich recht gut erholt und sind bei der Rückreise dann recht vorsichtig, wenn Sie in das kältere Klima kommen. Ob es sich nicht empfehlen würde, noch während der kalten Jahreszeit unten zu bleiben und erst zur *warmen* Zeit zurückzukommen? Jedenfalls herzlichste Grüße, Ihr Arnold Schönberg.«

Eine weitere aktive Teilnahme Hansjörg Dammerts an den Meisterkursen ist nicht dokumentiert. Im Archiv der Akademie der Künste liegt nur ein handgeschriebener Brief Dammerts vom 16. April 1930, mit dem er »die unterschriebene Quittung« zurücksendet und schreibt: »Nehmen Sie meinen herzlichen Dank für die Regelung dieser meiner Angelegenheit entgegen und sprechen Sie Herrn Professor Schönberg bitte auch meinen Dank für seine Anregung aus.« Es hat sich wohl um die Gewährung einer Unterstützung gehandelt.

Seit dem Zeitpunkt dieses Schriftwechsels hat sich keine weitere Dokumentation über eine Verbindung Hansjörg Dammerts mit Schönberg und auch keine über eine musikalische Tätigkeit des Komponisten Dammert gefunden. Als George Antheil 1932 wieder nach Berlin kam und Hansjörg Dammert besuchte, fand er ihn von Grund auf verändert: »Er war jetzt kein leichtsinniger deutscher Student mehr, sondern älter, schmal und hart. Er wirkte zäh und entschlossen. Er hatte sich sehr verändert. Seine Kompositionen interessierten ihn nicht mehr. Da gab es Sitzungen, wichtige Versammlungen mit andern jungen Deutschen, die sich zusammengetan hatten, um gegen die Nazis zu kämpfen, die – damals (d. i. 1932) – verachteten Braunhemden. Fast jeden Abend gab es irgendwo in der Stadt Straßenkämpfe. An einigen nahm auch Hansjörg teil. Doch Berlin war noch nicht in den Händen der Nazis – das kam ein halbes Jahr später –, noch konnten junge Deutsche wie Hansjörg Widerstand leisten, ohne von der Gestapo eingesperrt zu werden.«

»Hansjörg freute sich, mich zu sehen«, erzählt George Antheil weiter, »und bot mir leutselig seine Gastfreundschaft in dem palastähnlichen Haus der Dammerts in der Tiergartenallee an. Ich folgte seiner Einladung, da ich noch nie in einem deutschen Haushalt zu Gast gewesen war. Soweit es sich um den luxuriösen Zuschnitt handelte, hatte ich noch nie ein so gut geführtes Haus wie dieses gesehen! Wohin ich auch blickte, überall fand ich Beweise eines nicht wiederzuerkennenden Wohlstands in Deutschland ... Ich ging den Kurfürstendamm hinunter, dabei fragte ich mich, ob vielleicht alles ein Traum sei. Ich verglich dieses Berlin aus dem Jahr 1932 mit dem vor zehn Jahren und fand keinerlei Ähnlichkeiten ... Ich selber hatte mich vielleicht nicht so sehr verändert ... Doch alle andern um mich her hatten sich verändert. Nur (Hans) Heinsheimer, Virgil Thomson, Wladimir Golschmann schienen sich gleichzubleiben – aber ich kannte sie ja auch noch nicht so lange wie Berlin.« Antheil schreibt auch, daß er »anders als Hansjörg noch sehr daran interessiert (war), möglichst gute Musik zu komponieren«.

Wie aus George Antheils Erinnerungen ersichtlich ist, hat er viel später einiges über das Schicksal Hansjörg Dammerts erfahren, allerdings nur einen Teil seiner abenteuerlichen Erlebnisse und diese auch nicht ganz genau, nicht ganz vollständig. Eigene Angaben Hansjörg Dammerts aus einem Lebenslauf, den er 1939 mit Antworten auf einen Fragebogen der Flüchtlingsorganisation »American Guild for German Cultural Freedom« in einem Brief vom 24. Januar 1939 an Hubertus Prinz Löwenstein (in englischer Sprache) zusammenfaßte, ergänzen George Antheils biographische Notizen.

Als die Nazis in Deutschland zur Macht kamen, wurde Hansjörg Dammert (bereits 1933) wegen seiner »antifaschistischen Tätigkeit« inhaftiert. Es gelang ihm, einem Konzentrationslager zu entfliehen; er erreichte zuerst die Schweiz und dann Paris. Seit seiner Flucht hatte er keinen deutschen Paß, bekam in Frankreich eine französische »carte d'identité«. 1934 (teilte Hansjörg Dammert selbst mit) verließ er Frankreich, ging nach Spanien, kam wieder nach Frankreich zurück, reiste dann nach England und Schweden – es ist schwer zu verstehen, wie er die Mittel zu den Reisen aufbringen konnte. Arthur Koestler, in Ungarn 1905 geboren, in Wien aufgewachsen, seit 1933 Journalist in Paris, schrieb in seinem autobiographischen Buch »Frühe Empörung« (1. Band der »Gesammelten autobiographischen Schriften«, 1970 in Wien in deutscher Übersetzung aus dem englischen Original veröffentlicht), daß in Paris »1934 Vorsitzender der Fraktion ›Schutzverband deutscher Schriftsteller‹ ein 20jähriger junger Mann (tatsächlich war er 24) namens Hans Dammert war, der auch nicht Schriftsteller war, sich aber unter Nazifolter sehr mutig gezeigt hatte«.

Im Fragebogen schreibt Dammert, daß er 1936 wieder in Frankreich war und dann nach Spanien ging und für spanische und englische Presseagenturen als Kriegskorrespondent »auf der Seite der Regierung« arbeitete. Er schrieb unter dem angenommenen und anscheinend später legalisierten Namen George Gordon, weil er (wie er im Lebenslauf angab) seine in Deutschland verbliebenen Eltern sofort in Gefahr gebracht hätte, falls er unter dem Namen Dammert geschrieben hätte. Seine Schwester Lilo, mit der er in Paris in Verbindung stand, hatte dem nazibesessenen Vater genau wie ihr Bruder, der Widerstandskämpfer, eine »Schmach« angetan: sie war gleichfalls aus Deutschland geflohen und war mit einem Juden verheiratet; ihr Name war Aisner.

1937 nahm er die spanische Nationalität an, war aber anscheinend noch im Januar 1939 ohne Staatsbürgerschaftspapiere. Allerdings hatte er einen spanischen Reisepaß, als er im Juli 1938 »sehr krank« – mit einem französischen Einreisevisum – nach Frankreich zurückkam. Aber der spanische Paß verlor im Februar 1939 seine Gültigkeit; das französische Visum lief ebenfalls ab. Und nachdem Franco in Spanien gesiegt hatte, gab es keine Möglichkeit mehr, den von der spanischen Regierung ausgestellten Paß zu verlängern. So wurde er ohne gültigen Ausweis von einer Kontroll-Patrouille verhaftet, als er im Zug von Paris nach Cherbourg reisen wollte, um einen kanadischen Freund vor dessen Einschiffung zu sehen. Am 3. Mai 1939 wurde er unter Bewachung nach Paris zurückgebracht und in das französische Gefängnis »Santé« geworfen. Hilfs- und Emigranten-Organisationen versuchten ihn freizubekommen, aber es dauerte lange Zeit, bis dies endlich gelang. Aber nachdem er freigelassen war, wurde er nochmals arretiert und zu fünfzehn weiteren Tagen Gefängnis verurteilt: die Bedingung seiner Freilassung war gewesen, daß er innerhalb eines Monats ein gültiges Visum für die Ausreise in ein anderes Land vorweisen würde. Hubertus Prinz Löwenstein, die Sekretärin der Organisation »American Guild for German Cultural Freedom« Maria Heinemann, Volkmar von Zühlsdorff, die kanadische Regierung waren unter den hilfsbereiten und für Dammert-Gordon aktiven Persönlichkeiten und Institutionen. Auch Thomas Manns Kinder, Klaus und Erika Mann, Lion Feuchtwanger und Arnold Zweig spielten eine Rolle im Kampf um Dammert-Gordons Freiheit und Überleben.

Von Hansjörg Dammert, dem begabten Komponisten und Meisterschüler Arnold Schönbergs in Berlin, war keine Rede mehr. Es ging um George Gordon, einen durch journalistische Tätigkeit bekannt gewordenen Schriftsteller, der den Entwurf und einige hundert Seiten eines »Zeitromans« vorgelegt hatte. Lion Feuchtwanger und Arnold Zweig hatten ihn begutachtet, und er hatte sie dazu bewogen, für George Gordon um Hilfe und Unterstützung anzusuchen.

Am 25. Januar 1939 sandte George(s) Gordon einen Brief an Hubertus Prinz Löwenstein, General Secretary, American Guild for German Cultural Freedom, um auf den Fragebogen »bezüglich der Erteilung eines Arbeitszuschusses für deutsche Schriftsteller in der Emigration« zu antworten, den ihm seine Schwester, Lilo Dammert-Aisner, auf Anregung von Lion Feuchtwanger zugesandt hatte. Lilo Aisner war mit Feuchtwanger befreundet; er hat sie in seinen Briefen und Aufzeichnungen mehrfach erwähnt. Mit Lion Feuchtwanger und Ludwig Marcuse war sie 1936/37 nach Moskau gereist. Feuchtwanger sah sie noch vor seiner Flucht aus Südfrankreich am 24. Juli 1940, drei Tage später in Marseille. Man kann wohl für sicher annehmen, daß die Dammert-Tochter Amerika damals erreicht hat – was für ihren Bruder nicht dokumentiert werden konnte. Am 14. Juni 1939 hatte die Sekretärin der »American Guild« bereits an Mrs. Lilo Aisner einen Brief an eine Anschrift in Bronxville, New York, gerichtet, aber den Daten Feuchtwangers nach muß sie (vor dem Ausbruch des Weltkriegs wahrscheinlich) noch einmal nach Frankreich zurückgekehrt sein und hat wohl im Juli 1940 fliehen können.

In einem Begleitschreiben zu den Antworten auf den Fragebogen (Paris, 25. Januar 1939) sandte George(s) Gordon an Prinz Löwenstein »ein persönliches Wort«, das für uns noch eine Lücke in der Biographie ausfüllt: »Vielleicht werden Sie sich an einen gemeinsamen Besuch der Front der Ciudad Universitaria – mit drei wilden, schwer zu bändigenden Kataloniern und einem fremdenführerischen Chauffeur namens Wasserzug – in Madrid, und an einige Diskussionen erinnern, die wir dort im Herbst 1937 hatten ... Ich bin seit etwas über 6 Monaten aus Madrid und Barcelona zurück, etwas krank und mit diesem Buchprojekt beschäftigt«, das im Hauptschreiben vorgestellt wird. »Es gibt zahllose Spanienbücher«, schreibt Gordon, »aber diesen Bogen 1933–1938, Deutschland–Spanien versucht einstweilen, soweit ich informiert bin, noch niemand. Ich hoffe, daß die Umstände es mir erlauben werden, nach Abschluß dieses Buches nach dort zurückzukehren. Von diesem Buch liegen einstweilen ca 250 Seiten, d. h. über ein Drittel vor, – geschrieben seit Frühjahr 1938 in Madrid, und von dort mit einiger Mühe per Auto, Flugzeug und Schiff, gelegentlich unter ein paar Bomben, hierher gebracht.«

In seinem Gesuch um ein Stipendium für seine Arbeit, den »Roman, dessen Fertigstellung Feuchtwanger – nach Kenntnisnahme des vorliegenden Teiles – stark ermutigt« hat, gibt Dammert-Gordon zur Frage nach »früheren Arbeiten« an: »Bisher ist, weder in Deutschland noch anderswo, irgendwelche Arbeit in Buchform erschienen. Meine schriftstellerische Tätigkeit konzentrierte sich soweit auf Mitarbeit an Zeitungen und Zeitschriften in verschiedenen Ländern und Sprachen (deutsch, englisch, französisch, spanisch). Obwohl faktisch mein drittes Manuskript in Romanform, handelt es sich in diesem Fall um mein erstes Buch.« – »Thematik: Versuch eines Zeitromans, umfassend die Jahre 1933 bis 38 (1933: Hitlers Machtübernahme in Deutschland; 1934 erste internationale Offensive des eine Weltmachtstellung erstrebenden Faschismus, 6. Februar in Frankreich, Österreich, Oktoberaufstand in Spanien; 1935, Ansätze und Entwicklung der demokratischen Verteidigungswelle gegen den faschistischen Ansturm, Volksfrontbewegung in Spanien und Frankreich; 1936: das Jahr des offenen Durchbruchs zum Kampf zwischen Faschismus und Demokratie; 1937/38: der spanische Konflikt und seine Bedeutung für diesen Weltkampf). – Diese politische Thematik, aufgelöst in Romanform, wird getragen von den Gestalten dreier Deutscher (eines Intellektuellen, eines Arbeiters, einer Frau), deren Leben unter Hitler, in der Emigration und während des spanischen Krieges geschildert wird ...« – »Umfang: insgesamt 600 Seiten (die drei Teile des Romans).« – »Zeit bis zum Abschluß: voraussichtlich 6, maximal 9 Monate.« – »Referenzen: 1. Lion Feuchtwanger, 2. wahrscheinlich

Arnold Zweig« (der tatsächlich später positiv reagierte), »3. für England John Lehmann, Herausgeber der Anthologie ›New Writing‹ …«

Der Schriftsteller nannte auch einige Namen von Verlegern, die sich für den Roman interessieren könnten, und detaillierte die Beihilfe, die ihm zur Vollendung des Buches zur Verfügung stehen müßte. Auf die Frage, ob noch »besondere Umstände« zu berücksichtigen wären, meinte Dammert-Gordon, daß die Probleme seiner »Nationalisierung etc.« vielleicht noch zu einer Änderung seines Namens führen könnten, er dann aber eine Umschreibung des Stipendiums auf einen anderen Namen erbitten werde. Dammert-Gordon adressierte ein ähnliches Gesuch in englischer Sprache an das Londoner Büro der »American Guild«.

In einem Brief vom 15. Februar 1939 bedankt sich Prinz Löwenstein für das persönliche Schreiben: »Natürlich erinnere ich mich genau an unseren gemeinsamen Besuch der Ciudad Universitaria … und alle Einzelheiten der spanischen Reise.« Er bittet um die Zusendung einiger Kapitel »zur Unterstützung meines Antrags auf eine Arbeitsbeihilfe«. Dammert-Gordon hatte vor Eintreffen dieses Briefes nochmals ein Schreiben an Prinz Löwenstein gesandt: Er habe inzwischen eine Expertise von Arnold Zweig erhalten mit der Bereitschaftserklärung, neben Feuchtwanger die zweite Patenschaft für den Antrag zu übernehmen. Am 11. März 1939 schrieb Lion Feuchtwanger an Prinz Löwenstein aus Sanary/Var, wo er 1933–1940 im Exil lebte, bevor er interniert wurde und dann in die USA floh: »Lieber Prinz Löwenstein, ich gestatte mir nochmals darauf hinzuweisen, daß ich den Antrag von George Gordon warm unterstütze. Besonders das Fragment des Romans ›Escape to the Fronts‹ scheint mir vielversprechend.«

Ein Stipendium hat George Gordon, der Schriftsteller, tatsächlich erhalten; Prinz Löwenstein schreibt am 12. Juni 1939 aus Paris, wohin er kurz aus den USA gereist ist, an einen Freund in London, daß er sich in Paris aufhalte, vor allem, »um sich um unsere Freunde, die Arbeitsbeihilfen erhalten, zu bekümmern. Es ist ein schöner Erfolg, daß Herr Gordon nun frei ist« – er war im Mai eingesperrt worden. »Er war ein Spanienkämpfer und ist dabei, ein wichtiges Buch zu schreiben, das Feuchtwanger sehr empfiehlt. Weil er keine Papiere mehr hatte, hat man ihn einfach ins Gefängnis geworfen – es ist grauenhaft – und grauenhaft ist die ganze Lage der Emigration. Täglich sehe ich Menschen, die am Verzweifeln sind, ich tröste sie, vertröste sie, sage, wartet, wir tun, was wir können.« Der Prinz spricht vom Dank der Stipendiaten wie Walter Mehring, Paul Dreyfuss, Rudolf Olden und des früheren Direktors der Wiener Volkshochschule Theodor Feldmann: »Die Ruhe des französischen und englischen Volkes ist erstaunlich. In Paris ist man noch ein wenig vergnügter als sonst, weil das Leben eine kostbare Sache geworden ist, und man nicht weiß, ob man es im Herbste noch haben wird. Allgemein rechnet man damit, daß die neue Krise sehr groß werden wird; ob Krieg, oder nur allgemeine Mobilmachung hängt vom Grade von Hitlers Wahnsinn ab.«

Wenige Tage nach diesem Brief, am 15. Juni 1939, richtete Prinz Löwenstein ein Schreiben an den amerikanischen Generalkonsul in Paris und bat ihn um Unterstützung für »Mr. Georges Gordon«, der ein Visum für die Einreise in die Vereinigten Staaten benötigte: »Mr. Gordon beabsichtigt, in den USA sein literarisches Werk fortzuführen, an dem die American Guild sehr viel Interesse hat. Mr. Gordon ist in der Tat unter unsere Stipendiaten aufgenommen worden, so daß alles, was für ihn getan werden kann, unserer großen Anerkennung gewiß sein wird.« Am 12. Juni 1939 schrieb Mrs. Maria Heinemann, Executive Secretary der American Guild, an Prinz Löwenstein, Gordon-Dammerts Schwester habe mitgeteilt, er sei ganz mittellos und müsse »so schnell wie möglich« Frankreich verlassen. Er war gerade aus dem Gefängnis freigekommen. »Mrs. Aisner kann ihm nichts geben und er müsse noch ein Stipendium erhalten; sie meint, er könne vielleicht nach England gehen«, heißt es in einem anderen Schreiben.

Am 12. Juli 1939 teilt Miss Jean Watts Lawson Maria Heinemann aus Toronto, Kanada, mit, daß sie eine längere Korrespondenz mit Lilo Aisner hatte, bevor sie nach Europa gereist sei. Sie wolle helfen, daß ihr Freund Mr. Gordon eine Einreise nach Kanada bekäme. Sie hoffe, daß der Premierminister sich selbst der Angelegenheit annehmen könne, die von prominenten kanadischen Schriftstellern unterstützt werde, obwohl sie Gordon nicht persönlich kannten. Maria Heinemann antwortete am 15. Juli, sie könne im Moment keine wirklich prominenten Schriftsteller in New York finden, so gerne sie auch helfen würde, Erika Mann und ihre Familie seien nach Europa abgereist. An Prinz Löwenstein sandte sie den Brief von Miss Lawson ein, und am 7. August 1939 schrieb Prinz Löwenstein an Gordon, daß er zwei Briefe von ihm erhalten habe; er freue sich über positive Nachrichten aus Kanada und versuche, ihm zunächst ein Einreisevisum nach England zu verschaffen. Am selben Tage schrieb er an Mrs. Heinemann, er befürchte, daß man Gordon möglicherweise noch einmal verhaften könne, und er sei ganz dringend darum bemüht, ihm die Einreise nach England zu ermöglichen. Sein Freund und Mitarbeiter Volkmar von Zühlsdorff habe vor wenigen Tagen ein Interview mit George Gordon gemacht; sein Bemühen um eine Einreise nach Kanada, das von den kanadischen Behörden dokumentiert sei, könne für ein temporäres englisches Visum helfen. Gordon habe in Kanada einen Betrag von $ 1000 deponiert, der bestehen bleiben müsse für den Fall, daß er die Einreise bewilligt bekomme, und das englische Innenministerium könnte das als Grund für eine Bewilligung für ein englisches Visum bewerten.

Am 26. Juli hatte Gordon an Mrs. Heinemann geschrieben und sich bei ihr für ihr Bemühen um seine Angelegenheiten bedankt, gleichzeitig um eine weitere Unterstützung gebeten, seine Situation sei prekär. An Prinz Löwenstein sandte er einen drei Seiten langen Brief über seine schwierige Lage: Er müsse »hier weg«, sei auch »nicht besonders gesund«, seine Mittel »reichen bis Ende September«: »Verhungern ist ein sehr pathetisches und mir nicht angenehmes Wort – man sagt soetwas und tut es selten.« Die Sommermonate gäben fast gar keine Arbeitsmöglichkeiten, die Zeitungen »schlafen«, auch habe eine zweimalige Gefängnisstrafe, sukzessiv in raschem Rhythmus erfolgt, den allermeisten Leuten, namentlich seinen »bürgerlichen« Busineß-Kontakten, nicht ganz unbegreiflicherweise »den Appetit an einer Zusammenarbeit verdorben«.

Die Sommermonate trugen auch dazu bei, daß die behördlichen Stellen nur sehr langsam die Eingaben von und für Gordon bearbeiteten. Für drei Monate konnte ihm Prinz Löwenstein $ 30 pro Monat zusagen.

Am 25. August 1939 schrieb Miss Jean Watts Lawson aus Vancouver an Maria Heinemann, daß Gordons Einreisevisum im Prinzip bewilligt sei, daß aber die Formalitäten (Interview des kanadischen Konsuls in Paris mit Gordon, Transfer von Deposit-Geld etc.) sicherlich noch mindestens einen Monat dauern würden, so daß es gut wäre, wenn Gordon Frankreich verlassen und England erreichen könne.

Anfang Oktober 1939 unterrichtete Jean Watts Lawson aus Toronto Maria Heinemann, daß Prinz Löwenstein nach New York zurückgekehrt sei und vielleicht Nachrichten von George Gordon habe. Ihre letzte Information war, daß die kanadischen Behörden Gordon gerade vor dem

Ausbruch des Krieges in Paris befragt hätten und er seine Einreiseerlaubnis bekommen würde, sobald der Bericht des Konsulats aus Paris in Ottawa geprüft sei. Sie habe eine Woche nach Kriegsausbruch mit der Behörde in Ottawa gesprochen und erfahren, daß der Krieg die Einwanderung von Flüchtlingen nach Kanada nicht beschränken werde. Seitdem habe sie nichts mehr aus Ottawa gehört, »und was schlimmer ist, seit dem 22. August habe ich keine Nachricht von Mr. Gordon und habe keine Ahnung, wo er sich befindet. Ich habe ihm noch vor Kriegsausbruch das Geld gesandt, das er für die Einreise braucht (jetzt kann man kein Geld mehr aus dem Lande hinaussenden), und ich bin dringend daran interessiert zu erfahren, ob er frei imstande ist, auszureisen, wenn er die Einreiseerlaubnis erhält.«

Die Nachrichten brechen nach diesem Schreiben von Anfang Oktober 1939 ab. Die nächste Dokumentation stammt vom 15. Dezember des folgenden Jahres, New York 1940: »Aktennotiz, Memorandum betr. Georges Gordon: Mrs. Lilo Aisner hat sich gemeldet. Sie ist gerade aus Französisch-Afrika hergekommen. Georges Gordon wurde inhaftiert, als der Krieg ausbrach. Er hat sich dann für die Fremdenlegion zur Verfügung gestellt, für die Zeit des Krieges. Jetzt ist er in einem Arbeitslager und wird nur freigelassen, wenn er ein Einreisevisum für irgendein Land und außerdem 5000 Francs besitzt. Ich (der Schreiber ist wohl Prinz Löwenstein) habe Frau Aisner geraten, sich mit der League of American Writers in Verbindung zu setzen; ich habe ihr mitgeteilt, daß die Guild ihre Tätigkeit aufgegeben hat.«

In seinen Lebenserinnerungen »Bad Boy of Music« weiß George Antheil zu berichten, daß Dammert-Gordon in der Internationalen Brigade der französischen Fremdenlegion an der Sklavenarbeit beim Bau der Wüsten-Bahnstrecke nach Dakar teilnehmen mußte – »und wurde, wie ich zuletzt von ihm hörte, sehr krank«. Ein Datum hat George Antheil für diese Angaben nicht verzeichnet.

Die Rettung von Hansjörg Dammerts Schwester Lilo, die im Jahre 1940 35 Jahre alt war, ist somit jedenfalls bezeugt. Über den Bruder fehlen seit dem »Memorandum« von 1940, als er 30 Jahre alt war, jegliche dokumentierten Nachrichten. Sein Roman »Flucht an die Fronten« mit seinem interessanten und aufregenden Thema, von bedeutenden Autoren wie Lion Feuchtwanger und Arnold Zweig empfohlen, ist eine »verlorene Handschrift«: in keinem Archiv, auch nicht im gut erhaltenen

Nachlaß Lion Feuchtwangers, hat sich das Manuskript gefunden. »Verlorene Handschriften« sind auch die musikalischen Werke aus jener Zeit, als Hansjörg Dammert ein aufstrebender, sehr junger Komponist war; der Nachlaß des Pianisten Franz Osborn, der Dammerts Klaviersonate »op. 12, No. 1« uraufgeführt hat, ist erhalten, aber nicht zugänglich gemacht worden.

Als Epilog zum Drama Hansjörg Dammert-George(s) Gordon mag noch von einem Rätsel berichtet werden, das im Augenblick (1997) ebensowenig lösbar ist wie das Rätsel des Schicksals des ehemaligen Komponisten und dann engagierten Schriftstellers.

Im Erwin-Piscator-Archiv der Akademie der Künste in Berlin befinden sich zwei Briefe eines Autors George Gordon, New York, dessen gedruckter Briefbogen angibt, er habe »von den amerikanischen, britischen und kanadischen Regierungen Auszeichnungen erhalten für literarisches Material, das für die Unterhaltung der Armeen während des Krieges zur Verfügung gestellt war«. Der Briefbogen verzeichnet, daß er Mitglied der »Dramatists' Guild«, der »Author's League«, der »Radio Writer's Guild« sei, Produzent, Autor, Regisseur, und unter anderem Theaterstücke »For crying out loud«, »The Dream«, »It's Murder«, »The Old Lady« verfaßt hätte. Am 25. September 1959 schrieb George Gordon (dessen handschriftliche Unterschrift der des George Gordon in Paris nicht unähnlich ist) an den großen revolutionären Theatermann Erwin Piscator, »Munich Kammerspieler« (sic), München: »Sehr geehrter Mr. Piscator« (der Brief ist englisch geschrieben). »Ich habe mit Ihrer Gattin über mein Theaterstück ›Lost Victory‹ gesprochen, das sie Ihnen überbracht hat, und ich hätte gerne erfahren, ob Sie es drüben produzieren möchten. Es ist ein gutes, außerordentliches, episches Werk und würde eine denkwürdige Vorstellung ergeben. Ich bin sicher, daß Sie sich daran als das Stück erinnern, das Sie vor einiger Zeit mit Interesse für eine Aufführung im President Theatre in New York in Betracht zogen. Könnte ich bald von Ihnen hören?«

George Gordon sandte an Piscator p. Adresse Hotel Kaiserhoff (sic) nach Essen einen zweiten Brief: »Ich schreibe Ihnen nochmals wegen meines Stückes ›Lost Victory‹, das Ihre Gattin Dr. Maria Piscator Ihnen freundlicherweise kürzlich überbracht hat. Ich schrieb an die Adresse der Munich Kammerspieler (sic), aber Ihre Gattin sagte mir, daß Sie jetzt in Essen sind, um dort zu filmen. Ich würde es sehr begrüßen, zu erfahren, ob Sie an diesem außergewöhnlichen und epischen Theaterstück Interesse haben.«

Weder im Piscator-Archiv noch in amerikanischen Archiven hat sich über George Gordon und seine Arbeiten für Theater und Film mehr gefunden als die erwähnten beiden Briefe. Ergebnislos blieben auch Recherchen, die Autorenvereinigungen betreffend, die auf den Briefbogen George Gordons genannt sind.

Es kann nicht ausgeschlossen werden, daß der Autor George Gordon des Jahres 1959 mit Hansjörg Dammert-George Gordon zwischen 1910 und 1940 identisch ist.

Wir staunen immer wieder über die Fähigkeit der Humanisten des 15. Jahrhunderts, verschollene Handschriften wiederzufinden. Wo fanden sie sie? In Bibliotheken, die teilweise zum Verbergen dienten, aber auch zum Bewahren und damit zum Fundemachen.

UMBERTO ECO (op. cit.).

Vor Toresschluß

KARL ALFRED DEUTSCH

BERND BERGEL

KARL ALFRED DEUTSCH AUS CZERNOWITZ

Vom Mai 1931 bis zum 2. Juni 1932 weilte Schönberg nicht in Berlin, und die Leitung seiner Kurse übernahm sein langjähriger Assistent Josef Rufer. Schönberg hatte während des Winters 1930/31 gesundheitlich gelitten, und seine Asthma-Beschwerden hatten sich verschlimmert. Es wurde ihm von ärztlicher Seite geraten, in den Süden zu reisen, wo er leichter atmen konnte. Gertrud und Arnold Schönberg reisten im Mai 1931 nach Montreux-Territet am Genfer See, und Schönberg erholte sich so weit, daß er dort am 14. Juli 1931 den ersten Akt von »Moses und Aron« vollenden konnte. Doch als im Herbst Regen und Kälte am Genfer See einsetzten, nahmen die Atembeschwerden wieder zu, und so beschlossen die Schönbergs, in ein noch südlicheres Land zu reisen. Mitte Oktober 1931 siedelten sie nach Barcelona über, wo sein Meisterschüler Roberto Gerhard sich um ihn sorgen konnte und ihn Pablo Casals, mit dem er sich in seinen früheren Jahren in Wien angefreundet hatte, herzlich begrüßte. Am 7. Mai 1932 kam dort die Tochter Nuria zur Welt.

In Berlin herrschte große Unzufriedenheit über Schönbergs lange Abwesenheit und die Vernachlässigung seiner Schüler der Akademie. Josef Rufer berichtete Schönberg, daß der Musikreferent des zuständigen Ministeriums Leo Kestenberg, selbst als Freund der Moderne von rechtsnationaler Seite her angegriffen, ihm von der Kritik erzählt hatte, daß eine so wichtige Lehrstelle wie Schönbergs besetzt und bezahlt würde, der Lehrer aber seit einem Dreivierteljahr nicht in Berlin sei. Schönberg wies auf seinen Gesundheitszustand, aber auch auf seinen Vertrag hin, in dem es hieß, er könne selbst die Monate bestimmen, die er in Berlin verbringen und dort unterrichten wolle; seine Gesundheit wolle er »wegen einiger Neidhammel« nicht opfern. Das Klima verschlechterte sich selbst in Spanien, wo es im Februar 1932 ungewöhnlicherweise schneite. Doch am 10. März 1932 konnte Schönberg die Partitur des zweiten Aktes von »Moses und Aron« vollenden. Am 2. Juni 1932 trafen Gertrud und Arnold Schönberg mit der kleinen Tochter in Berlin ein, und im Sommersemester 1932 begann er wieder zu unterrichten. Er traf einige seiner früheren Schüler in der Akademie wieder, und es wurden zwei neue Meisterschüler inskribiert. Die Listen und handschriftlichen Notizen Schönbergs nennen für den Sommer 1932 Peter Schacht, Nikos Skalkottas und Norbert von Hannenheim, als neu Dazugekommene Karl Alfred Deutsch und Bernd Bergel, die auch für das Wintersemester 1932/33 wieder eingetragen sind. Hans Heinz Stuckenschmidt, dessen 1974 zuerst erschienene Schönberg-Biographie unübertrefflich und zuverlässig ist, nennt in seiner Liste der »Studierenden der von Professor Schönberg verwalteten Meisterschule für musikalische Komposition«, in der allerdings die Namen von Rudolph Goehr, Fried Walter und Karl Alfred Deutsch nicht genannt sind, einen Schüler Fritz Reich, eingetreten am 1. Oktober 1932 (S. 494), der in keiner Akademie-Inskription für Schönberg und auch nicht in Schönbergs Listen verzeichnet ist.

Über Karl Alfred Deutsch hat Schönberg sich Notizen zu Teilnahme und Komposition gemacht, ebenso über Peter Schacht und Bernd Bergel. Am Fuße der dem Sommerhalbjahr gewidmeten Seite, unterzeichnet am 26. November 1932, schreibt Schönberg: »Außer den Obengenannten (d. i. Schacht, Deutsch, Bergel) wird mein Unterricht noch regelmäßig besucht von Hannenheim, Norbert von, und Skalkottas, Nikos, die erst wieder inskribiert sein sollten, worüber ich sie befragen werde, sowie einigen externen Hörern, die mich zum Teil (Ausländer) für die Zeit ihres Aufenthalts um Hospitier-Erlaubnis gebeten haben.« Erich Schmid ist »derzeit beurlaubt«.

Karl Alfred Deutsch, geboren in Czernowitz am 5. Juli 1903, hat den Unterricht »ziemlich regelmäßig« besucht, ein »Fortschritt« ist »einstweilen noch nicht beurteilbar«. Zu Bernd Bergel ist eine Rubrik davor notiert: »Kompositionen sind in dieser kurzen Zeit vorläufig nicht vollendet worden«; Schönberg hatte geraten, zunächst noch weiterzulernen. Zu Karl Alfred Deutsch schreibt Schönberg: »Ein ähnlicher Fall; vorläufig noch wenig Resultate.«

Über Jugend und Ausbildung Karl Alfred Deutschs, seine Übersiedlung nach Berlin, seinen späteren Lebensweg und seine Kompositionen konnte weder durch nationale (rumänische) noch internationale Institutionen etwas in Erfahrung gebracht werden. Sicher ist, daß er des Naziregimes wegen Berlin und Deutschland verlassen mußte, über sein Zielland gibt es wenige Anhaltspunkte. Der Komponist Juan Allende-Blin, 1928 in Santiago de Chile geboren, seit 1951 in Deutschland ansässig, Autor der Biographie des Komponisten Erich Itor Kahn, konnte im Laufe seiner eigenen Nachforschungen einiges über Karl Alfred Deutsch herausfinden. In den »Kalendernotizen«, die Erich Itor Kahn in der Pariser Emigration 1935 bis 1939 niederschrieb (vor seiner Internierung durch die französische Regierung und seiner Auswanderung in die Vereinigten Staaten 1941), ist Karl Alfred Deutsch dreimal erwähnt: im November 1936 »K. A. Deutsch Bellermann: Kontrapunkt geliehen«, das ist das berühmte klassische Kontrapunkt-Lehrbuch Heinrich Bellermanns, 1861 zuerst erschienen und immer wieder neu aufgelegt; im Jahr darauf (?): »K. A. Deutsch Michelet 11–69« (Anschrift, Telefon-Nummer?); »11. Juni 1938 – Nach der Aufführung meiner (d. i. E. I. Kahns) Violinsuite in der Revue musicale (Juan Allende-Blin fügt hinzu: Danach werden einige anwesende Bekannte aufgezählt und ihre Reaktion beschrieben). K. A. Deutsch – negativer Eindruck, wegen Unentschiedenheit der kompositorischen Technik (›gegen 12-Tontechnik‹).«

Auch aus Paris, hiernach der erste Zufluchtsort auch von Karl Alfred Deutsch, schreibt Erich Itor Kahn im Entwurf zu einem Brief an den Kollegen vom 15. Juni 1938: »... daß ich bemüht war ein Quartett für die Aufführung Ihres Werkes zu finden.« Schließlich hat Erich Itor Kahn, nachdem er in New York eine neue Heimat gefunden hatte, K. A. Deutsch in einem Brief nebenbei erwähnt. In dem Buch »La música en los Estados Unides« (Mexiko, Buenos Aires, 1952) zählt Juan Carlos Paz »Zwölftonkomponisten« auf, »die aus verschiedenen Ländern stammen«, und nennt unter ihnen K. A. Deutsch – trotz des Buchtitels handelt es sich nicht nur um Komponisten, die in Amerika lebten oder zur Zeit des Verfassers dort waren. René Leibowitz erwähnt K. A.

Deutsch dreimal in seinem 1949 in Paris erschienenen Buch »Introduction à la musique de douze sons«.

Mehr war über diesen sicherlich auch interessanten Schönberg-Schüler nicht zu finden (1997).

Über Fritz Reich, der in Schönbergs Aufzeichnungen nicht erscheint, der aber bei Stuckenschmidt als Schüler genannt ist, existiert ein Dokument der Berliner Akademie der Künste vom 13. April 1933 mit dem Bescheid, daß Bernd Bergel, K. A. Deutsch, Peter Schacht und Fritz Reich Studienbeihilfen erhalten können; Fritz Reich hatte sich als Studienassessor angemeldet. Dreieinhalb Wochen vor dem 13. April – am 20. März 1933 – hatte Schönberg der Akademie seinen Rücktritt mitgeteilt, nachdem Max von Schillings am 1. März in der Akademie-Sitzung – in Schönbergs Anwesenheit – erklärt hatte, der »jüdische Einfluß« müsse gebrochen werden. Die durch Studienbeihilfen begünstigten Musiker kamen nicht mehr zu einem weiteren Studium bei Schönberg, der fristlos entlassen war und am 17. Mai 1933 nach Paris, der ersten Station seiner Emigration, abreiste. Dort erhielt er den aus Berlin nachgesandten Brief, in dem ihm die Akademie am 23. Mai mitteilte, der Kultusminister habe sie ermächtigt, ihn als Verwalter einer Meisterschule für musikalische Komposition mit sofortiger Wirkung zu beurlauben. Der Herr Minister behalte sich weitere Bestimmung vor.

Eine endgültige Kündigung erreichte Schönberg in Frankreich vier Monate später.

BERND BERGEL – EINE BIBLISCHE OPER

> Dieses Buch ist gewidmet den Trotteln, Verpatzten, mit ihrem Menschenleben nicht Fertiggewordenen, die nicht mitmachen wollen oder können an dem, was heute von Menschen auf der Erde gemacht wird: Vielleicht sind sie die Avantgarde einer zukünftigen Menschheit.
>
> BERND BERGEL in einem Buch mit dem Untertitel »Bekenntnisse eines jüdischen Musikers im Zeitalter irdischer Atomkern-Spaltungen«, Privatdruck Israel 1966.

»VON DER KRANKHEIT und Genesung des Seienden oder Der Zweite Sündenfall« nannte der Musiker und Komponist Bernd Bergel, Meisterschüler Arnold Schönbergs in den letzten Jahren vor Schönbergs Entlassung durch das naziregierte Deutschland, das Buch, das er als »Entwurf einer Hypothese und ihrer dialektischen Entwicklung über die Metaphysischen Grundlagen des Weltgeschehens« bezeichnet. Es besteht aus autobiographischen, naturphilosophischen, geisteswissenschaftlichen Teilen und gibt Auskunft über Leben und Denken des Verfassers, über seine Studien und seine vom Historischen her gesehene Einstellung zu Schönberg, auch über Enttäuschungen, Verzweiflung an Mißlingen aus fremder und eigener Schuld, über die Entstehung einer biblischen Oper, und läßt das tragische Ende eines schöpferischen Menschen, der »ausgesungen hat«, im voraus spüren.

Eine wichtige künstlerische Bestätigung der Qualität seines Schaffens war dem etwa vierzigjährigen Komponisten Bernd Bergel zuteil geworden, als der Dirigent und Komponist Igor Markevitch Israel besuchte und als Vorsitzender einer Kommission, die den Israel-Philharmonikern preis- und aufführungswürdige Orchesterwerke empfehlen sollte, Bergels »Thema und Variationen« für den ersten Preis im Wettbewerb vorschlug. Das Orchester versagte Bergel den Preis und klassierte es als »zur Aufführung empfohlen«, doch die Zusage einer Aufführung wurde von Monat zu Monat, von Jahr zu Jahr verschoben, bis es plötzlich sogar hieß, die Partitur sei verlorengegangen – es war das einzige handschriftliche Exemplar. Schließlich fand sich die Partitur an, aber nicht die Philharmoniker, sondern das Rundfunk-Sinfonieorchester spielte die Uraufführung in einem öffentlichen Konzert. Der Komponist konnte nicht anwesend sein, denn seine Mutter war 21 Stunden vor dieser Premiere, um die er so lange gekämpft und gebangt hatte, plötzlich gestorben. Igor Markevitch hatte aber Bernd Bergel nicht vergessen. Als der von Nicolas Nabokov geleitete »Kongreß für die Freiheit der Kultur« im April 1954 in Rom ein »Festival des 20. Jahrhunderts« veranstaltete, kam dort ein Werk von Bernd Bergel zu Gehör. Igor Markevitch hatte angeregt, bei Bergel eine Komposition für das Festival in Auftrag zu geben und ihn zur Uraufführung in Rom einzuladen. Bergel schrieb ein merkwürdiges Stück, das schließlich in seinem weiteren Leben und Schaffen eine große Rolle spielen sollte, obwohl es kaum eine zweite Aufführung nach der Uraufführung in Rom gegeben haben kann.

Er komponierte »Gebet eines Menschen aus dem Jahre 2100« als ersten Teil eines Liederzyklus, der aus acht Gesängen besteht, für Bariton, Streichtrio, zwei Klaviere und Orgel. Die Worte schrieb der Komponist selbst, einen Text, »der innerhalb der Utopie im Beginn der Herrschaftszeit eines Erdreiches der Theokratie und Technokratie in das Jahr 2100 verlegt war«, wie er selber sagte. In einer längeren Einführung in das Werk, die bedauerlicherweise anläßlich der Uraufführung in Rom nicht veröffentlicht wurde, hatte Bergel gegen Schluß geschrieben: »Der Verfasser des Werkes war sich dessen bewußt, daß die intellektuelle Durchdringung einer geplanten Komposition aus ihr noch nicht den Funken schlägt, der sie lebensvolle Musik werden läßt, und er bemühte sich, die Gefahr zu bannen, daß statt eines warmblütigen Musikorganismus etwa ein ausgeklügelt-kalt-blutleeres Gebilde entstände, indem er dem Gesang solche Instrumente hinzufügte, deren Einzel- und Zusammenspiel für klangliche Abwechslung zu sorgen versprach« – dies war die ungewöhnliche Zusammenstellung von drei Streichinstrumenten, zwei Klavieren und Orgel.

Bergel war vom Festival nach Rom eingeladen worden, und wir hörten gemeinsam die Aufführung im Foro Italico am 8. April 1954. Musiker

Bernd Bergel (r.) mit seinem Retter Jizchak Kaspit.

und Komponisten aus 25 Ländern nahmen am Festival teil, darunter einige der bedeutendsten Komponisten der Zeit. Der scheue Komponist Bergel erhielt manche positive, ermunternde professionelle Beurteilung, doch das allgemeine Publikum hörte dem merkwürdigen Werk mit offensichtlicher Verwirrung zu und schien auch den ideologischen Hintergrund kaum zu verstehen. Eine Tonaufnahme des »Gebets« scheint nicht erhalten zu sein, und auch die Partitur hat sich im Nachlaß Bernd Bergels nicht gefunden.

Der Komponist kehrte, wie er schreibt, »recht zerbrochen und kleinlaut« nach Israel zurück, vor allem auch, weil er Igor Markevitch nicht hatte sehen können; dieser war vor dem Festival erkrankt und lag in einem Hospital in der Schweiz; so konnte er auch das Werk nicht kennenlernen, das auf seine Empfehlung hin entstanden war. Bergel, der in dem »Gebet« eine musikalische Umsetzung der Ideen seines im Entstehen begriffenen Buches sah, war einerseits stolz und ermutigt, daß sich in der Hörerschaft der Aufführung »Menschen wie Strawinsky, Barber, Copland, Thomson, Milhaud, Poulenc, Ibert, Malipiero, Dallapiccola, Petrassi, von Einem, Blacher, Fortner, Hartmann, Scherchen, Böhm, Henze« befanden, doch andrerseits – »es überrieselte mich kalt« – überlegte er: »Zum ersten Mal öffentlich wird hier in Rom vor diesen Menschen aus 25 Ländern von der neuen Zeit gesprochen, die bisher der Traum langer und nicht immer leichter Tage nur eines Einzelnen war – ist das nicht der vom Publikum noch überhörte Anfang von etwas Wichtigem?«

Das »Gebet«, sein religiös-ideologischer Hintergrund und auch Abschnitte seiner Musik führten Bernd Bergel zur Konzeption, Textgestaltung und Komposition seines anspruchsvollsten und wichtigsten Werkes, der Vertonung des biblischen Schauspiels »Ja'akobs Traum« von Richard Beer-Hofmann als Oper. Als Vierzehnjähriger hatte er die dramatische Dichtung Beer-Hofmanns zum ersten Mal gelesen, und obwohl er »die Dichtung ... wohl auch in ihrer gedanklichen Tiefe noch nicht verstand« (wie er später schrieb), spürte er »ihren Duft, ihre Atmosphäre, atmete die Luft der Szene auf der Bergkuppe, wenn es dort allmählich Abend und Nacht wird, hörte das Glucksen der Quelle, das Zürnen des Steins, erlebte das Morgengrauen ... Dies alles sollte die Musik widerspiegeln.« Die zweiaktige Oper »Ja'akobs Traum« knüpft an die Gedanken an, die sich der heranreifende Jüngling bei der Lektüre des Dramas und der Komposition eines Streichquartetts mit dem Titel der Dichtung gemacht hatte, und sie schließt sich an das »Gebet« an, das ebenfalls eine ideologisch-musikalische Vorgeschichte hatte. In seinen ersten Jahren in der neuen Heimat Palästina-Israel, die er 1938 erreichte, hatte er den Plan gefaßt, den »Monolog eines Menschen im 20. Jahrhundert« für Bariton und Streichsextett zu schreiben; den Text hatte er weitgehend skizziert, die Komposition gab er »mutlos« auf. Die Oper beschäftigte ihn dann intensiv mehrere Jahre. Den ersten Akt beendete er am 23. Mai 1960; in Jerusalem wurde er konzertant vom Rundfunk-Sinfonieorchester unter Leitung von Georg Singer 1962 aufgeführt, der Tenor Max Lichtegg sang die Hauptpartie. Eine Aufführung des zweiten Aktes, dessen Partitur er im Mai 1962 vollendete, hat Bernd Bergel nicht erlebt, und das Werk, dessen Partitur erhalten ist, hat keine spätere Aufführung zu verzeichnen. Eine Suite für Orchester, die der Komponist nach der Oper schrieb, hat er 1966 komponiert; sie ist erst nach seinem Tode uraufgeführt worden, und der Dirigent Singer hat auch außerhalb Israels Aufführungen der Suite geleitet. Bernd Bergels freitonale, stark dramatische und expressive Musik gipfelt in der Schluß-Szene des ersten Aktes, einer textlich und musikalisch erschütternden Zwiesprache Ja'akobs mit Gott; Bergel selbst meinte, er sei »nicht imstande gewesen, seinen eigenen Traum von einer kosmischen Musik ... in überirdischer Weite und Schönheit zu verwirklichen«.

Bernd Bergel, der aus Verzweiflung an seinem Leben und aus Unsicherheit und Unglauben gegenüber dem eigenen Können, der Umsetzung seiner Philosophie und künstlerischen Phantasie ins Lebens-Praktische und ins schöpferische Werk, versucht hat, seinem Leben ein von der Außenwelt unbemerktes Ende zu bereiten, hat ein schicksalhaftes und zum großen Teil unbefriedigendes Leben geführt. Er wurde am 24. November 1909 in Hohensalza geboren, damals preußisch (Posen), seit 1919 polnisch (Inowrocław) nahe Bromberg an der Weichsel. Sein Vater war Arzt und Naturforscher, die Mutter Dichterin, Schwester des Rechtsanwalts und Verfassers witziger Theaterstücke, Sammy Gronemann. Im Hause herrschte keine durchweg glückliche Atmosphäre; der Vater war etwas despotisch, die Mutter weich und sensibel. Zu ihm waren beide Eltern gut, aber der Heranwachsende erlebte im elterlichen Hause unliebsame Szenen, und so bedeutete Musik für ihn eine Zuflucht von frühester Kindheit an. Als er drei Jahre alt war, erhielt sein Vater einen Ruf für eine Professur in Berlin; 1913 siedelte die Familie sich dort an. Als an einen Musikunterricht zu denken war, den die Eltern anscheinend unterstützten, begann er zunächst, Geigenunterricht zu nehmen, lernte dann auch Klavier spielen. Er wurde in eine Schule aufgenommen, in der sich bald antisemitische Strömungen bemerkbar machten, doch die Schule war musisch eingestellt, und die Lehrer entdeckten, daß der junge Bergel ein ausgesprochenes Talent für Musik, aber auch für Malerei besaß. Als er gerade 14 Jahre alt war, hatte er das Streichquartett »Ja'akobs Traum« in einem für die damalige Zeit »avantgardistischen« Stil der Staatlichen Hochschule für Musik in Berlin zur Beurteilung eingesandt, und man riet, Bergel solle geregelten musikalischen Unterricht nehmen. Zwei Jahre später, 1924, verließ Bernd Bergel das Gymnasium und wurde als Schüler in die Kompositions- und Dirigenten-Klassen aufgenommen. Er beschrieb später seine Hochschulzeit als wenig glücklich; sein Selbstbewußtsein litt unter dem Glauben, daß die Mitstudierenden an der Hochschule Besseres leisteten als er selbst und daß in der Theorie eine »Wühlarbeit gegen die Musikalität« zu spüren war, und er gab eigenes Komponieren deshalb für eine Zeitlang auf. Um auf einen Brotberuf hinzuarbeiten, übte er sich im Arrangieren, im Instrumentieren von Unterhaltungsmusik und leistete »subalterne, nicht schlecht bezahlte Arbeit«. »Als Durchschnittsmensch« wurde er fröhlicher, freier als zuvor und betrachtete sich »als vergnügte verkrachte Existenz«. Die Hochschule hatte er verlassen und beschloß, »bei einem prominenteren Lehrer als bisher die Studien fortzusetzen«. Er nennt in seinen Erinnerungen den Lehrer nicht mit Namen, der ihm »schonungslos die Augen zum Erkennen meiner musikalischen Schwächen öffnete«. In einem viel späteren Kapitel seines philosophisch-autobiographischen Buches nennt Bergel, in einer ausführlichen Abhandlung über die Entwicklung der abendländischen Musik, Arnold Schönberg den wichtigsten Anreger neuer Wege der Musik, den großen und einflußreichen Komponisten, von dessen Musik in seiner eigenen entscheidende Einflüsse zu spüren sind.

Bernd Bergel war vom 1. April 1931 bis 31. März 1933 als Teilnehmer an Schönbergs Meisterkursen an der Preußischen Akademie der Künste eingeschrieben – auch für die Zeit, in der sich Schönberg aus Gesundheitsgründen im Süden, in Territet und Barcelona, befand. Schönberg nannte Bergels Fleiß und Beteiligung »sehr zufriedenstellend«, seine Fortschritte (Sommerhalbjahr 1932) »einstweilen noch nicht beurteilbar«, und »Kompositionen sind in dieser kurzen Zeit vorläufig nicht vollendet worden«; Schönberg riet von der Weiterarbeit in diesem Stadium ab.

Bernd Bergel hatte sich seit frühester Jugend im Komponieren versucht; das Streichquartett »Ja'akobs Traum« war nicht sein erstes fertiggestelltes Werk. Er berichtet selbst von allerlei merkwürdigen, zum Teil originellen Arbeiten, die er begann und nicht immer auch wirklich durchführte und vollendete; er hatte einen »wuchernden Spintisiertrieb« – »Gift« für seine musikalische Entwicklung, wie er sagt. Als Beispiel für »die Absurdität« der frühen Versuche nennt er ein »Konzert für Baßtuba mit Begleitung von 6 Trompeten und 6 Posaunen in seltsamer dauernder Abwechslung der instrumentalen Zusammensetzung«. Da war die Idee eines Violinkonzertes, »in dem der Violinist, da er die Kadenz eröffnet, das Instrument sinken und sich folgendermaßen vernehmen läßt: Meine Damen und Herren, was jetzt zu folgen hat, ist die Kadenz ... Der Solist ist plötzlich von seiner Begleitung verlassen ... kein Orchester verdeckt, wenn er schwierige technische Probleme nicht meistert ... ist das wahre Virtuosität, sich nur in Doppelgriffen, Flageoletts zu bewähren, *technische* Meisterwerke auszuführen? Steht nicht Geist höher als Technik? ...

die Kadenz ist der Weg zur Seelenprostitution, ich hasse die Kadenz und beende sie deshalb mit einem Triller«.

In der Zeit von Arnold Schönbergs Meisterkursen, wohl schon während seiner Abwesenheit von Berlin, nehmen die Berliner Philharmoniker eine Komposition von Bergel zur Aufführung an: ein Konzert für Posaune und Orchester, Helmut Koch leitete die Wiedergabe.

Die Studien, die Bernd Bergel in Kunst und Technik des Arrangierens und Instrumentierens von Unterhaltungsmusik gemacht hatte, kamen ihm zugute, als er Student und Mitarbeiter an der »Rundfunk-Versuchsstelle« wurde, die vom noch jungen Berliner Rundfunk, der »Funkstunde«, ins Leben gerufen worden und mit der Staatlichen Hochschule für Musik verbunden war. Dort lehrten vor allem der Komponist Max Butting, der Schönberg-Meisterschüler Walter Gronostay, Paul Hindemith; Alois Pachernegg stand mit einem kleinen Orchester zur Verfügung, das Arbeiten der Studenten zur Aufführung brachte. Es wurden praktische Kompositionen und Bearbeitungen, »arteigene« Rundfunk- und Filmmusik geschrieben, weil die damaligen Mikrophone »große« Musik nur schwerlich aufnehmen konnten. Bergel war hier »in seinem Element«, aber er arbeitete, seinem Naturell gemäß, langsamer, vorsichtiger, bedächtiger als die anderen Studenten. Wir erinnern uns an eine Lehrstunde für Filmmusik, die Paul Hindemith leitete und in der es darum ging, für kurze Szenen eines Stummfilms kurze Stücke zu improvisieren und zu notieren. Als die Teilnehmer des Seminars längst fertig waren, grübelte Bergel noch über seinen Beitrag nach, und Hindemith, der eine Komposition in professioneller Eile musikantisch fertigstellen konnte, wurde ungeduldig und fuhr Bergel an, weil er es ihm – und den anderen – nicht gleichtat. Es kam das Jahr 1933, das erste der auf 1000 Jahre programmierten zwölf Jahre, in denen die Regierenden des »Dritten Reiches« Deutschland und seine kulturellen Güter weitgehend zerstörten, das Jahr der Bücherverbrennung, der Vertreibung und Verfolgung von Dichtern, Denkern und Künstlern, des Boykotts, der Inhaftierung und des Beginns der grausamen Morde von Millionen Juden und Antifaschisten. Für neuartige künstlerische Versuche und Experimentalstudios, für Arnold Schönberg, seine Schüler und Weiterführer seiner Lehre, aber auch für einen im Grunde so deutschen Komponisten und Musiker wie Paul Hindemith – eine lange Reihe der besten, der größten Deutschen – war in diesem Reich kein Platz mehr. Wer sich retten konnte, verließ das unabhängiger Dichtung und Kunst feindliche Land.

Bernd Bergel und seine Schwester reisten am 1. April 1933, dem Tag des ersten offiziellen Boykotts jüdischer Persönlichkeiten, Geschäfte und Institutionen – eine im Lichte der späteren »Kristallnacht« und der Millionenmorde fast »noch harmlos« erscheinende Maßnahme – nach Paris. Bergel glaubte, er könne dort aufgrund seiner vielseitigen musikalischen Erfahrungen eine Existenz aufbauen, aber er täuschte sich, und es gelang ihm kaum, Kontakte zu gewinnen. Die Eltern lebten noch in Berlin, und so gab er es auf, in Paris weiter nach Arbeit zu suchen, und kehrte nach etwa einem Jahr in das Elternhaus zurück.

Er nahm Verbindung mit Walter Gronostay auf, der ihn in seiner Arbeit für das Rundfunkstudio schätzen gelernt hatte. Gronostay vermochte es, ihm Aufträge für Rundfunk- und Filmmusik zu verschaffen, die er natürlich unter einem fiktiven Komponistennamen, vielleicht auch gelegentlich seinem eigenen, weitergab, da der jüdische Komponist Bergel in Nazideutschland unter das gesetzliche Berufsverbot fiel, das die Reichsmusikkammer verhängt hatte; er wäre schrecklicher Verfolgung ausgesetzt worden, wenn seine Identität entdeckt worden wäre. Er komponierte für den Berliner Rundfunk, für UFA- und Tobis-Filme, und es wurde später festgestellt, daß von den Stücken, die er komponiert hatte, Teile für einen Nazi-Propagandafilm benutzt worden waren. Die Arbeiten brachten ihm ein gutes Einkommen und ließen ihm, wie er berichtete, Zeit und Muße zu privater Arbeit und zu einem philosophischen Studium, in dessen Zentrum für ihn die Philosophie Immanuel Kants stand. Er »bemerkte«, schreibt er in seinem Buch, daß »ein großer Teil des bisher Geschafften nichts anderes darstellte als den Erguß eines Dilettanten, Ignoranten, daß hinter Worten kein Wissen, keine wirkliche Lebens-, Weltkenntnis, keine auf gesichertem Grund basierende Anschauung stände«. Er fühlte, viele »Gebiete berühren« zu müssen, bevor er weiterarbeiten könne – und es war sein Plan herangereift, ein Oratorium zu schreiben. Dieses Werk »stellte den letzten von mir bewilligten Versuch dar, eine Berechtigung meiner Existenz aufzuzeigen. Mißlingt dieser Versuch, ist die letzte gewährte Chance des Lebens verpaßt, so habe ich mich als daseinsuntaugliches, überflüssiges, minderwertiges Subjekt erwiesen, dann habe ich mich aber auch an meine Abmachung zu halten und – zu sterben.«

Den Text zu einem Oratorium entwarf Bergel als einen Versuch, dem Weltgeschehen Bedeutung, Sinnhaftigkeit zu verleihen, aber je weiter er in der Arbeit vordrang, »desto klarer wurde es (ihm), daß im Werk kein Platz für Musik war«: »Was ich zu sagen hatte, bildete keine brauchbaren Texte für Oratoriennummern, für Arien, Duette, Chöre usw., war nicht Poesie, beschwingte, zur Komposition ihrer Worte anregende Dichtung, sondern trockene, etwas langweilige, wohl auch nicht immer ganz leicht verständliche, übersehbare Prosa, die weniger Schönheit, Eleganz der Form als präzise Darlegung eines nicht unkomplizierten Inhaltes anstrebte ...« Bergel bemerkte »mit Enttäuschung, ja Schrecken ... die Unmöglichkeit der Mitarbeit meiner musikalischen Neigung am Werk; hatte ich doch gemeint, gerade jetzt, hierfür, durch die besondere, mir werte Idee des Vorhabens inspiriert, Musik schreiben zu können, wie noch niemals sie mir gelungen war ... Das Werk forderte den Verzicht von mir.«

Ein unvorhergesehenes Ereignis setzte Bernd Bergels Arbeit ein Ende, wie es auch sein Weiterleben und Weiterarbeiten in Berlin unmöglich machte: »Kurz vor dem Zeitpunkt, wo das jüdische Los im nationalsozialistischen Reich unerträglich zu werden begann, schwand – unvorhergesehen – die Verdienstmöglichkeit: der deutsche Bekannte, welcher die Aufträge verschafft hatte, starb – jung, ganz plötzlich ..., ich stand ohne Einnahmequellen da, wenige Wochen davor war mein Vater gestorben, und ich bekam die Einreiseerlaubnis nach Palästina.« Der »deutsche Bekannte«, Walter Gronostay, starb am 10. Oktober 1937, 31 Jahre alt. Im Jahr darauf erreichte Bernd Bergel, noch nicht 29 Jahre alt, aber schon mit reicher musikalischer Erfahrung, Palästina, damals noch britisches Mandatsgebiet; 1948 entstand der Staat Israel.

In der neuen Heimat gab es für Bergel vielfältige musikalische Aufgaben und Betätigungsmöglichkeiten. Er hatte sich als Pianist gut weitergebildet, hatte das Dirigieren erlernt und konnte Musik aller Gattungen komponieren, Bearbeitungen und Instrumentierungen professionell ausführen. Diese letztere Begabung wurde von Wichtigkeit, als der Weltkrieg ausbrach, das Land von der Außenwelt abgeschlossen war und für Musiktheater- und Opernaufführungen vorhandene Klavierauszüge orchestriert werden mußten, da Aufführungsmaterial aus dem Ausland nicht mehr bestellt und gesandt werden konnte. Zunächst wurde Bergel Musiklehrer und Komponist an einem Jugendheim und schrieb

Singspiele für Kinder und Jugendliche, und auch für die Kibbuzim, die ländlichen Siedlungen. Er bezeichnete diese Zeit als »die schönste Zeit« seines Lebens. Viele Jahre lang leitete er auch Chöre, und nachdem er nach Tel Aviv gezogen war, korrepetierte er regelmäßig mit Sängern des damaligen Opernunternehmens, der »Palestine Folk Opera«. Er wurde ein gesuchter Klavierbegleiter für Sänger, Sängerinnen und Instrumentalisten. Für das Opernensemble lieferte er Orchestrierungen, und für Sänger und Chöre bearbeitete er volkstümliche Lieder. In dem Jugendheim hatte er Zeit gefunden, eine erste Fassung seines philosophischen Buches zu beenden. Eine gewisse »innere Leere« versuchte er durch die Niederschrift eines Textes und einer Musik zu überbrücken, jenes »Monologs eines Menschen des 20. Jahrhunderts«, in dem er auf die Gedanken seines Buches »anspielte«. Aber er gab den Plan »mutlos« auf. Auch an eine Fortführung des Buches war zunächst kaum zu denken. Dann aber wurde die jüdische Bevölkerung aufgerufen, Hilfspolizisten zur Überwachung der britischen Militärflughäfen im Lande zu stellen; von der Truppe wurden vor allem Nachtwachen gefordert, und tagsüber sollten die Mannschaften frei sein. Es wurde »freie Station« und ein kleines Gehalt angeboten, und diese Lebensbedingungen schienen Bernd Bergel »geradezu wie geschaffen« zum Zwecke der Möglichkeit einer Realisierung seines Planes, das Buch umzuschreiben. So entstand auf einem Militärflugplatz das philosophische Buch ganz neu, und nach der Vollendung der Arbeit nahm Bergel Abschied von der Truppe, um sich »so schnell wie möglich« wieder in das Tel Aviver Musikleben »zu stürzen«.

Am Buch arbeitete er immer weiter; langsam fand er den Antrieb und die Lust zum Komponieren wieder. Er schrieb als »Gebrauchsmusik« Filmmusik und volkstümliche Stücke, die er mit dem Pseudonym Dov Bar-Gil zeichnete, und leicht humoristische Orchesterwerke wie »Ouverture joyeuse« für Orchester mit kleiner Orchesterbesetzung, »Prelude for Youth Orchestra« – ein brillantes Stück, auch für kleines Orchester; und eine »Serenade für Großmütter und Streichorchester« – alles Werke von sechs bis acht/neun Minuten Dauer.

Sein gewichtigstes Orchesterwerk – neben der Orchestermusik nach der Oper »Ja'akobs Traum« – sind die »Variationen für Orchester«, 1951 komponiert: 22 Variationen über ein ausdrucksvolles reich-chromatisches Thema, in dem die Erfindungs- und Variationsgabe wie seine brillante Orchestrierungskunst ungewöhnlich fesseln. 1957 entstand ein

»Divertimento für kleines Orchester«, das sich bei Orchestern großer Beliebtheit erfreut; in seinem heiteren Ton erinnert das Divertimento an die Tendenz einer Musik, wie sie in den frühen dreißiger Jahren als »rundfunkeigen« konzipiert wurde. Im Jahre 1963 schrieb Bergel, dank eines Auftrags der »Omanut«-Vereinigung Zürich, »Two Movements for Strings« – einen Andante-Teil mit Übergang in einen stark akzentuierten Allegro-Teil und ein »Andantino« im $^{6}/_{8}$-Takt mit wiegendem Thema und einem fugatoähnlichen Allegro-Teil, Allegro vivace, schneller als der Allegro-Teil des ersten Satzes. Das gesamte Werk ist sehr stark im Ausdruck. Bergels letzte Komposition, noch nach der Oper vollendet, ist ein Zyklus von vier Liedern, eine Kantate für Mezzosopran und großes Orchester, nach Texten seiner Mutter: »Aus Liedern meiner Mutter, über Verse aus nachgelassenen Tagebüchern von Elfride Bergel-Gronemann.« Als Thema schreibt Bergel zehn Noten, die denjenigen Buchstaben des Namens entsprechen, die in Musik darstellbar sind. Die Lieder, deren Wiedergabe etwa 20 Minuten dauert, sind mit vollem Herzen komponiert, sehr ernst, sehr viel Leid ausdrückend. Die Komposition wurde am 20. April 1965 beendet.

Die Variation spielte in Bernd Bergels musikalischen Versuchen von frühester Zeit eine Rolle, und sein bedeutendes Orchesterwerk, die »Variationen für Orchester«, deren Aufführungsgeschichte so aufregend verlief, wie er geschildert hat, ist ein Höhepunkt seines bewegten Lebens und Schaffens. Von frühester seelischer und geistiger Entwicklung an hat Bernd Bergel sich Gedanken über »die letzte Variation« gemacht. Als er nach dem unproduktiven Flucht-Aufenthalt in Paris als 25jähriger den Plan gefaßt hatte, ein Melodram mit dem Titel »Thema und Variationen« zu schreiben, in dessen Mittelpunkt ein unglücklicher, im Leben gescheiterter Mann steht, schloß der Textentwurf mit einer Debatte über das Wesen der Variation überhaupt: »Ein Thema, das variiert werden muß, und Variationen, die folgen, müssen unvollkommen sein, sagt eine Meinung, denn wären sie in sich gänzlich vollendet, reif, ohne jeden Fehl, wie könnten sie dann noch abgewandelt werden?« Und Protestierende erwidern: »Wir lehnen diese Form ab, wir wollen eine neue Art Leben, nicht mit Leiden, Ungerechtigkeit erkauft, wollen Überwindung des Variationensystems.« »Die letzte Variation«, heißt es schließlich, »leitet zur vollkommenen, die nicht mehr Möglichkeit des Ansetzens neuer Veränderungen bietet ... Erschiene sie, so zeigte das: es lag im Thema von vornherein begründet, daß ihm einst eine *letzte Variation* entwachsen würde.« »Mutlos« hatte Bernd Bergel es aufgegeben, die Textfassung und ihre Komposition durchzuführen – sein Buch gibt über den Entwurf eines skurrilen Textes Auskunft –, aber die Idee der »letzten Variation«, mit dem Leben als Thema und der letzten Variation seines Ausgangs, hat ihn ein Leben lang beschäftigt und nach Vollendung des ersten Aktes der Oper »Ja'akobs Traum« zur eigenen Realisierung der letzten Variation des Themas Leben gedrängt. Er wurde auf wahrlich abenteuerliche Weise gerettet, und er »dankte« seinem Schicksal, indem er sich an die Komposition des zweiten Aktes der Oper heranwagte und sie verhältnismäßig rasch vollendete, sogar Orchestermusik und die Lieder seiner Mutter schrieb. Das Buch, an dem er fast dreißig Jahre gearbeitet hatte, konnte er im Jahr 1966 drucken lassen: den Privatdruck von 250 Exemplaren finanzierte er mit Hilfe einer bedeutenden Erbschaft. Dann aber stellte sich die »letzte Variation« ein, »die nicht mehr Möglichkeit des Ansetzens neuer Veränderungen bietet«. Ein Herzinfarkt war seinem – mißglückten – Versuch einer Realisierung vorangegangen; Herzversagen bereitete seinem Leben ein Ende.

Wenn man sich die gestörte Jugend, das wechselhafte Schicksal, das Leben, Denken und Schaffen des hochtalentierten, mit sich kämpfenden, stets Suchenden vergegenwärtigt, kann man verstehen, wie stark ihn innerlich die Dichtung des Dramatikers und Lyrikers anzog, der die biblische Erzählung vom Traum und von der Vision Jakobs in einem poetischen Drama hat neu erleben lassen. Bernd Bergel hat von seiner tiefen Erschütterung gesprochen, als er eine Akt-Schluß-Szene von Richard Beer-Hofmanns »Ja'akobs Traum« in Musik zu gestalten begann und glaubte, er sei nicht imstande, seinen eigenen »Traum von einer kosmischen Musik ... in überirdischer Weite und Schönheit zu verwirklichen«. Und doch zählt diese Szene zu den anrührendsten Opern-Verwirklichungen des 20. Jahrhunderts.

Jakob, von seinem Bruder Edom verlassen, verbringt die Nacht allein auf einer einsamen, von Mond und Sternenlicht erhellten Bergkuppe. »Es war mir fast unbeschreiblich seltsam zumute«, erläuterte Bergel, »daß es mir gegeben war, die unsäglich schönen Beer-Hofmannschen Verse in Musik setzen zu dürfen!« Er erwähnt, daß hier eine Melodie aus dem »Gebet eines Menschen aus dem Jahre 2100« einfließt: »Ich konnte gar nicht anders, für soetwas hatte ich eben nur diese eine Melodie ... für die dort erstrebte Seelenstimmung ... Wenn jedoch der Vorhang zum Beschluß sich senkt über dem Bilde des auf seinem Lager eingeschlummerten Ja'akob, dann ist *jene meine Melodie* schon gewichen einem traumhaften Pianissimo-Nachspiel des Orchesters ...«

... hörst Du mir auch zu?
Weißt Du von mir? Und ist Dir mein Erschauern
Mehr als das Beben eines Halms im Wind?
Horchst Du denn meinem Wort mehr als dem Murmeln
Des Quells, der dort zu Tale rinnt?
Wer weiß? Der Baum glaubt auf zu Dir zu rauschen –
Und doch ist's nur Dein Sturm, der durch ihn weht – –
So – spricht vielleicht aus mir – Du – zu Dir selber ...
Zwiesprach von Dir – mit Dir – ist mein Gebet!

Bernd Bergel ist in seiner Tel Aviver Wohnung am 2. März 1967 im Alter von 66 Jahren gestorben.

Die schönen Verse Richard Beer-Hofmanns, die viel von der Stimmung des Denkers und Komponisten Bernd Bergel wiedergeben, erinnern an die letzten Worte, die Arnold Schönberg aus seinen Meditationen – entgegen seinem Willen als »Moderne Psalmen« veröffentlicht – in Musik gesetzt hat:
»... und trotzdem bete ich ...«

ANHANG

Der Berliner Aufenthalt 1925 – 1933

1925 28. August Berufung nach Berlin
Schönberg wird zum Ehrenmitglied der Accademia di Santa Cecilia, Rom, ernannt
Dezember 1925/Januar 1926 Umzug nach Berlin und Beginn der Lehrtätigkeit an der Preußischen Akademie der Künste
Robert Gerhard-Castells, Josef Rufer und Winfried Zillig, seine Wiener Privatschüler, folgen ihm aus Wien nach Berlin

1926 Niederschrift des Dramas »Der biblische Weg«

1927 Uraufführung des Dritten Streichquartetts op. 30

1928 Textbuch zu »Moses und Aron«
Schönberg dirigiert »Gurrelieder« in London
Uraufführung der Variationen für Orchester op. 31 durch die Berliner Philharmoniker unter der Leitung von Wilhelm Furtwängler

1929 »Die glückliche Hand« wird in Breslau aufgeführt
Komposition der heiteren Oper »Von heute auf morgen«

1930 Uraufführung »Von heute auf morgen« im Opernhaus Frankfurt am Main unter der Leitung von Hans Wilhelm Steinberg
Schönberg dirigiert seine Oper in einer Sendung des Rundfunks in Berlin
»Erwartung« und »Die glückliche Hand« werden in der »Krolloper«, Berlin, Intendant Ernst Legal, musikalischer Leiter Otto Klemperer, aufgeführt
Beginn der Komposition von »Moses und Aron«

1931 Schönberg dirigiert »Erwartung« in London im Rundfunk
Reist gesundheitshalber im Mai nach Territet-Montreux, dann weiter nach Barcelona, wo er bis Anfang Juni 1932 bleibt
Die Partitur des ersten Aktes von »Moses und Aron« vollendet er am 14. Juli 1931 in Territet, den zweiten Akt am 20. März 1932 in Barcelona

1932 Schönberg kehrt am 2. Juni nach Berlin zurück
In den Wahlen zum Reichstag erhält die Nationalsozialistische Partei die Mehrheit; kommt am 30. Januar 1933 an die Regierung

1933 Schönberg reist zunächst nach London und Wien, kehrt aber nach Berlin zurück. Er wird seiner Stellung an der Akademie enthoben und verläßt Berlin am 17. Mai 1933 für immer.

Schönbergs in Berlin entstandene Werke

1926	Vier Stücke für gemischten Chor, op. 27
	Drei Satiren für gemischten Chor, op. 28
1926/27	Drama »Der biblische Weg«
1927	Drittes Streichquartett, op. 30
1926/28	Variationen für Orchester, op. 31
1928	Joh. Seb. Bach Präludium und Fuge Es-Dur für Orgel, bearbeitet für großes Orchester
1928/29	»Von heute auf morgen«, Oper in einem Akt, op. 32
	Klavierstück, op. 33 a
1929/30	Begleitungsmusik zu einer Lichtspielszene, op. 34
	Sechs Stücke für Männerchor, op. 35
1929	Vier deutsche Volkslieder, bearbeitet für Gesang und Klavier
1930/32	»Moses und Aron«, Akt I und Akt II
1931	Klavierstück, op. 33 b
1932	Konzert für Violoncello und Orchester, nach einem Konzert für Cembalo von Matthias Georg Monn (beendet 4. Januar 1933), »in freier Umgestaltung«
1933	Drei Lieder für tiefe Stimme (erst viel später in den USA als op. 48 veröffentlicht)

Quellen

Eine umfassende Darstellung des Themas dieses Buches und des Lebens und Schaffens der Berliner Meisterschüler Arnold Schönbergs ist hier wohl erstmalig versucht worden, und so erscheint das Buch ohne die herkömmlich übliche Bibliographie.

Hinweise auf Schönbergs Berliner Tätigkeit gaben zuerst eine Reihe von Interviews, die Joan Allen Smith in den Jahren 1972–74 durchgeführt und publiziert hat, und ein kurzes Referat von Mathias Hansen über Schönbergs Berliner Schüler beim Zweiten Kongreß der Internationalen Schönberg-Gesellschaft Wien 1984. Einen ebenfalls nur kurzen Überblick zum Thema trug der Autor zum Dritten Kongreß der Gesellschaft Duisburg 1993 (veröffentlicht 1996) bei. Wo aus veröffentlichten Publikationen in diesem Buch Hinweise oder Zitate erscheinen, sind die Quellen im Text selber genannt. Seminarvorträge und Kurzbiographien sowie Rundfunk-»Features« des Autors zur Neuen Musik haben bereits einige jüngere Interessenten an unserem Thema zur Weiterarbeit angeregt, wobei auch journalistischer Ehrgeiz zu freier Auswertung von mühsam erforschten Quellen des Autors geführt hat. Dabei wurde auch mit dem Begriff einer »Berliner Schule« etwas leichtfertig umgegangen; Schönbergs Meisterschule ist im Grunde eine »Zweite Berliner Schule«, so wie von der »Zweiten Wiener Schule« gesprochen wird. »Berliner Schule« wird in der Musikwissenschaft die norddeutsche Schule der im 18. Jahrhundert in Berlin im Umkreis Friedrichs des Zweiten von Preußen wirkenden Komponisten genannt, zum Teil waren es Schüler Johann Sebastian Bachs, sein Sohn Carl Philipp Emanuel an der Spitze.

Für die gesamte Arbeit sind Archivalien der Stiftung Archiv der Akademie der Künste Berlin, der Bayerischen Staatsbibliothek, der Musikabteilung der Staatsbibliothek Berlin, des Arnold Schönberg Institute Los Angeles (ab 1998 in Wien als »Arnold Schönberg Center«), der Library of Congress, Washington, D. C., zugrunde gelegt worden, mit freundlicher Erlaubnis der Bibliotheken und Archive und der Inhaber der Persönlichkeitsrechte. Wo spezielle Biographien auf Nachlaß-Archive zurückgehen, sind die Archive im Zusammenhang mit den Quellennachweisen für die Komponisten im folgenden genannt. Für die Erstellung der Biographien hat der Autor für Gespräche und Dokumentationen den Komponisten zu danken, mit denen er selbst noch Gespräche führen oder Verbindung pflegen konnte, und den Nachkommen und Familienangehörigen, die er ausfindig machen konnte.

Als grundlegende und in ihrer Art unübertreffliche Forschungs- und Dokumentations-Grundlagen müssen vor allem genannt werden:

Hans Heinz Stuckenschmidts Biographie »Arnold Schönberg«, 1974; Josef Rufer: »Das Werk Arnold Schönbergs«, 1959; Schönbergs Schriften »Stil und Gedanke«, 1976, und die grundlegenden Prämissen in seiner »Harmonielehre«, 1911 ff.

Die umfassendste Dokumentation über Arnold Schönbergs Leben und Schaffen enthält »Arnold Schönberg 1874–1951. Lebensgeschichte in Begegnungen«, herausgegeben von Nuria Schoenberg-Nono, 466 Seiten, reich illustriert, betitelt nach einem Entwurf Arnold Schönbergs 1924, Verlag Ritter, Klagenfurt 1992.

Hinweise auf Quellen zu den einzelnen biographischen Kapiteln

Josef Rufer: »Das Werk Arnold Schönbergs«, 1959; »Arnold Schönberg – Berliner Tagebuch«, hrsg. 1974; Persönliche Bekanntschaft mit Josef Rufer

Winfried Zillig: Zillig Nachlaß, Bayerische Staatsbibliothek. Bärenreiter-Verlag, Kassel. Zillig: »Von Wagner bis Strauss. Wegbereiter der Neuen Musik«, Nymphenburger, München 1966, mit einer Biographie Winfried Zilligs, nach seinen eigenen Aufzeichnungen

Roberto Gerhard: Briefwechsel Arnold und Gertrud Schönbergs mit Gerhard, Programmbuch »The Complete Instrumental and Chamber Music of Arnold Schönberg and Roberto Gerhard; The London Sinfonietta, Conductor David Atherton«, October and November 1973, mit Aufsätzen von Anthony Payne, Arnold Whittal, Alexander Goehr, Roberto Gerhard, Hans Keller, Otto Klemperer/Peter Heyworth, Michael Tippett, David Atherton, David Drew, Ates Orga, Keith Potter, Sidney Smith, Eric Walter White. Roberto Gerhard: Erinnerungen an Schönberg, Essay zitiert im Kapitel selbst

Walter Goehr: Persönliche Bekanntschaft. Nachlaß Walter Goehr, Cambridge University Library, Music Department, England

Erich Schmid: Persönliche Begegnung und Gespräche, Briefwechsel. Korrespondenz Erich Schmids mit Kollegen und Freunden. Kurt von Fischer, »Erich Schmid«, am Ende des Kapitels zitiert. Erinnerungen Erich Schmids, s. zit. »Melos«- Aufsatz, Jahrgang ^{4}1975

Adolph Weiss: Nachlaß Houghton Library, Harvard University. David Ewen: American Composers, 1982

Marc Blitzstein: Nachlaß The State Historical Society of Wisconsin. Eric A. Gordon: »Mark the Music. The Life and Work of Marc Blitzstein«, New York 1989. David Ewen: »American Composers«, 1982

Walter Gronostay: Persönliche Erinnerungen an Walter Gronostay, zahlreiche Aufsätze Gronostays in Musikzeitschriften seiner Zeit, Gespräche und Briefwechsel mit der Tochter Gronostays, Sylvia. Aufsatz des Autors »Walter Gronostay – Der Rundfunk ist kein Konzertsaal«, mit Auszügen aus Gronostays Schriften: »Das Orchester« 1996, Heft 4, S. 2–7

JOSEF ZMIGROD/ALLAN GRAY: Autobiographie (Manuskript) und Nachlaß im Besitz von Dr. Günter Vollmann, Lüdenscheid

FRIED WALTER: Persönliche Bekanntschaft, Briefwechsel, Autobiographie und Werklisten, bearbeitet und herausgegeben von Heinrich Vogel, Remscheid, der auch den Nachlaß bewahrt. Nach dem Tode des Komponisten fortgesetzte Verbindung mit Frau Edith Walter. Aufsatz des Autors: »Fried Walter ein musikalisches Multitalent«, »Das Orchester« 1997, Heft 2, S. 8–11. Dokumente und Presse zu Aufführungen seiner Opern

RUDOLPH GOEHR: Aufsätze und Partituren in der Cambridge University Library, England. Nachrichten von John G. Papaioannou, Athen

NIKOS SKALKOTTAS: Nachrichten seines Biographen John G. Papaioannou, Athen, und dessen Einführungen in Werke Skalkottas' für LP- und CD-Schallplatten-Editionen, Dr. Costis Demertzis: »The Skalkottian Orchestration«, Diss. Athen 1997, und Informationen an den Autor

CHARILAOS PERPESSA: Persönlicher Kontakt mit der Tochter Eleonora zu Lebzeiten des Komponisten und nach seinem Tode und Athiná, der Tochter seines Bruders. Dokumentation des New York Philharmonic Orchestra und des Philadelphia Orchestra. Information durch John G. Papaioannou und George Leotsakis, Athen. Manuskripte (Partituren und Schriften) im Nachlaß (Eleonora Perpessa-Mahnke, Sharon, Mass., USA)

NORBERT VON HANNENHEIM: Archivalien der Siebenbürgischen Bibliothek, Schloß Horneck, Gundelsheim am Neckar, »Lebensbilder der Familie Hannenheim«, Hermannstadt (Sibiu), 1940 (von der Familie fortgesetzt), Dieter Acker: »Un discipol din Sibiu al lui Schönberg: Norbert v. Hannenheim« in »Lucrári de musicologie« IV, Cluj (Klausenburg) 1968, und »Norbert v. Hannenheim« in »Melos«, Jahrg. 1969, 6–8. Verschiedene Bücher und Rezensionen, im Text zitiert. Dokumentationsbibliothek Walter Labhart, Endingen, Aargau, Schweiz. »Das Haus Wylerberg und die Musik« im Katalog »Haus Wylerberg« (Walter Gieseler), 1988. Korrespondenzen und Zusammenkünfte mit Angehörigen der Familie von Hannenheim und dem siebenbürgischen Forscher Karl Teutsch

ALFRED KELLER: Archiv Familie Keller, eine Reihe von Aufsätzen und Vorträgen Alfred Kellers enthaltend. Bücher und Aufsätze von Dino Larese, Walter Labhart, Norbert Schmuck, im Kapitel zitiert. Briefwechsel Erich Schmid–Alfred Keller

NATALIE PRAWOSSUDOWITSCH: Autobiographischer Aufsatz, Briefwechsel, Musikmanuskripte »Archiv Frau und Musik«

PETER SCHACHT: Archiv Deutsche Musikpflege Bremen, Briefwechsel Peter Schachts mit Studienkollegen, von seiner Schwester Renate geschriebene Biographie (Ms.), Nachlaß Winfried Zillig, Bayerische Staatsbibliothek, München. Fritz Piersig in »Bremische Biographie«. Ludwig Holtmeier »Die Lieder Peter

Schachts«, Hausarbeit für die Staatliche Hochschule für Musik, Freiburg/Breisgau, 1995 (vervielfältigt)

Miroslav Spiller: »In Memoriam«-Aufsatz (im Kapiel zitiert), Auskünfte durch seinen Bruder, den bedeutenden Violinlehrer Prof. Ljerko Oswin Spiller, Buenos Aires, und Musikalien aus dessen Archiv

Leo Weiss: Brief von Alois Hába (zitiert) und Auskünfte von Prof. Spiller, Buenos Aires, Musikalien aus Prof. Spillers Archiv

»Intermezzo«: Archiv Akademie der Künste, Berlin

Johannes E. Moenck: Persönliche Bekanntschaft mit seinem Sohn Andreas Moenck in Berlin und Einsicht in dessen Archiv

Max Walter: Nachlaß Staatsbibliothek Berlin

Helmut Rothweiler: Archiv der Familie, Übermittlung von Texten und Musikalien durch seine Tochter Hedda Rothweiler, Stuttgart

Hansjörg Dammert: Die Schriften Hans Heinz Stuckenschmidts, George Antheils und Arthur Koestlers, im Kapitel zitiert. Archivalien in der Deutschen Bibliothek, Frankfurt, Deutsches Exil-Archiv

Bernd Bergel: Persönliche Bekanntschaft Berlin–Tel Aviv. Peter Gradenwitz »Music and Musicians in Israel«, Tel Aviv [2]1978, »The Music of Israel from the Biblical Era to modern Times«, Amadeus Press, Portland, Oregon 1996. Komponisten-Archiv in der Universitätsbibliothek Tel Aviv

Bildquellen

S. 2: Copyright 1953, erneuert 1981 Richard Fish. S. 17: Archiv der Preußischen Akademie der Künste. S. 45: Sepp Jäger / Bärenreiter Bild-Archiv. S. 58: Oxford University Press. S. 76: Marion Kistler. S. 81: Klaus Hennch. S. 103: Wisconsin Center for Film and Theatre Research. S. 135: Schott's Söhne Mainz. S. 249: Archiv Frau und Musik Kassel. S. 307: Deutsches Exilarchiv 1933–1945 / Deutsche Bibliothek Frankfurt / M. Alle übrigen Abbildungen: Archiv des Verfassers.

Personenregister

Fettgedruckte Seitenzahlen verweisen auf biographische Artikel, kursive auf Abbildungen.

Abarbanell, Lina (verh. Goldbeck; 1879–1963) 109
Abert, Hermann (1871–1927) 142
Acker, Dieter (*1940) 201, 207, 349
Adorno, Theodor W. (auch T. Wiesengrund-Adorno; 1903–1969) 78, 84, 215
Aichelburg, Wolf Freiherr von (*1912) 228–230
Aischylos (525/524–456/455) 95
Aisner, Lilo →Dammert, Lilo
Albéniz, Isaac Manuel Francisco (1860–1909) 59
Albers, Hans (1891–1960) 127, 134
Albert, Otto Herbert (1903–1973) 270
Allende-Blin, Juan (*1928) 122, 327
Altschuler, Modest (1873–1963) 88
Ambrosius, Hermann (1897–1983) 152
Amersdorffer, Alexander 21
Anders, Peter (1908–1954) 154
Andreae, Volkmar (1879–1962) 236, 238
Angelus Silesius (1624–1677) 116
Ansermet, Ernest (1883–1969) 225
Antheil, George (1900–1959) 306, 311–314, 321, 350
Apollinaire, Guillaume (1880–1918) 311
Aristoteles (384–322) 91
Assisi, Francesco d' (Franz von) →Franz von Assisi
Atherton, David (*1941) 57, 348
Avidom, Menachem (*1908) 71

Bach, Anna Magdalena (1701–1760) 265
Bach, Carl Philipp Emanuel (1714–1788) 347
Bach, Johann Sebastian (1685–1750) 46, 67, 76, 116–119, 166, 185, 241, 265, 272, 275, 284, 346f.
Bagarotti, Giovanni 82, 265
Ballin, Albert (1857–1918) 308
Bandy, Miklos 103
Baranović, Krešimir (1894–1975) 284
Barber, Samuel (1910–1981) 331
Bar-Gil, Dov →Bergel, Bernd
Baroody, Jamil Murad (1905–1979) 197
Barth, Wilhelm (*1914) 255
Bartók, Béla (1881–1945) 83, 118, 143, 177, 225, 241
Baußnern, Waldemar Edler von (1866–1931) 207, 224
Becce, Giuseppe (1887–1973) 148
Beck, Conrad (1901–1989) 75
Becker 21
Beer-Hofmann, Richard (1866–1945) 332, 340f.
Beethoven, Ludwig van (1770–1827) 38, 46, 78, 92, 117, 119, 126, 147, 158f., 166, 185, 192f., 195, 229, 241f., 268, 277, 310
Bellermann, Johann Gottfried Heinrich (1832–1903) 327
Berg, Alban (1885–1935) 7, 9, 16, 49, 63, 177, 182, 199, 208f., 211f., 238, 241f., 267
Bergel, Bernd (eigtl. Bernhard B.; Pseud. Dov Bar-Gil; 1909–1967) 33, 74, 126, 221, 326, 328, 350, **329–341**, *331*
Bergel, Elfride (geb. Gronemann; 1883–1958) 330, 333, 336, 339f.
Bergel, Salo (1868–1937) 333, 336f.
Berger, Erna (1900–1990) 154
Berglund, Joel Ingemar (1903–1985) 145, 153
Berlioz, Louis Hector (1803–1869) 117
Bernstein, Leonard (1918–1990) 62, 100, 105-108, 110–112

Billinger, Richard (1890–1965) 49, *53*, 259f., 270
Binding Rudolf Georg (1867–1938) 211
Björck, Irma Lovisa (*1898) 153
Blacher, Boris (1903–1975) 160, 331
Bliss, Sir Arthur Drummond (1891–1975) 65
Blitzstein, Anna (geb. Levitt) 101
Blitzstein, Eva (geb. Goldbeck; 1901–1936) 109
Blitzstein, Marc (1905–1964) 54, 74, **100–112**, *103*, 348
Blitzstein, Samuel H. 101
Bloch, Ernest (1880–1959) 74
Blonda, Max →Schönberg, Gertrud
Boettcher, Hans (1903–1945) 231
Boettcher, Marianne 231
Bogart, Humphrey (1899–1957) 140
Böhm, Karl August Leopold (1894–1981) 331
Böhme, Jacob (1575–1624) 116
Bois, Curt (1901–1991) 131
Boulanger, Nadia Juliette (1887–1979) 102
Boyer, Charles (1897–1978) 127, 134, 136
Brahms, Johannes (1833–1897) 38, 40, 46, 67, 78, 117, 149, 168, 241f.
Braunfels, Ludwig (1810–1885) 267
Braunfels, Walter (1882–1954) 267
Brecht, Bertolt (1898–1956) 18, 52, 71, 105, 120
Brehme, Hans Ludwig Wilhelm (1904–1957) 226
Breithaupt, Rudolf Maria (1873–1945) 129
Brendel, Karl Franz (1811–1868) 267
Briner, Andres (*1923) 245
Britten, Edward Benjamin (1913–1976) 73
Bruckner, Josef Anton (1824–1896) 189, 196, 246, 265, 302
Bruckner, Josephine →Hannenheim, Josephine von
Brust, Fritz (1884–1963) 173, 212
Buchthal, Thea 219
Buonarroti, Michelangelo →Michelangelo Buonarroti
Burkard, Heinrich (1888–1950) 268
Burkhard, Willy (1900–1955) 75
Burmaz, Ranko 206f.
Busch, Adolf (1891–1952) 18
Busch, Fritz (1890–1951) 145f.
Busoni, Ferruccio (1866–1924) 16, 20
Butting, Max (1888–1976) 28–32, 122, 309, 335

Cage, John (1912–1992) 95
Camus, Albert (1913–1960) 65
Canino, Bruno (*1935) 180
Carner i Puig-Oriol, Josep (1884–1970) 64
Carter jun., Elliott (*1908) 102
Casals, Pablo (1876–1973) 325
Chaplin, Charlie (1889–1977) 95
Chemin-Petit, Hans (1902–1981) 270
Chiappe, Jean (1878–1940) 138
Chopin, Frédéric (1810–1849) 117
Christie, John (1882–1962) 146
Clark, T. Edward (1888–1962) 16, 269
Copland, Aaron (1900–1990) 102, 331
Cowell, Henry Dixon (1897–1965) 28, 99

Dallapiccola, Luigi (1904–1975) 250, 331
Dammert, Hansjörg (Pseud. George Gordon; *1910) 54, 74, 175, 212, 264, 350, **305–323**
Dammert, Helene (geb. Rheinfeld; †1939) 306, 311, 315
Dammert, Lilo (eigtl. Liese Lotte D.; verh. Aisner; *1905) 305f., 308, 310f., 315f., 319, 321
Dammert, Rudolf (1879–1946) 305f., 308f., 311, 315
Damrosch, Walter Johannes (1862–1950) 88
Da Ponte, Lorenzo (1749–1838) 309
Dapp, Hubert 256
Darrieux, Danielle (*1917) 137
Dauthendey, Max (1867–1918) 204f., 211, 224
Debussy, Claude (1862–1918) 20, 102, 118
Degen, Helmut (*1911) 270, 272
Dehmel, Richard (1863–1920) 76
Demertzis, Costis 183, 349
Dent, Edward Joseph (1876–1957) 61
Deutsch, Karl Alfred (*1903) 74, **325–328**
Diamond, David Leo (*1915) 102
Diderot, Denis (1713–1784) 63
Diekmann, Silvia 22
Distler, Hugo (1908–1942) 225f.
Dobler, Charles (*1923) 245
Döblin, Alfred (1878–1957) 133

Dorati, Antal (1906–1988) 65, 181
Dostojewski, Fjodor Michailowitsch (1821–1881) 111
Drew, David (*1930) 348
Dreyfuss, Paul (*1906) 319
Duvoison, Willy (1912–1958) 141

Ebert, Carl Anton (1887–1980) 146
Eco, Umberto (*1932) 305, 323
Egk, Werner (1901–1983) 226
Eichendorff, Joseph Freiherr von (1788–1857) 46, 52, 270
Einem, Gottfried von (1918–1996) 331
Einstein, Alfred (1880–1952) 219, 266
Eisler, Hanns (1898–1962) 7, 9, 52, 63, 94, 217, 309, 311
Eitel, Karl-Fritz 226
Eliot, Thomas Stearns (1888–1965) 63
Elvey, Maurice (1887–1967) 73
Enescu, George (auch Georges Enesco; 1881–1955) 207, 278
Epstein, Ellen (*1898) 214
Erbslöh, Martha →Rothweiler, Martha
Erdmann, Eduard Paul Ernst (1896–1958) 130
Esway, Alexander (1898–1947) 137
Evelpidis, Christos 181
Evelpidis, Chryssos 181
Evelpidis, Nelly 181
Ewen, David (1907–1985) 348
Ewers, Hanns Heinz (1871–1943) 308

Faber, Ilse-Dora →Moenck, Ilse-Dora
Fairbanks Jr., Douglas Elton Ulman (1909–1989) 140
Falla y Matheu, Manuel Maria de (1876–1946) 59, 68
Feichtegger, Leopoldina →Gerhard, Poldi
Feldmann, Theodor 319
Ferrer, Edda →Hepburn, Audrey
Feuchtwanger, Lion (1884–1958) 71, 316–318, 321f.
Feuermann, Emanuel (1902–1942) 163
Feuillère, Caroline Edwige (*1907) 138
Fierz, Gerold (*1924) 233
Fischer, Kurt von (*1913) 86, 348
Fischer, Heinz (1902/03–1941) 214
Fixlein, Quintus →Braunfels, Ludwig
Flesch, Carl (1873–1944) 262
Flesch, Hans (1895–1989) 122
Foldes, Andor (1913–1992) 32f.
Forde, Walter (1896–1984) 73
Forsell, John (eigtl. Carl Johan Jacob F.; 1868–1941) 152
Forster, Rudolf Heribert Anton (1884–1968) 133
Fortner, Wolfgang (1907–1987)134, 331
Franck, César (1822–1890) 191
Franco, Francisco (1892–1975) 315
Franz von Assisi, hl. (1181/82–1226) 156
Freund, Karl (1890–1969) 134
Freund, Marya (1876–1966) 163
Fried, Oskar (auch Oscar F.; 1871–1941) 16, 130
Friedrich II., der Große (1712–1786), König von Preußen (seit 1740) 347
Fuchs, Marta (1898–1974) 154
Fuchsgelb 266
Fürst, Leonhard 126
Furtwängler, Wilhelm (1886–1954) 38, 41, 54, 196, 345

Gál, Hans (auch H. Gal; 1890–1987) 267
Garbo, Greta (1905–1990) 152
García Lorca, Federico (1898–1936) 280f.
Gay, Brian 180
Genzmer, Harald (*1909) 221
George, Heinrich (1893–1946) 133
George, Stefan (1868–1933) 54
Gerhard, Poldi (geb. Leopoldina Feichtegger) 57, 59–61, 66
Gerhard, Roberto (eigtl. Robert G.-Castells; 1896–1970) 40, 54, **56–68**, 57, 70, 74, 90, 94, 113, 175, 211, 264, 269, 283, 312, 325, 345, 348
Gershwin, George (1898–1937) 95
Giacometti, Alberto (1901–1966) 138
Gielen, Carla →Spiller, Carola
Gielen, Josef (1890–1968) 279
Gielen, Michael (*1927) 277, 279
Gieseking, Walter (1895–1956) 130
Gil, Dov Bar- →Bergel, Bernd
Glasunow, Alexandr Konstantinowitsch (1865–1936) 185, 247, 251, 256
Glenn, Charles 104

Gmeindl, Walter (1890–1958) 131
Goebbels, Joseph (1897–1945) 52, 136
Goehr, Peter Alexander (*1932) 70, 164, 348
Goehr, Laelia 139
Goehr, Nina 163f.
Goehr, Rudolph (1906–1981) 69, 74, 149, **158–168**, *161*, 174, 178, 264, 326, 349
Goehr, Thekla 159
Goehr, Walter (Pseud. George Walter; 1903–1960) *19*, 40, 54, **69–73**, *71f.*, 74, 94, 113, 139, 158–160, 162, 164, 174f., 181f., 264, 283, 312, 348
Goethe, Johann Wolfgang von (1749–1832) 52, 76, 90
Gogh, Vincent van (1853–1890) 220
Goldbeck, Eduard (1866–1934) 109
Goldbeck, Eva →Blitzstein, Eva
Goldbeck, Lina →Abarbanell, Lina
Golschmann, Vladimir (1893–1972) 314
Gordon, Eric Arthur (*1945) 348
Gordon, George →Dammert, Hansjörg
Görlin, Helga M. (1900–1993) 145, 153
Graener, Paul (1872–1944) 206, 208f., 216, 267
Granach, Alexander (1890–1949) 131
Granados y Campiña, Enrique (1867–1916) 59
Gray, Allan →Zmigrod, Josef
Grillparzer, Franz (1791–1872) 55, 311
Grohmann, Julie →Hannenheim, Julie von
Gronemann, Elfride →Bergel, Elfride
Gronemann, Sammy (1875–1952) 333
Gronostay, Eva (geb. Schönfeldt; 1907/08–1991) 125
Gronostay, Sylvia (*1937) 125, 349
Gronostay, Walter Friedrich Erich (1906–1937) *19*, 40, 54, 70, 74, **113–126**, *115*, 133, 160, 175, 264, 312, 335–337, 348f.
Grot, Max 299
Gründgens, Gustaf (1899–1963) 133f., 310
Gülzow, Adalbert (1862–1933) 298
Gundolf, Friedrich (1880–1931) 131
Gustav V. (1858–1950), König von Schweden (seit 1907) 153

Haas, Dolly (*1910) 137
Hába, Alois (1893–1973) 63, 283–285, 350
Hadjinikos, George (*1925) 180
Hagemann, Christian Carl (1871–1945) 94
Hajek, Egon (1888–1963) 205f.
Hale, Philip (1854–1934) 99
Hamel, Fred (1903–1957) 154, 225f.
Händel, Georg Friedrich (1685–1759) 47
Hannenheim, Andreas Hann von (†1683) 202
Hannenheim, Karl Eberhard Hann von 202, 208, 220
Hannenheim, Heinrich Hann von 202
Hannenheim, Herbert Stephan Hann von (1889–1923) 202f.
Hannenheim, Josephine Hann von (geb. Bruckner; 1896–1974) 203
Hannenheim, Julie Hann von (geb. Grohmann; 1864–1921) 202
Hannenheim, Konrad Werner Stephan Hann von (1896–1975) 202
Hannenheim, Kurt Werner Hann von (1922–1944) 203
Hannenheim, Norbert Wolfgang Stephan Hann von (1898–1943) 47, 63, 74, 82, 133, 149, 160, 170, 172–174, 176f., **199–232**, *201*, 239, 250, 252f., 255, 264–266, 269, 326, 349
Hannenheim, Ricarda Renate Hann von (*1921) 203
Hannenheim, Stephan Karl Josef Hann von (1852–1904) 202f.
Hannenheim, Stephan Viktor Walter Hann von (1882–1944) 202
Hannenheim, Walter Herbert Stephan Hann von (1889–1923) 202
Hannenheim, Wilhelm Julius Stephan Hann von (1885–1948) 202, 211
Hansen, Mathias (*1941) 347
Hanson, Howard Harold (1896–1981) 90
Hardenberger, Håkan (*1961) 180
Harnack, Friedrich Moritz Erich (1852–1915) 308
Harris, Roy (eigtl. Leroy H.; 1898–1979) 102
Hartl, Karl Anton (1899–1978) 127, 133f., 136, 138
Hartleben, Otto Erich (1864–1905) 211
Hartmann, Karl Amadeus (1905–1963) 41, 198, 243f., 331
Hauer, Josef Matthias (1883–1959) 242, 244, 312
Haydn, Franz Joseph (1732–1809) 33, 92, 117, 146, 166, 242

Heifetz, Benar 94
Heine, Heinrich (1797–1856) 125
Heinemann, Maria 316, 319f.
Heinsheimer, Hans Walter (1900–1993) 314
Heisenberg, Werner (1901–1976) 184
Heiß, Hermann (1897–1966) 225f., 266
Hellman, Lillian (1905–1984) 107f.
Helm, Brigitte (1906–1996) 133
Henze, Hans Werner (*1926) 331
Hepburn, Audrey (1929–1993) 140
Hepburn, Katharine (*1907) 140
Hermann, Paul 82, 265
Herrmann, Hugo (1896–1967) 226
Hertzka, Emil (1869–1932) 17, 211, 221f.
Hess, Willy (*1906) 174
Hesse, Hermann (1877–1962) 211, 308
Hesterberg, Trude (1902–1967) 130
Heyworth, Peter (*1921) 348
Hindemith, Paul (Pseud. Paul Merano; 1905–1963) 9, 83f., 120, 122, 143, 149, 154, 159f., 166, 177, 216, 221, 231, 241, 335
Hinnenberg-Lefèbre, Margot (verh. Stuckenschmidt; 1901–1981) 72, 151, 160
Hirschland, Heinz (*1901) 255
Hitler, Adolf (1889–1945) 21, 309, 317, 319
Hoenig, Curt 244
Höffer, Paul (1895–1949) 225f., 270
Hoffmann, Ernst Theodor Amadeus (1776–1822) 154
Hölderlin, Friedrich (1770–1843) 52, 77, 211, 270f., 276
Holl, Karl (1892–1975) 268
Holliger, Heinz (*1939) 180
Holtmeier, Ludwig 349
Holz, Arno (1863–1929) 211
Honegger, Arthur (1892–1955) 74, 77, 138
Horenstein, Jascha (1898/99–1973) 49
Horwitz, Karl (1884–1925) 16
Hotter, Hans (*1909) 153
Huber, Klaus (*1924) 75
Huizinga, Johan (1872–1945) 294
Humperdinck, Engelbert (1854–1921) 308
Huston, John (1906–1987) 140

Ibert, Jacques François Antoine (1890–1962) 269, 331
Indy, Paul Marie Théodore Vincent d' (1851–1931) 278
Ives, Charles Edward (1874–1954) 53, 99
Iwanow, O. de 16

Jacobi, Karl Theodor Franz Wolfgang (1894–1972) 255
Jalowetz, Heinrich (1882–1946) 16, 45
Jarnach, Philipp (1892–1982) 174
Jaspers, Karl Theodor (1883–1969) 131
Jeanson, Bo Gunnar (1898–1939) 269
Jemnitz, Alexander (1890–1963) 208–210
Jessner, Leopold (1878–1945) 131
Joachim, Joseph (1831–1907) 174
Jochum, Eugen (1902–1987) 219
Joyce, James (1882–1941) 138
Juon, Paul (1872–1940) 174
Jutzi, Philipp (1896–1946) 133f.

Kaempfert, Max Ferdinand Gottfried Gustav (1871–1941) 76
Kahl, Victor 272
Kahn, Erich Itor (1905–1956) 78, 84, 122, 327
Kahn, Robert (1865–1951) 174
Kaiser, Georg (1878–1945) 131
Kant, Immanuel (1724–1804) 336
Kaspit, Jizchak 331
Kästner, Erich (1899–1974) 133–135
Katz, Erich (1900–1973) 134
Kaun, Hugo (1863–1932) 119
Keller, Alfred (1907–1987) 42, 54, 75, 133, 172, 175, 212, **233–246**, *235*, 250, 252f., 264f., 312, 349
Keller, Hans Heinrich (1919–1985) 65, 183, 348
Keller, Hermann (1885–1967) 303
Kelterborn, Rudolf (*1931) 75
Kerr, Alfred (1867–1948) 16
Kestenberg, Leo (1882–1962) 20f., 325
Kirschbaumer, Erwin 298
Klaiber, Joachim (*1908) *53*
Kleiber, Erich (1890–1956) 41, 46
Klemperer, Otto (1885–1973) 38, 41, 149–151, 160, 345, 348
Kneip, Gustav (1905–1992) 121
Knight, Castleton (1894–1970) 73
Knorr, Ernst-Lothar Carl von (1896–1973) 230
Knorre, Anatol 82, 265
Koch, Helmut (1908–1975) 335

Koegel, Ilse (1902–1979) 153
Koestler, Arthur (1905–1983) 315, 350
Kohner, Friedrich (1905–1986) 136
Kokoschka, Oskar (1886–1980) 18, 65, 130
Kolisch, Gertrud →Schönberg, Gertrud
Kolisch, Rudolf (1896–1978) 38, 65, 120
Konetzni, Hilde (eigtl. H. Konerczny; 1905–1980) 153
Korngold, Erich Wolfgang (1897–1957) 228
Kramer, Erna 298
Krasker, Tommy 108
Kraus, Else C. (1899–1978) 38, 82, 214f., 218–220, 230, 255, 309
Kraus, Karl (1874–1936) 18
Křenek, Ernst (auch E. Krenek; 1900–1991) 9, 84, 160, 210
Kubelik, Rafael (1914–1996) 49
Kuckelsberg, Ernst 272
Kukukalić, Zija 280
Kullak, Theodor (1818–1882) 159
Kunwald, Ernst (1868–1939) 219
Kurzlub, Leopold 103

Labhart, Walter 233f., 349
Lach, Robert (1874–1958) 190
Lalandi, Lila (*1920) 180
Lamprecht, Gerhard (1897–1974) 133f.
Landshoff, Werner (*1905) 266
Larese, Dino (*1914) 234–236, 349
Lawson, Jean Watts 319f.
Legal, Ernst (1881–1955) 345
Lehár, Franz (1870–1948) 51
Lehmann, John Frederick (*1907) 318
Lehrman, Leonard Jordan (*1949) 111
Leibowitz, René (1913–1972) 327
Lenau, Nikolaus (1802–1850) 125
Leonard, Lotte (1884–1976) 18
Leoncavallo, Ruggero (1857–1919) 30
Leonhardt, Gustav Heinrich Carl (1886–1969) 301
Leotsakos, George S. 187f., 349
Levitt, Anna →Blitzstein, Anna
Lewinski, K. von 296
Lewis, Sinclair (1885–1951) 18
Lichtegg, Max (1910–1992) 332
Liebermann, Max (1847–1935) 22, 144, 212
Liebrecht 295
Lilienthal, Abraham Wolf (1859–1928) 90
Lincke, Paul (1866–1946) 50f.
Lion, Ferdinand (1883–1965) 154
Lion, Margo (verh. Schiffer; 1899–1989) 130
Liszt, Franz von (1811–1886) 267
Ljapunow, Sergei Michailowitsch (1859–1924) 251
Löns, Hermann (1866–1914) 51
Loos, Adolf (1870–1933) 18
Lopatnikoff, Nicolai (1903–1976) 253
López Picó, Josep Maria (1886–1959) 59
Lortzing, Albert (1801–1851) 145
Löwenstein, Hubertus Prinz zu (1906–1984) 307, 314, 316, 318–321

McCollin, Frances (1892–1960) 186
MacDonald, Calum Alasdair (*1956) 63
Machault, Guillaume de (1300/1305–1377) 166f.
Mahler, Gustav (1860–1911) 9, 48, 81, 87, 130, 190f., 265
Mahnke, Eleonora →Perpessa, Eleonora
Malafeka, Helene →Perpessa, Helene
Malamud, Bernard (1914–1986) 111
Malata, Fritz (1882–1949) 77
Malipiero, Gian Francesco (1882–1973) 331
Mamoulian, Rouben (1897/98–1987) 152
Mann, Erika (1905–1969) 316, 319
Mann, Heinrich (1871–1950) 308
Mann, Klaus (1906–1949) 316
Mann, Thomas (1875–1955) 308, 316
Marcuse, Ludwig (1894–1971) 316
Maria Theresia (1717–1780), Kaiserin des Heiligen Römischen Reichs (1745–65) 202
Markevitch, Igor (1912–1983) 329–331
Martin, Frank (1890–1974) 74
Martin, Karlheinz (1886–1948) 136
Marx, Herbert (1903–1942) 226
Mascagni, Pietro (1863–1945) 30
Masur, Kurt (*1928) 193, 198
Matzig, Richard Blasius (1904–1951) 244
Mauceri, John Francis (*1945) 108
Mehring, Walter (1896–1981) 319
Meinecke, Friedrich (1862–1954) 308
Mendelssohn Bartholdy, Felix (1809–1847) 9, 72, 117

Mengelberg, Willem (1871–1951) 20
Menuhin, Yehudi (*1916) 185
Merano, Paul →Hindemith, Paul
Mersmann, Hans (1891–1971) 121
Merten 230
Meyer, Conrad Ferdinand (1825–1898) 77
Meyrowitz, Selmar (1875–1941) 130
Michelangelo Buonarroti (1475–1564) 85
Milhaud, Darius (1892–1974) 120, 138, 310, 331
Milstein, Nathan (1904–1992) 185
Mitropoulos, Dimitri (1896–1960) 185f., *187*, 188, 190–192, 195
Mittag, Erwin 49
Moenck, Andreas (*1950) 291f., 296, 350
Moenck, Ilse-Dora (geb. Faber) 296
Moenck, Johannes Ernst Ewald (Pseud. Manuel Timor; 1902–1960) 54, 74, 175, 264, 283, 312, 350, **291–296**, *293*
Monn, Matthias Georg (1717–1750) 163, 346
Montague, Ruth 103
Monteux, Pierre (1875–1964) 98
Monteverdi, Claudio (1567–1643) 69f.
Morgenstern, Christian (1871–1914) 211
Mörike, Eduard (1804–1875) 270
Mozart, Wolfgang Amadeus (1756–1791) 46, 69, 92, 116–119, 162, 166, 185, 190, 232, 241, 309
Mueller, Carl Christian (1831–1914) 90
Müller, Joachim Gottfried (*1914) 226
Murray, Stephen (1912–1983) 65
Musil, Robert (1880–1942) 18
Mustafa, Agnes →Perpessa, Agnes
Mysz-Gmeiner, Lula (geb. G.; 1876–1948) 205, 224, 226

Nabokov, Nicolas (1903–1978) 330
Nachod, Pauline →Schönberg, Pauline
Nietzsche, Friedrich (1844–1900) 198, 211
Nono, Luigi (1924–1990) 53, 216
Nono, Nuria →Schoenberg-Nono, Nuria
Nussbaum, Eugenie →Schwarzwald, Genia

Ochs, Siegfried (1858–1929) 308
Odinzow 251
Oertel, Maria 298
Olden, Rudolf (1885–1940) 319
Olivier, Antje 254
Ophüls, Max (1902–1957) 138
Orga, Hüsnü Ates (*1944) 57, 59, 348
Ormandy, Eugene (1899–1985) 185f., 191, 195
Osborn, Franz Joachim (1903–1955) 309, 322
Oser, Hans (1895–1951) 236
Osterc, Slavko (1895–1941) 269
Otterstrom, Thorwald (*1868) 90

Pachernegg, Alois (1892–1964) 122, 355
Palm, Siegfried (*1927) 52
Pangali, Maria →Skalkottas, Maria
Papaioannou, Marika 171, 175, 178
Papaioannou, Yannis Georgios (*1915) 170f., 174f., 177–179, 181, 189, 349
Partos, Edmund (1907–1977) 82, 265f.
Pauer, Max von (1866–1945) 303
Pawlowa, Anna (1881–1931) 284
Payne, Anthony Edward (*1936) 348
Paz, Juan Carlos (1901–1972) 327
Pedrell Sabaté, Felipe (1841–1922) 59f.
Pelleg, Frank (1910–1968) 167
Pepping, Ernst (1901–1981) 226
Perls, Kate 137
Perpessa, Agnes (geb. Mustafa) 186
Perpessa, Athiná 185, 349
Perpessa, Charilaos (1907–1995) 54, 74, **184–198**, *187*, 283, 349
Perpessa, Eleonora (verh. Mahnke) 185, 190, 349
Perpessa, Helene (geb. Malafeka) 190, 192
Perpessa, Konstantin 186
Perpessa, Telemachos 186, 198
Petrarca, Francesco (1304–1374) 32
Petrassi, Goffredo (*1904) 331
Pfitzner, Hans Erich (1869–1949) 266
Picasso, Pablo (1881–1973) 138
Piersig, Fritz (*1900) 265, 273f., 349
Piscator, Erwin (1893–1966) 72, 322f.
Piscator, Maria (*1900) 322
Piston, Walter Hamor (1894–1976) 102
Platon (428/427–348/347) 193, 198
Potter, Keith (*1946) 348
Poulenc, Francis Jean Marcel (1899–1963) 311, 331
Powell, Michael Latham (1905–1990) 140
Prawossudowitsch, Michail 253

Prawossudowitsch, Natalie (eigtl. Natalija Michailowna P.; 1899–1988) 74, 82, 174, 212f., 216, 218, **247–257**, *249*, 264, 349
Pressburger, Emeric (1902–1988) 140
Prévert, Jacques (1900–1977) 138
Prey, Hermann (*1929) 155
Pringsheim, Heinz Gerhard (1882–1974) 239
Prohaska, Jaroslav (1891–1965) 154
Puig-Oriol, Josep Carner i →Carner, Josep

Raabe, Peter (1872–1945) 215
Rabinowitsch, Gregor 138
Radermacher, Lissy →Zmigrod, Lissy
Rankl, Karl (1898–1968) 63
Raphael, Günter Albert Rudolf (1903–1960) 226
Rathenau, Emil (1838–1915) 308
Ravel, Maurice (1875–1937) 102, 185, 190f.
Rebner, Adolf Franklin (1876–1967) 78
Reger, Max (1873–1916) 45, 76f., 118, 166, 206, 208, 300
Reich, Fritz 326, 328
Reichenbach, Hermann (*1898) 134
Reiner, Karel (1910–1979) 284f.
Reinhardt, Max (1873–1943) 131, 133
Reinhart, Werner (1884–1951) 224f., 270
Reuter, Fritz (1896–1963) 262f.
Reutter, Hermann Karl Ludwig (1900–1985) 121, 226
Rheinfeld, Helene →Dammert, Helene
Richter, Hans (1888–1976) 103
Richter, Paul (1875–1950) 224
Riebensahm, Hans-Erich (*1906) 255
Rilke, Rainer Maria (1875–1926) 18, 85f., 204, 211
Rimbaud, Arthur (1854–1891) 270
Roda Roda, Alexander (1872–1945) 308
Roldán, Amadeo (1900–1939) 99
Romanić, Teodor 278–282
Rosbaud, Hans (1895–1962) 62, 84, 122
Rosmer, Arthur Milton (1882–1971) 137
Rossides, Zenon (1895–1990) 197
Roth, Hildegard 278
Roth, Willibald 145
Rothenberger, Anneliese (*1924) 155
Rothweiler, Hedda 304, 350
Rothweiler, Helmut (1906–1990) 74, 264, **301–304**, *303*, 350
Rothweiler, Karl Hugo 303
Rothweiler, Martha (geb. Erbslöh) 303
Rufer, Josef (1893–1985) 9, *19*, 21, 23f., 27, **37–42**, *39*, 43, 51, 62, 65, 74, 94, 160, 175, 219, 264, 283, 312, 325, 345, 348
Ruggles, Carl (1876–1971) 99
Rybner, Cornelius (1855–1929) 90

Sacco, Nicola (1891–1927) 111f.
Sacher, Paul Oswald (*1906) 225
Sachs, Curt (1881–1959) 130
Sachse, W. 172, 213, 215
Salomon, Karl (1897–1974) 131
Salzman, Pnina (*1924) *72*
Sandberg, Herbert Ludwig (1902–1966) 153
Sargeant, Winthrop (1903–1986) 191f., 198
Sattler, Joachim (1899–1984) 153
Sauerbruch, Ernst Ferdinand (1875–1951) 203
Scalero, Bartolomeo Melchiorre Rosario (1870–1954) 102
Schacht, Peter (1901–1945) 54, 74, 82f., 133, 149, 160, 172, 174–176, 212f., 218–221, 225, 239, 248–250, 252, 312, 326, 328, 349f., **259–276**, *261*
Schacht, Renate (1896/97–1960) 263f., 268, 273–275, 349
Schambach 148
Scherchen, Hermann (1891–1966) 28, 77, 84, 130, 163, 224f., 270, 331
Schibler, Armin (1920–1986) 75
Schiffer, Marcellus (1892–1932) 130
Schiffer, Margo →Lion, Margo
Schillings, Max von (1868–1933) 20, 22, 308, 328
Schmeidel, Hermann Ritter von (1894–1953) 77
Schmid, Erich (*1907) *19*, **74–86**, *76*, *81*, 90, 169f., 173f., 177, 179, 199, 213, 215, 218, 220f., 231, 245f., 264–266, 270, 326, 348f.
Schmidt, Franz (1874–1939) 210
Schmidt, Walter →Walter, Fried
Schmidt-Isserstedt, Hans (1900–1973) 130, 153
Schmuck, Norbert 246, 349
Schnabel, Artur (1882–1951) 16, 171, 309
Schneider, Ernst August 269
Schnickel, Emma 298
Schock, Rudolf Johann (1915–1986) 155

Schoeck, Othmar Gottfried (1886–1957) 74
Schoen, Ernst 71, 122
Schoenberg, Adam Lawrence (*1941) 94
Schoenberg, Ronald (*1938) 94f., 250
Schoenberg-Nono, Nuria (geb. Schönberg; verh. N.; *1932) 22, 64, 94, 163, 221, 325f., 348
Schoenmaker, Anton (*1885) 272f.
Schönberg, Georg (*1906) 163
Schönberg, Gertrud (geb. Kolisch; Pseud. Max Blonda; 1898–1967) 24, 33, 48, 53, 60, 65f., 78, 82, 85f., 94, 175, 252, 315f., 348
Schönberg, Pauline (geb. Nachod; 1848–1921) 23
Schönberg, Samuel (1838–1889) 23
Schönfeldt, Eva →Gronostay, Eva
Schönlank, Bruno (1891–1965) 85
Schreker, Franz (1878–1934) 40f., 84, 175, 266
Schrenk, Walter (1903–1932) 47f., 133, 172, 213f., 218, 220
Schubel, Dorothee 230
Schubert, Franz (1797–1828) 224, 241
Schüler, Johannes (1894–1966) 154
Schuller, Gunther Alexander (*1925) 183
Schultze-Ritter, Hans 121
Schulze, Tony 174
Schulz-Gellen, Christof (1898–1977) 152–154
Schumann, Georg Alfred (1866–1952) 144, 212
Schumann, Robert (1810–1856) 117, 169, 220
Schünemann, Georg (1884–1945) 130, 267
Schuster, Alice 82, 215, 255
Schwarz, Hans (1890–1967) 255
Schwarzwald, Eugenie (auch Genia; geb. Nussbaum) 16–19, 24
Schwarzwald, Hermann 18
Seiber, Mátyás György (1905–1960) 84, 134
Seiler, Emil (*1906) 228
Seitz, Robert (1891–1938) 72
Sekles, Bernhard (1872–1934) 77
Serkin, Rudolf (1903–1991) 18
Settani, Eugene 191
Shakespeare, William (1564–1616) 51, 140
Shlonsky, Abraham (1900–1973) 164
Shlonsky, Verdina (*1905) 164
Sibylla von Sachsen-Coburg-Gotha, Prinzessin von Schweden (1908–1972) 153
Sicilianos, Yorgos (*1922) 178
Siloti, Alexander (eigtl. Alexandr Iljitsch S.; 1863–1945) 101
Simon, Stella 103
Simonis, Adele 231
Sinclair, Emil →Hesse, Hermann
Singer, Georg (auch George S.; *1908) 332
Siodmak, Robert (1900–1973) 133, 136
Skalkottas, Maria (geb. Pangali) 179
Skalkottas, Nikos (1904–1949) 47, 54, 63, 73f., 82, 133, 149, 160, 165, **169–183**, *171*, 187–189, 212f., 215, 217f., 221, 239, 248, 250, 252–254, 264–266, 312, 326, 349
Skouras, Spyros 191
Skrjabin, Alexandr Nikolajewitsch (1872–1915) 88, 116, 251
Skrjabina, Vera Iwanowna (geb. Issakowitsch; 1875–1920) 251
Slonimsky, Nicolas (1894–1995) 90, 99, 169
Smith, Joan Allen 347
Smith, Sidney Bertram (*1929) 348
Sommer, Otto (*1885) 227
Spiller, Carola (verh. Gielen; *1925) 279
Spiller, Ljerko Oswin 277–281, 283, 285, 350
Spiller, Miroslav (eigtl. M. Špiler; 1906–1982) 54, 74, **277–282**, *279*, 283f., 350
Staempfli, Edward (*1908) 75
Stein, Erwin (1885–1958) 16, 210
Stein, Gertrude (1874–1946) 138
Stein, Leonard (*1916) 95
Steinberg, William (1899–1978) 62, 302, 345
Steinecke, Wolfgang (1910–1961) 51
Steiner, Rudolf (1861–1925) 283
Stemmle, Robert Adolf Ferdinand (1903–1974) 134, 136, 141
Steuermann, Hilde 266
Stierle, Ulrich 304
Strang, Gerald (1908–1983) 63
Strauss, Richard (1864–1949) 15, 40, 50, 52, 118, 130f., 270, 272
Strauss jun., Richard (*1927) 50
Strawinsky, Igor (1882–1971) 9, 32, 83, 102, 116, 118, 130, 143, 145, 162, 177, 188, 241f., 253, 274, 310, 331
Striegler, Kurt Emil (1886–1958) 146f.
Strobel, Heinrich Eduard August (1898–1970) 121, 138
Strölin, Karl Emil Julius (*1890) 224

Stubbe, Arthur Theodor Heinrich (1866–1936) 203
Stuckenschmidt, Hans Heinz (1901–1988) 21, 28, 41, 63, 94, 160, 164, 200, 207, 216, 231, 268, 309–312, 326, 328, 348, 350
Stuckenschmidt, Margot →Hinnenberg-Lefèbre, Margot
Stuy, Elisabeth →Walter, Elisabeth
Sudermann, Hermann (1857–1928) 124f., 308
Suter, Hermann (1870–1926) 77
Sutermeister, Heinrich (1910–1995) 74
Svanholm, Set (1904–1964) 145, 153

Teutsch, Karl 349
Thibaud, Jacques (1880–1953) 278
Thiel, Carl (1862–1939) 298
Thomas, Georg Hugo Kurt (1904–1973) 226
Thomson, Virgil Garnett (1896–1989) 102, 314, 331
Thorne, Kip Stephen (*1940) 184
Thunemann, Klaus 180
Thürer, Georg (*1908) 85
Tiessen, Richard Gustav Heinz (1887–1971) 130, 267
Tietjen, Heinz (1881–1967) 153f.
Tiger, Theobald →Tucholsky, Kurt
Timor, Manuel →Moenck, Johannes
Tippett, Sir Michael Kemp (1905–1998) 73, 348
Toch, Ernst (1887–1964) 120, 122, 255, 267
Tonger, Peter Josef (1875–1960) 230
Trapp, Hermann Emil Alfred Max (1887–1971) 267
Trimble, Lester (*1923) 93
Tschaikowski, Pjotr Iljitsch (1840–1893) 256
Tucholsky, Kurt (Pseud. Theobald Tiger; 1890–1935) 130f.

Vanzetti, Bartolomeo (1888–1927) 111f.
Varèse, Edgar (1883–1965) 168
Vaughan Williams, Ralph (1872–1958) 139
Veidt, Conrad (1893–1943) 127
Verdi, Giuseppe (1813–1901) 146, 229
Verlaine, Paul (1844–1896) 52, 54
Vogel, Heinrich 147, 349
Vollmann, Günter 142, 349
Vuillermoz, Émile (1878–1960) 99

Wagner, Richard (1813–1883) 40, 52, 78, 117, 145, 148, 151, 159, 190f., 195, 229, 302
Wainwright, R. 137
Walter, Angela 299
Walter, Bruno (1876–1962) 41, 196
Walter, Edith (geb. Wölke) 157, 349
Walter, Elisabeth (geb. Stuy) 152f.
Walter, Fried (eigtl. W. Schmidt; 1907–1996) 74, **143–157**, *145*, 264, 326, 349
Walter, George →Goehr, Walter
Walter, Lucie (verh. Weirich) 299
Walter, Max (1899–1946?) 54, 74, 175, 264, 283, **297–300**, *299*, 312, 350
Ward, Frank Edwin (1872–1953) 90
Wassermann, Jakob (1873–1934) 18
Wasserzug 317
Webenau, Wilma von 16, 23
Webern, Anton von (1883–1945) 7, 9, 16, 45, 63, 75, 77, 85f., 168, 177, 182, 210, 238, 241f., 267
Weidig, Adolf (1867–1931) 90
Weill, Kurt (1900–1950) 71, 105, 120, 130, 174, 176
Weingartner, Felix von (1863–1942) 278
Weingartz-Peshel, U. 254
Weirich, Lucie →Walter, Lucie
Weiser, Peter (*1926) 112
Weismann, Julius (1879–1950) 262
Weiss, Adolph (1891–1971) *19*, 40, 54, 63, 70, 74, **87–99**, *89*, 113, 220, 250, 264, 283, 312, 348
Weiss, Leo (1904/05–1928) 54, 74, 277, **283–285**, 350
Weiss, Mary 94
Weiss, Zora 284
Weißmann, Adolf (1873–1929) 309, 311
Welles, Orson (1915–1985) 106
Wellesz, Egon (1885–1974) 18, 210f.
Westermann, Irene 252
White, Eric Walter (*1905) 348
Whitman, Walter (1819–1892) 102
Whittal, Arnold Moran (*1935) 348
Wilde, Oscar (1854–1900) 128
Wilder, Billy (*1906) 137
Friedrich Wilhelm II. (1859–1941), Deutscher Kaiser und König von Preußen (1888–1918) 22
Wolf, Hugo (1860–1903) 224, 302

Wolf, Johannes (1869–1947) 130
Wolfsthal, Joseph (1899–1931) 214
Wolfurt, Kurt von (1880–1957) 222–224
Wölke, Edith →Walter, Edith
Wolpe, Stefan (1902–1972) 94, 309, 311
Wolzogen, Ernst Ludwig Freiherr von (1855–1934) 15
Wyttenbach, Jürg (*1935) 75

Zacher, Gerd (*1929) 209f.
Zemlinsky, Alexander von (1871–1942) 15, 23, 40, 151, 229
Zeppelin, Ferdinand Graf von (1838–1917) 308
Zeyen, Ilse →Zillig, Ilse
Zille, Heinrich (1858–1929) 129
Zillig, Ilse (geb. Zeyen) 52
Zillig, Winfried (1905–1963) *19*, 40, 42, **43–55**, *45*, 63, 70, 74, 113, 160, 172, 175, 213, 215, 217, 264–266, 273f., 283, 312, 345, 348f.
Zmigrod, Josef (Pseud. Allan Gray; 1902–1973) *19*, 40, 54, 74, **127–142**, *129*, 172, 175, 212, 239f., 264f., 283, 312, 349
Zmigrod, Lissy (geb. Radermacher) 131, 136–138, 142
Zuckmayer, Carl (1896–1977) 142
Zühlsdorff, Volkmar von 316, 320
Zweig, Arnold (1887–1968) 316, 318, 321
Zweig, Stefan (1881–1942) 133, 136